陈先红

李旺传

主编

中国故事国际传播研究

第一辑

RESEARCH ON
INTERNATIONAL COMMUNICATION OF
CHINESE STORIES
(Vol.1)

社会科学文献出版社

SOCIAL SCIENCES ACADEMIC PRESS (CHINA)

目录

CONTENTS

上篇　基础研究

2021 年度中国故事国际传播指数报告

………………………………… 陈先红　汪　让　王艳萍／3

走进政治公共关系：概念、历史与核心议题

…………………………………………… 陈先红　李旺传／20

2020 年西方公共关系学术前沿 …………… 陈先红　秦冬雪／52

"以侨为桥"传播中华文化：发挥华侨华人作用，助力讲好

中国故事 …………………………………… 林如鹏　彭伟步／70

人类命运共同体视域下"冬奥会口号"的倡议理念探析

…………………………………… 钟　新　金圣钧　林芊语／86

北京冬奥会开幕式国际传播的符码解析

——以 NBC（美国全国广播公司）现场解说为例

…………………………………………… 李亚虹　周子涵／106

中国体育故事国际传播的显性要素与隐序路径

——基于 YouTube 的叙事认同研究

…………………………………… 卢　兴　郭　晴　荆俊昌／123

《庆余年》的数字叙事：不同媒介情境下的中国故事表达

.... 张恒军　唐　宁 / 142

智能化背景下中国故事叙事模式创新研究

.... 周　翔　仲建琴 / 155

中国故事国际传播视野下网络文学的本体结构与特性

.... 王一鸣 / 177

"我的甘孜兄弟"：媒介景观的地方性生产及多重叙事

——以丁真走红为例 .... 刘　杰　龙　情 / 191

下篇　案例研究

王玄素：英伦传"道"的文化行者 .... 张恒军　唐　宁 / 207

讲好中国智慧城市故事：杭州"城市大脑"的奇迹

.... 黄　清　倪彬彬 / 215

杭州亚运会倒计时一周年活动的仪式化国际传播表征

.... 何春晖　杨瑞鸽　涂云鹏 / 227

沈阳二战盟军战俘营旧址陈列馆国际传播的创新实践

.... 安　平　王　铮　靖广生　姜雅楠　杨珺珺 / 238

亚洲象北迁事件国际传播的创新实践 .... 杨安琪　于婷婷 / 256

以侨为桥：华裔新生代向世界讲好中国乡村振兴故事

——以华侨大学"海外新声代"新媒体工作室为例

.... 李　硕　袁　媛 / 271

"中国数谷"的品牌化与国际化 .... 刘丹丹　陈甚男 / 281

"斯里兰卡小妞"媒体平台的国际传播在地化经验

.... 付　乐　杨诗源　戴永红 / 298

走向世界的茅台：茅台国际化传播研究 .... 张　杨 / 307

上篇　基础研究

2021年度中国故事国际传播指数报告[*]

陈先红　汪　让　王艳萍[**]

摘　要　《2021年度中国故事国际传播指数报告》（简称《报告》）通过探讨"中国版中国故事"和"西方版中国故事"的国际传播差异，发现中国故事在国际传播过程中存在的问题并提出相应解决方案。《报告》分别从"我传"和"他传"两个视角出发，聚焦2021年度同一国际传播场域中涉及的中国"人、事、物、场、境"五组故事要素，进行大数据挖掘和熵值法计算，分析得出"中国故事国际传播力度指数"和"中国故事国际影响力指数"，据此发布我传榜（中国故事国际传播力度榜单）、他传榜（中国故事国际影响力总榜单和四个子榜单）、榜中榜（中国故事国际影响力分类榜）和榜外榜（中国故事国际传播未来方向）四个榜单。

关键词　中国故事；国际传播；指数报告

2021年是极不平凡的一年，无论对于个人、国家还是世界来说，它都

---

[*]　本报告系教育部哲学社会科学研究重大课题攻关项目"讲好中国故事与提升我国国际话语权和文化软实力研究"（项目编号：17JZD038）的研究成果。

[**]　陈先红系华中科技大学新闻与信息传播学院教授、博士生导师，中国故事创意传播研究院院长；汪让系华中科技大学新闻与信息传播学院讲师、硕士生导师，中国故事创意传播研究院副秘书长；王艳萍系华中科技大学新闻与信息传播学院博士研究生，中国故事创意传播研究院研究助理。

是一个可以载入史册的年份，具有里程碑意义。从国际背景来看，2021 年发生了一系列足以影响人类命运的大事件。比如拜登就任美国总统、美国国会山暴乱、美军撤出阿富汗、德国默克尔卸任、俄罗斯与西方关系恶化、苏伊士运河堵塞、格拉斯哥气候大会、疫苗接种、多国太空探索、Facebook 转型元宇宙以及习近平的云外交等，这一系列事件印证了世界百年未有之大变局的到来。而中国则日益成为吸引世界注意力的中心，并引发了全球大讨论。

从国内背景来看，2021 年中国率先实现经济复苏，成为世界唯一的经济正增长主要经济体。2021 年也是中国共产党成立一百周年，中华人民共和国恢复联合国合法席位 50 周年，加入 WTO 20 周年，这一年我们发布了三孩政策，孟晚舟成功回国，载人飞船成功发射，中国实现全面脱贫，全面建成小康社会，习近平云外交唱响多边主义，中华民族迈向第二个百年奋斗目标。随着《觉醒年代》等一系列影视剧播出，中国的制度优势和民族自信心得到显著强化和提升。

因此，本研究要探讨的是，在 Facebook、Twitter、YouTube 等国际传播场域，我国正在传播什么中国故事？他国正在传播什么中国故事？中国版中国故事与西方版中国故事的传播力指数为何？影响力指数为何？困境与对策为何？

一　中国故事的概念化和操作化定义

何谓中国故事？其概念内涵究竟是什么？中国故事到底是一个不同于戏剧、小说的文类概念，还是一个不同于美、英、法、德的国家概念？中国故事是一个不同于元叙事的泛叙事概念，还是一个基于历史和现实视角的传播概念？中国版中国故事与西方版中国故事有何异与同？目前关于"中国故事"的论述颇多，但对于究竟何谓"中国故事"，其在国际传播场域有何特点，却没有清晰的界定和深入研究。本研究基于中国故事国际传播指数的计算需要，对中国故事进行概念化和操作化界定，这是一个挑战，也是一项创新。根据习近平总书记在各种重大场合提及的"真实、立体、全面"的中国故事意涵，我们把"中国故事"定义为"一个具有泛叙事性质的国家概念隐喻"，从国家叙事、文学叙事和国际叙事三个视角来解读。

第一，从国家角度来看，习近平总书记在 2013 年的全国宣传思想工作会议上提出了"四个讲清楚"①，为界定"中国故事"指明了方向。基于此，所谓"中国故事"是指围绕国家三要素（领土、人口和主权）而展开的关于中国的叙事话语，具体地说，中国故事就是关于中国领土完整、主权独立、人民幸福生活和民族伟大复兴的叙事形态。中国领土完整故事是涉及中国台湾、钓鱼岛等问题的中国领土、领空、领海叙事；中国主权独立故事涉及一国内政事宜，比如台湾问题、香港"一国两制"等；中国人民幸福生活故事涉及自由、权利保障、妇女解放等。民族复兴故事包括对内铸牢中华民族共同体意识，对外提升中国国家话语权和文化软实力，塑造可信、可爱、可敬中国形象的故事。

第二，从泛叙事角度来看，"讲故事"的概念来自文学领域，又被称为叙事学，准确地说是狭义叙事学。许多学者都持有"叙事就是讲故事"的观点②，而广义叙事学则包括故事、神话、音乐、舞蹈、诗歌、小说、戏剧、电影、电视剧、绘画等多种不同的艺术类型和营销、新闻、公关、广告等一切传播资源③。在过去三十年里，广义或者狭义的叙事研究作为理解叙述者的自我认同、生活方式、文化和历史的一种手段逐渐兴盛起来，被科学哲学家科恩称为一场"叙事革命"。基于"叙事无处不在"的泛叙事观，所谓中国故事是指关于中国过去、现在、未来的所有讨论和所有知识，中国故事的"故事"概念并不特指以文学形式表述中国的文类概念，讲好中国故事并不是指在"现实与虚构"这一普遍范畴中看待中国与故事的关系，而是将讲述"中国故事"作为一个广义的整体性概念隐喻。只要在国际传播场域提及"China""Chinese"，我们就认为他们是在谈论中国，是在讲"中国故事"。

---

① 《习近平在全国宣传思想工作会议上强调 胸怀大局把握大势着眼大事 努力把宣传思想工作做得更好》，共产党员网，http://news. 12371. con/2013/08/21/ARTI1377027196674576. shtml，最后访问日期：2023 年 7 月 31 日。

② 〔美〕浦安迪：《中国叙事学》，陈珏译，北京大学出版社，1996，第 3 页；潘知常：《讲"好故事"与"讲好"故事（上）——从电视叙事看电视节目的策划》，《东方论坛（青岛大学学报）》2006 年第 6 期，第 63~73 页。

③ 余来辉：《"叙事"成"品牌"之美》，《品牌（理论月刊）》2010 年第 7 期，第 53 页。

第三，从国际传播视角来看，"中国故事"的操作化概念为"在国际传播场域中被提及的中国人、事、物、场、境等五大要素"。人，是中国故事的主角和配角，既包括中国人和国际友人，也包括数字机器人和虚拟数字人等。事，是中国故事的剧情和发展，主要包括关于中国的各类重大事件，代表了关于中国的历史记忆和集体记忆；物，是中国故事的主体和高潮，主要包括具有物质属性的中国实体企业和资源物品；场，是中国故事发生的场域地点，主要包括中国省份和城市；境，是关于中国故事的镜像叙事，是中国故事的寓意和修辞视野，代表了中国故事的意义生产方式和认知机制。这一界定使"中国故事"在学术领域首次具有了操作化指标。但是在国际传播场域中，实际上存在中国版中国故事和西方版中国故事两大类，二者同样都在讲述中国的人、事、物、场、境故事，却有着天壤之别。中国版中国故事通常是指全球化时代中华民族伟大复兴、转型和创新的故事，是站在中国立场从国际受众的角度讲述凝聚中国人共同经验和情感的故事，是承载了中国人民关于世界经验的好故事，是具有全人类的经验共同性和理解普遍性的好故事，是具有国际性的、跨历史的、跨文化的好故事①。而西方版中国故事，从历史上看，一直是以"异域形象文化他者"为理论假设的二元对立叙事。历史上曾经出现过以"孔教乌托邦"为原型的美化版中国故事和以"意识形态乌托邦"为原型的丑化版中国故事。进入百年未有之大变局以来，我们想知道中国版和西方版的中国故事有何差异？西方版中国故事如何美化或丑化中国？中国版中国故事应该如何"破"与"立"？

二　中国故事国际传播指数计算模型

本研究在 Facebook、Twitter、YouTube 三大社交媒体平台上运用大数据技术进行抓取和分析，然后运用熵值法计算各个指标的权重。这三大国际主流社交媒体覆盖全球数十亿用户，在北美、南美、欧洲、亚太地区均受

---

① 陈先红、于运全：《中国好故事评价指标体系的建构》，《新闻与写作》2019 年第 7 期，第 19~23 页。

到广泛欢迎，具有一定代表性。具体操作如下。第一，素材收集。收集发布于 2021 年 1 月 1 日～2021 年 12 月 31 日的用英语写作的媒体报道和网络言论。"我传"故事选取中国对外官媒《中国日报》（*China Daily*）、《环球时报》（*Global Times*）、《人民日报》（*People's Daily*）、中国国际电视台（CGTN）等官网的文章按月分层随机抽样，得到素材共计 1080 条。"他传"故事同时选取 Twitter 上包含 China/Chinese 且点赞 20000 次以上的英文推文，Facebook、YouTube 上浏览量最高的 100 个中国频道发布的高浏览量视频，*The Guardian* 和 *New York Times* 上包含 China/Chinese 的报道按月分层随机抽样，得到素材共计 1599 条。第二，人工编码。按人、事、物、场、境框架，人工对素材进行逐条分析，提取故事。第三，候选故事确定。统计高频故事，确定"我传"候选故事 27 组，"他传"候选故事 42 组，完善每组故事的英文关键词。第四，大数据抓取。以英文关键词为定位对象，在海外社交媒体 Facebook、Twitter、YouTube 上按指数模型抓取数据，计算每组故事的最终指数。第五，指标权重计算。采用熵值法来确定指标权重，以规避专家法权重赋值主观性太强的不足。

首先，基于指标统计数据加总得出指标初始值，并将其标准化处理。

$$x_{ij} = \frac{x_{ij} - \min(X_j)}{\max(X_j) - \min(X_j)}$$

其次，计算第 j 项指标中第 i 个故事的数据记录所占比重 p_{ij}。

$$p_{ij} = \frac{x_{ij}}{\sum_1^n x_{ij}}$$

再次，计算第 j 项指标的熵值 E_j。

$$E_j = -\ln(n)^{-1} \sum_{i=1}^n (p_{ij} \times \ln p_{ij})$$

最后，确定各指标的权重 W_j。

$$W_j = \frac{1 - E_j}{\sum_1^n (1 - E_j)}$$

本研究在 Facebook、Twitter、YouTube 三大社交媒体平台上运用大数据技术进行抓取和分析，然后运用熵值法计算各个指标的权重（见表 1）。

表 1   中国故事国际传播指数模型和指标权重

单位：%

指数类型	一级指标	二级指标	权重
传播力度指数	我国官媒对外社媒账号发帖量	*China Daily* 发帖量	25
		Global Times 发帖量	23
		People's Daily 发帖量	23
		CGTN 发帖量	29
影响力指数	关注度	海外社交媒体发帖量	41
	覆盖度	海外社交媒体触达人次（粉丝量×频次）	16
	美誉度	海外社交媒体正面帖文比例	6
	参与度	海外社交媒体转评赞	37

三   中国故事国际传播指数分析

根据以上权重计算出每一个故事的指数，分析得出"中国故事国际传播力度指数"和"中国故事国际影响力指数"，据此发布我传榜（中国故事国际传播力度榜单）、他传榜（中国故事国际影响力总榜单和四个子榜单）、榜中榜（中国故事国际影响力分类榜）和榜外榜（中国故事国际传播未来方向）四种榜单。

（一）我传榜：中国故事国际传播力度榜单

如图 1 所示，在"我传榜"十大中国故事中，新冠疫情故事、中外关系故事、合作故事以政策话语为导向排在前三位；太空故事、贸易故事、经济故事、旅游故事和增长故事作为五个重点故事，以发展话语为导向，强调中国经济的蓬勃发展；另外，新疆故事和河南故事作为两个地方性故事，皆以针对性话语为导向，回应西方版中国故事的国际舆论攻击。比如新疆故事以外交话语为主，反驳西方的无端指责，也有一些关于新疆自然美景的报道。河南故事则分为前后两个阶段，前一个阶段主要是对河南文化的叙事传播，后一个阶段则是对河南救灾的故事叙事。"我传榜"的总体内容是国际传播声量最大的中国故事，是那些"我们想讲、我们能讲和我们必须讲"的中国故事。其中 *China Daily*、*Global Times*、*People's Daily*、CGTN 发帖量基本相当，权重无太大差别。CGTN 权重略高于其他三家媒体。

1	新冠疫情故事 Covid-19 Story	743.99
2	中外关系故事 China-world Relations Story	742.99
3	合作故事 Cooperation Story	696.99
4	新疆故事 Xinjiang Story	600.11
5	太空故事 Space Story	597.20
6	贸易故事 Trade Story	564.14
7	经济故事 Economy Story	554.90
8	旅游故事 Tourism Story	523.13
9	河南故事 Henan Story	506.90
10	增长故事 Growth Story	505.98

图 1 我传榜：中国故事国际传播力度榜单

（二）他传榜：中国故事国际传播影响力榜单

中国故事国际传播影响力指数主要由国际关注度指数（海外社交媒体的发帖量）、国际覆盖度指数（海外社交媒体的触达人次）、国际美誉度指数（海外社交媒体正面帖文比例）、国际参与度指数（海外媒体转评赞数）四个指标构成，据此形成"他传总榜"和四个子榜单。

在"他传总榜"（见图 2）中，第一类是最热点的故事，中外关系故事和新冠疫情故事排名前两位，与"我传榜"话题相同，但叙事视角不同；第二类是象征性符号故事，如北京故事、中国共产党故事、国家领导人故事，它们常常作为"中国政权"的一个象征性符号被讲述；第三类是常态化故事，如军事故事。从"他传总榜"的特点来看，西方媒体善用热点故事来引导世界舆论，用政治军事类故事来抹黑中国形象。比如，用中外关系故事表达中国野心，用北京、中国共产党、中国领导人等象征性符号叙述中国政权，用香港、台湾、新疆、西藏故事攻击中国的领土主权以及军事上的硬实力等。

在"他传子榜"中，国际关注度榜单排名前三的故事与总榜一致

1 中外关系故事 China-world Relations Story 1460.11
2 新冠疫情故事 Covid-19 Story 1436.13
3 北京故事 Beijing Story 1417.82
4 中国共产党故事 CPC Story 1349.72
5 国家领导人故事 Chinese Leaders Story 1329.39
6 新疆故事 Xinjiang Story 1329.27
7 香港故事 Hong Kong Story 1310.03
8 台湾故事 Taiwan Story 1294.26
9 军事故事 Military Story 1287.66
10 武汉故事 Wuhan Story 1281.00

图 2 他传总榜：中国故事国际传播影响力总榜单

（见图3），仍然是中外关系故事、新冠疫情故事和北京故事。在该榜单中，贸易故事跻身国际关注度排行榜前十，社会层面尤其是社会化媒体对中国对外贸易、中美贸易摩擦的讨论较多。

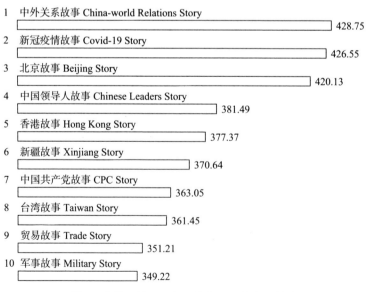

1 中外关系故事 China-world Relations Story 428.75
2 新冠疫情故事 Covid-19 Story 426.55
3 北京故事 Beijing Story 420.13
4 中国领导人故事 Chinese Leaders Story 381.49
5 香港故事 Hong Kong Story 377.37
6 新疆故事 Xinjiang Story 370.64
7 中国共产党故事 CPC Story 363.05
8 台湾故事 Taiwan Story 361.45
9 贸易故事 Trade Story 351.21
10 军事故事 Military Story 349.22

图 3 他传子榜1-中国故事国际关注度榜单

在中国故事国际覆盖度榜单（见图 4）中，故事排位虽稍有变化，但是故事类型没有变化，前三仍然是新冠疫情故事、中外关系故事和北京故事。但与总榜的区别在于，贸易故事、经济故事和春节故事登上了覆盖度榜单，辐射上百亿人次，而且讨论的来源丰富、角度多样。除了政治军事类故事，经贸类故事和文化类故事也有着广泛的国际传播力。

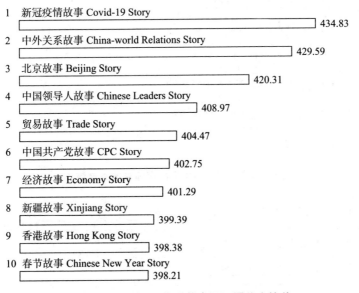

1 新冠疫情故事 Covid-19 Story   434.83
2 中外关系故事 China-world Relations Story   429.59
3 北京故事 Beijing Story   420.31
4 中国领导人故事 Chinese Leaders Story   408.97
5 贸易故事 Trade Story   404.47
6 中国共产党故事 CPC Story   402.75
7 经济故事 Economy Story   401.29
8 新疆故事 Xinjiang Story   399.39
9 香港故事 Hong Kong Story   398.38
10 春节故事 Chinese New Year Story   398.21

图 4　他传子榜 2－中国故事国际覆盖度榜单

在所有"他传子榜"中，中国故事国际美誉度榜单（见图 5）最具差异性和传播亮点：春节故事、王嘉尔故事和"十四五"规划故事是收获转评赞最多的中国故事。文化类故事是国际美誉度最高的中国故事，主要包括四大类：以春节为代表的传统文化故事，以艺人王嘉尔、张艺兴等为代表的流行文化故事，以东京奥运会、中国运动员为代表的体育文化故事，以及中国美食故事。特别值得关注的是，"十四五"规划故事和新冠疫苗故事也进入榜单，它们作为希望和信心的象征，收获了比较多的正面评价。

第四个子榜单"中国故事国际参与度榜单"内容与"他传总榜"完全一致，排名稍有不同（见图 6）。排名前三的故事中，除了中外关系故事、新冠疫情故事，还有中国共产党故事，说明这三大故事最能够激发社交媒体用户的参与热情，尤其是年轻人的参与热情，能够获得更多参与和转评赞。

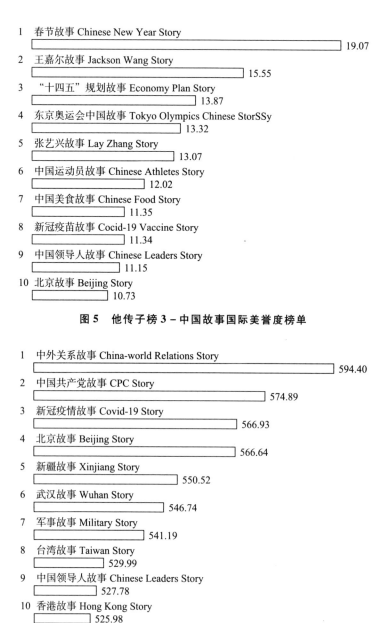

1 春节故事 Chinese New Year Story 19.07
2 王嘉尔故事 Jackson Wang Story 15.55
3 "十四五"规划故事 Economy Plan Story 13.87
4 东京奥运会中国故事 Tokyo Olympics Chinese StorSSy 13.32
5 张艺兴故事 Lay Zhang Story 13.07
6 中国运动员故事 Chinese Athletes Story 12.02
7 中国美食故事 Chinese Food Story 11.35
8 新冠疫苗故事 Cocid-19 Vaccine Story 11.34
9 中国领导人故事 Chinese Leaders Story 11.15
10 北京故事 Beijing Story 10.73

图 5 他传子榜 3 – 中国故事国际美誉度榜单

1 中外关系故事 China-world Relations Story 594.40
2 中国共产党故事 CPC Story 574.89
3 新冠疫情故事 Covid-19 Story 566.93
4 北京故事 Beijing Story 566.64
5 新疆故事 Xinjiang Story 550.52
6 武汉故事 Wuhan Story 546.74
7 军事故事 Military Story 541.19
8 台湾故事 Taiwan Story 529.99
9 中国领导人故事 Chinese Leaders Story 527.78
10 香港故事 Hong Kong Story 525.98

图 6 他传子榜 4 – 中国故事国际参与度榜单

（三）榜中榜：中国故事国际影响力分类榜

中国故事国际影响力分类榜主要包括人物榜、事件榜、实体榜、地域榜和镜像榜五个子榜单，也称"榜中榜"。

第一，在"中国故事国际影响力人物榜"中，最具影响力的人物有两大类，一类是政治人物，另一类是文体人物。"中国领导人故事"的综合指数稳居榜首，此外，中国运动员群体的故事、香港前特首林郑月娥的故事、外交部发言人华春莹的故事以及美食博主李子柒的故事也都榜上有名，美誉度普遍较高。尤其是中国运动员在奥运会上的精彩表现赢得了普遍喝彩，美誉度单项指标达到了 12.02（见表 2）。

表 2　分类榜 1——中国故事国际影响力人物榜

故事类型	综合指数	关注度指数	覆盖度指数	美誉度指数	参与度指数
中国领导人故事 Chinese Leaders Story	1329.39	381.49	408.97	11.15	527.78
中国运动员故事 Chinese Athletes Story	1156.04	298.17	367.14	12.02	478.71
林郑月娥故事 Carrie Lam Story	1068.29	283.33	365.49	9.20	410.27
华春莹故事 Hua Chunying Story	960.29	224.35	360.44	10.51	364.98
李子柒故事 Li Ziqi Story	849.48	159.43	324.36	9.96	355.73

第二，在"中国故事国际影响力事件榜"中，新冠疫情故事依然是最具国际影响力的故事，在关注度、覆盖度、参与度等方面都位列第一。春节故事在华人圈和亚洲文化圈里影响力排名第二，美誉度高达 19.07。太空故事登榜排名第三。而比特币故事美誉度最低，只有 3.34。中国队征战东京奥运会的故事也进入榜单，在覆盖度和美誉度方面都有比较好的表现（见表 3）。

表 3　分类榜 2——中国故事国际影响力事件榜

故事类型	综合指数	关注度指数	覆盖度指数	美誉度指数	参与度指数
新冠疫情故事 Covid‑19 Story	1436.13	426.55	434.83	7.81	566.93
春节故事 Chinese New Year Story	1263.77	326.00	398.21	19.07	520.48
太空故事 Space Story	1208.05	322.09	398.03	9.10	478.83
比特币故事 Bitcoin Story	1077.45	269.24	343.91	3.34	460.96
东京奥运会中国故事 Tokyo Olympics Chinese Story	1053.90	224.90	366.86	13.32	448.82

第三，"中国故事国际影响力实体榜"最突出的特征是被能源故事和企业故事占据，被外媒关注的核能故事，背负煤炭、环保、能源、中澳关系等多重意味的煤炭故事，因孟晚舟事件登榜的华为故事，陷入债务危机的地产巨鳄恒大故事，以及2021年一直被负面新闻缠身的阿里巴巴故事，都成为备受关注的实体故事。在这个实体榜单中，中国故事都被解读为危机和丑闻，美誉度普遍较低。其战略性叙事特征较明显，目的是丑化中国和遏制中国经济发展（见表4）。

表4　分类榜3——中国故事国际影响力实体榜

故事类型	综合指数	关注度指数	覆盖度指数	美誉度指数	参与度指数
核能故事 Nuclear Story	1201.94	326.54	379.70	5.05	490.64
华为故事 Huawei Story	1153.86	314.58	369.56	3.84	465.88
恒大故事 Evergrande Story	1090.36	293.26	348.30	1.07	447.73
煤炭故事 Coal Story	1115.53	294.19	359.91	3.33	458.10
阿里巴巴故事 Alibaba Story	1079.94	294.90	350.25	3.02	431.77

第四，相对于其他故事类型而言，中国地域故事更具有国际影响力，中国故事国际影响力地域榜主要有三个特点：第一，北京故事、新疆故事、香港故事、台湾故事、武汉故事综合指数都非常高，这些故事的标签性非常强；第二，香港、新疆、台湾是外媒恶意攻击中国主权、人权、政权的三大靶点，关注度指数比较高；第三，虽然武汉的关注度、覆盖度指数较低，但参与度指数却比较高，网络民众对武汉的讨论比较活跃，武汉的一举一动都备受瞩目（见表5）。

表5　分类榜4——中国故事国际影响力地域榜

故事类型	综合指数	关注度指数	覆盖度指数	美誉度指数	参与度指数
北京故事 Beijing Story	1417.82	420.13	420.31	10.73	566.64
新疆故事 Xinjiang Story	1329.27	370.64	399.39	8.72	550.52
香港故事 Hong Kong Story	1310.03	377.37	398.38	8.30	525.98
台湾故事 Taiwan Story	1294.26	361.45	396.12	6.71	529.99
武汉故事 Wuhan Story	1281.00	342.93	387.09	4.24	546.74

第五，镜像榜反映了"我传榜"和"他传榜"的叙事差异。结果显示，"我传"中国故事和"他传"中国故事呈现话题重合度很低、共同话语空间极少的特点。话题重合的只有新冠疫情故事、中外关系故事和新疆故事（见表6）。但即使讲述同样的话题，其叙事话语却截然相反，不同故事的叙事话语更是天差地别。比如，"我传"在讲合作故事、人类命运共同体故事之时，"他传"却在捏造中国的殖民扩张野心；"我传"在讲述新疆故事，强调主权和稳定话语之时，"他传"却在用人权做文章；比如亮眼的太空故事，"我传"讲述科学探索，"他传"渲染军事威胁。从榜单上的一系列故事可以发现，"我传"和"他传"的叙事镜像体现出非常鲜明的二元对立话语特征，各说各话，对牛弹琴。

表 6　分类榜 5——中国故事国际影响力镜像榜

"我传" + "他传" 榜前十	"我传" 镜像叙事
1 新冠疫情故事 *	抗疫
2 中外关系故事 *	共赢
3 合作故事	人类命运共同体
4 新疆故事 *	主权；稳定
5 太空故事	科学
6 贸易故事	开放
7 经济故事	发展
8 旅游故事	红色旅游；境内旅游
9 河南故事	救灾
10 增长故事	机遇
11 北京故事	政治、经济、文化名城
12 中国共产党故事	正义；代表人民利益
13 中国领导人故事	领袖
14 香港故事	内政
15 台湾故事	期盼统一
16 军事故事	防御
17 武汉故事	澄清

四 中国故事国际传播的困境

综观当下中国故事国际传播现状，"我传"中国故事与"他传"中国故事的对立之处彰彰在目。西方版中国故事长期以来占据着国际传播的主导地位，在国际舆论中发挥着强大影响力，中国形象基本上是由西方主要发达国家的媒体来定义的[①]，"中国故事"不是关于中国的知识，而是一个西方现代性想象的象征物，一个"文化他者"的异域形象原型，一个可以自由讨论发挥的虚构性叙事。拜登政府把中国这个"文化他者"进一步升级为"美国的生存威胁""最严峻的竞争者"，因此中国故事在国际传播中面临主要困境如下。

（一）西方版中国故事对中国国家合法性和治理正当性的"根部抹黑"

西方版中国故事常借领土、领空、领海议题挑战中国主权合法性，给中国贴上"扩张主义"标签；在共产党执政、民主叙事议题上挑战中国政权正当性；借香港、台湾、新疆故事挑战中国国家主权和人权。目前，香港、新疆、台湾故事常常成为外媒攻击中国主权、人权、政权的三大靶点，"共产党"一词常被用以指控中国的"威权主义"。西方媒体经常给中国贴各种"标签"，比如编造所谓中国在政治上搞"威权主义"、在国际经济上搞"重商主义"。

（二）西方版中国故事对中国与世界的关系叙事日益意识形态化

西方版中国故事有意通过"反叙事"将中国妖魔化为世界秩序的颠覆者与西方自由民主价值观的敌人，通过资本主义/社会主义的二元对立叙事形成"新冷战"态势。对中外关系发起舆论战、认知战，不断制造"中国威胁论"。西方主流媒体拒绝倾听中国声音，对一切中国故事进行恶意解读。例如，在西藏美景故事中，无视西藏优美的自然风光，重在声讨中国其他省区

[①] 任孟山：《国际传播是中西版"中国故事"的竞争》，《传媒》2021 年第 22 期，第 1 页。

市游客给西藏造成的环境破坏；在贸易故事中着重讲述对中国的制裁等。

（三）对中国故事讲述者实施标签化、类型化、污名化叙事战略

我国政府与官方媒体是中国故事国际传播的主力军，因此在三大国际社交平台上，中方媒体账号被贴上 "China state-controlled media、China state-affiliated media、funded by Chinese government" 标签，冠以中国国家控制媒体、附属媒体、资助媒体的字样。它们通过对中国故事讲述者的标签化与类型化，削弱民众对其所传递信息的信任。

（四）对中国故事国际接收者和传播平台发动 "混合战争"，进行降维打击

具体表现为对中国故事传播平台和中国故事接收者实施封锁战、舆论战、认知战和计算宣传战，迫使真实的中国故事在国际传播场域 "失语"。社交平台对 "亲中" 内容（即使发布者是外国人）进行限流，从技术上阻隔其传播。比如居住在南京的日本导演竹内亮拍摄了一系列真实反映中国社会和中国温度的纪录片放在 YouTube 平台上，如《好久不见，武汉》《华为的 100 张面孔》《走近大凉山》，但这些影片都被技术限流了，很多外国民众根本看不到。他们通过实施全方位的渠道封锁、技术封锁、内容封锁和话语封锁，完全掌控中国故事的讲述框架和意义结构设置。

总体而言，西方常常从意识形态、政治考量的角度去有选择性地、以双重标准报道中国与世界①。西方版中国故事不是在讨论 "中国是什么" 而是在说明 "自己是什么"，中国只是西方人身份识别的一个二元对立面，一个自我确认与自我怀疑、自我合法化与自我批评的参照物而已。

五　榜外榜：中国故事国际传播的未来方向

本报告的撰写目的是研究中国故事在国际传播领域内传播要素、叙事要素的差距，提出一个关于中国故事 "我传榜" 与 "他传榜" 的对比概

---

① 王文：《不妨也介绍些他国的亮点》，《对外传播》2019 年第 11 期，第 16 ~ 17 页。

念，因此报告提出的中国故事国际传播力度指数、影响力指数分别代表了"我传"声量高低和"他传"影响力大小。计算"我传"和"他传"中国故事差距的指标分数只是一个警示和提醒，而并不是本研究的重点；缩小"我传"和"他传"中国故事差距所应投入的资源及所用的方法才是本研究的重点。我们要运用国际视野和比较眼光，不仅思考中国问题，还要思考世界问题；从中国思考世界，在世界中思考中国。如此才能看到讲好中国故事所面临的话题差异、话语差异、传播差异。本研究主要发挥自我评价的监督作用，为中国故事国际传播效能提升提供一个基本指数维度。接下来，我们围绕主体、受众、平台与内容四方面提出中国版中国故事国际传播榜外榜，作为中国故事国际传播的未来发展方向，以期推动中国故事国际传播综合效能提升。

第一，多元化构建传播主体，打造中国故事传播者榜单，实现主体信源和主导信源并举。目前中国政府和官方媒体是中国故事国际传播的主力军，罕见高校、智库、企业和个人等信源主体。因此建议实施"全民讲故事计划"，调动和授权国家行为体、次国家行为体和非国家行为体等各方力量，构建多元化传播主体，定期发布《中国故事国际传播"主体榜"》，主要包括中国故事国际传播媒体榜、中国故事国际传播自媒体榜、中国故事国际传播城市榜、中国故事国际传播 NGO 组织榜、中国故事国际传播大学榜、中国故事国际传播学术组织榜、中国故事国际传播网红榜等，系统建构和打造讲述中国故事的多元化主体网络，使"我传"成为中国故事的主导信源。

第二，精细化锚定国际受众，打造中国故事国际受众榜单，实现讲述者本位和接收者本位同框。在国际传播场域，通常将中国故事的国际受众视为一个统一的集合体，并未进行受众细分，更遑论针对不同受众讲述不同故事。但是，有效细分受众不仅有助于实现故事的精准传播，还能提升国际受众对中国的情感体验，因此，依据不同的细分标准精准锚定中国故事国际受众成为中国故事国际传播破局的关键点之一。例如，依据年龄，着重锁定国外年轻人；依据兴趣爱好，细分国外同好者（如萌宠、影视剧、绘画等爱好者）；依据地域，细分为南方国家和北方国家，"一带一路"沿线国家等；依据情感倾向，细分为海外华人华侨和中华文化爱好者；依据信仰理念，细分国外社会活动人士。这些特定目标受众是国际舆论竞争的主要争取对象和西方版中国故事传播的中坚力量。

第三，特色化挖掘故事题材，打造中国故事国际传播内容榜单，实现由宣传拒斥向感召吸引的转变。国际传播场域中的中国故事极少能兼顾"我想说的"与"他想听的"两方面，二者常常出现错位，表现在实操层面则是往往忽略接收者的需求与兴趣，单向地输出故事，在故事题材与内容上缺少对话和互动，宣传色彩浓厚，导致听者拒斥。应使"宏观"适当让位于"微观"，化"说教"为"人文"，弃表面的"大而全"、重内里的"小而深"，充分挖掘、加工中国故事中的特色因子，培育中国故事的代表元素与作品，发挥中国故事的感召力与吸引力。

第四，矩阵化搭建传播渠道，打造中国故事国际传播平台榜单，实现由单一复制转向多样耦合生态。渠道可谓中国故事国际传播的媒介载体，研究者对中国故事元数据进行分析后发现，中国故事的传播渠道虽然多样，但通常做法是将同一个故事一成不变地复制到多个平台，缺乏差异性和针对性，这种行为不啻为画脂镂冰。因此，需要根据各平台特性打造独属于中国故事的传播矩阵，实现故事内容与平台风格的契合、与平台用户的耦合。例如，TikTok 平台在年轻人中非常流行，适合发布娱乐性、参与性强的短视频内容；YouTube 平台用户黏性强，推送算法精准，适合发布纪录片、Vlog、教育教学等中长视频内容；Twitter 平台的特点是用户意见分歧大、信息传播快，适合玩梗或发表旗帜鲜明的观点；Facebook 平台主打群组页面和图文信息，适合作为同好集结地、机构大本营；Instagram 平台主打生活分享和互动，有众多 KOL 内容生产者，适合发布普通中国人日常生活的故事。总之，我们要立足视域交融、求同存异的跨文化沟通原则，从单纯注重中国故事国际传播的投入性层面，向注重主体性投入与客体性感知相协同的综合评价转型。

走进政治公共关系：概念、历史与核心议题[*]

陈先红　李旺传^{**}

摘　要　本文以政治公共关系的概念、历史和议题为研究视角，对 2000～2020 年西方学术期刊发表的 265 篇相关论文进行内容分析，聚焦政治公共关系史、政治公共关系话语分析、政府公共关系、政治竞选、政府与媒体关系、总统政治公共关系等核心议题，勾勒出政治公共关系的主要知识图谱，提供有关政治公共关系研究的全面理解。本文作为国内学界了解政治公共关系的窗口，期待推动更多学者走进政治公共关系研究领域，开展具有中国特色的本土化研究，以逐渐改变"西强我弱"的国际政治舆论格局。

关键词　政治公共关系史；话语分析；政府公共关系；政治竞选；总统公共关系

公共关系自其诞生之初就与政治密不可分，其作为实践是在政治背景

---

*　本报告系教育部哲学社会科学研究重大课题攻关项目"讲好中国故事与提升我国国际话语权和文化软实力研究"（项目编号：17JZD038）的研究成果，原文刊于《新闻春秋》2021 年第 3 期。

**　陈先红系华中科技大学新闻与信息传播学院教授、博士生导师，中国故事创意传播研究院院长；李旺传系华中科技大学新闻与信息传播学院博士研究生，中国故事创意传播研究院研究助理。

下开创的，并且一直是政治的固有部分①。通过公共关系，所有政府官员能够保持和管理自己与公众之间的有效沟通渠道，这亦是保证民主规范和选民知情权的重要渠道②。政治公共关系实践古已有之，但政治公共关系这一提法，直至 20 世纪 50 年代才首次出现在学术领域。1955 年，美国学者 Lewis A. Dexter 在《候选人必须提出议题并赋予其意义》一文中首次提出"political public relations"一词③，但并未展开具体论述。早期政治公共关系研究大都集中于政治竞选领域，如政客如何对选民意见做出判断④，候选人如何获得政治支持者的资金支持⑤，政治公共关系人员如何在各种类型的选民之间分配消息和媒体⑥，等等。此外，也有学者从政治公共关系的角度探讨政府与民众的关系⑦，政府间关系⑧以及国家与国家之间的关系⑨。到了 20 世纪七八十年代，一些政治公共关系公司为三 K 党、麦卡锡主义宣传服务，给政治公共关系蒙上了负面的色彩⑩，政治公共关系"常被用来形容政治参与者试图影响媒体议程设置和针对具体事件的框架形成而采取的传播行动……更普遍和糟糕的情况是政治公共关系的工作经常被称作颠倒是非黑白

---

① 〔美〕斯各特·卡特里普：《公共关系史（17—20 世纪）》，纪华强、焦妹、陈易佳译，复旦大学出版社，2012，第 18 页。

② Eshbaugh-Soha, M., "Presidential public relations in the United States," in Strömbäck, J., & Kiousis, S., eds., *Political Public Relations: Concepts, Principles, and Applications* (New York: Taylor & Francis Group, 2019), p. 227.

③ Dexter, L. A., "Candidates make the issues and give them meaning," *Public Opinion Quarterly* 19 (1955): 408 – 414.

④ Hesse, M. B. A., "Coorientation study of wisconsin state senators and their constituencies," *Journalism & Mass Communication Quarterly* 53 (1976): 626 – 660.

⑤ Haggerty, B. A., "Public relations in direct mail political fundraising," *Public Relations Review* 5 (1979): 10 – 19.

⑥ Strand, P. J., Dozier, D. M., Hofstetter, R. C., & Ledingham, J. D., "Campaign messages, media usage and types of voters," *Public Relations Review* 9 (1983): 53 – 63.

⑦ Rossi, P. H. & Berk, R. A., "Local political leadership and popular discontent in the ghetto," *The Annals of the American Academy of Political and Social Science* 391 (1970): 111 – 127.

⑧ Wright, D. S., "Intergovernmental relations: An analytical overview," *The Annals of the American Academy of Political and Social Science* 416 (1974): 1 – 16.

⑨ Mackie, J. A. C., "Australia's relations with Indonesia: Principles and policies, I," *Australian Outlook* 28 (1974): 3 – 14.

⑩ Cutlip, S. M., "Foundation lecture: Public relations in American society," *Public Relations Review* 6 (1980): 3 – 17.

的'政治粉刷匠'"①，政治公共关系因此遭受了一定程度的污名化。

2000 年以来，政治公共关系开始真正走进研究者的视野，学者们开始试图对政治公共关系的内涵及外延进行界定。英国学者 B. McNair 将政治公共关系定义为"旨在确保当事方获得最大的有利宣传和最小的负面宣传的媒体信息管理策略"②。这个定义把政治公共关系等同于政治宣传，主要集中在媒体、图像和信息管理上③。A. Zipfel 指出："政治公共关系是指参与政治进程的行动者为了实现单一利益目标，运用有说服力的丰富信息进行的战略传播活动。"④ 这一定义将政治公共关系视为战略传播活动，体现了公共关系的战略性，但忽视了公共关系的民主性与双向性等本质属性。中国台湾政治学者倪炎元使用"公关政治"这一提法来形容以形象管理、政治议题操纵和政治影响为核心，以公共关系为手段，以政治为目的的政治公共关系活动⑤。这一定义强调了公共关系为政治服务的手段性和工具性，缺少对组织—公众互动关系的观照。德国哥德堡大学教授 J. Strömbäck 和美国佛罗里达大学教授 S. Kiousis 在综合考察公共关系、政治传播的研究异同，政治学和公共关系学的学科异同的基础上，提出了一个全面、系统的定义："政治公共关系是政治组织或个人借由有目的的传播和行动影响其他政治参与者，建立和维护该政治主体与其重要公众之间的有利关系和良好声誉，旨在为达成该主体的政治愿景和目标服务。"⑥ 这一定义强调了政治公共关系的对象性、关系性和目的性。陈先红指出："公关从来不只是公关，公共关系是一种政治，是一种以公众利益为导向，以人类终极关

① J. Strömbäck、S. Kiousis:《政治公共关系》，载陈先红主编《中国公共关系学》，中国传媒大学出版社，2018，第 576 页。
② McNair, B., *An Introduction to Political Communication* (3rd ed) (London: Routledge, 2003), p. 7.
③ Moloney, K., "Is political marketing new words or new practice in UK politics?" *Journal of Political Marketing* 6 (2008): 51–65.
④ Zipfel, A., "Public relations, political," in Kaid, L. L., & Holtz-Bacha, C., eds., *Encyclopedia of Political Communication* (Thousand Oaks, CA: Sage, 2008), p. 677.
⑤ 倪炎元:《公共关系政治学：当代媒体与政治操作的理论、实践与批判》，台湾商周出版社，2009，第 47~48 页。
⑥ Strömbäck, J., & Kiousis, S., *Political Public Relations* (New York: Taylor & Francis Group, 2011), p. 8.

怀为追求的民主协商机制。"① 这一定义具有"公共关系即政治"的本体论倾向，强调了公共关系的公共性导向和民主协商本质，以及追求人类终极关怀的战略目标。这些定义为此后的政治公共关系研究指明了方向。

一 政治公共关系历史溯源：兼评政治公共关系史研究

"认识最为复杂的客观世界即历史领域，是对人类自我认识能力的最大挑战，也是历史科学最富魅力之所在。"② 历史研究对于学科正当性地位的构建起着至关重要的作用，公共关系史学家往往从不同的学科视角研究公共关系的历史文本，比如历史哲学、社会学、政治学和道德哲学等，其对公共关系认识论和本体论的假设各不相同③，造成公共关系的历史没有单一的、权威的解释。基于此，K. M. Russell 和 M. O. Lamme 通过对公共关系史文献进行梳理，探讨了什么才有资格成为公共关系史的一部分，他们提出一种"侧重于实践者的战略意图和代理人"的观点，即一个人，一个竞选活动或计划应具有较高的战略意图，而预定的代理人（公共关系从业者在早期被称为"新闻代理人"）必须具有较高的代理水平才能确定其属于公共关系史④。同时，J. Xifra 和 R. L. Heath 主张突破过往简单的以职业被命名的方法来定位公共关系的历史，通过更深入地分析与各种政治经济合法性相关的复杂本质来探讨公共关系历史⑤。相较于公共关系史，政治公共关系史更为注重其政治背景及政治目的。本文以政治公共关系专业人员出现为节点将西方政治公共关系史分为前史和职业史两个阶段，其中前史指政治公共关系专

① 陈先红：《论公共关系的政治性》，《公关世界》2020 年第 23 期，第 42~43 页。
② 周海民：《在历史的长河中接近历史真相》，《上海师范大学学报》（哲学社会科学版）2018 年第 5 期，第 158~167 页。
③ Pearson., R., "Perspectives on public relations history," *Public Relations Review* 16 (1990): 27-38.
④ Russell, K. M., & Lamme, M. O., "Theorizing public relations history: The roles of strategic intent and human agency," *Public Relations Review* 42 (2016): 741-747.
⑤ Xifra, J., & Heath, R. L., "Reputation, propaganda, and hegemony in assyriology studies: A gramscian view of public relations historiography," *Journal of Public Relations Research* 27 (2015): 196-211.

业人员尚未出现，但在实践过程中蕴含了现代政治公共关系智慧的历史。

（一）西方政治公共关系前史

学者们对政治公共关系前史的梳理更多是为了追根溯源，通过对历史文献的挖掘，将蕴含现代政治公共关系智慧的历史事件进行剖析，为试图构建人类政治公共关系历史全貌做出努力。西方政治公共关系实践的源初尚未确定，但已有研究将政治公共关系前史追溯到公元前。在古代近东王权历史中，特别是在青铜时代晚期，地中海国家的君主（包括埃及法老）便懂得通过皇家铭文和肖像材料等进行形象管理，以便在臣民和神面前使他们的权力合法化①。形象管理作为当代政治公共关系战略的重要组成部分，亦是古代权力合法化的关键因素。事实上，"现代公共关系用的许多战术已经被社会领袖使用了数千年……从古至今，公共关系曾被用于推动战争、推动政治事业、支持政党、支持宗教"②。

在推动战争上，"1095 年，教皇乌尔班二世想要对东方穆斯林的辖地发动战争，教皇通过自己的信息网络传话出去，通过红衣主教、大主教、主教和堂区神父传话，声称参与这场'圣战'是为上帝服务，还能得到宽恕……还能给基督徒一生难得的机会去拜访圣殿"③。虽然只是人际传播，但乌尔班二世的举措具有浓厚的宣传和说服色彩。在推动政治事业上，公元前 64 年，当时昆图斯·西塞罗向他正在竞选罗马共和国执行官的兄弟马库斯·西塞罗指出竞选成功的两条路：朋友的支持和人民的青睐。作为竞选者，候选人应该这样研究他的对手：知道他们的动机以及他们的朋友和合作伙伴；同时，通过倾听人们在说什么获得人民的青睐。昆图斯的建议便蕴含着关系管理、战略定位等现代政治公共关系的战略智慧④。在支持

---

① Xifra, J., & Heath, R. L., "Reputation, propaganda, and hegemony in assyriology studies: A gramscian view of public relations historiography," *Journal of Public Relations Research* 27 (2015): 196 – 211.

② 〔美〕道·纽森、朱迪·范斯里克·杜克、迪恩·库克勃格：《公共关系本质》，于朝晖等译，复旦大学出版社，2011，第 31 ~ 32 页。

③ 〔美〕道·纽森、朱迪·范斯里克·杜克、迪恩·库克勃格：《公共关系本质》，于朝晖等译，复旦大学出版社，2011，第 32 ~ 34 页。

④ J. Strömbäck、S. Kiousis：《政治公共关系》，陈先红主编《中国公共关系学》，中国传媒大学出版社，2018，第 568 页。

政党上，意大利政治学家马基雅维利对公共关系的使用堪称典范，《君主论》中对君主如何管理民众和通过控制信息传播来保证权力行使进行了详细的论述，他为恺撒·博尔吉亚所做的工作便使用了意见控制和宣传等如今被归为"事件管理"的公共关系策略。在支持宗教上，英国教会主教Swithun 在 10 世纪"黑暗时代"的政治传播中通过使用品牌创建和推广、筹资、信息创造和传递、利益攸关方参与等公共关系战略和策略，获得公众对早期基督教殉道者的认可和尊敬，推动了英国圣斯威逊教派的形成①。

公共关系在古代主要应用于政治领域，公共关系战术在美国的使用起初也带着政治目的。"运用公共关系技巧来帮助政府推进发展历程和形成影响，这一事业比国民政府本身的历史更加久远……政府公共关系在美国的运用还要追溯到美国的前革命时期。"② 北美大陆的资产阶级革命家在鼓动民众摆脱殖民地命运、创建国家的过程中，便运用了各种政治公共关系手段，1773 年 12 月的波士顿"倾茶事件"是其中的典型代表，塞缪尔·亚当斯及其革命同伴们创立的舆论动员模式更是深深影响了当今政治公共关系实践。美国独立后，政治公共关系在国家运行、政治发展中依旧发挥着重要作用。这段时间发生了"美国公关史上最出色的政治公共关系工作"——在 1787 年至 1788 年修订美国宪法的运动中，涌现了美国历史上第一位政治宣传活动家约翰·贝克利，第二位政治宣传活动家阿莫斯·肯德尔等现代政治公共关系专业人员的前辈③，但此时政治公共关系的提法尚未出现，政治公共关系亦未被确定为职业，因而该阶段的历史仍属于政治公共关系前史的范畴。

（二）西方政治公共关系职业史

政治公共关系历史悠久，而确定政治公共关系职业史的时间节点并非易事。"公共关系作为一种概念找不到一个首要缔造者、原产国或创始日期，

---

① Watson, T., "Creating the cult of a saint: Communication strategies in 10th century England," *Public Relations Review* 34 (2007): 19 - 24.

② 〔美〕斯各特·卡特里普：《公共关系史（17—20 世纪）》，纪华强、焦妹、陈易佳译，复旦大学出版社，2012，第 18 页。

③ 〔美〕斯各特·卡特里普：《公共关系史（17—20 世纪）》，纪华强、焦妹、陈易佳译，复旦大学出版社，2012，第 35 ~ 90 页。

直到 1897 年'公共关系'才有了现在的含义，当时这个词出现在'美国铁路协会'的《铁路年鉴》上。"① 关于政治公共关系专业人员出现的时间节点尚未探明，斯各特·卡特里普在《公共关系史（17—20 世纪）》一书中给出的三个时间节点或许能够给我们以启发：美国地质勘测局前局长鲍威尔在 1882 年雇用全职公共宣传人员、美国农业部于 1889 年成立公共关系部以及一战时期"公共信息委员会"的成立②。因而，在更直接的史料证据出现之前，我们暂时可以认为西方政治公共关系职业史的起点不早于 1882 年。

新千年以来，政治公共关系职业史的研究更多从功能主义视角出发，探讨政治公共关系在政治变革、政党活动、政府组织建构及国家发展等方面所扮演的角色以及发挥的作用，试图从侧面印证政治公共关系在民主化社会建设中的重要地位。例如，对英国自 20 世纪 50 年代以来政治公共关系历史进行梳理，该研究在对包括撒切尔夫人等政治领导人主导或参与的政党政治营销进行分析的基础上，探讨了这一历史时期英国政治公共关系的发展，并且从批判性角度评估了自 20 世纪 90 年代新工党崛起以来主导英国政治新闻业和公共关系学术写作的"邪恶的操纵术"③。还有研究在对南非 45 年的公共关系实践和政治变革之间的关系进行探讨后发现，公共关系在变革时期变得更加重要和具有战略意义，而在影响变革的同时，其自身也受到变革的影响④。有学者将北爱尔兰共和党的公共关系历史分为"行为宣传"阶段、政治公共关系发展阶段和和平进程阶段，通过实证调查发现北爱尔兰共和党运用熟练的公共关系技术和有条理的内部组织交流，在运动中将自己推到了最前沿，并在发展和平进程中始终处于核心地位⑤。Napawan Tantive-

---

① 〔美〕道·纽森、朱迪·范斯里克·杜克、迪恩·库克勃格：《公共关系本质》，于朝晖等译，复旦大学出版社，2011，第 30～31 页。

② 〔美〕斯各特·卡特里普：《公共关系史（17—20 世纪）》，纪华强、焦妹、陈易佳译，复旦大学出版社，2012，第 218～236 页。

③ McNair, B., "PR must die: Spin, anti-spin and political public relations in the UK, 1997 – 2004," *Journalism Studies* 5 (2004): 325 – 338.

④ Holtzhausen, D. R., "Public relations practice and political change in South Africa," *Public Relations Review* 31 (2005): 407 – 416.

⑤ Somerville, I., & Purcell, A., "A history of Republican public relations in Northern Ireland from 'Bloody Sunday' to 'the Good Friday Agreement'," *Journal of Communication Management* 15 (2011): 192 – 209.

jakul 对泰国政府公共关系部（GPRD）过去 80 年的历史进行了梳理，并将其分为开始时期、成长时期、全面扩张时期和弱势时期四个时期，研究指出 GPRD 已经扩大了其在政府中的作用，成为政府沟通的中心组织。但其也被批评为政府的喉舌，而不是可靠的事实信息来源。在泰国政府利益和公共利益的两端，GPRD 努力扮演着保持平衡的公共关系的角色①。

无论前史还是职业史，以上研究都对政治公共关系研究的必要性和正当性起到重要支撑。但当下西方学界对政治公共关系史的研究大都从单一历史事件或者组织发展的历史进程出发，即运用基于事实的史学方法和分期史学方法，对政治公共关系的历史本身进行梳理，而应用理论导向的史学方法进行政治公共关系史研究的成果较为缺乏。在思想史层面，有少数学者对历史上一些知名政治家的公共关系思想进行了研究，如葛拉西安的声誉管理思想和马基雅维利的信息传播思想及双重道德论②，霍布斯的社会关系冲突视角和声誉风险思想③，马丁·布伯的对话、战略传播及公共关系伦理思想④等，但在总体上政治公共关系思想史的研究成果还十分匮乏，而没有思想史的学科犹如无源之水、无本之木，政治公共关系思想史的系统研究亟待加强。

二 西方政治公共关系研究核心议题：21 世纪西方政治公共关系知识图谱

本研究以"political public relations"为主题词在全球最大的外文数据库 Scoups 上对 2000~2020 年的相关文献进行检索后，得到 13112 篇文献（检索时间为 2021 年 1 月 1 日），进而将关键词限定为"public relations"

---

① Tantivejakul, N. , "The never changing story: Eight decades of the government public relations department of Thailand," *Public Relations Review* 45 (2019): 258 – 266.

② García, C. , "Ethics and strategy: A communication response to machiavelli's the prince in baltasar graciáns A pocket oracle," *Public Relations Review* 43 (2017): 172 – 178.

③ Xifra, J. , "Recognition, symbolic capital and reputation in the seventeenth century: Thomas Hobbes and the origins of critical public relations historiography," *Public Relations Review* 43 (2017): 579 – 586.

④ Toledano, M. , "Dialogue, strategic communication, and ethical public relations: Lessons from martin Buber's political activism," *Public Relations Review* 44 (2018): 131 – 141.

后获得 733 篇文献，最终通过人工筛选确定相关度较高的 265 篇文献作为研究样本①。在对研究样本进行内容分析和主题聚类后发现，21 世纪以来西方学界关于政治公共关系的研究重点聚焦于政治公共关系话语分析、政府公共关系、政治竞选、政府与媒体的关系、总统政治公共关系等五个核心研究议题，以下详述之。

（一）政治公共关系话语分析

语言在所有社会实践中都或多或少存在，或者直接存在于实践中，或者以反身形式存在②。话语则是人们说出来或写出来的语言，既是语言的原生，也是语言的衍生。从实践中孕育而生的公共关系自是与话语有着不可分割的联系，J. Motion 和 S. Leitch 曾指出"公共关系从业者是话语技术专家，在话语的维持和转换中起着核心作用"③。话语理论为公共关系实践提供了宝贵的见解④，话语分析更是为公共关系学者和实践者提供了"以文化符号为研究视角将公共关系进行概念化的能力"⑤。J. Motion 和 C. K. Weaver 进一步指出在公共关系中，话语被作为一种政治资源以影响公众舆论并实现政治、经济和社会文化转型⑥。政治公共关系的传播导向和政治目的导向更是决定了话语分析在其研究中的重要性。

目前，西方政治公共关系话语分析主要是从总统（政府官员）讲话、政策文本以及政治竞选中候选人的发文和公众评论等出发，运用批判性话

---

① 研究样本主要来源期刊有 *Public Relations Review*、*Journal of Public Relations Research*、*Public Opinion Quarterly*、*Political Communication*、*Journal of Political Marketing*、*International Journal of Strategic Communication* 等。此外，囿于语言壁垒，本研究将非英文论文剔除在外。

② Chouliaraki, L., & Fairclough, N., *Discourse in Late Modernity: Rethinking Critical Discourse Analysis* (Edinburgh: Edinburgh University Press, 1999).

③ Motion, J., & Leitch, S., "A discursive perspective from New Zealand: Another world view," *Public Relations Review* 22 (1996): 297 – 309.

④ Weaver, C. K., "Dressing for battle in the new global economy: Putting power, identity, and discourse into public relations theory," *Management Communication Quarterly* 15 (2001): 279 – 288.

⑤ Motion, J, . & Weaver, C. K., "A discourse perspective for critical public relations research: Life sciences network and the battle for truth," *Public Relations Review* 17 (2005): 49 – 67.

⑥ Motion, J., & Weaver, C. K., "A discourse perspective for critical public relations research: Life sciences network and the battle for truth," *Public Relations Review* 17 (2005): 49 – 67.

语分析、比较话语分析、探索性话语分析以及文化话语分析等方法进行研究。为了证明话语理论对公共关系实践的价值，J. Motion 和 C. K. Weaver 运用批判性话语分析对 2002 年新西兰政府选举期间的"生命科学网络"运动的政策文本及广告语进行了研究，证明公共关系可以通过部署话语策略来促进、维护和抵制占主导地位的政治和经济思想①。M. Chaka 运用比较话语分析法对南非三位总统 Mandela、Mbeki 和 Zuma 的政治话语进行了分析，研究发现，南非总统使用的政治话语在一定程度上成功地运用了政治公共关系战略来说服南非人建立国家认同，公共关系可以被视为南非国家建设中的重要工具之一②。随着互联网的发展，社交媒体平台成为公众聚集的网络公共空间，政治公共关系也早已不局限于在线下开展，如何在社交平台造势是政治公共关系人员需要思考和关注的议题，C. H. Y. Choy 运用文化话语分析的方法对 2016 年香港议员选举中 Facebook 上讨论最多的一位候选人的帖子以及公众的 6800 条在线评论进行了探讨，研究发现候选人与他的在线公众之间的交流是一种"居住地关系"的文化话语，候选人不仅要了解选民对地方的关注与期望，建立关系与声誉，在选举中获得选民的支持，还要与公众有基于地域的关系③，该研究响应了对政治公共关系的社会文化视角进行更多研究的呼吁④，推进了政治公共关系的研究议程。

政治公共关系话语分析的研究是政治公共关系理论化的重要推动力，对政治公共关系人员在实践中如何运用话语策略，运用何种政治公共关系战略有重要的指导意义。从批判性话语分析到文化话语分析，话语分析在政治公共关系研究中的应用日趋成熟，但政治公共关系话语分析的研究成果尚不丰富。尤其在互联网迅速发展的当下，"互联网话语的多样性超出了迄今为止各种对网络现状的概述，新媒体的海量信息、便捷检索、多媒

---

① Motion, J., & Weaver, C. K., "A discourse perspective for critical public relations research: Life sciences network and the battle for truth," *Public Relations Review* 17 (2005): 49 – 67.

② Chaka, M., "Public relations (PR) in nation-building: An exploration of the South African presidential discourse," *Public Relations Review* 40 (2014): 351 – 362.

③ Choy, C. H. Y., "Online political public relations as a place-based relational practice: A cultural discourse perspective," *Public Relations Review* 44 (2018): 752 – 761.

④ Strömbäck, J., & Kiousis, S., *Political Public Relations: Principles and Applications* (New York and London: Routledge, 2011).

体传播、超文本和互动性特征更是为话语分析的诸多方面带来新的前景"①。政治公共关系话语分析也要跳出以往的研究样本，根据新媒体带来的更丰富多元的语料设计新的抽样框，从跨学科视角出发进行系统的研究，推动政治公共关系理论和实践的发展。

（二）政府公共关系

政府是政治公共关系的重要主体之一，"政府公共关系作为政府与社会公众进行双向沟通的一种管理职能，在争取公众理解、塑造良好形象等方面发挥着重要作用"②，因而政府公共关系在政治公共关系中占据着重要地位。关于政府公共关系的研究主要围绕政府形象、政府危机公共关系、政府网络公共关系和政府国际公共关系等议题展开。

政府公共关系视角下的政府形象研究包括形象塑造和形象修复两个维度，而形象修复又往往与危机公共关系相结合。值得注意的是，在政府形象塑造研究上，学者们大多站在国家视角，探讨国家形象塑造的策略和影响因素。作为国家软实力的关键组成部分，国家形象可以为国家和公众创造有利或不利的环境③，因而，在实践中运用公共关系战略和策略塑造良好的国家形象是政府公共关系人员的工作重点。国际大型或标志性活动，如奥运会、世博会等是东道国进行国家形象塑造的重要契机，早有学者对特大活动与国家形象之间的联系进行了描述性分析④，政治公共关系学者则从国家品牌⑤和议程设置⑥等理论视角出发，综合运用定性与定量相结合

---

① 李战子：《话语分析与新媒体研究》，《当代修辞学》2016 年第 4 期，第 46 ~ 55 页。

② 张宝生、祁晓婷：《我国政府公共关系研究的演进路径及热点主题的可视化分析》，《图书情报工作》2017 年第 S1 期，第 122 ~ 126 页。

③ Chen, H., "Medals, media and myth of national images: How Chinese audiences thought of foreign countries during the Beijing Olympics," *Public Relations Review* 38 (2012): 755 – 764.

④ Berkowitz, P., Gjermano, G., Gomez, L., & Schafer, G., "Brand China: Using the 2008 Olympic Games to enhance China's image," *Place Branding and Public Diplomacy* 3 (2007): 164 – 178.

⑤ Chen, N., "Branding national images: The 2008 Beijing Summer Olympics, 2010 Shanghai World Expo, and 2010 Guangzhou Asian Games," *Public Relations Review* 38 (2012): 731 – 745.

⑥ Chen, H., "Medals, media and myth of national images: How Chinese audiences thought of foreign countries during the Beijing Olympics," *Public Relations Review* 38 (2012): 755 – 764.

的研究方法，对特大活动中的国家形象塑造进行了实证分析。研究证明，受众会将大型活动的正面形象与东道国的正面形象联系起来，并将其与政府的正面形象联系起来，对东道国国家形象塑造产生积极的正效应；此外，世界著名的大型活动不仅被用来在国外塑造东道国的形象，而且被用来提升东道国政府在国内的形象①。但与公众普遍认知不符的是，一个国家在大型活动上的更好表现并不一定会给该国国家形象带来积极影响，如在奥运会中一个发达国家只要能够保持它的水平，它的国家形象就不太可能减弱；与此同时，发展中国家如果不能进入奥运冠军的"精英俱乐部"，赢得几枚奖牌，就不会促成其国家形象的积极变化②。这种发达国家和发展中国家之间的"国家形象差距"现象体现出国家形象生成是一个长期的过程，发展中国家要改变受众的刻板印象有很长一段路要走。

政府危机公共关系是政府公共关系能力的集中体现，危机应对得当就可能转危为机，应对不当则可能失去民众信任，陷入"塔西佗陷阱"。与私营组织相比，政府危机公共关系面临着截然不同的挑战，因为建立政府的目的是为公共利益服务，而不是保护形象和利润，所以政府机构需要执行更高的标准③，而利益攸关方不能自愿选择使用或不使用政府机构的服务是政府机构与私营组织不同的又一原因④。许多研究从案例出发，在危机传播策略框架、情景危机传播理论和归因理论等理论视角下，综合运用访谈、内容分析和大数据分析等研究方法，对卡特里娜飓风、丽塔飓风、美国次贷危机和 FEMA 甲醛危机等危机中政府使用的危机沟通话语和公共关系策略进行剖析后发现，当政府承认并承担其在危机中的责任时，危机

---

① Chen, N., "Branding national images: The 2008 Beijing Summer Olympics, 2010 Shanghai World Expo, and 2010 Guangzhou Asian Games," *Public Relations Review* 38 (2012): 731 – 745.

② Chen, H., "Medals, media and myth of national images: How Chinese audiences thought of foreign countries during the Beijing Olympics," *Public Relations Review* 38 (2012): 755 – 764.

③ Liu, B. F., & Horsley, J. S., "The government communication decision wheel: Toward a public relations model for the public sector," *Journal of Public Relations Research* 19 (2007) 377 – 393.

④ Avery, E. J., & Lariscy, R. W., "FEMA and the rhetoric of redemption: New directions in crisis communication models for government agencies," in Coombs, T. W., & Holladay, S. J., eds., *The Handbook of Crisis Communication* (Malden, MA: Wiley-Blackwell, 2010), p. 330.

传播才会得到最有效的处理①，而主动沟通比被动沟通来得更有效②，同时政府需要保持积极的利益相关者关系，在整个危机周期中进行合法性建设，并认识到何时必须调整组织使命以有效应对不断加剧的危机③。此外，学者还对危机传播中的公共关系制度化④，政府和企业在危机传播中的不同应对策略⑤，政府在社交媒体上的危机公共关系⑥，政府如何通过预测公众的传播行为制定危机公共关系战略⑦，以及政府应该如何回应关于国家层面风险问题的谣言⑧等议题进行了研究。值得关注的是，W. Liu、C. Lai 和 W. Xu 的研究运用语义网络法将情境危机传播理论扩展到社交媒体领域，弥补了过往内容分析和语篇分析带来的不足⑨；而 H. Paek 和 T. Hove 整合了谣言心理学和情境危机传播理论，对在国家一级风险背景下有效的谣言应对策略进行了探讨，实证研究数据表明反驳、否认、攻击攻击者三种反应策略都显著降低了谣言的信念，但只有反驳策略显著降低了传播谣言的意图，而谣言类型和反应策略之间并没有相互作用，这一研究填补了

① Amanda, H. G., Fontenot, M., & Boyle, K., "Communicating during times of crises: An analysis of news releases from the federal government before, during, and after hurricanes katrina and rita," *Public Relations Review* 33 (2007): 217 – 219.

② Lee, B. K., "The HKSAR government's PR sense and sensibility: Analysis of its SARS crisis management," *Asian Journal of Communication* 17 (2007): 201 – 214.

③ Veil, S. R., & Anthony, K. E., "Exploring public relations challenges in compounding crises: The pariah effect of toxic trailers," *Journal of Public Relations Research* 29 (2017): 141 – 157.

④ Chen, N., "Institutionalizing public relations: A case study of Chinese government crisis communication on the 2008 Sichuan earthquake," *Public Relations Review* 35 (2009): 187 – 198.

⑤ Kim, S., & Liu, B. F., "Are all crises opportunities? A comparison of how corporate and government organizations responded to the 2009 flu pandemic," *Journal of Public Relations Research* 24 (2012): 69 – 85.

⑥ Liu, W., Lai, C., & Xu, W., "Tweeting about emergency: A semantic network analysis of government organizations' social media messaging during hurricane harvey," *Public Relations Review* 44 (2018): 807 – 819.

⑦ Chon, M., "Government public relations when trouble hits: Exploring political dispositions, situational variables, and government-public relationships to predict communicative action of publics," *Asian Journal of Communication* 29 (2019): 424 – 440.

⑧ Paek, H., & Hove, T., "Effective strategies for responding to rumors about risks: The case of radiation-contaminated food in Korea," *Public Relations Review* 45 (2019): 175 – 183.

⑨ Liu, W., Lai, C., & Xu, W., "Tweeting about emergency: A semantic network analysis of government organizations' social media messaging during hurricane harvey," *Public Relations Review* 44 (2018): 807 – 819.

过往政府谣言应对研究的空缺①。

政府危机公共关系研究的另一维度是形象修复，过往 20 多年的相关研究大都基于 W. L. Benoit 的形象修复理论。W. L. Benoit② 在 Scott、Lyman、Burke、Ware、Linkugel 等学者关于道歉研究的基础上，结合修辞批判学和社会心理学提出了形象修复理论，他提出了修复组织形象的五项具体策略：否认、规避责任、减少敌意、纠正行为和责任分离。关于形象修复的研究已经在许多领域开展，但仍多用于了解政治家③、企业实体④以及杰出个人⑤所采用的形象修复策略，从政府层面探讨形象修复的研究较少，且大都立足于具体的危机事件，如运用形象修复理论探讨沙特阿拉伯政府在"9·11"事件后美国的形象修复运动中采用的策略，以及评估这一国际形象修复工作的说服力⑥；研究中国政府在应对争议中所使用的策略以及这些策略所产生的形象⑦；分析美国政府在 2008 年金融危机中为恢复其形象所使用的策略和策略的有效性以及这些策略如何弥补美国的公共外交工作⑧等。研究发现，在政府形象修复过程中，否认和减少敌

---

① Paek, H., & Hove, T., "Effective strategies for responding to rumors about risks: The case of radiation-contaminated food in Korea," *Public Relations Review* 45 (2019): 175 – 183.

② Benoit, W. L., *Accounts, Excuses, Apologies: A Theory of Image Restoration Strategies* (Albany: State University of New York Press, 1995).

③ Anagondahalli, D., "Prior reputation and the transition from image repair to image makeover: The case of Hosni Mubarak," *Public Relations Review* 39 (2013): 241 – 244; Benoit, W. L., "President Barack Obama's image repair on HealthCare. gov. ," *Public Relations Review* 40 (2014): 733 – 738.

④ Sandlin, J. K., & Gracyalny, M. L., "Seeking sincerity, finding forgiveness: YouTube apologies as image repair," *Public Relations Review* 44 (2018): 393 – 406.

⑤ Kauffman, J. "Hooray for Hollywood? The 2011 Golden Globes and ricky gervais' image repair strategies," *Public Relations Review* 38 (2012): 46 – 50; Frederick, E. L., Burch, L. M., Sanderson, J., & Hambrick, M. E., "To invest in the invisible: A case study of Manti Te 'o' s image repair strategies during the Katie Couric interview," *Public Relations Review* 40 (2014): 780 – 788.

⑥ Zhang, J., & Benoit, W. L., "Message strategies of saudi arabia's image restoration campaign after 9/11," *Public Relations Review* 30 (2004): 161 – 167.

⑦ Peijuan, C., Ting, L. P., & Pang, A., "Managing a nation's image during crisis: A study of the Chinese government's image repair efforts in the 'Made in China' controversy," *Public Relations Review* 35 (2009): 213 – 218.

⑧ Chua, A. A., & Pang, A., "US government efforts to repair its image after the 2008 financial crisis," *Public Relations Review* 38 (2012): 150 – 152.

意中的强化支持是起初最常用的两种策略，随着时间的推进，如若修复效果不佳，则会用纠正策略进行挽救，而道歉这一经检验被认为最有用的策略却往往由于会牵扯到政府威信而被视为万不得已的最后手段。政府形象修复对于危机后的政府信任重塑至关重要，随着社会的发展，政府形象修复也面临着新的挑战，而该怎么做则需要更多的实证研究来给出答案。

互联网的发展给政府公共关系提出了更高的要求，如何进行政府网络公共关系是信息技术发展大背景带给政府公共关系的机遇和挑战。"网络公共关系媒介包括网站、博客、微信、微博、抖音、聊天室、BBS、电子邮件等网络传播和互动工具。"[1] 政府网络公共关系的研究主要探讨了政府网站和社交媒体对透明、参与型政府的形成，以及政府—公众关系的发展的影响。实证研究表明，积极的、对话的社交媒体对于建设透明开放的参与型政府有着显著的积极影响[2]，同时，政府网站和社交媒体具有促进高质量政府—公众关系的潜力，而使用政府不同类型在线服务（即信息服务、交易服务和社交媒体服务）的用户和非用户在对地方、州和联邦各级政府的信任程度上存在差异[3]。此外，虽然社交媒体在推动政府民主建设中的作用已经被反复证实，但政府在社交媒体使用上还常存在缺乏资金、时间和工作人员的问题，这些使得政府无法最大限度地发挥社交媒体的作用[4]，地方政府如何解决这一障碍对发展政府网络公共关系至关重要。

全球化大背景下，世界各国联系日益紧密，政府公共关系早已不局限于在国内进行，如何对外国政府或公众进行公共关系是政府国际公共关系需要思考的问题，而公共外交通常被认为是一种与政治公共关系交叉性特

---

① 李华君：《政府公共关系：理论与实务》，华东师范大学出版社，2015，第129页。

② Avery, E. J., & Graham, M. W., "Political public relations and the promotion of participatory, transparent government through social media," *International Journal of Strategic Communication* 7 (2013): 274 – 291.

③ Hong, H., "Government websites and social media's influence on government-public relationships," *Public Relations Review* 39 (2013): 346 – 356.

④ Graham, M. W., "Government communication in the digital age: Social media's effect on local government public relation," *Public Relations Inquiry* 3 (2014): 361 – 376.

别强的国际公共关系形式①，因此，由政府主导进行的公共外交亦可视为政府国际公共关系的一部分。政府国际公共关系如何开展，为何开展，效果几何是学者们关注的焦点。J. Zhang 和 G. T. Cameron 较早对政府国际公共关系进行了分析，他们运用内容分析法，通过对美国三大报纸《洛杉矶时报》《纽约时报》《华盛顿邮报》上有关中国政府 2000 年 8～9 月在美国的国际公共关系活动的新闻报道进行分析，评估了这场政府国际公共关系活动的效果，结果表明这场政府国际公共关系活动对于减少三大报纸对中国的负面报道有一定的影响，但不同报纸间存在差异，其中《纽约时报》反响最大，而《华盛顿邮报》几乎没有反应。此外，中国政府虽然寻求一个正面的媒体形象，但只获得了负面报道暂时的少量减少，10 月，三家报纸对中国负面报道的范围和性质恢复到之前的水平②，该研究证明了政府国际公共关系的效果并不一定与预期相符，政府国际公共关系必须结合实际情况和本国具体国情。对于政府国际公共关系的目的是只为在他国民众心中形成好的形象还是有别的考量，R. K. Rasmussen 和 H. Merkelsen 的研究给出了新的思考。作为政府国际公共关系的重要实践，建立国家品牌自 21 世纪以来非常流行，但在国家品牌框架之下，公共外交对减少风险的关注受到了营销逻辑的制约，其对经济目标的新关注也随之产生。该研究表示在国家品牌的影响下，跨国的公共外交工作与国家安全的联系将完全消失，国家公共关系将转变为对"国家"的营销③，而政府国际公共关系该如何处理两者之间的关系有待学界给出新的回答。此外，数字媒体时代，政府国际公共关系也需要与时俱进，政府如何通过社交网络进行数字外交④值得关注。

① Wang, J., & Aimei, Y., "Public relations and public diplomacy at a crossroads," in Strömbäck, J. & Kiousis, S., eds., *Political Public Relations: Concepts, Principles, and Applications* (New York: Taylor & Francis Group, 2019), p. 288.

② Zhang, J., & Cameron, G. T., "China's agenda building and image polishing in the US: Assessing an international public relations campaign," *Public Relations Review* 29 (2003): 13 – 28.

③ Rasmussen, R. K., & Merkelsen, H., "The new PR of states: How nation branding practices affect the security function of public diplomacy," *Public Relations Review* 38 (2012): 810 – 818.

④ Ittefaq, M., "Digital diplomacy via social networks: A cross-national analysis of governmental usage of Facebook and Twitter for digital engagement," *Journal of Contemporary Eastern Asia* 18 (2019): 49 – 69.

除上文详述的四大议题外，学者还对政府公共关系人员形象的电影呈现[1]，不同的美国总统任期内的政府公共关系[2]，政府公共关系对新闻报道的影响[3]，政府公共关系中关系管理面临的挑战及民主公共关系的内涵[4]，地方政府公共关系与社区建设的联系[5]等进行了研究。

综上，目前政府公共关系的研究成果丰硕，议题覆盖全面，但在跨案例研究层面还存在不足。无论是政府形象、政府危机公共关系，还是政府国际公共关系，学者多立足于单个案例或单个国家，缺乏跨案例分析和不同国家的横向比较，单案例研究虽能对事件本身进行更深入的挖掘和分析，但其固有的缺陷已无法完全满足现实实践指导的需求。查尔斯·C. 拉金于 1987 年提出了超越定量和定性研究界限的定性比较分析法（QCA），该方法使社会科学研究突破了以往的线性相关分析，进入"集合"分析，在小样本、中等样本的案例研究上具有独特的优势[6]，近年来在新闻传播学的研究中逐渐兴起。因此，学者未来可以从多案例出发，选择更科学的案例研究方法（如QCA），以给出关于政府公共关系更科学的探讨和策略建议。

（三）政治竞选

竞选活动集中了最明显的政治公共关系[7]，选举期间的政治公共关系

---

[1] Lee, M., "The image of the government flack: Movie depictions of public relations in public administration," *Public Relations Review* 27 (2001): 297 – 315; Lee, M., "Flicks of government flacks: The sequel," *Public Relations Review* 35 (2009): 159 – 161.

[2] Lee, M., "Government public relations during herbert hoover's presidency," *Public Relations Review* 36 (2010): 56 – 58; Lee, M., "The president's listening post: Nixon's failed experiment in government public relations," *Public Relations Review* 38 (2012): 22 – 31.

[3] Kim, J. Y., & Yang, S., "Effects of government public relations on international news coverage," *Public Relations Review* 34 (2008): 51 – 53; Chen, X., Chen, O., & Chen, N., "How public relations functions as news sources in China," *Public Relations Review* 38 (2012): 697 – 703.

[4] Waymer, D., "Democracy and government public relations: Expanding the scope of 'relationship' in public relations research," *Public Relations Review* 39 (2013): 320 – 331.

[5] Kim, M., & Cho, M., "Examining the role of sense of community: Linking local government public relationships and community-building," *Public Relations Review* 45 (2019): 297 – 306.

[6] 〔美〕查尔斯·C. 拉金：《重新设计社会科学研究》，杜运周等译，机械工业出版社，2019，译者序。

[7] Strömbäck, J., & Kiousis, S., *Political Public Relations: Concepts, Principles, and Applications* (New York: Taylor & Francis Group, 2019), p. 44.

可以被视为关于一个组织与公众、社会身份和空间之间的关系以及过去、现在和未来的沟通①。前文提及，政治公共关系早期研究便聚焦于政治竞选，近年关于政治竞选中的政治公共关系研究依旧热度不减，成果颇多，主要涉及竞选中的议程设置、公共关系战略选择以及在线政治公共关系。

议程设置理论由 M. E. McCombs 和 D. L. Shaw② 提出，起初用于研究选举行为，历经近 50 年的发展，研究范畴已经拓展到更为广泛的公共议题③。政治公共关系学者们以议程设置为理论视角，运用内容分析法对新闻稿、演讲、辩论以及社交媒体平台的推文等政治公共关系文本进行分析，探讨了政治公共关系在竞选议程设置/建设中发挥的作用及特征，以及政治竞选中的公共关系战略选择。研究发现，候选人有能力决定政治竞选中的问题并确定其议程，是在选举中获得战略优势的一个核心过程④；竞选博客、竞选新闻稿和议题平台是竞选阶段最有效的议程建设工具，但不同的信息补贴类型在政治议程建设中的作用并不统一或多余⑤；在整个竞选过程中，公共议程中每个候选人属性的显著性与新闻中候选人属性的显著性是同时发生的，而在候选人属性的情感启动过程中，人们会使用候选人最显著的属性（积极或消极）作为信息捷径，帮助他们对候选人进行一般的政治评价⑥；在三级议程建设中，在第三级（共现）和第二级（属性）间发现了更强的相关性，这可能表示当政治公共关系材料通过告诉记

① Milstein, T., Anguiano, C., Sandoval, J., Chen, Y. W., & Dickinson, E., "Communicating a new environmental vernacular: A sense of relations-in-place," *Communication Monographs* 78 (2011): 486 – 510.

② McCombs M. E., & Shaw D. L., "The Agenda-setting function of mass media," *Public Opinion Quarterly* 36 (1972): 176 – 187.

③ 史安斌、王沛楠：《议程设置理论与研究 50 年：溯源·演进·前景》，《新闻与传播研究》2017 年第 10 期，第 13 ~ 28、127 页。

④ Kiousis, S., & Shields, A., "Intercandidate agenda-setting in presidential elections: Issue and attribute agendas in the 2004 campaign," *Public Relations Review* 34 (2008): 325 – 330.

⑤ Kiousis, S., Kim, J. Y., Ragas, M., Wheat, G., Kochhar, S., Svensson, E., & Miles, M., "Exploring new frontiers of agenda building during the 2012 US presidential election pre-convention period: Examining linkages across three levels," *Journalism Studies* 16 (2015): 363 – 382.

⑥ Balmas, M., & Sheafer, T., "Candidate image in election campaigns: attribute agenda setting, affective priming, and voting intentions," *International Journal of Public Opinion Research* 22 (2010): 204 – 229.

者"如何思考"而减少记者自身的认知努力时，这些材料将有助于政治公共关系发挥更大的议程建设作用①；此外，值得注意的是，目前的政治公共关系过度满足了所谓的媒体需求，推动了选举中娱乐和对抗的必要性的确立，这一政治的"过度媒体热"牺牲了政治公共关系控制交流过程和发起更具建设性的问题辩论的能力，不利于发挥政治公共关系在推动协商民主中的真正作用②。竞选目标决定了政治公共关系的职能使用，不同的竞选目标对应着不同的政治公共关系战略选择，而竞选中的公共关系战略选择往往嵌入议程设置的过程之中。D. Lilleker ③将竞选目标分为五类且分别给出相应的公共关系职能和传播策略④，而实证研究表明，关系培养是在政治候选人中唯一普遍存在的竞选战略⑤。

"在社交媒体上参与竞选活动大大增加了选民参与关键政治活动的可能性。"⑥ 随着社交媒体在政治参与中扮演的角色越发重要，在线政治公共

---

① Kiousis, S., Kim, J. Y., Ragas, M., Wheat, G., Kochhar, S., Svensson, E., & Miles, M., "Exploring new frontiers of agenda building during the 2012 US presidential election pre-convention period: Examining linkages across three levels," *Journalism Studies* 16 (2015): 363 – 382.

② Lengauer, G., & Höller, I., "Generic frame building in the 2008 austrian elections," *Public Relations Review* 39 (2013): 303 – 314.

③ Lilleker, D., "Political public relations and election campaigning", in Strömbäck, J., & Kiousis, S., eds., *Political Public Relations: Concepts, Principles, and Applications* (New York: Taylor & Francis Group, 2019), p.192.

④ Darren Lilleker 将竞选的目标分为：确保胜利、确保联盟伙伴关系、确保影响力、确保注意力和可信度、确保代表少数群体/思想。不同竞选目标对应的公共关系职能和传播策略：确保胜利对应维持与公众关系、说服、炒作和声誉管理的公共关系职能，运用利益相关者调查、媒体管理、在线公共关系和迅速反应等传播策略；确保联盟伙伴关系对应维持与公众关系、关系管理、声誉管理、说服和炒作的公共关系职能，运用利益相关者调查、联盟伙伴调查、利益相关者关系、媒介管理、在线公共关系、迅速反应等传播策略；确保影响力对应维持与公众关系、说服、炒作和声誉管理的公共关系职能，运用利益相关者调查、媒体管理、在线公共关系和迅速反应等传播策略；确保注意力和可信度对应说服、炒作和声誉管理的公共关系职能，运用媒体管理、在线公共关系和迅速反应等传播策略；确保代表少数群体/思想对应双向对称沟通、团体建设、维持与公众关系、说服和炒作的公共关系职能，运用利益相关者互动、公开论坛沟通、利益相关者关系、媒体管理、在线公共关系和迅速反应等传播策略。

⑤ Pressgrove, G., & Kim, C., "Stewardship, credibility and political communications: A content analysis of the 2016 election," *Public Relations Review* 44 (2018): 247 – 255.

⑥ Housholder, E., & LaMarre, H. L., "Political social media engagement: Comparing campaign goals with voter behavior," *Public Relations Review* 41 (2015): 138 – 140.

关系亦成为政治竞选中至关重要的一环。学者们运用问卷调查、内容分析等方法，对社交媒体的政治参与角色、社交媒体在候选人或政党政治竞选中的运用、候选人或政党的在线政治公共关系效果进行了探讨。研究发现，通过社交媒体参与竞选活动的人比不通过社交媒体参与竞选的人增加了三倍，社交媒体扮演了推动选民政治参与的角色[1]；博客、YouTube 以及社交媒体的参与也能使候选人和政党以潜在的更成功和更有效的方式更好地定位受众[2]；而候选人或政党通过社交媒体（如 Facebook）在建立公民与竞选活动之间的关系以及对政府的信任方面，比竞选网站更有效率[3]。

关于政治竞选中的政治公共关系，学者还对候选人竞选期间的形象修复[4]、媒体对竞选结果预测错误后的形象修复[5]、政治竞选中的政治组织—公众关系[6]和公共关系机构对政治竞选结果的反应[7]等进行了研究。

政治竞选是西方现代政治公共关系研究的起源，经过近 70 年的发展，该议题已经形成了较为成熟的研究范式，新技术背景下政治竞选的在线政治公共关系也倍受学者关注。但已有研究多停留于描述性分析，对候选人和政治公共关系人员在竞选中的政治公共关系策略选择和使用进行探讨，而对策略进行效果评估的实证研究还较为缺乏，政治公共关系对选民的具体影响亦须从更微观的层面进行因果推论。此外，学者多聚焦于单次政治

---

[1] Housholder, E., & LaMarre, H. L., "Political social media engagement: Comparing campaign goals with voter behavior," *Public Relations Review* 41 (2015): 138 – 140.

[2] Trammell, K. D., "Blog offensive: An exploratory analysis of attacks published on campaign blog posts from a political public relations perspective," *Public Relations Review* 32 (2006): 402 – 406.

[3] Painter, D. L., "Online political public relations and trust: Source and interactivity effects in the 2012 U. S. presidential campaign," *Public Relations Review* 41 (2015): 801 – 808.

[4] Liu, B. F., "From aspiring presidential candidate to accidental racist? An analysis of senator George Allen's image repair during his 2006 reelection campaign," *Public Relations Review* 34 (2008) 331 – 336.

[5] Myers, C., & Russell, K., "Image repair in the aftermath of inaccurate polling: How the news media responded to getting it wrong in 1948 and 2016," *Journal of Political Marketing* 18 (2019) 148 – 177.

[6] Sweetser, K. D., "Lesser of two evils? Political organization-public relationship in the 2016 e-lection: PROD," *The American Behavioral Scientist* 61 (2017): 345 – 356.

[7] Erzikova, E., & Bowen, S. A., "Missed opportunities to make PR great again: How public relations agencies responded to the trump presidency," *Public Relations Review* 45 (2019): 1 – 8.

竞选活动的操作部分，对横截面数据进行分析，缺乏从动态发展的视角出发，运用时间序列数据，分析不同时间节点不同社会文化背景下政治公共关系策略使用的变化。未来，学者更应从整体性视角出发对政治竞选活动中的政治公共关系进行更细致和全面的探讨。

（四）政府与媒体关系

管理媒体关系一直是公共关系的主要职能之一，与媒体的组织关系亦是政治公共关系的基本方面[①]。如何处理政府与媒体的关系对政府塑造组织形象、实现自身政治目的至关重要，近年来，关于政府与媒体关系的研究主要集中在新闻（媒体）管理及政府在国际新闻报道中扮演的角色上。倪炎元指出："公共关系之所以能够介入政治与媒体之间，正是基于政治与媒体之间既陌生、容易彼此伤害却又相互需要的复杂关系。"[②] 政治与媒体一直处于"亦敌亦友"的关系，政治精英对媒体亦多采取"敌人"与"工具"两种立场[③]。但从议程建设角度来看，大众媒体的内容可以被认为是由三个群体，即政治精英、新闻界和公共关系从业人员共同运作的产物[④]。而媒体对政治行为者的关注使他们有机会发表意见，并确保他们对现实的看法即使不被接受，也至少包括在公共话语中[⑤]。因此，无论政治与媒体之间的关系如何复杂，政治精英对媒体究竟是持"敌我观"还是"工具观"，政府是选择与媒体进行对抗，抑或积极经营媒体关系，都需

---

① Zoch, L. M., & Molleda, J. C., "Building a theoretical model of media relations using framing, information subsidies, and agenda-building," in Botan, C. H., & Hazleton, V., eds., *Public Relations Theory* Ⅱ (Mahwah, NJ: Lawrence Erlbaum Associates, 2009), pp. 279 - 310.

② 倪炎元：《公共关系政治学：当代媒体与政治操作的理论、实践与批判》，台湾商周出版社，2009，第 160 页。

③ 倪炎元：《公共关系政治学：当代媒体与政治操作的理论、实践与批判》，台湾商周出版社，2009，第 199 页。

④ Arceneaux, P., Borden, J., & Golan., "The news management function of political public relations," in Strömbäck, J., & Kiousis, S., eds., *Political Public Relations: Concepts, Principles, and Applications* (New York: Taylor&Francis Group, 2019), p. 130.

⑤ Khalitova, L., Myslik, B., Turska-Kawa, A., Tarasevich, S., & Kiousis, S., "He who pays the piper, calls the tune? Examining Russia's and Poland's public diplomacy efforts to shape the international coverage of the smolensk crash," *Public Relations Review* 46 (2020): 1 - 17.

要与媒体"周旋"以更好地进行议程建设，媒体也因此具有了公共关系对象和传播工具双重属性。政治公共关系从业人员的部分职能便是按照其所代表的政治实体的总体说明或目标，处理与媒体的关系，参与议程建设①。

代表组织利益进行公开和秘密工作以建立议程的过程被称为新闻管理②或媒体管理③，在高度媒体化的国家，新闻管理不是可选的，无论是被动地还是主动地这样做，政治行为者都必须管理新闻，并适应新闻媒体在很大程度上已经独立和具有高度影响力的事实④。B. Maartens 为追溯英国媒体管理的起源，探讨了 18 世纪和 19 世纪英国国会议院管理新闻的官方尝试。此前关于英国政府公共关系的报道往往集中在 20 世纪上半叶的公务员制度上，但 B. Maartens 揭示了早期的一系列发展动向：如 1803 年在下议院的观众席上为记者分配席位，1847～1852 年在议会两院建造了专门的记者画廊，1884 年创建了威斯敏斯特大厅。这些改革给予了记者进入议会现场的机会，可以说，政府对报纸的直接控制在此便已经失效。因此，是威斯敏斯特大厅而不是白厅（英国行政部门的代称）主持了英国最早的官方管理媒体的尝试，这一发现对理解政治公共关系历史有着重要的影响⑤。

政府管理媒体关系由来已久，近年，学者运用以问卷调查为主的定量

① Kiousis, S., Popescu, C., & Mitrook, M., "Understanding influence on corporate reputation: An examination of public relations efforts, media coverage, public opinion, and financial performance from an agenda-building and agenda-setting perspective," *Journal of Public Relations Research* 19 (2007): 147 – 165; Kiousis, S., & Strömbäck, J., "The White House and public relations: Examining linkages between presidential communications and public opinion," *Public Relations Review* 36 (2010): 7 – 14.

② Lieber, P. S., & Golan, G. J., "Political public relations, news management, and agenda indexing," in Strömbäck, J. & Kiousis, S., eds., *Political Public Relations: Principles and Applications* (New York, NY: Routledge, 2011), pp. 54 – 74.

③ Tomic, Z., & Grbavac, I., "Political public relations: Media and information management," *Communication Management Review* 1 (2016): 84 – 102.

④ Strömbäck, J., & Walgrave, S., "Political public relations and mediatization: The strategies of news management," in Aelst P. V., & Walgrave, S., eds., *How Political Actors Use the Media: A Functional Analysis of the Media's Role in Politics* (Cham: Springer International Publishing AG, 2017), pp. 63 – 83.

⑤ Maartens, B., "'What the country wanted': The houses of parliament, the press and the origins of media management in britain, c. 1780 – 1900," *Public Relations Review* 45 (2019): 227 – 335.

研究方法和以访谈为主的定性研究方法对政府（政党）及政治公共关系人员如何处理与媒体关系、达成新闻管理目标进行了研究。研究发现，大众媒体越来越依赖政治公共关系人员的信息补贴①来抵消信息收集的成本②。然而，记者对信息补贴驱动媒体覆盖持怀疑态度，进而对从官方来源收集到的信息表示怀疑③。记者的怀疑态度和传统信息补贴效率下降带来非传统补贴的兴起，如选择性信息泄露④等。由此，记者为降低信息收集成本和获得更多"内部信息"，与政治公共关系人员可以构成和谐共生的关系。但在面对议程设定时，政府与媒体往往呈现出对立博弈关系，记者和政治公共关系人员之间反而成了竞争关系⑤。在这场没有硝烟的战争中，政治公共关系人员想要真正达成目标，则需扮演好"居间者"的角色，既负责向大众媒体和公众代表他们的组织或客户，也必须向他们的组织或客户代表公众和大众媒体。同时，政治公共关系人员始终需要做好两项工作——环境扫描⑥和媒体扫描/媒体监测⑦，以应对各种情况，完成使命。而随着数字/社会革命以及媒体格局的日益分散，数字时代下的环境扫描和媒体扫描在新闻管理的过程中占据了更加重要的位置⑧。此外，在政府进行新闻管理的背景下，媒体—民众关系亦受到学者的关注。以英国为例，被称

---

① 信息补贴包括新闻稿、媒体提醒、媒体资料袋和各种其他传统公共关系策略。

② Sweetser, K. D., & Brown, C. W., "Information subsidies and agenda building during the Israel-Lebanon crisis," *Public Relations Review* 34 (2008): 359 – 366. Zhang, T., Kim, J. Y., Mohr, T. L., Myslik, B. A., Khalitova, L., Golan, G. J., & Kiousis, S., "Agenda-building role of state-owned media around the world: 2014 Hong Kong protest case," *Journal of Public Relations Research* 29 (2017): 238 – 254.

③ Esser, F., & Spanier, B., "News management as news," *Journal of Political Marketing* 4 (2005): 27 – 58.

④ Tomic, Z., & Grbavac, I., "Political public relations: Media and information management," *Communication Management Review* 1 (2016): 84 – 102.

⑤ Castelló, E., & Montagut, M., "Journalists, reframing and party public relations consultants," *Journalism Studies* 12 (2011): 506 – 521.

⑥ Lauzen, M. M., "Understanding the relationship between public relations and issues management," *Journal of Public Relations Research* 9 (1997): 65 – 82.

⑦ Howard, C. M., & Mathews, W. K., *On Deadline: Managing Media Relations* (5th ed.) (Long Grove, IL: Waveland press, 2013).

⑧ Arceneaux, P., Borden, J., & Golan, G. J., "The news management function of political public relations," in Strömbäck, J., & Kiousis, S., eds., *Political Public Relations: Concepts, Principles, and Applications* (New York: Taylor & Francis Group, 2019), p. 133.

为"第四种权力"的新闻媒体，面对政府的新闻管理甚至"操纵"竟无能为力，"媒体政治化"让民众对新闻媒体的信任及公众对自由民主运作的信心都受到了极大的挑战[1]。但亦有学者指出政府加强新闻管理是对媒体经常歪曲政治领域，将重点放在政府日常业务的丑闻和负面新闻这种不负责任的行为的反应[2]。媒体是政府的"敌人"还是"帮凶"或其他关系既是摆在西方媒体与民众之间的问题，也是西方政府需要向民众解答的疑惑。

国际新闻报道在全球化浪潮下越发重要，政府与国际媒体之间的互动关系也日益受到官方重视，学者们运用内容分析法对政府国际媒体关系管理、媒体国际新闻报道偏向及国际媒体新闻报道中的政府议程设置进行了分析。Khalitova 等人则通过分析 2010 年俄罗斯斯摩棱斯克附近空难的国际新闻报道探讨了波兰和俄罗斯的政府传播在国际议程设置中的作用，研究发现除了两国政府的公共关系信息外，波兰和俄罗斯的新闻媒体在各自国家确定国际媒体议程方面也发挥了重要作用，特别值得关注的是，经济相关性而不是文化或政治制度的相似性，才有助于政府成功地制定国际议程[3]。

"敌人"或"帮凶"，公共关系对象或传播工具，政府与媒体间亦敌亦友的微妙关系给了学者较大的研究空间。学者研究发现，"媒体政治化"的现象开始变得普遍，新闻媒体越发依赖公共关系材料，新闻和公共关系日益缺乏透明度并日益趋同[4]，媒体报道的质量和独立性都面临挑战。因此，政治公共关系学者们可以转换视角，从新闻媒体角度探讨其如何在

① Garland, R., "Between mediatisation and politicisation: The changing role and position of Whitehall press officers in the age of political spin," *Public Relations Inquiry* 6 (2017): 171 – 189; Garland, R., "The unseen power of creative news management in government: The marginalisation of UK Government press officers between 1997 and 2015," *Journal of Communication Management* 22 (2018): 416 – 431.

② Rice, C., & Somerville, I., "Power-sharing and political public relations: Government-press relationships in Northern Ireland's developing democratic institutions," *Public Relations Review* 39 (2013): 293 – 302.

③ Khalitova, L., Myslik, B., Turska-Kawa, A., Tarasevich, S., & Kiousis, S., "He who pays the piper, calls the tune? Examining Russia's and Poland's public diplomacy efforts to shape the international coverage of the smolensk crash," *Public Relations Review* 46 (2020): 1 – 17.

④ Macnamara, J., "Journalism-PR relations revisited: The good news, the bad news, and insights into tomorrow's news," *Public Relations Review* 40 (2014): 739 – 750.

处理与政府的关系中保持自身的独立性，保证"第四种权力"的公信力。而对政府来说，自媒体时代，网络舆情频发，如何处理与更为复杂的自媒体的关系是政府及政治公共关系人员不可忽视的问题，亦当纳入学者的研究视野。此外，学者对于政府与媒体关系的研究多停留在媒体关系管理策略上，其有效性以及国内外媒体关系管理策略的异同有待得到进一步探讨。

（五）总统政治公共关系

历届美国总统在获胜后便开始筹备自己的公共关系班底，以至于有言道"总统只是演员，而公共关系人员才是导演"，总统政治公共关系的重要性可见一斑。以总统为代表的政府官员政治公共关系属于政府公共关系的一部分，但因其主体的特殊性，学者往往将其作为单独的研究对象进行分析，总统政治公共关系更是成为西方政治公共关系研究的重要分支之一，其研究内容主要涉及总统形象管理、关系管理和议题管理等方面。

从古至今，政治人物的形象都是其政治生命的重要根基，形象管理更是成为当代政客的必修课[1]。L. Tam 和 S. Kim 运用因子分析法探索和验证了权力相互性的建构模型，得出总统声望会影响该国在他国的国家声誉，从而影响两国的权力互惠[2]。因此，总统形象不仅是其自身权力正当性的构成因素，也是一国外交的重要基础。近年来，政治公共关系学者们运用案例研究法、内容分析法等实证研究方法对总统形象塑造和形象修复等方面进行了探讨。研究发现，总统形象是在社会想象中刻意形成的[3]，其塑造的过程取决于对总统的事先期望、政策输出、事件进程以及政治资源的配置[4]。

---

① 倪炎元：《公共关系政治学：当代媒体与政治操作的理论、实践与批判》，台湾商周出版社，2009，第 50 页。

② Tam, L., & Kim, S., "The power of sharing power: Presidential character, power mutuality, and country reputation," *Public Relations Review* 46 (2020): 1–9.

③ Dosenko, A., Gerachkovska, O., Shevchenko, V., & Bessarab, A., "Media as a tool for forming the president's image (On the example of the 2019 election process)," *International Journal of Innovative Technology and Exploring Engineering* 9 (2019): 1623–1628.

④ Just, M., & Crigler, A., "Leadership image-building: After Clinton and Watergate," *Political Psychology* 21 (2000): 179–198.

而影响总统形象塑造的因素是多元的，C. F. Keating 等通过实验法发现外形的细微改变可以用来操纵感知者对熟悉的政治领导人的社会认知[1]；A. J. Moore 和 D. Dewberry 的研究则证实公共关系策略的选择应当因时因地制宜，某些传统有效的公共关系策略在错误的时机使用反而会适得其反，给总统招致大量的负面新闻[2]；B. L. Ott 的研究发现特朗普简单、冲动和不文明的 Twitter 发文反映了其性别歧视、种族主义、同性恋恐惧症和仇外心理，因而总统的社交媒体呈现亦会成为其形象的重要组成部分[3]。由此可见，总统的外形、公共关系策略选择和社交媒体使用都会影响总统的形象塑造。

而当总统陷入负面形象，形象修复工作便会尽快展开。关于总统形象修复的研究多以总统形象危机事件后的具体修复工作为研究样本，基于 Benoit 的形象修复理论进行策略分析及效果评估。与政府形象修复相似，强化支持和否认也是总统形象修复初期使用最多的策略，但否认意味着永远不用说对不起，如若事后总统被证实是错的，否认将会被视为拒绝承认错误，这种拒绝将加剧最初错误对形象的损害，给民众留下"猪头"、愚蠢甚至懦弱的印象[4]。而面对天灾或者战争，总统则往往会采用减少敌意（超脱 + 强化支持）、规避责任、纠正的策略[5]，其中纠正和强化支持被证明是在采访或发布会上与记者打交道时最有效的策略[6]。同时，道歉在总统形象修复中是常见的策略，但其修辞是复杂的[7]，总统往往会进行部分

① Keating, C. F., Randall, D., & Kendrick, T., "Presidential physiognomies: Altered images, altered perceptions," *Political Psychology* 20 (2000): 593 – 610.

② Moore, A. J., & Dewberry, D., "The masculine image of presidents as sporting figures: A public relations perspective," *SAGE Open* 2 (2012): 1 – 11.

③ Ott, B. L., "The age of Twitter: Donald J. Trump and the politics of debasement," *Critical Studies in Media Communication* 34 (2017): 59 – 68.

④ Benoit, W. L., "Image repair in president bush's april 2004 news conference," *Public Relations Review* 3 2 (2006): 137 – 143.

⑤ Brooke, F. L., "President Bush's major post-katrina speeches: Enhancing image repair discourse theory applied to the public sector," *Public Relations Review* 33 (2007): 40 – 48.

⑥ Eriksson, G., & Eriksson, M., "Managing political crisis: An interactional approach to 'image repair'," *Journal of Communication Management* 16 (2012): 264 – 279.

⑦ Coombs, W. T., & Holladay, S. J., "Comparing apology to equivalent crisis response strategies: Clarifying apology's role and value in crisis communication," *Public Relations Review* 34 (2008): 252 – 257.

道歉而不是完全道歉①，亦可能是为了道歉而道歉②，公众由此会怀疑其是否真诚，因而，道歉可能会赢得公众的谅解，但也可能无法恢复总统的声誉③。此外，管理期望即通过降低期望来弱化公众对问题严重性的认知能有效地推动总统形象修复工作④。综上，总统形象修复已经有了较为成熟的公共关系策略，但其结果还无法完全预知，有的总统可能永远无法从形象危机中恢复过来，有的可能会变得更明智而不至于被摧毁⑤。

在当代西方社会，总统的权力不仅仅是与立法者讨价还价⑥。相反，总统权力的重心在于通过公开演讲管理公共信息，并与媒体建立联系以接触各种目标受众，实现目标⑦。除政治公共关系人员代表总统进行媒体关系管理和议题管理⑧外，总统自己开展政治公共关系的最常见形式便是公开演讲，总统公共关系战略的一个明确指标以及判断总统在多大程度上努力建立和维持与公众和新闻媒体的沟通关系的一个标准就是总统演讲的数量⑨。而随着互联网的发展，新媒体技术为总统提供了新的关系管理和议题管理的独特渠道。学者围绕总统的公开演讲以及新媒体技术在总统政治公共关系中的运用进行了一系列的研究。

---

① Brooke, F. L., "President Bush's major post-katrina speeches: Enhancing image repair discourse theory applied to the public sector," *Public Relations Review* 33 (2007): 40 – 48.

② Compton, J., "Sorry sorries: Image repair after regretted apologies," *Public Relations Review* 42 (2016): 353 – 358.

③ Sheldon, C. A., & Sallot, L. M., "Image repair in politics: Testing effects of communication strategy and performance history in a faux pas," *Journal of Public Relations Research* 21 (2009): 25 – 50.

④ Benoit, W. L., "President Barack Obama's image repair on Health Care. gov. ," *Public Relations Review* 40 (2014): 733 – 738.

⑤ Sheldon, C. A., & Sallot, L. M., "Image repair in politics: Testing effects of communication strategy and performance history in a faux pas," *Journal of Public Relations Research* 21 (2009): 25 – 50.

⑥ Neustadt, R. E., *Presidential Power and the Modern Presidents* (New York, NY: Free Press, 1990).

⑦ Kernell, S., *Going Public: New Strategies of Presidential Leadership* (3rd ed.) (Washington, DC: CQ Press, 1997).

⑧ Lambert, C. A., "A media framing analysis of a U. S. presidential advisor: Alternative flacks," *Public Relations Review* 44 (2018): 724 – 733.

⑨ Eshbaugh-Soha, M., "Presidential Public Relations in the United States," in Strömbäck, J., & Kiousis, S., eds., *Political Public Relations: Concepts, Principles, and Applications* (New York: Taylor & Francis Group, 2019), p. 228.

通过对总统的公开演讲进行梳理可以发现，总统会根据不同的听众进行不同类别的演讲以实现一系列目标，而总统的连任激励和作为政党领袖的角色会鼓励其在连任期间发表数百次政治演讲，并在整个任期内向捐助者发表更多的私人演讲①。但总统的大部分演讲通常是象征性的或仪式性的，没有具体的政策内容。总统每年在美国国内发表 200 多次这样的讲话，其目的是巩固作为国家元首的总统地位，使总统成为总统，使反对者难以有机会批评政策或挑战总统职位②。在涉及具体政策内容时，公开演讲仍是总统最基本的工具之一，但其与另一基本工具"新闻发布会"的使用产生了联系并存在差异，如一个旨在增加外交政策工作批准的总统应该举行新闻发布会而不是演讲，而一个旨在增加经济工作批准的总统应该举行关注经济的演讲而不是新闻发布会③。通过公开演讲，总统与媒体和民众建立联系，进而进行议题管理。

随着技术的进步，总统进行政治公共关系的渠道愈加丰富，总统也需要根据新媒体技术调整自己的政治公共关系策略。已有研究发现，政治社交媒体的使用增加了民众的政治参与④，而社交媒体如 Twitter 甚至被主流新闻媒体视为重要的新闻来源⑤。社交媒体将总统、新闻媒体和公众聚集于同一场域，使新媒体平台这一新工具成为总统关系管理的重要工具。在议题管理上，社交媒体亦有着不可小觑的力量。S. Lewandowsky 等⑥通过实证研究发现社交媒体已经将政治议程设置权从主流媒体转移到了政治家身

---

① Doherty, B. J., *The Rise of the President's Permanent Campaign* (Lawrence, KS: University Press of Kansas, 2012).

② Eshbaugh-Soha, M., "Presidential public relations in the United States," in Strömbäck, J., & Kiousis, S., eds., *Political Public Relations: Concepts, Principles, and Applications* (New York: Taylor & Francis Group, 2019), p. 230.

③ Kiousis, S., & Strömbäck, J., "The White House and public relations: Examining the linkages between presidential communications and public opinion," *Public Relations Review* 36 (2010): 7 – 14.

④ Dimitrova, D. V., Shehata, A., Strömbäck, J., & Nord, L., "The effects of digital media on political knowledge and participation in election campaigns: Evidence from panel data," *Communication Research* 41 (2014): 95 – 118.

⑤ Ott, B. L., "The age of Twitter: Donald J. Trump and the politics of debasement," *Critical Studies in Media Communication* 34 (2017): 59 – 68.

⑥ Lewandowsky, S., Jetter, M., & Ecker, U. K. H., "Using the president's tweets to understand political diversion in the age of social media," *Nature Communications* 11 (2020): 5764.

上，如特朗普使用 Twitter 使关键媒体（《纽约时报》和 ABC 新闻）偏离了可能对他有害的话题。未来，其他总统是否亦会使用社交媒体进行议题管理可想而知。

总统政治公共关系对实现总统政治目标至关重要，学者目前针对总统形象管理、关系管理和议题管理进行了大量研究，但在形象管理的过程研究、形象修复的内容研究以及关系管理和议题管理的效果研究上尚有不足。"形象既然是塑造的，就不可能是静态的、冻结的，而是一直处于动态的、变化的状态"①，学者目前关于总统形象管理的研究侧重于前期的塑造和危机发生后的修复，对形象维系和转变这一动态发展过程却缺少探讨，而如何进行形象维系和适时转变关乎总统权力行使的稳定性。在形象修复方面，学者主要聚焦于形象修复过程中的策略，总统应对形象危机时使用的主题和语气②以及利益相关者的文化因素③也应纳入研究内容。在关系管理和议题管理上，现有研究多对总统公开演讲的内容和总统社交媒体呈现进行探讨，对其在多大程度上达成了管理目标却缺少实证分析。而在新媒体技术下总统政治公共关系的转向将是未来重点探讨方向。

三　政治公共关系的未来展望

在实践中，政治、政治传播和公共关系一直是密切交织的。目前，无论是从修辞学传统、批判性文化、媒介效果、人际关系、行动主义或其他方面来看，我们的政治景观都在召唤公共关系学者④。自 21 世纪以来，西方关于政治公共关系的研究越发成熟，研究对象日益明确，研究方法更加

① 倪炎元：《公共关系政治学：当代媒体与政治操作的理论、实践与批判》，台湾商周出版社，2009，第 53 页。
② Brooke, F. L., "President Bush's major post-katrina speeches: Enhancing image repair discourse theory applied to the public sector," *Public Relations Review* 33 (2007): 40 – 48.
③ Anagondahalli, D., "Prior reputation and the transition from image repair to image makeover: The case of Hosni Mubarak," *Public Relations Review* 39 (2013): 241 – 244.
④ Strömbäck, J., & Kiousis, S., *Political Public Relations: Concepts, Principles, and Applications* (New York: Taylor & Francis Group, 2019), p. 54.

科学，研究成果呈现出跨学科交叉、视角新颖、多样化的特征，但还存在研究对象不够全面、自身理论体系建构不足和缺少本土化研究等问题。政治公共关系的未来研究方向应聚焦以下三个方面。

第一，丰富政治公共关系研究对象。目前，政治公共关系研究对象主要聚焦于以政党和政府为主的官方政治组织。近年来，学者们试图拓宽政治公共关系研究对象，如对非政府组织政治公共关系[①]、企业政治公共关系[②]和公民政治公共关系[③]进行探讨，但依旧不够全面。J. Strömbäck 和 S. Kiousis 指出，除政党是政治公共关系的主体外，与政党有关联但有自己独立议程的平行组织如妇联、工会、共青团、智库、宗教团体、行业协会，民间组织和社团如各地关爱抗战老兵组织、小动物保护协会，以及同乡会、校友会，国家元首、社会活动家、各行各业的名人、意见领袖，甚至普通个人等，只要出于政治目的使用有目的的沟通传播，都可能成为政治公共关系的主体[④]。因此，学者们可以从政治公共关系的多元主体出发进一步丰富政治公共关系研究对象，创新政治公共关系理论与实践。

第二，建构政治公共关系理论体系。由于政治公共关系本身具有政治学、公共关系学和传播学交叉的特点，政治公共关系一直在向其他社会科学乃至自然科学汲取营养，学者往往从其他学科的理论视角出发进行政治公共关系的研究，这导致政治公共关系研究往往不断丰富其他学科理论的阐释力，但同时并未发展出独属于政治公共关系的理论。政治公共关系的长足发展不可缺少理论化这一重要环节，因而建构政治公共关系理论体系是未来政治公共关系研究的重要关注点。

---

① Cheng, Y., Huang, Y. H. C., & Chan, C. M., "Public relations, media coverage, and public opinion in contemporary China: Testing agenda building theory in a social mediated crisis," *Telematics and Informatics* 34 (2017): 765 – 773.

② Ingenhoff, D., & Marschlich, S., "Corporate diplomacy and political CSR: Similarities, differences and theoretical implications," *Public Relations Review* 45 (2019): 348 – 371.

③ Krishna, A., Connaughton, S. L., & Linabary, J. R., "Citizens' political public relations: Unpacking choices, and emergent and deliberate strategies in building trust and relations among groups in conflict," *Public Relations Review* 46 (2020): 1 – 10.

④ J. Strömbäck、S. Kiousis:《政治公共关系》，载陈先红主编《中国公共关系学》，中国传媒大学出版社，2018，第 577~578 页。

第三，加强政治公共关系本土研究。西方关于政治公共关系的绝大多数研究都集中在美国政治上。多年来，学者一直呼吁建立更多的由它们所处的文化和社会所决定的，而不是西方模式的应用所决定的公共关系模式及其实践①。近年，学者开始有意识地结合本国实际情况进行研究，但依旧没有逃脱"西方模式"，未能建构起属于本国的政治公共关系话语体系。各国政治制度和政治文化各异，不同国家的学者在研究政治公共关系时应该以本国为主，发展本土化的政治公共关系研究，这样才能真正丰富政治公共关系研究，也能对本国政治公共关系实践给出更具针对性的指导。

我国学界关于政治公共关系的研究尚处于起步阶段，研究成果主要集中在政府公共关系，且以政府危机公共关系为主，可以说在中国，政治公共关系研究在一定程度上等于政府公共关系研究，但随着互联网不断发展，新媒体技术日新月异，人民素质不断提升，民众通过社交媒体参与政治的热情日益高涨，仅从政府公共关系的角度阐释中国政治公共关系已缺乏一定的阐释力。中国的政治公共关系研究不应再局限于以往的政府危机公共关系研究，而应将更多的主体和行为纳入政治公共关系的考量范畴，比如，中国的统一战线工作和政治协商会议制度可以说是最具中国特色的政治公共关系的伟大实践，值得进一步深入研究。虽然我国具体国情不同，但亦可借鉴西方政治公共关系理论，进行本土化的政治公共关系研究与实践，通过对中国共产党、中国政府各部门和国家领导人的国内外形象塑造、关系管理和议程建设，中国特色社会主义政治制度的政治公共关系原理和中国不同社会群体政治参与等议题进行深入探讨，建立具有中国特色的国际政治话语体系和国际公共关系战略体系，以逐渐改变"西强我弱"的国际政治舆论格局。

综上，本研究对 2000 年以来西方政治公共关系研究现状进行系统爬梳，旨在展示西方政治公共关系研究过往 20 年的全貌，勾勒西方政治公共

---

① Sriramesh, K., "The dire need for multiculturalism in public relations education: An Asian perspective," *Journal of Communication Management* 7 (2003): 54 – 70; Halff, G., & Gregory, A., "Toward an historically informed Asian model of public relations," *Public Relations Review* 40 (2014): 397 – 407.

关系的主要知识图谱，提供有关政治公共关系研究的全面理解，以表征科学领域的当前状况，并找出我们在政治公共关系研究方面的知识差距，作为国内学界了解西方政治公共关系的窗口，推动更多学者走进政治公共关系研究领域。但由于研究样本局限和人工检索疏漏，难免力有不逮。未来研究可进一步扩大研究样本至书籍、影视作品和各类政治实践，以进一步深描西方政治公共关系研究和实践的全貌。

2020 年西方公共关系学术前沿[*]

陈先红　秦冬雪[**]

摘　要　本文对 9 本西方学术期刊 2020 年发表的 151 篇论文进行主题分析，发现公关具有作为"社会的基础设施"，在国际传播、国家建设、民族认同、社区发展、组织倡导、公众参与、危机管理等方面发挥不可或缺的建设性作用的极大潜力。本研究围绕"对话与信任、政治公关、公关历史、公关战略角色、危机传播、内部沟通、社会经营许可"七大热点议题进行内容呈现，研究成果体现出以下几大特征："对话"继续引领西方公关学界研究热潮，"信任"成为组织—公众关系建构的核心；对灾难研究、社会变革、环境议题与公共利益的关注愈加凸显公关的利他主义、亲社会特征；公民政治参与和议题行动主义处于上升势头，组织亟须在反叛性经济与多元化政治中重塑话语权，"关系导向"的公共外交深度发展，公关研究的政治化趋势日益凸显；在充满野性的社交公共网络中，社交媒体影响者作为"新把关人"主导着事实传播，理性让位于情感，作为话语和作为文化的

---

[*]　本文系教育部哲学社会科学研究重大课题攻关项目"讲好中国故事与提升我国国际话语权和文化软实力研究"（项目编号：17JZD038）、中共湖北省委宣传部与华中科技大学部校共建新闻学院项目（项目编号：2020D07）的研究成果，原文刊于《新闻与传播评论》2021 年第 6 期。

[**]　陈先红系华中科技大学新闻与信息传播学院教授、博士生导师，中国故事创意传播研究院院长；秦冬雪系华中科技大学新闻与信息传播学院博士研究生，中国故事创意传播研究院研究助理。

公关在新型关系生态中发挥着大战略、战略和战术的作用。

关键词 对话与信任；政治公关；公关历史；公关战略角色；危机传播；内部沟通；社会经营许可

在进入 21 世纪的 20 年里，深度联结的全球政治经济带来资本、人口、贸易、知识的全球流动，互联网和社交媒体的即时性、全球性、多向性传播模糊了社会文化差异，物联网、大数据和人工智能等新兴颠覆性技术的发展可能会创造出看不见的、广泛的、快速的和爆炸性的变化，曾经的"地球村"发展成为一个"全球性共存空间"①，公共关系是这一共存空间中的个体、组织实现其目标的最短路径，作为一种"真正的全球性事业"的公共关系已不仅是公关学者与从业者所期盼的，更是日益多元化的公众所向往的神秘之境，瞬息万变的全球生态与国际关系不断呼吁对这一领域进行完善，而这需要从对公共关系领域研究现状的探察开始。

本文主要关注 2020 年刊载于西方九大学术期刊中的公共关系学研究相关文章，由两位作者参与文章的收集与筛选，具体分为两个步骤：首先收集公关界最权威的 2 本 SSCI 期刊（PRR、JPRR）和另外 2 本专业期刊（PRJ、PRI）官方网站上 2020 年度的全部论文；其次以公关趋势研究和专题研究最常选择的 5 本学术期刊（JMCQ、CCIJ、IJSC、JCM、MCQ）为样本源，以其专栏标题、论文标题、摘要、关键词中包含"public relations"或"public relationships"或"PR"为筛选标准进行收集。本研究总共获得集中在 9 本学术期刊②上的 151 篇公关学术论文，从"问题—理论—方法"研究三视角进行主题分析，爬梳出西方公共关系研究的七大热点议题，以

① Verčič, D., & Sriramesh, K., "The media, international, transnational and global public relations," in Sriramesh, K., & Vercic, D., *The Global Public Relations Handbook: Theory, Research and Practice* (New York: Routledge, 2020), pp. 39 – 50.

② 九本样本来源期刊分别为：*Public Relations Review*（PRR）（SSCI）、*Journal of Public Relations Research*（JPRR）（SSCI）、*Public Relations Journal*（PRJ）、*Public Relations Inquiry*（PRI）、*Journalism & Mass Communication Quarterly*（JMCQ）（SSCI）、*Corporate Communications: An International Journal*（CCIJ）、*International Journal of Strategic Communication*（IJSC）、*Journal of Communication Management*（JCM）、*Management Communication Quarterly*（MCQ）.

期为公关研究提供最前沿的学术参考。

一 对话与信任

对话（dialogue）是自苏格拉底时代以来哲学讨论的重点话题，苏格拉底式的对话由两个参与者之间的一系列询问和回答组成，到 20 世纪，以巴赫金、布伯等为代表的一批学者延续了这一经典哲学话题，认为对话是两个或两个以上参与者之间进行的双向交流。在公共关系领域，格鲁尼格与亨特最先提出在双向对称传播中，组织与公众进行对话；皮尔森进一步指出这是一种维护组织和公众之间关系的道德沟通过程；关系范式的兴起使对话与公关的关联性得到扩展；随着互联网技术带来传播领域的深度变革，公关对话理论被发展为通过网络指导关系建设的战略框架；直至 2002 年，肯特与泰勒才进一步明确公关对话的真正内涵——有助于组织在实践中与公众接触的导向，并提出公关对话五原则：相互性（mutuality）、接近性（propinquity）、共情（empathy）、风险（risk）和承诺（commitment）[1]。在之后的 20 年中，组织—公众对话（Organization-Public Dialogue，OPD）成为公关领域十分有影响力的研究议题，新的理论突破来自"参与"（engagement）概念的引入，以指导不同群体之间的互动[2]。对话理论在西方公关学界引起研究热潮，并逐渐吸引中国学者对其进行情景化探讨，但他们不约而同地发现，公共或私人组织只是将对话沟通作为一种工具来强化公众的反应或参与，而未充分挖掘其对组织和公众的战略意义。"强制对话"（mandated dialogue）、"竞争性对话"（agonistic dialogue）等新型对话概念使研究者关注到对话产生共识的能力是有限的，对话双方的权力不平等注定了在沟通过程中会存在差异、冲突、分歧和多元声音。对话理论与中国阴阳哲学的结合衍生出积极公共关系理论

---

① Kent, M. L., & Taylor, M., "Toward a dialogic theory of public relations," *Public Relations Review* 28 (2002): 21 – 37.

② Taylor, M., & Kent, M. L., "Dialogic engagement: Clarifying foundational concepts," *Journal of Public Relations Research* 26 (2014): 384 – 398.

（a positive public relations theory）①，该理论依托于积极心理学，反思"坏情况"的叙事范式，强调正向价值传输②，与西方新兴的"建设性新闻"异曲同工。

早在 1977 年，"信任"（trust）就被当作组织—公众关系（OPR）的研究成果之一进行探讨，信任被定义为"一方对另一方的信任程度和向另一方敞开心扉的意愿"，包括正直（integrity）、可信（dependability）和能力（competence）三个维度③，这只是指代一种基于认知的信任（cognitive foundations）。此外，还存在基于情感纽带的信任（affective foundations），其始于对合作伙伴的真正关心和相互之间的情感互动。相比较于"不信任"，信任对对话沟通、企业社会责任和公司评价产生更高的感知影响④，在携程应对虐童丑闻危机的过程中，公众对组织的不同信任程度使其表现出六种不同的沟通行为：合作、劝说、信息寻求、威胁、动员和不回应⑤。而与特殊群体之间的对话则需要从四个方面培养信任：文化能力（关注群体特征）、组织一致性（组织内部制度与其外部多元包容努力之间的匹配）、真实性（真实沟通、真实接触）和利益相关者授权⑥。在未来，利益相关者的对话参与动机、对话预期、线上线下对话融合、对话网络化与数据化测量、社会责任背景下的公共对话、对话与信任中的权力等主题需要得到更多关注，倾听、透明度、真实性等关键维度需要得到进一步的探究，信任测量可能需要跳出相关关系、因果关系的测试，致力于模型框架的开发，为对话公关实践提供理论的指导。

---

① Chen, X. H., et al., "Constructing positive public relations in China: Integrating public relations dimensions, dialogic theory of public relations and the Chinese philosophical thinking of *Yin* and *Yang*," *Public Relations Review* 46 （2020）.

② 胡百精：《建设性新闻与公共协商的可能性》，《青年记者》2021 年第 2 期，第 2 ~ 4 页。

③ Hon, L. C., & Grunig, J. E., "Guidelines for measuring relationships in public relations, 1999," https://www.instituteforpr.org/wp-content/uploads/Guidelines_Measuring_Relationships.pdf.

④ Park, Y. E., & Kang, M., "When crowdsourcing in CSR leads to dialogic communication: The effects of trust and distrust," *Public Relations Review* 46 （2020）.

⑤ Cheng, Y., "The social-mediated crisis communication research: Revisiting dialogue between organizations and publics in crises of China," *Public Relations Review* 46 （2020）.

⑥ Ciszek, E., "'We are people, not transactions': Trust as a precursor to dialogue with LGBTQ publics," *Public Relations Review* 46 （2020）.

二 政治公关：公民政治参与、组织倡导与公共外交

公关通过公共话语促进社会共识，是制造认同的国家艺术，是一种政治，个人、组织、国家乃至国际社会都在践行着政治公关的哲学。在个人层面，"公民政治公关"（citizens' political public relations）概念在加纳和平建设的背景下被提出。出于在国家政治和社会对话中重塑话语权的需要，组织层面的企业政治倡导（corporate political advocacy，CPA）和企业社会倡导（corporate social advocacy，CSA）得到关注，它们都指向组织在有争议的社会政治问题上采取立场，以表明与关键公众的共同承诺[1]，不同的是，CPA 被看作企业政治参与的一种形式，其目的在于追求可能有利于部分利益相关者的规范信念；而 CSA 采取更加工具性的方法，更加关注此类活动对公司的财务影响。不同的企业倡导动机会导致不同的公众反馈，如价值驱动动机、战略驱动动机能够促使个体形成对企业的积极态度和行为意图，而利己主义动机、利益相关者驱动动机传达的是操纵性、被动性意图，只会导致个体的消极回应[2]；从公众视角来看，细化程度（elaboration，个体参与议题思考的程度）[3]、倡导契合度（advocacy fit，即企业业务与其倡导的社会问题之间的一致性）、企业信誉和共识启发（consensus heuristic，即个人根据他人的评估做出的判断）影响着公众对组织倡导议题的参与和态度变化[4]。

---

① Browning, N. , et al. , "Muting or meddling? Advocacy as a relational communication strategy affecting organization-public relationships and stakeholder response," *Journalism & Mass Communication Quarterly* 97（2020）：1026 – 1053.

② Kim, J. K. , et al. , "Colin Kaepernick, and the politicization of sports：Examining perceived organizational motives and public responses," *Public Relations Review* 46（2020）.

③ O'Keefe, D. J. , "The elaboration likelihood model," in Dillard, J. P. , & Shen, L. , eds. , *The SAGE Handbook of Persuasion：Developments in Theory and Practice*（Sage, 2013）, pp. 137 – 149.

④ Parcha, J. M. , & Westerman, C. Y. K. , "How corporate social advocacy affects attitude change toward controversial social issues," *Management Communication Quarterly* 34（2020）：pp. 350 – 383.

在国家层面，冲突后的北爱尔兰，通过创造社区对话和尊重辩论空间来建立"善意"信任[1]；美国背景下的"政治组织—公众关系"（POPRs）则受到媒体偏向、党派议程框架、候选人特征等因素的影响[2]。在国际层面，以国家政府为主导的公共外交研究强调公关在建构、合法化、加强和改变权力以及共享意义中的作用，公共外交路径从信息导向的单向沟通逐渐转变为关系导向的对话式沟通，发送者与接收者之间的价值共享是公共外交的核心，今天的国际舞台早已成为参与者及其信息在公众关注和公众支持之间进行激烈竞争的场所，经济关联性（而非政治文化接近性）极大地影响各国政府对某一国际事件议程的采纳[3]。针对两种不同的国外公众——声誉关系群体（reputational relationship group，即只有东道国二手经验的群体）和行为关系群体（behavioral relationship group，即与东道国发生行为关系的人），需要制定差异化公共外交策略，如符号性单向形象交流与双向沟通互动。[4]

虽然西方研究者探讨了不同层次、不同维度的政治公关，但仍然没有对这一概念形成统一界定，研究范围也模糊不清；对政治制度、社会文化、媒介体系、组织类型等宏观"硬"元素的影响关注更多，而忽视"信任""对话""透明度""参与"等微观指标的影响与测量。组织层面的政治公关以"倡导"为关键词，但忽略了对非利益组织、公众主体的倡导行为的观照，倡导战略的使用已被验证是在 Facebook 上进行病毒式传播的重要预测因子，"倡导内容组合"可以最大限度地帮助组织促进社会变革[5]。

① Rice, C. & Taylor, M., "'What they say peters down': How non-profit leaders assess the trustworthiness of government-Elite discourse and distrust in post-conflict Northern Ireland," *Public Relations Inquiry* 9 (2020): 237–255.

② Browning, N., & Sweetser, K. D., "How media diet, partisan frames, candidate traits, and political organization-public relationship communication drive party reputation," *Public Relations Review* 46 (2020).

③ Khalitova, L., et al., "He who pays the piper, calls the tune? Examining Russia's and Poland's public diplomacy efforts to shape the international coverage of the Smolensk crash," *Public Relations Review* 46 (2020).

④ Kim, S. Y., et al., "Dual modes of 'Good will hunting': Untangling the reputation and relationship correlations en route to foreign amity," *Public Relations Review* 46 (2020).

⑤ Mazid, I., "Virality of social change messages on Facebook: A study of advocacy and relationship building strategies of LGBTQ advocacy organizations," *International Journal of Strategic Communication* 14 (2020): 105–121.

公共外交强调关系导向，但如何在国际层面进行不同利益相关者的关系建构、维护与测量仍然是公关学者面临的理论与实践难题。

三　公关历史：国家建设、运动宣传与公关先行者

历史是一种积极的、不断发展的社会力量，但公共关系学科的历史呈现却被有选择性地作为一种表面的合法化工具，尽管许多教科书口口声声谈论古代和现代晚期公共关系的"根源"，但根源本身被视为历史偶然事件，从而与公共关系真正"是什么"脱节①。在美国的报刊宣传运动源头之外，公关作为国家建设、民族认同进程、非殖民化或自由斗争的一部分而演变：暹罗（今泰国）拉玛五世国王通过在国际社会展示暹罗文明形象、传达改革信息、监督政治新闻报道和影响国际舆论，使暹罗成为东南亚唯一没有被西方殖民过的国家②；英国殖民者以发布新闻稿、召开记者会、组织展览等公关，推动马来西亚的锡、橡胶以及棕榈油等原材料的国际化贸易③。在塑造民族认同方面，公关却并非一定带来好的结局：新西兰政府赞助的广告、品牌、电影以及民族文学催生了更广泛的身份阐释，却塑造了疏远非巴基斯坦裔新西兰人的种族主义④；在哥伦比亚的国家和平建设中，竞争性、双赢性、第三方调解和原则性这四种公关策略被应用到当地政府与武装力量的谈判中⑤；阿联酋在国际与当地公关机构的助力下推动了国家的政治建设（影响他国政府和全球公众的意见）与经贸拓展

---

① Brown, R., *The Public Relations of Everything: The Ancient, Modern and Postmodern Dramatic History of an Idea* (Abingdon: Routledge, 2014), p. 72.

② Tantivejakul, N., "Nineteenth century public relations: Siam's campaign to defend national sovereignty," *Corporate Communications: An International Journal* 25 (2020): 623 – 638.

③ Souket, R., & Ididm, S. A., "The early days of public relations in British Malaya: Winning the hearts and minds of the Empire," *Public Relations Review* 46 (2020).

④ Kinnear, S. L., "'He Iwi Tahi Tatou': Aotearoa and the legacy of state-sponsored national narrative," *Corporate Communications: An International Journal* 25 (2020): 717 – 731.

⑤ Monnard, I., & Sriramesh, K., "Public relations for peacebuilding: Case study from Colombia," *Corporate Communications: An International Journal* 25 (2020): 48 – 66.

（贸易、旅游等经济现实对声誉的极度需求）①。早期的公关运动通常使用手册、海报、传单、新闻报纸、广播、发布会、电视等宣传工具，帮助组织实现筹集资金、招募人员、建立合法性、鼓动支持以及鼓吹反对等目标，例如 20 世纪 20~30 年代的国际联盟（League of Nations，公关办公室）、英国法西斯联盟分别运用公关手段推行"开放外交"（open diplomacy），宣传不同于其他法西斯主义的"和平"主题②；而 20 世纪 50 年代，美国财政部和英国计划生育协会以相似的公关策略分别推进了大规模征税在美国国内的合法化，以及节育知识在英国大众中的普及化③。作为"爱尔兰公共关系教育的伟大先驱之一"的弗朗西斯·泽维尔·卡蒂（Francis Xavier Carty）在其 25 年的执教生涯中，撰写了诸多公关著作与教材，"告别炒作"是他的公关宣言④；而 1944 年在纽约开设全女性代理公司的梅布尔·弗兰利（Mabel Flanley）和萨莉·伍德沃德（Sally Woodward）为公关职业中的女性开辟了一条道路，她们是种族、族裔、性别多样性、群体包容性举措的执行先驱⑤。"法国公关先驱"马扎林红衣主教（Cardinal Mazarin）强调通过外在形象管理、主动沟通、取悦公众、赞助、预防危机、虚假承诺等手段建立强大的声誉，保证权力的维持，对其进行分析有助于理解西方政客（如特朗普、约翰逊等）的主张：表象和操纵真相是获得权力的有效合法手段⑥。

---

① Zamoum, K., & Gorpe, T. S., "The emergence and development of teaching public relations in the United Arab Emirates: An in-depth look," *Corporate Communications: An International Journal* 25 (2020): 687–701.

② Gellrich, A. L., et al., "The epistemic project of open diplomacy and the League of Nations: Co-evolution between diplomacy, PR and journalism," *Corporate Communications: An International Journal* 25 (2020): 607–621; Thompson, G., "The propaganda of universal fascism: Peace, empire and international co-operation in British Union of Fascists' publicity from 1932 to 1939," *Corporate Communications: An International Journal* 25 (2020): 577–592.

③ Andersson, R., "Being a 'strategist': Communication practitioners, strategic work, and power effects of the strategy discourse," *Public Relations Inquiry* 9 (2020): 257–276.

④ McGrath, C., "Authorial voice (s): The writing styles of Francis X. Carty," *Corporate Communications: An International Journal* 25 (2020): 593–605.

⑤ Russell, K. M., "The power of women: Flanley & Woodward and the woman's angle in U. S. public relations," *Public Relations Review* 46 (2020).

⑥ García, C., "Cardinal Mazarin's Breviary of politics: Exploring parallelisms between the Baroque and public relations in a post-truth society," *Public Relations Inquiry* 9 (2020): 295–310.

公共关系的传记历史总是过分关注个人而忽略制度或结构权力,运动史通常局限于对单个案例与策略的解析,国际发展史往往缺乏全球视野与整体观,研究者从被忽视的历史细节中挖掘出的珍贵资料似乎并没有充分发挥其发人深省的作用。举例来说,今天的企业社会责任方案被用来表现企业的良好道德,但其出现可能是由于历史上的剥夺和剥削模式,或来自风险制造行业的普及引发的公众反抗,历史正义的不平衡被用来美化企业行为。故而,公关实践需要历史化,公关历史更需要超越"事实"的表述,以揭示蕴含其中的政治思想、权力游戏和道德困境①。

四 公关战略角色:大战略、战略与战术

早在 20 世纪 80 年代,卓越公关项目研究成果的问世就为公关和沟通管理的战略方法探索铺平了道路;到 90 年代末,研究者们开始讨论"战略"概念的重要性,强调从战略角度思考如何进入主导联盟;2007 年,《国际战略传播杂志》(*International Journal of Strategic Communication*)的创刊为战略与战略传播研究开辟了前沿阵地;2011 年在芝加哥召开的国际传播学会—战略传播预备会议则直接将公关战略研究推向白热化。美国公关学者卡尔·伯顿对公共关系中的战略进行了划分:包含"大战略"(grand strategy)、"战略"(strategy)、"战术"(tactics)三个层面。② 大战略属于政策层面,是一个组织对于目标、联盟、道德以及与公众的关系和环境中的其他势力所做的决定,例如中国香港、澳大利亚、加纳从业者对市场导向关系战略、冲突生态学战略框架、对称的关系性公关路径的坚持。战略层面涉及资源安排和调配以及组织实施大战略论据的传播活动。在防灾减灾的公关战略研究中,学者分析了信息告知(informational)与参与(engagement)这两种信息传播战略中存在的"正面悖论"(即过分强

---

① Kate, F., & Jacquie, L. E., "Problematising history in the public relations curriculum," *Corporate Communications: An International Journal* 25 (2020): 703 – 716.

② Botan, C., "Grand strategy, strategy, and tactics in public relations" in Botan, C and Vincent Hazleton, *Public Relations Theory* II (New York: Lawrence Erlbaum Associates, 2009), pp. 113 – 126.

调正面信息可能会产生错误或误导性含义），提出需要统筹传播政治信息，强调"共享责任"（shared responsibility）意识，要将社区伙伴关系作为必要条件，加强个人、家庭和社区的抵御能力①；而灾后恢复的公关战略则需要跳出声誉、危机、议题管理的框架，着力于"社区恢复力"（resilience）建设，包括更好地了解社区属性与文化环境，促进社区内关系网络与抗灾机构网络的形成等②。英国的公关战略家们以精心组合和公式化的公共话语改变民众对战争的文化理解，将无人机描述成一种公正的"远程干预"技术，为其战争部署赢得广泛的公众支持③。在正面宣传之外，澳大利亚公关学者季米特洛夫强调了公关的另一职能——避免负面宣传，提出了"战略沉默"（strategic silence，包含策略性沉默和非策略性沉默），认为沉默构成了中断、折叠和转换的链条，其中也传达着某种信息，不能直接说的内容间接地变成了一种解释模式④。战术则指向具体操作层面，在虚假参与和虚拟社区的时代，从业者正在寻找基于真实性、准确性和连贯性的长期关系，个人声誉、所涉主题的相关性和在线共享内容的质量是从业者识别"新把关人"——社交媒体影响者（Social Media Influencers, SMI）的主要策略，影响力分析指标（如社交距离、互惠性、情感价值、权威性、中心性、模块性以及连通性等）也逐渐被纳入其中。⑤

在"实践"的研究视角之外，研究者关注到作为话语的战略，即关注"战略做什么"而非"从业者如何使用策略"，从而更好地理解战略话语促成和制约战略工作的思维方式和行动方式，具体而言，战略话语使传播实践者能够将自己描述为"战略家"，而战略家的"指导"和"促进"功能使从业

---

① Johnston, K. A., et al., "Emergency management communication: The paradox of the positive in public communication for preparedness," *Public Relations Review* 46 (2020).

② Dharmasena, M. K. G. I., et al., "The role of public relations in building community resilience to natural disasters: Perspectives from Sri Lanka and New Zealand," *Journal of Communication Management* 24 (2020): 301 – 317.

③ Thompson, G., "Making the case for the UK's drone capability: Public relations as a carrier of strategic culture," *Corporate Communications: An International Journal* 25 (2020): 20 – 33.

④ Dimitrov, R., "Communicating off the record," *Public Relations Inquiry* 9 (2020): 81 – 102.

⑤ Navarro, C., et al., "The challenge of new gatekeepers for public relations. A comparative analysis of the role of social media influencers for European and Latin American professionals," *Public Relations Review* 46 (2020).

者获得更大的组织内权力和对他人的权力①。作为文化的战略将公关从业者定位为"文化中介"（cultural intermediary），即品位的塑造者和新消费主义倾向的灌输者——他们致力于战略性地制作和传播叙事，使其客户的身份和体验对大众切实可见；必须翻译真实的经历，创造出媒体能够传播并能与主流受众产生共鸣的故事，他们被赋予一种解释性和代表性的战略功能②。

五　危机传播：类型、变量与策略

危机传播研究是公关领域的一个范式，班尼特的形象修复理论（IRT）和库姆斯的情境危机传播理论（SCCT）是该范式下的主流理论，在过去一年的危机公关研究中，学界延续着将前者包含的形象修复策略（规避、否认、道歉等）与后者的理论工具（如道歉与责任归因）放到不同国家情境下进行检验的传统，文化差异是讨论最多的影响因素。此外，非传统形式的危机得到探讨："未遂事件"被证实与实际危机产生消极结果和消极认知的方式大致相同；"调查中的危机"需要组织采取"承认并等待"策略，并做好准备随时应对危机责任变化带来的新情况。更为独特的危机认知来自"社会建构危机模型"（social constructionist crisis model），该模型从事件、文本、意义和情境（cause, text, meaning, context）四个维度分别强调了危机的记忆共建性、语言复杂性、意义丰富性以及情境独特性③。在危机中，组织与内部公众（员工）之间的人际关系和对称沟通能够提高员工的参与度和问题感知度，而员工的能力、心理信念和积极沟通行为有助于为组织创造一个恢复力系统④，"信仰者"作为一类特殊的利益相关者被

① Anderson, W. B., "'I paid my income tax today': How the U. S. government used public relations to persuade its citizens to accept a mass tax during World War II," *Public Relations Review* 46 (2020).

② Ciszek, E., "The man behind the woman: Publicity, celebrity public relations, and cultural intermediation," *Public Relations Inquiry* 9 (2020): 135 – 154.

③ Zhao, H., "Explicating the social constructionist perspective on crisis communication and crisis management research: A review of communication and business journals," *Journal of Public Relations Research* 32 (2020): 98 – 119.

④ Kim, Y., "Organizational resilience and employee work-role performance after a crisis situation: Exploring the effects of organizational resilience on internal crisis communication," *Journal of Public Relations Research* 32 (2020): 47 – 75.

证明能够成为捍卫组织声誉的重要平行力量[1]，消费者的道德判断、信任与不信任、危机距离感知、口碑动机，以及其与组织之间的先验关系规范等都影响着他们对企业危机的反应。

与传统媒体相比，社交媒体交互性更高、传播范围更广，在降低危机责任感方面更有优势，信息指导、共情、系统的组织学习和有效的组织修辞可以提高社交媒体公众对组织危机的积极情绪[2]，然而它们如何共同或独立地影响危机传播，以及信息传递和媒体选择在多大程度上影响危机恢复，都需要从传播效果的广泛变异性展开研究[3]。"信息审查"（vet information）步骤被加入社交媒体危机传播模型（SMCC）的危机信息传递之前，扩展了公众对信息内容的判断和选择阶段[4]。危机传播中的威胁信息被认为会增加危机责任归因，进一步损害组织声誉，而以提高公众自我效能为特征的信息内容有助于保护组织声誉[5]，故研究者进一步构建了自我效能信息（指导信息和调整信息）质量量表[6]。具体到危机应对策略，研究者多采用实验方法验证特定危机情境下，不同危机策略的有效性。例如，事实阐述和员工支持策略被证明会直接影响危机应对效果，信息质量感知在纠正性沟通中起到中介作用[7]；在数据泄露危机中，组织表达悔恨、承认责任、承诺忍耐和提供赔偿策略都有助于强化公众对组织道歉

[1] Kochigina, A., "The parallel power in organizations defense: Exploring faith-holders and their crisis communication," *Public Relations Review* 46 (2020).

[2] Zhao, X. Y., et al., "How publics react to situational and renewing organizational responses across crises: Examining SCCT and DOR in social-mediated crises," *Public Relations Review* 46 (2020).

[3] Xu, J., "Does the medium matter? A meta-analysis on using social media vs. traditional media in crisis communication," *Public Relations Review* 46 (2020).

[4] Lu, X. R., & Jin, Y., "Information vetting as a key component in social-mediated crisis communication: An exploratory study to examine the initial conceptualization," *Public Relations Review* 46 (2020).

[5] Zhang, X. Y., & Zhou, Z. Y., "Do instructing and adjusting information make a difference in crisis responsibility attribution? Merging fear appeal studies with the defensive attribution hypothesis," *Public Relations Review* 46 (2020).

[6] Page, T. G., "Measuring success: Explications and measurement scales of instructing information and adjusting information," *Public Relations Review* 46 (2020).

[7] Jin, Y., et al., "The effects of corrective communication and employee backup on the effectiveness of fighting crisis misinformation," *Public Relations Review* 46 (2020).

的认知①。针对叙事说服（narrative persuasion）策略，不同的研究者揭示了其固有的矛盾性：一方面，根据叙事参与理论（narrative engagement theory）对故事有效性的阐述，讲故事的危机应对方式被证明可以增加对组织的信任，降低危机责任感知②；另一方面，尽管道德叙事比非道德叙事更具有效性，公众却更喜欢发言人直接提供非叙述性信息而非故事来处理媒体关系③。此外，对美国联合航空公司危机的案例研究检验了七种利益相关者危机应对策略——信息寻求、说服、咨询、威胁、动员、合作和无回应的有效性④。

六　内部沟通：变革、领导力、渠道

内部沟通是管理相互依赖关系并在组织及其员工之间建立互利关系的艺术和科学，是公共关系和沟通管理学科中发展最快的专业领域之一。自2012年以来，与内部沟通相关的公关研究文献数量呈指数级增长，研究者多引用社会交换理论、社会认同理论、大众与组织传播理论（如媒介丰富性理论、组织传播构成理论）和领导理论等具有跨学科视角的理论框架，研究内容多涉及对内部沟通的特征、功能和模式的描述性研究，并逐渐关注内部沟通如何影响员工与组织关系，如对员工工作满意度、工作投入、参与、组织认同、发声、员工倡导等主题的研究，关于公众关系、组织文化、媒体与技术、领导力、变革管理、多样性等方面的研究也在增加。变革给员工带来高度的不确定性、焦虑和压力，学者提出通过对称的内部沟通建立开放、透明和信任的氛围，降低员工负面情绪与消极发声动机，激

---

① Bentley, J. M., & Ma, L., "Testing perceptions of organizational apologies after a data breach crisis," *Public Relations Review* 46 (2020).

② Lee, H., & Jahng, M. R., "The role of storytelling in crisis communication: A test of crisis severity, crisis responsibility, and organizational trust," *Journalism & Mass Communication Quarterly* 97 (2020): 981 - 1002.

③ Clementson, D. E., "Narrative persuasion, identification, attitudes, and trustworthiness in crisis communication," *Public Relations Review* 46 (2020).

④ Shen, H. M., & Cheng, Y., "Scale development for stakeholder responses in crises: Centering on stakeholders in the united airlines crisis," *Public Relations Journal* 13 (2020).

发员工对变革的参与、情感承诺和行为支持①，而在变革中，以愿景（en-visioning）、激励（energizing）和赋能（enabling）为特征的魅力型领导力沟通能够正向影响员工对组织的信任水平、变革开放度、变革行为支持②。在非变革时期，领导者也需要经常面对员工发声所带来的挑战，话语心理学（discursive psychology）对语言使用的权力结构、位置和环境的强调为内部沟通提供了很好的参照：领导者需要坚持动态性与开放性，衡量员工建议性质及其所处的组织内外环境，使用特定修辞策略，开展互动式沟通③。组织内部有价值的沟通还取决于选择适当的信息，并以方便员工的方式发送。媒介丰富性理论（media richness theory）强调减少不确定性和歧义对信息处理成功的重要性，面对面的交流被认为是最丰富的媒介，数字媒体其次，书面媒体最简要，有效的传播需要将媒介丰富性与任务模糊性水平（如数据、消息、符号等不同信息类型）相匹配来选择合适的媒介组合④，使员工在沟通中获得最高的满意度。随着内部沟通的数字化发展与渗透，内部社交媒体早已超越一种平台或工具角色，成为员工人际沟通与战略沟通管理之间的纽带。研究表明，员工使用内部社交媒体越多，越能感到参与其中，越能感知组织透明度，随着对组织的基本价值观、愿景、目的、战略和活动等信息的充分了解，员工更有可能发现自身与组织的共性，进而增强对组织的认同⑤。作为一种"由内而外"的传播方式，"员工倡导"被视为一种跨越边界的功能，一种组织公众行为，其本质是自愿。员工倡导的信息传播渠道（面对面与社交媒体）和信息效价（va-

---

① Men, L. R., et al., "Examining the effects of symmetrical internal communication and employee engagement on organizational change outcomes," *Public Relations Journal* 13 (2020); Lee, Y., & Kim, K. H., et al., "De-motivating employees negative communication behaviors on anonymous social media: The role of public relations," *Public Relations Review* 46 (2020).

② Men, L. R., et al., "'Vision, passion, and care': The impact of charismatic executive leadership communication on employee trust and support for organizational change," *Public Relations Review* 46 (2020).

③ Wåhlin-Jacobsen, C. D., "Open or closed? A social interaction perspective on line managers' reactions to employee voice," *Management Communication Quarterly* 34 (2020): 32 – 57.

④ Verčič, A. T., & Špoljarić, A., "Managing internal communication: How the choice of channels affects internal communication satisfaction," *Public Relations Review* 46 (2020).

⑤ Men, L. R., et al., "Examining the effects of internal social media usage on employee engagement," *Public Relations Review* 46 (2020).

lence，即正面与负面）通过影响外部公众对组织的真实性（authenticity）感知，调节公众对组织的认知和行为意图①。积极的员工倡导可以帮助组织获得客户、吸引高质量人力资本、进行议题管理以及塑造声誉②。

总体观之，内部沟通研究者从不同的理论观点和方法论出发，充分考虑了领导者和员工的角色功能与相互关系，并不断探究媒体环境、商业环境、劳动力动态带来的多重挑战，促进了其学术身份在公共关系中的发展与合法化。但公关如何能有效而道德地代表内部公众的利益、为他们寻求福祉？不同民族文化与组织文化如何影响与塑造组织的内部沟通实践？内部沟通变量之间的因果关系是否存在历史性的纵向变化？与之相关的伦理问题、文化效应、方法多样性问题有待进一步的探究。

七 社会经营许可：亲社会与企业社会责任

社会经营许可（Social Licence to Operate，SLO）一词起源于 20 世纪 90 年代中期的采矿业，最简单的含义是指利益相关者和更广泛的社会对企业应如何经营持有的一系列要求和期望③。作为一个隐喻性的术语，SLO 指向一种无形的和不成文的"许可"，并且逐渐被用来表达对组织及其实践的信任和合法性，SLO 的生成取决于组织与其利益相关者之间关系的建立和维持。相关文献探讨了 SLO 概念化的两种方式：一种是"亲自我观点"（a pro-self perspective），这一观点认为 SLO 是一种"交易性"资本，需要持续的投资和监控，对公众意见进行战略性管理，以维护组织声誉④；另一种是更具参与性和道德衍生性的亲社会观点（a pro-social perspec-

① Lee, Y., & Tao, W. T., "Employees as information influencers of organization's CSR practices: The impacts of employee words on public perceptions of CSR," *Public Relations Review* 46 (2020).

② Patrick, D. T., "Internal communicators' understanding of the definition and importance of employee advocacy," *Public Relations Review* 46 (2020).

③ Parsons, R., & Moffat, K., "Constructing the meaning of social licence," *Social Epistemology* 28 (2014): 340 – 363.

④ Lange, D., et al., "Organisational reputation: A review," *Journal of Management* 37 (2011): 153 – 184.

tive），这一观点将 SLO 定位为一种"关系"资本，强调互利的"协作、关系建构过程"，其特征是信任、合法性和可信性①。满足公共利益、利益相关者参与等方法通常可以帮助获得、维护和修复 SLO。但是让个人参与亲社会议题可能是一项复杂的工作，主动沟通行为（信息前导、信息倾向和信息寻求）与被动沟通行为（信息允许、信息共享和信息参与）可以预测不同形式的亲社会行为（经济支持、志愿服务和政治支持），主动沟通可以预测更高水平的志愿服务，而被动沟通行为更可能导致政治支持②。此外，研究者强调了具有合法性建设功能的 SLO 能够促进企业参与社会议题管理：有意识地选择需要进入的对话、采用的参与方式，以及使用特定的策略、表现和议题框架，从而为社会变革做出有价值的贡献。③

企业社会责任（CSR）被视为 SLO 的一个组成部分，它已经从"社会义务"框架转向"社会回应"框架，以保持合法性并与社会规范保持一致。责任是一种社会结构，公众对其的认知取决于责任的归属，企业的自我责任形象与公众认知之间不可避免地存在差距。同时，今天的公共领域已经不是人们进行理性争辩的场所，而是一个用图像和热情的回应来表达情感诉求的、密集的、不断变化的、重叠的"野性公共网络"（wild public networks）的集合。CSR 必须采用新的话语策略，注重产生情感运动而非连贯的意义，甚至需要拥抱具有象征性和争议性的企业社会责任悖论④。"创造共享价值"（Creating Shared Value，CSV）受到欢迎，它强调企业在努力提高自身竞争力的同时，要改善其经营所在社区的经济和社会条件⑤，企业领导者与利益相关者进行建设性对话以有效地创造共享价值比其说服

---

① Mercer, L., et al., "Meaningful dialogue outcomes contribute to laying a foundation for social licence to operate," *Resources Policy* 53 (2017): 347 – 355.

② Press, G., et al., "Using STOPS to predict prosocial behavioral intentions: Disentangling the effects of passive and active communicative action," *Public Relations Review* 46 (2020).

③ Capizzo, L., "The right side of history, inc.: Social issues management, social license to operate, and the Obergefell v. Hodges decision," *Public Relations Review* 46 (2020).

④ Dawson, V. R., & Brunner, E., "Corporate social responsibility on wild public networks: Communicating to disparate and multivocal stakeholders," *Management Communication Quarterly* 34 (2020): 58 – 84.

⑤ Porter, M. E., & Kramer, M. R., "Creating shared value," *Harvard Business Review* 89 (2011): 62 – 77.

工作更重要①。

SLO 的关系方法反映了西斯提出的"充分功能社会"观点和霍姆斯特伦的"公关反思范式"观点，为证明公关不再是"宣传术"和操纵性的实践提供了一个新的背景，这一概念有潜力成为公关中有影响力的研究传统。学界对企业社会责任的研究一直在扩大范围并日趋成熟，但其中的伦理道德问题始终未得到正面的审视与回应，这一特定视角下的组织—公众关系研究也有待深入。

小　结

本研究通过对 2020 年西方公关学术期刊上的 151 篇研究论文进行聚类与文本爬梳，呈现了对话与信任、政治公关、公关历史、公关战略角色、危机传播、内部沟通、社会经营许可这七大热点议题研究的最新理论成果。公关历史与危机传播历来都是西方公关学术期刊上的热门专题，随着研究者对文献的纵向追溯与横向挖掘，以及信息技术的更新迭代而不断有新的研究成果；政治公关、公关战略角色与内部沟通三个新兴议题的增加，源自企业与政府组织在世界国际关系格局剧变、各个国家民主建设推进、国际经济贸易激增的宏观环境中进行自我战略更新的需求；而对话、信任、社会经营许可这三个关键词在学界引发的热议充分展现了公关的"利他性""亲社会"特征，公关具有作为"社会的基础设施"，在国家建设、社区发展、组织倡导、公众参与等方面发挥建设性作用的极大潜力。

在以上七大热点议题以外，2020 年的西方公关学术研究中还有一些零星的议题体现了新兴的研究方向，值得关注。例如"科学公共关系"（science public relations）研究的两篇文章一方面比较了公关与科学传播理论和实践轨迹的异同，明确提出"科学公共关系"（science public relations）的概念，探讨如何以建设性和道德性的公关方式加强科学与组织、公众之间

---

① Chen, Z., "Who becomes an online activist and why: Understanding the publics in politicized consumer activism," *Public Relations Review* 46（2020）.

的共同目的感和认同感①；另一方面以增强疫苗可信度为研究个案，提出战略传播和公关修辞的工具箱包含许多有利于科学传播的见解和方法②；对"权变组织—公众关系"（Contingent Organization-Public Relationships, COPR）的研究分析了冲突环境中的六种关系模式（包括竞争关系、回避关系、投降关系、中立关系、通融关系和合作关系）③；公关领域的自我反思从未停止，研究者既反思大数据兴起所形成的霸权对社会制度与权力的强化，探讨公关应如何通过生产、复制、使用大数据，帮助创建"充分功能社会"④，也反观公关污名化对从业者本身的人际关系与职业关系的困扰。⑤

---

① Van Dyke, M. S., & Lee, N. M., "Science public relations: The parallel, interwoven, and contrasting trajectories of public relations and science communication theory and practice," *Public Relations Review* 46 (2020); Koivumaki, K., & Wilkinson, C., "Exploring the intersections: Researchers and communication professionals' perspectives on the organizational role of science communication," *Journal of Communication Management* 24 (2020): 207 – 226.

② Ihlen, Ø., "Science communication, strategic communication and rhetoric: The case of health authorities, vaccine hesitancy, trust and credibility," *Journal of Communication Management* 24 (2020): 163 – 167.

③ Cheng, Y., "Contingent Organization-Public Relationship (COPR) matters: Reconciling the contingency theory of accommodation into the relationship management paradigm," *Journal of Public Relations Research* 32 (2020): 140 – 154.

④ Gregory, A., & Halff, G., "The damage done by big data-driven public relations," *Public Relations Review* 46 (2020).

⑤ Sommerfeldt, E. J., & Kent, M. L., "Public relations as 'dirty work': Disconfirmation, cognitive dissonance, and emotional labor among public relations professors," *Public Relations Review* 46 (2020).

"以侨为桥"传播中华文化：发挥华侨华人作用，助力讲好中国故事[*]

林如鹏　彭伟步[**]

摘　要　华侨华人是在海外传播中华文化、讲好中国故事的主力军，是中华文化"走出去"的推动者。他们在国外通过华文媒体构建话语平台，组建华人社团传承中华文化优秀传统，建设华文学校推广华文教育，夯实中华文化传承基础，在促进所在国与中国民心相通、文化互鉴方面起到了国内媒体不可替代的作用。充分发挥华侨华人的桥梁纽带作用，利用他们的中介传话与话语阐释功能，不仅有助于中华文化在海外的传播，而且能够促进中国话语体系的构建，凸显中华文化的顽强生命力，展现中国五千年悠久的文化历史，促进中西方文化对话。

关键词　中华文化；华侨华人；中国故事

世界各国生活着数以万计的华侨华人。他们通过艰辛的努力，成为当地社会族群结构的重要组成部分。他们在海外传播中华文化，讲述中国故事，展现中国移民勤劳节俭、善良进取、重视教育的形象，促进了中华文

---

　*　本文系国家社科基金重大委托项目"铸牢中华民族共同体意识宣传机制研究"（项目编号：21ZMZ004）的研究成果。

**　林如鹏系暨南大学党委书记，新闻与传播学院教授、博士生导师；彭伟步系暨南大学新闻与传播学院教授、硕士生导师。

化与当地文化的融合。他们利用在中国与住在国之间游走这个有利条件，担当中介角色，发挥桥梁纽带作用，成为中国故事在海外的讲述者，为中国声音在海外传播做出了积极贡献。

一　遍布世界各地的华侨华人是中华文化传播使者

中国是人口大国和移民大国，是世界上最主要的向外输出移民的国家之一，特别是鸦片战争之后，中国移民大量向东南亚和北美扩散，并在这些地区繁衍生息，通过创办华文学校与华文媒体、成立华侨华人社团，传承中华文化，形成华人社区。他们与祖籍国的联系紧密，关注中国的时事发展动态，理解、认知中国的政治、经济与社会，并在海外进行大范围的信息和文化扩散。许多学者对华侨华人传播中华文化与中国故事的行为和他们的中介角色进行不同角度的研究，创新了华侨华人研究的学术理论。

根据 2014 年国务院侨办公布的调查数据与 2021 年暨南大学大数据中心的统计，"海外华侨华人超过 6200 万，其中 20 世纪 70 年代以前移民海外的老华侨华人约 5282 万（85%），新华侨华人约 932 万（15%）"。[①] 华侨华人分布在 198 个国家和地区，"亚洲有华侨华人约 4484 万人，占全球华侨华人总数近 70%；北美洲有华侨华人约 594 万人，占比 9.6%；拉丁美洲有华侨华人约 654 万人，占比 10.5%；大洋洲有华侨华人约 154 万人，占比 2.5%；欧洲有华侨华人约 255 万人，占比 4.1%；非洲有华侨华人约 72 万人，占比 1.2%。从来源地看，广东籍有 3000 多万人，福建籍约 1265 万人，广西籍有 700 多万人，海南籍有 370 多万人，云南籍约 250 万人，浙江籍约有 150 万人，四川籍约 100 万人，新疆籍有 100 多万人，上海籍约 70 万人，西藏籍约 20 万人，台湾籍有 128 万人"。[②]

---

① 来自暨南大学大数据中心的统计与国务院侨办 2013 年公布的数据。

② 来自暨南大学大数据中心，根据自有数据及相关学者研究成果，综合多方数据整理而来。转引自庄国土《21 世纪前期世界华侨华人数量、分布和籍贯的新变化》，《侨务工作研究》2020 年第 6 期，第 14 页；贾益民主编《华侨华人研究报告（2020）》，社会科学文献出版社，2020，第 14 页。

华侨华人拥有雄厚的经济实力、丰富的智力资源及良好的商业网络，并对祖籍国具有浓厚的桑梓情怀。广大华侨华人在为住在国做出突出贡献的同时，也为中国的建设和发展做出了特殊贡献，在中华文化的传承传播、中外友好交流与经贸往来、中华文化传播等方面发挥了独特的作用。

长期以来，党和国家高度重视华侨华人的作用，对其给予无比的关心和殷切的期望。华侨华人是中国发展的独特优势，改革开放有他们的一份功劳。习总书记在接见第七届世界华侨华人社团联谊大会代表时强调，"团结统一的中华民族是海内外中华儿女共同的根，博大精深的中华文化是海内外中华儿女共同的魂，实现中华民族伟大复兴是海内外中华儿女共同的梦"。[1] 习近平总书记指出，"我们的同胞无论生活在哪里，身上都有鲜明的中华文化烙印，中华文化是中华儿女共同的精神基因。希望大家继续弘扬中华文化，不仅自己要从中汲取精神力量，而且要积极推动中外文明交流互鉴，讲述好中国故事、传播好中国声音，促进中外民众相互了解和理解，为实现中国梦营造良好环境"。[2] 广大华侨华人在海外通过各种渠道传播中国声音，讲述中国故事，阐释中国话语，发挥了重要的文化桥梁作用与话语阐释作用。

二 华侨华人在中国故事国际传播方面具有不可替代的桥梁与中介作用

海外华侨华人数量众多，在各个领域人才辈出，不仅为住在国创造了巨大的精神与物质财富，而且促进了住在国与中国的联系。他们长期生活在海外，是在世界各国讲述中国故事的最佳人选，也是中国各个领域发展的重要参与者、见证者和建设者。他们利用跨越两种文化、两个国家、两种制度的优势，担当中介角色，传播中华文化，传承优秀传统，维系身份认同，维护华人权益，建设解读与传播中国故事的环境，助力中国国家形

---

[1] 《习近平：共同书写中华民族发展新篇章》，习近平系列重要讲话数据库，https://jhsjk.people.cn/article/25115625，最后访问日期：2022 年 8 月 2 日。
[2] 《习近平谈治国理政》，外文出版社，2014，第 64 页。

象的提升。

整体而言，华侨华人主动参与传播中国故事的路径主要有如下四种。

1. 向华侨华人社会传播中国故事与中华文化

华侨华人向其他华侨华人传播中国故事最直接的方式，就是通过各种渠道用华语解释、说明和传播中国声音，讲述中国故事。例如华侨华人在举办年度社团活动时，就会聚在一起聊天，不仅会谈起在网络上流传的话语，而且会交流中国最近的动态，因此，华侨华人的人际传播是传播中国故事效果最好的方式之一。他们对中国政策的解释能够即时完成，纠正一些华侨华人对中国话语的歪曲、片面甚至负面认知，这对于那些不太了解中国情况的华侨华人的帮助最为直接。

除了人际传播外，华侨华人通过华文媒体向广大华侨华人社会讲述中国故事。例如华文媒体大量采用中国新闻社、新华社以及国内其他媒体的稿件，中国故事因而得以在第一时间通过华文媒体向海外传播。中国其他省市媒体也正在努力走出国门，在"一带一路"沿线国家和地区落地，电台、电视台、报纸、新媒体与"一带一路"沿线国家和地区的华语电台、华语电视、报纸和新媒体，甚至当地语言的主流媒体签订合作协议，向其提供节目和信息，实现人员、信息的互动，一方面借此向"一带一路"沿线国家和地区的华人更准确地传播中国的信息；另一方面通过实质性的合作，共同推动全球华人信息的立体化和全方位传播，为中国建设"一带一路"搭起文化和经贸交流与合作的桥梁，推动信息互联互通机制，帮助中国声音在海外落地。许多华文媒体努力传播中国话语，设立相关专栏，传播和解释"中国梦""互利共赢""互联互通""人类命运共同体"等理念。例如，2016年3月8日，《联合早报》与新加坡工商联合总会联手推出的"一带一路"专网正式上线。这是东南亚首个专门以"一带一路"为主题设立的综合信息网站，作为联合早报网的特别栏目，其旨在推动新加坡企业深入了解"一带一路""互联互通"等，并为新加坡华人以及全球华文读者观察"一带一路"提供新加坡乃至东南亚的视角，同时为"一带一路"的相关企业提供服务。

建设"一带一路"，传播中华文化与中国故事，必须推行信息与文化先行战略，加强战略对话，营造合作氛围，增进彼此间的了解，实现民心相通，为中国声音在沿线国家的传播创造良好环境，而华侨华人作为信息传播中介可以起到桥梁与纽带作用。他们利用自身的人脉关系，向华人社会广泛传播相关信息。比如说，泰国的《星暹日报》，马来西亚的《星洲日报》《光华日报》《东方日报》，新加坡的《联合早报》，菲律宾的《世界日报》，印度尼西亚的《印尼星洲日报》《国际日报》，阿联酋的亚洲商务卫视等，在其网站、App、微信公众号均广泛地传播了中国建设"一带一路"的消息，增进了华侨华人对中国建设"一带一路"相关情况的了解，使当地华人、当地企业对此有充分和深入的认识，从中发现许多商机，并通过各种传播方式帮助身边人了解"一带一路"。

2. 华侨华人作为传播中介和信息节点向当地主流社会传播中国声音与中华文化

中国能否在国际社会中形成良好形象，与中国理论、中国制度能否在海外准确阐述和广泛传播有直接关系。例如当前中国致力于建设"一带一路"，但是西方国家和媒体对中国建设"一带一路"的意图产生怀疑，担心中国通过"一带一路"扩大对沿线国家的影响力。与此同时，一些国家的官员与学者对中国国家形象持负面的态度，对我国的"一带一路"倡议持怀疑态度，认为这是我国加快实现世界霸权的重要动作，导致我国在推进和建设"一带一路"过程中面临诸多困难。这些负面认知的产生，主要是因为文化交流存在认知、认同和互信的问题，这说明中国与世界各国的文化交流活动还面临重大阻碍，亟待增加文化交流的频度，提升对话的深度。因此，在传播中国声音时，要加强文化交流，促进文化互信，让其他国家的公众了解、理解中国话语的丰富内涵，消除误会，缓解西方国家和媒体面对中国崛起产生的心理焦虑，反对西方媒体对中国做出不实指责，歪曲中国发展道路。

华侨华人作为中介，可以在中国与当地政府之间牵线搭桥，促进两者的交流与合作。应发挥华侨华人"双文化人"的中介优势，在多层面实现其在与媒体、政府、公众的互动等方面的特殊功能。例如华侨华人组成强有力的政治游说集团，依托自身的影响力，向当地政府进行游说，纠正他们对中国的片面理解。华侨华人也可以接受主流媒体的采访，阐明中国的政治主张，甚至还可以通过主流社会的游说集团，加强对政府的游说，帮助他们了解与理解中国的内外政策，促进住在国与中国的文化和经济合作，例如中泰铁路的建设，就与泰国华人对政府的游说有密切关系。

许多华人领袖主动向当地政府推荐和介绍中国话语，准确阐释中国话语的丰富含义，促进中华文化传播，帮助当地主流社会理解建设"一带一路"的设想，鼓励和游说当地政府积极参与"一带一路"建设，落实文化交流，推动当地的经济发展。从这个角度来说，华侨华人在许多场合能够发挥重要的中介作用，扮演国内政府官员或者学者不可替代的角色。

3. 对中国话语进行再编码并与当地主流社会进行文化和思想交流

习近平总书记指出，"把广大海外侨胞和归侨侨眷紧密团结起来，发挥他们在中华民族伟大复兴中的积极作用，是党和国家的一项重要工作"①。华侨华人作为人际互动的中介，可以为中华文化海外传播创造环境，特别是华文媒体作为海外华人社会中重要的信息传播和舆论工具，在开展民间外交、公共外交和提升国际话语权，助力中国话语的传播，拓展和维护海外利益，实现国家创新驱动战略及中华文化传承等重大工作中可以发挥重要作用。

华文媒体工作者通晓中外语言文化，熟悉当地风土人情，具有融通中外的独特优势，能够促进不同文明、文化和宗教的交流对话，营造中外友好交流合作的良好氛围。他们积极开展公共外交和民间交流，通过文化交流、学术研究、媒体合作等方式，加强与沿线国家人民的友好往来。更重要的是，作为文化载体，华文媒体能够超越宗教和文化，实现对中华文化与中国话语的有效传播并产生舆论影响，同时把相关信息传播回中国，为我国传播中华文化与中国话语的策略提供智力支持。此外，华文新媒体还能够根据不同的文化背景，通过二度编码和语境转换，实现向当地主流社会和媒体传播中国声音的目的。

华侨华人在海外传播中华文化，帮助中国在世界各地发出中国声音、讲述中国故事，促进中国与其他国家的国际关系，加强当地主流社会对华

---

① 《习近平对侨务工作作出重要指示强调 凝聚侨心侨力同圆共享中国梦 李克强作出批示》，央广网，http://news.cnr.cn/native/gd/20170217/t20170217_523607172.shtml，最后访问日期：2023年4月10日。

人与中国的了解。如 2016 年 7 月 10 日，名为"法华传媒俱乐部"的微信公众号，推送了记者鲁佳撰写的《法国海外部长与华二代会面议政：期待政坛涌现更多华裔青年》的新闻。时任法国海外省部长乔治·包－朗热温（George Paul-Langevin）女士非常重视华人在法国的活动，接受了法国华裔青年恳谈会的邀请，在见面会上，对于法国华人的贡献，她予以高度肯定，并认为双方应该尽可能多地进行此类沟通，这对于华裔群体的融入和法国社会的发展，以及法国主流社会对华人和中华文化的了解等都大有裨益。乔治·包－朗热温说："华裔青年来自中国这个历史悠久、文化厚重、国力强盛的大国，有很多值得法国学习的传统和特质，大家又在法国接受教育，很多是名校高才生，通晓两国语言，兼容两种文化，掌握专业知识，对中华文化有深入了解，拥有自己的职业角色和社会地位，法国政界需要这样的优质人才，法中两国也需要这样的天然纽带，希望越来越多的华裔青年迈入政坛，推动法国经济复苏。"①

4. 创办当地语言媒体直接面向主流社会传播中国故事

为了更好地促进主流社会对中国政治、经济、文化的理解，帮助他们了解中华文化，深入触摸中国的国情，推动中西方文化交流，减少误会，一些华侨华人创办当地语言媒体，直接向当地主流社会传播华侨华人社会的信息，增进他们对华侨华人的了解，同时这些将当地主流语言作为传播符号的媒体，也会直接输出中国声音。例如，西班牙《欧华报》旗下不仅有报纸，也开设了网站、App、微信公众号等，且早在 2005 年 5 月 21 日就创办了西班牙语报刊 *El Mandarín*，直接面向当地人发行，形成了全媒体的传播网络和跨族群的媒体集团。

El Mandarín 直接报道中国事务，讲述中国故事，反映发生在当代中国的翻天覆地的变化。在推动中国与西班牙的商业往来，促进中国企业在西班牙的投资，增进当地企业对中国企业的认识等方面，*El Mandarín* 也做出了很大的贡献。它联系其他主流媒体，在西班牙举办了多次贸易洽谈会和招商会，促进中国与西班牙企业的对接和合作，促成了多个中国企业与西

---

① 鲁佳：《法国海外部长与华二代会面议政：期待政坛涌现更多华裔青年》，https://mp. weixin. qq. com/s/TD27aYDlYyKZCv9rnx4CNw，最后访问日期：2022 年 5 月 10 日。

班牙企业的合作。

与此同时，越来越多的华侨华人充分利用新媒体的传播优势，应用 Facebook、Twitter、Instagram 等社交软件，在海外经营数字营销业务，采用当地语言进行传播，深耕社交媒体的信息传播业务，搭建中国与当地沟通的桥梁，促进高层和民间的对话。例如随着中国企业不断加大在马来西亚的投资，马来西亚华文媒体对此进行了广泛报道，星洲互动网还开设英语频道多次传播，帮助不谙华文的受众如马来族，了解中国企业在马来西亚的投资情况。

三　华侨华人海外传播中国故事的丰富
资源与强大平台

遍布世界各地的华侨华人，他们兼通中外文化，具有融通中外的天然优势。华侨华人对中国及中华文化的自然亲近感，使之成为在海外传播中国故事最自觉、最热心、最积极的群体。他们善于从博大精深的中华文化中选取易于被所住国主流社会接受的内容，选择所在国人民喜闻乐见的传播方式和途径，同时以当地人的身份来开展公共外交，讲述中国故事，传播中国声音。这使得他们所传播的信息更有说服力和感染力，对于我们国家软实力的提升大有裨益。他们积极宣传、树立中国的正面形象，也有利于提高华侨华人在所在国的形象，实现与中国的"双赢"，构建人类命运共同体。

血浓于水的中华文化情节使华侨华人愿意展示祖籍国文化和乡土气息的正面形象，而祖籍国的发展壮大又为华侨华人的生存与发展带来新的历史机遇。今天，遍布全球的 2 万多所华文学校①、2 万多个华侨华人社团②、1000 多家的华文媒体以及独具特色的唐人街、中国城、中餐馆、中医诊所等，成为传播中华文化的重要载体，也是发出的中国声音覆盖范围

---

① 李海峰：《充分发挥侨务工作在弘扬中华文化中的积极作用》，《求是》2012 年第 8 期，第 22～24 页。

② 陈奕平：《华侨华人与"一带一路"软实力建设》，《统一战线学研究》2018 年第 5 期，第 104～112 页。

最广、效果最好的平台之一。

1. 数量众多的华文媒体以传播中华文化为使命

以 1815 年 8 月英国传教士在马六甲创办海外华文报刊《察世俗每月统记传》为起点，海外华文媒体走过了 200 多年的风雨历程，"先后在世界各地出现过 5000 多家有影响的海外华文传统媒体"①。华文媒体行至今天，面临着前所未有的深刻变革，其中既有巨大挑战，也有重大机遇。

面对媒介技术的重大变革，在西方媒体和英语世界的强势包围下，海外华文传统媒体面临技术冲击、同业竞争、资金短缺、人才匮乏、传播力弱、话语权小等各种挑战，毫无疑问，这是一场没有终点的竞争。但是中国的发展、民族的复兴，为海外华文媒体前行提供了新的机遇：中国综合实力和国际地位的持续上升、中国传媒事业的发展壮大，为华文媒体的成长提供了有力的支撑；中国人持续移居全球各地，中国企业和人员加快走向世界，海外华人社会日渐成熟壮大，新老侨胞融入当地程度加深，文化素质和社会影响力不断提高，这些都为海外华文媒体强化了受众基础；中外交流与合作深入开展、"一带一路"通向各国，中国与世界越发紧密，更多的人渴望学习中文、了解中华文化、认识中国，各国传媒和国际社会对中国资讯更加关注，世界范围内兴起中华语言文化热潮，这些都为海外华文媒体开辟了广阔的舞台。值得关注的是，欧美媒体也顺应中国快速发展的形势，纷纷开设华文网或者华文频道，依托网络新媒体平台，推出华文新闻信息，扩大对华文受众的影响力。

海外华文媒体在这场变革中没有倒下，它们在媒体融合方面有了很多成功的探索，也积极开展中外双语传播，在扩大受众面方面迈出了坚实的步伐。根据笔者所在的国家社科重大项目组的统计，虽然受到新媒体冲击，但是华文传统媒体积极转型，努力拓展生存空间。截至 2021 年 12 月 30 日，仍然出版纸质版华文报纸的媒体数量有 500 家左右，头部华文报纸大约有 31 家，如新加坡《联合早报》《新明日报》，马来西亚《星洲日

---

① 此文华文媒体的所有相关数据来自暨南大学大数据中心、海外华文媒体发展研究中心、国家社科重大委托项目"后疫情期间海外华文媒体铸牢华侨华人中华民族共同体意识研究"研究团队。

报》《光华日报》《中国报》《光明日报》《南洋商报》《诗华日报》《中华日报》《联合日报》等。截至 2021 年 7 月 17 日，在世界各地总共 451 家较有影响力的华文报纸中，有 362 家媒体设立了官方媒体网站，35 家媒体提供电子书服务，52 家媒体在 Facebook、Twitter 设立账号。除了华文报纸外，华语电台、华语电视台也在传播中华文化工作中起着积极、主动的作用。截至 2021 年 12 月 30 日，华语电台大约有 56 家，不同频率的华语频道接近 140 个（1 家华语电台旗下 3～4 个频道，开设粤语、普通话等频道），华语电视台大约有 29 家，频道数量接近 100 个（1 家电视台旗下有 2～4 个频道）。此外，油管（YouTube）也有超过 10 万个使用华文传播各种信息的账号。许多海外华语电视台与国内广播电视台签订了节目互换的协议，把优秀的中华文化电视作品传播到五湖四海，例如新加坡 FM96.3、FM100.3、FM958 广播频道，不仅自制华语节目，而且与中国广播电视总台合作，向新加坡观众提供新鲜的华语内容。华语电视台 8 频道与优频道，使用华语传播中华文化，播放华语电视剧。面对新媒体的冲击，一些华语电台和电视台积极转型，设立社交媒体账号，例如美国中文电视台在油管的粉丝量已有 26500 个（截至 2022 年 5 月 3 日）。这说明华文传统媒体希望通过创建新媒体，加强平台建设，以实现媒体转型，拓展生存空间。

由于华人数量以及分布存在较大的差异，从世界各国的华文媒体发展状况来看，各地区、各国家的华文媒体出现分化的现象。一方面，传统华文报纸、电视、电台面临多种挑战，市场及受众呈现稳中下行的态势；另一方面，华文新媒体如雨后春笋般涌现，数量无法统计，特别是在社交新媒体上设置的华文自媒体，如 Facebook 主页、Twitter 账号和微信公众号迅速发展，日益成为海外华人重要的信息来源。

国内对外传播机构为推动华文媒体的发展，定期举办业务交流会，以指导华文媒体的转型，增强其传播中华文化的能力。中国新闻社自 2001 年起每隔两年举办一次"世界华文媒体研讨会"，邀请许多海外华文媒体的负责人或主要从业者相聚一堂，针对不同主题，共同探讨华文媒体的发展，指导海外华文媒体传播中国故事，对促进海外华文媒体的发展起到了组织与推动的作用。

中国新闻社下属的世界华文媒体年鉴社，自 2003 年开始每隔两年编纂

《世界海外华文媒体年鉴》，介绍海外华文媒体的最新研究状况，向读者提供了相当翔实的各种海外华文媒体的资料，为研究者了解海外华文媒体最新的状况提供了极好的窗口。2015 年 8 月在贵州省贵阳市召开的第八届世界华文媒体论坛上，华文媒体就其使命担当达成以下共识：“做和谐侨社的建设者、联系华人社会与主流社会的双向桥梁；做中华文化的传承者、中华文化走向世界的重要载体；做‘中国故事’的代言者，向国际社会说明一个真实的中国；做中外友好的推动者，增进中外民间交流、促进民众相互理解、分享中国发展机遇，创造下一个百年的新荣耀。”①

2. 华侨华人社团弘扬与传承中华民族优秀传统文化

19 世纪中叶，中国人漂洋过海出外谋生，人地生疏，语言不通，自然聚众而居，相互帮扶，相继建立一些地缘、宗亲或同业性社团的组织，慢慢形成华侨聚居社区，作为华侨经济和社会的活动中心。

华侨华人社团是海外华人社会的基本架构和联系纽带，一直在海外华人社会中发挥着基石的作用。20 世纪 80 年代以来，随着新移民的大量涌入，华侨华人社团这一传统结社方式，变得更加多元与活跃，其类别、宗旨和成员都呈现出多样化发展的趋势，既包括以地缘为基础的同乡会、以业缘为基础的工商团体，也包括以新移民为基础的华侨华人专业性社团等。如今，世界各国都有华侨华人自发形成的社团，据不完全统计，全球各类华侨华人社团超过 25000 个。暨南大学大数据中心数据显示，“在华侨华人社团的数量分布情况中，亚洲的华侨华人社团最多，占总数的 67.68%；其次是美洲的华侨华人社团，占总数的 24.77%；其他洲的华侨华人社团较少：非洲的占 3.06%，大洋洲的占 2.57%，欧洲的占 1.91%”②。这种情况也真实地反映了华侨华人在世界各国的集中度与发展程度。

在海外，华侨华人社团会员众多。其中不少社团在华侨华人中拥有强大的公信力、影响力与号召力，例如潮州会馆，在华侨华人的历史发展过

---

① 中国新闻网：《裘援平鼓励海外华文媒体肩负新时代使命担当》，http://m.haiwainet.cn/middle/232657/2015/0822/content_29088050_1.html，最后访问日期：2022 年 5 月 5 日。
② 任娜：《海外华人社团的发展现状与趋势》，《东南亚研究》2014 年第 2 期，第 96～102 页。

程中起到重要的作用。它团结华侨华人，举办活动，帮扶贫困，传播文化，为华人各项事业做出了许多贡献。这些华侨华人社团通过举办年会、节展等，促进会馆之间的信息互通和交流联谊，形成一个全球性的跨国华人组织。国际潮团联谊年会于 1981 年创办，每隔两年举行一次，截至 2019 年已历二十届，是全世界潮人大团结、大发展的标志，为全球工商人士的交流、合作、发展架起一座金桥，对促进中国与潮人所在国家和地区的经济繁荣及社会发展发挥了积极的作用。

3. 华文教育与华文学校承担中华文化传播的基础性建设工作

华文教育是华人社会的文化认同与身份认同基础，是中华文化在海外传承传播的一项"留根工程"。它对于华人社会的文化传承起着基础性的教育作用，是缓解华人母语危机的主要手段。华人在接受华文教育后，能够在心中形成较为正面的中国形象，增强对中国的感情，自觉地承担起维护华人与中国形象的责任。海外华文教育迄今已有 200 多年的历史，在培养华文人才、传播中华文化、强化华人的身份与族群认同、促进华人与主流社会的文化交流与对话、发展当地的华人文化等方面做出重大贡献。

随着经济的发展，中国国际地位日益提升，华文教育在许多国家得到开展。"海外各类华文学校达 2 万多所，华文教师达数十万人，在校生达数百万人"[1]，主要集中在北美地区，如美国、加拿大；欧洲，如荷兰、英国、法国、德国；大洋洲，如澳大利亚；亚洲，如日本、韩国、新加坡、马来西亚、泰国、菲律宾、柬埔寨、印度尼西亚等。一些国家还把华文教育纳入正式的教育系统，允许学生以华语成绩申请各级学校。华文已经成为一种重要的世界性语言，不仅受到华侨华人的重视，而且还为其他种族了解中华文化提供了语言渠道。许多非华裔的学生通过学习华文，在中国留学，加强祖国与中国的文化联系，担任文化使者角色，甚至留在中国工作，成为中国与其他国家进行信息交流和文化对话的重要中介。

2020 年初，新冠疫情突袭而至，肆虐全球。各行各业猝不及防，深受影响，华文教育也不例外，华校停课，师资减少，学生流失，困难重重。

---

① 李海峰：《充分发挥侨务工作在弘扬中华文化中的积极作用》，《求是》2012 年第 8 期，第 22 ~ 24 页。

同年 10 月，暨南大学举办首届海外华校治理高层论坛（线上），来自全球 30 多个国家的 300 多位校长相聚云端，共商新形势下华文教育发展大计。在广大华教界同人的倡议下，2020 年 12 月 31 日，暨南大学牵头正式成立"全球华校联盟"。来自全球 56 个国家的 103 家海外主流华教组织、410 家海外华校作为创始成员率先加入，共同开启构建"全球华文教育共同体"之路。目前，"全球华校联盟的成员单位来自 64 个国家和地区，其中华校 638 家、华教组织 107 家，辐射到的华校超过 2500 家，基本覆盖全球华文教育主要国家和地区"①。

4. 海外华文文学与华文作家构建华语世界的原乡想象

海外华文文学，是指中国以外其他国家、地区用汉语写作的文学，是中华文化外传以后，与世界各种民族文化相遇、交汇开出的文学奇葩。海外华文文学作家绝大多数是从中国移居海外的华侨华人，他们体验着异域文化与本族文化的对比和碰撞，在异域生存中面临种种挑战，于是他们提笔进行文学创作，或思乡抒怀，或描叙生存现状，或感受异国文化，逐渐地，创作作家越来越多，作品也越来越多，进而形成特殊的文学现象，生成了海外华文文学。海外华文文学的兴起，整合了中国现当代文学，拓展了中国现当代文学的研究视野。海外华文文学在中西文明交流互鉴、中国传统文化外传方面发挥着潜移默化的作用，近 20 年来日益受到学术界的重视。

中国世界华文文学学会作为国家一级学会于 2002 年 5 月获民政部批准正式成立，秘书处设在暨南大学，迄今为止已有 20 余年历史。目前，学会有正式会员 800 余人。② 同时，该学会与香港地区成立的"世界华文文学联盟"，以及 60 余家海外华文文学社团、协会等保持密切联系，支持、引导它们组织文化学术活动，地域遍及五大洲，其中不乏具有国际影响力的华文文学作家与学者。学会近年来举办了 3 次"世界华文文学大会"、17 届国际学术研讨会，组织了"纪念中国人民抗日战争暨世界反法西斯战争

---

① 张礼:《共建全球华校联盟 同促华文教育发展》，国务院侨办，https://qwgzyj.gqb.gov.cn/ydqw/223/3562.shtml，最后访问日期：2022 年 9 月 20 日。

② 中国世界华文文学学会、中国世界华文文学网，https://huawenwenxue.jnu.edu.cn/5236/list.htm，最后访问日期：2022 年 9 月 20 日。

胜利 70 周年""'一带一路'与世界华文文学""华人作家、学者新疆深度行"等专项文化考察活动。三次"世界华文文学大会"，参会代表均有400 余人，大会广泛团结、凝聚了海内外华人作家、学者，文化影响力非常大。海外华文文学知名作家较多，在海内外读者中都有较大文学影响力。近些年来，创作活跃且具有代表性的作家包括戴小华（马来西亚）、张翎（加拿大）、陈河（加拿大）、尤今（新加坡）、李长声（日本）、陈瑞琳（美国）、严歌苓（美国）等。

5. 海外华商搭建中外经贸往来的重要桥梁

世界各地华侨华人人数不同，他们主要集中在东南亚、北美、西欧以及澳洲和新西兰。近年来，随着"一带一路"建设的推进，以及中国企业对非洲市场的开拓，"一带一路"沿线国家和非洲也吸引了大量中国移民，从而使这些地区的华侨华人数量得到快速增长。目前东南亚仍然是华侨华人集中度最高、人数最多的地区，数量占全世界华侨华人的 70% 以上，东南亚华侨华人无论在数量、经济实力还是文化教育上，与其他地区相比都更胜一筹。

长期以来，华人的勤劳和智慧为其带来丰厚的回报。例如在马来西亚，每年福布斯公布的马来西亚十大富豪当中，均有 8 位华人。与 2015 年相比，2021 年的马来西亚富豪榜发生了很大的变化——排名前十的有 9 位是华人。2015 年排第二位的印度裔电信巨子阿南达·克里斯南被郭令灿、管保强家族超越，居于第四位。

华人经济在马来西亚占据重要位置，随着他们的财富积累越来越庞大，其在马来西亚的经济结构中举足轻重。虽然受到政府实施的优先发展马来人经济政策的影响，但是华人资本并未被大幅度削弱，其经济活力与动力均有所增强。这种情况说明，华人在马来西亚的经济活动是成功的、有策略的。马来西亚华人经济在该国所占的重要位置以及展现出来的经济成就，充分说明华人在东南亚各国的经济版图中举足轻重。华人经济具有系统性，但也有较强的封闭性，这种经济特点使华人经济具备较强的自我恢复能力与对外来压力的抵抗能力。

东南亚各国华侨华人在经济上拥有强劲的实力，能够对国家的经济活动产生重大影响，甚至主导国家的经济发展战略。这不仅有助于中华文化在东南亚以及其他地区的传播、中国企业在东南亚及其他地区的拓展，而且能够助力中国加强与东南亚各国的经贸策略的实施。例如泰国高铁经历多次挫折，最后终于落地建设，其中泰国华人对政府施加的影响，起到了重要的牵线搭桥作用，这个项目的成功落地是泰国华人努力进行经济和政治游说的结果。

海外华商不仅对住在国的经济社会发展做出巨大的贡献，同时他们也积极回中国投资，为中外经贸往来牵线搭桥，助力我国改革开放。我国经济能够持续稳健发展，海外华商功不可没。据《人民日报》等媒体报道，中国实际利用外资资金中约六成来自海外华商。国务院侨办、国家统计局等发布的统计数字也显示，内地海外投资主体中约七成为海外华商。暨南大学大数据中心对超过10万家外商投资企业样本进行测算发现，现阶段内地海外华商投资企业约占外商投资企业的71.3%。① 数据显示，截至2021年10月9日，海外华商在中国内地投资企业共计540036家。②

从近十年的企业发展动态来看，海外华商投资企业数量总体保持增长态势，但增速明显受到国家政策与国际环境的影响。2016～2017年，"一带一路"倡议的提出，"海外仓"建设的支持，自贸试验区等的设立，外资准入负面清单的改进及外资企业合法权益保护的加强，共同促使海外华商投资企业新增数量在2018年达到了近十年的最高峰（22730家）；但随后受中美贸易摩擦、新冠肺炎疫情等因素影响，新增海外华商投资企业数量骤降18.33%。③ 截至2021年10月9日，2021年新增海外华商投资企业17421家。随着我国更多扩大开放的政策出台，海外华商在中国内地的投资布局正在逐步恢复。可见，在稳定内地海外华商投资的基础上，更好地吸引海外华商乃至海外资金，更充分地发挥海外华人华侨的双向桥梁纽带作用，是推动我国经济实现双循环发展的重要一环。

6. 华侨华人参政唤醒沉睡的政治意识

海外华人长期以来聚焦经济发展和科技进步，曾被视为"经济动物"

---

① 根据暨南大学大数据中心自有数据统计整理，数据截至2021年10月9日。
② 暨南大学大数据中心根据自有数据、企查查等数据源统计整理，数据截至2021年10月9日。
③ 暨南大学大数据中心根据自有数据、企查查等数据源统计整理得出，数据截至2021年10月9日。

和"沉默一族"，他们不关心政治，缺乏参政意识和参政热情，无论是选举登记率、投票率还是主动参选人数，与主流人群相比，都有很大差距，但 20 世纪 80 年代以来，尤其是 21 世纪以来，随着华侨华人整体实力的提升和住在国族群政治地位的凸显，世界各地特别是欧美国家华人的参政意识不断提升，参政纪录不断被刷新。华人参政的方式也逐渐多元化，除了参加选举登记和投票、竞选各级政府公职、提供政治捐款、为候选人助选外，他们也运用游行、示威、抗议、诉讼和游说等非选举政治方式维护自身权益。

随着海外华人参政情况的稳步发展，海外已经形成五大华人参政中心，分别是北美的美国和加拿大、东南亚的马来西亚、大洋洲的澳大利亚和欧洲的英国。海外华人积极参政，一方面有力地维护和增进了当地华人的合法权益，推动住在国华裔融入主流社会，提升他们在住在国的社会政治地位和影响；另一方面也对住在国与中国的关系发挥重要的促进作用，特别是共同的亲缘、血缘和地缘基础，以及中华文化的同文、同根、同源，对于国际社会通过华裔参政人士来进一步认识中国、理解中国都具有积极的作用。

总　结

华侨华人是在海外传播中华文化，推动主流社会认识、理解中国的重要力量，是中国故事在海外最好的传播者与诠释者。他们作为"双文化人"，行走在中国与住在国文化互鉴、民心相通的道路上，为促进中华文化和中国声音在海外落地做出了重要贡献，是中华民族伟大复兴"中国梦"的实践者、参与者与建设者，是一股值得依赖和团结的力量。

当前，面对百年未有之大变局，做好新时代的海外统战工作，团结引领最广大的海外华侨华人，共同参与民族复兴的历史进程，共享民族复兴的伟大荣光，不仅大有可为，也将大有作为。

人类命运共同体视域下"冬奥会口号"的倡议理念探析[*]

钟　新　金圣钧　林芊语^{**}

摘　要　奥运会口号是举办城市根据所处的国际环境和国内现状对奥林匹克精神与本届奥运会理念的本土化理解、设计、表达与传播。作为一种全球性的体育动员机制，奥运会口号具有体育公共外交的"倡议"功能。本文通过对历届冬奥会口号倡议理念的多维剖析，发现其倡议主题从"齐聚同一时空"转移到以"火焰"与"激情"为中心的诠释；通过对国际主流媒体冬奥会口号相关报道的分析，发现历届冬奥会创制的口号一直都在向世界传达"义利相兼""开放包容""命运与共"等与"人类命运共同体"价值观相契合的倡议理念。新冠疫情之下，北京冬奥会"一起向未来"的倡议则是人类命运共同体价值观下奥林匹克精神、办赛理念和奥运愿景的中国解读、中国诠释和中国表达。

关键词　冬奥会；人类命运共同体；国际传播；北京冬奥会

---

*　本文系国家社会科学基金重大项目"2022 北京冬奥会冰雪运动普及和发展对策研究"（项目编号：17ZDA328）的研究成果，原文刊于《武汉体育学院学报》2022 年第 2 期。

**　钟新系中国人民大学新闻学院教授、博士生导师，中国人民大学人文奥运研究中心研究员；金圣钧系中国人民大学新闻学院博士研究生；林芊语系中国人民大学新闻学院硕士研究生。

世界正在经历"百年未有之大变局"。百年未有之大变局,绝不是一时一事、一域一国之变,而是世界之变、时代之变、历史之变。① 当前,新冠疫情影响犹在,世界经济复苏艰难,接踵而至的挑战,不断分割着团结凝聚的"地球村",也让世界范围内维护多边主义、共同应对挑战的呼声更加强烈。习近平同志就任总书记后在首次会见外国人士时曾表示,国际社会日益成为一个你中有我、我中有你的"命运共同体"。② 以冬奥会为代表的大型体育赛事,是全世界人类彼此依靠、开放包容,以"身体在场"体验"共同体"凝聚的舞台。2021 年 7 月,国际奥委会表决通过将"更团结"(Together)写入奥林匹克格言,而 9 月发布的北京冬奥会口号"一起向未来"(Together for a Shared Future)则突出强调了新格言的"together",表达了"世界人民携手共进、守望相助、共创美好未来"的美好愿景。奥运会口号是奥运理念的高度概括,是凝聚世界共识、感召人类共同价值的倡议。本文在"人类命运共同体"价值观视域下研究历届冬奥会口号,力求解读冬奥理念变化,厘清冬奥会口号与国际格局的关系,为冬奥会未来的可持续发展提供参考。

一 "人类命运共同体"视域下作为倡议的体育口号

(一)口号与体育口号

口号是一种独特的语言载体,是"供口头呼喊的有纲领性和鼓动作用的简短句子"③,其本身作为"理念"的外化表现具有一定的历史意义、政治意义、文化意义和动员意义。④ 从结构层面看,口号自身作为一种极具

① 理论之光:《在奋斗中书写新的历史荣光》,2021 年 6 月 1 日,http://www.jsllzg.cn/jsjj/zbdk/20212021/202101/202106/t20210601_7108843.shtml,最后访问日期:2021 年 12 月 1 日。
② 曲星:《人类命运共同体的价值观基础》,《求是》2013 年第 4 期,第 53~55 页。
③ 中国社会科学院语言研究所词典编辑室编《现代汉语词典》(第 6 版),商务印书馆,2012。
④ 申唯佳:《标语口号演变与中国共产党政治传播的战略转型》,《郑州大学学报》(哲学社会科学版)2018 年第 6 期,第 151~157 页。

传播意义的语言符号和信息载体，需要在有限的字符内精准反映传播者的意图，具有结构工整、简明扼要的特征；从功能层面看，标语口号因在动员环境中"反复出现"，给予受众全方位的感知，影响受众既有的知识框架和思想倾向，构筑新的情感联结与社会联系；① 从制定层面看，动员传播效果拔群的口号需要契合大众群体的认知水平、易于识记且能够创设良好的舆论氛围。② 因此，口号创制需要在生动的语言框架基础上融入时代禀赋和文化内涵。

体育口号是展现体育功能变化的重要载体，它作为体育理念的高度凝练，能给人以深刻的印象，③ 亦具有传播优秀体育文化和先进体育理念的作用。随着冰雪运动的普及，冬季奥林匹克运动会的口号越来越受到世人关注。④ 冬奥会口号既是冬奥会自身独有的文化标志，也是世界冰雪运动理念的共识性表达，具有如 K. Burke 所言的通过语言符号赋予意义，达到理解世界同一性目的的作用。⑤

（二）作为"倡议"的奥运会口号

"奥运会口号"作为一种国际化的体育动员机制，是奥运时代理念的凝练，具有动员力极强的"倡议"功能。作为公共外交的重要概念，"倡议"（advocacy）可以被定义为"行为者通过开展国际交流和传播活动来影响国际环境，以促进国际公众心目中对特定政策、理念或者公共利益的理解与发展"⑥，其在本质上也是一种国际动员。同时，大型国际赛事为发出国际倡议、实践体育公共外交提供了平台。"体育外交"（sports diplomacy）是公共外交的一种新形式，一方面，它发挥着其他外交方式所不具备的

---

① 申唯佳：《标语口号演变与中国共产党政治传播的战略转型》，《郑州大学学报》（哲学社会科学版）2018 年第 6 期，第 151～157 页。
② 韩承鹏：《标语口号成因探析》，《上海党史与党建》2009 年第 1 期，第 45～46 页。
③ 杨晓轼：《新中国六十年体育口号变迁的思考》，《成都体育学院学报》2011 年第 8 期，第 5～8 页。
④ 张铁民、张海波：《冬奥会主题口号的社会学解读》，《体育文化导刊》2016 年第 12 期，第 192～196 页。
⑤ Burke, K., *On Symbols and Society* (Chicago: University of Chicago Press, 1989), p.45.
⑥ Cull, N. J., *Public Diplomacy-Foundations for Global Engagement in the Digital Age* (Cambridge: Polity Press, 2019), pp. 91－104.

"草根战略"作用,① 如中美"乒乓外交"、美古"棒球外交"等;另一方面,体育本身具有全球共通性,是发挥软实力外交作用的感知依凭,即"不管是何种血统、背景、宗教信仰和经济状况,都可以在体育运动中团结到一起"②。

因此,体育口号可以理解为一种倡议,而冬奥会口号可以理解为东道国通过举办冬奥会,向世界发起奥运倡议、传达自身对奥运理念的理解,以进行体育公共外交的一种机制。

(三)"人类命运共同体"视域下奥运会口号作为"倡议"的合法性

2012 年,党的十八大明确提出"要倡导人类命运共同体意识,在追求本国利益时兼顾他国合理关切"③。"人类命运共同体"以分享、合作、共赢、包容为理念内核,有学者提出,命运共同体的基本价值观基础有四:平等互信的新型权力观、义利相兼的新型义利观、包容互鉴的新型文明观以及结伴不结盟的新型交往观。④

究其根本,"人类命运共同体"与《共产党宣言》中"自由人联合"思想中共同体性质的国际主义有同源之义,落脚于全人类价值的认同。从奥运的角度理解,"奥运五环"本就象征着五大洲的"联合",以"同一个世界、同一个梦想"为代表的奥运口号传达着全球公众处于历史与现实交会的同一时空内相互依赖、共同繁荣的愿景。因此,综合公共外交中"倡议"的作用机制以及人类命运共同体的价值理念,冬奥会口号作为倡议动员,具有如下合法性意义。

其一,冬奥会口号作为倡议,在来源和内容层面具有高质量和高可信度。Chip Heath 等人认为,公共外交中成功的"倡议"应是来源可信、内

---

① 李德芳:《体育外交:公共外交的"草根战略"》,《国际论坛》2008 年第 6 期,第 11 ~ 15、77 页。

② 李万来:《体育公共关系概论》,人民体育出版社,2005,第 207 页。

③ 新华网:《中共首提"人类命运共同体"倡导和平发展共同发展》,2012 年 11 月 10 日,http://www.xinhuanet.com/politics/2012 - 11/10/c_ 113657062. htm,最后访问日期:2021 年 12 月 1 日。

④ 李爱敏:《"人类命运共同体":理论本质、基本内涵与中国特色》,《中共福建省委党校学报》2016 年第 2 期,第 96 ~ 102 页。

容简单具体、观点明确同时触及本质的。他们指出，最合适的倡议内容应具备一种受众"意想不到的"特质。① 冬奥会口号蕴含着全球层面的体育理念，具有世界性、权威性，同时亦结合了东道国本土文化的特质，保障了冬奥会口号作为倡议的传播效果和传播价值。

其二，冬奥会口号作为倡议，依托具有共通性的体育赛事，更易形塑全球公众的情感认同。社交媒体时代，情感是黏性的倍增器，它使网络空间中的认同更具主观性。因此，贴近受众情感的倡议内容比纯逻辑性的说理更具传播力。奥运会口号的内容与时代背景紧密联结，与各奥运时代全球公民的个体生活共鸣，这种共同体意识推动着世界范围内的移情、赞许和共识凝聚。

其三，冬奥会口号作为倡议，契合在人类命运共同体价值观下发展"伙伴关系"的现实要求。"伙伴关系"强调参与者拥有更大的自主权，即"伙伴关系"之下的倡议是由参与者"共同创造"并发起的。② 1978 年，联合国在南非反对种族隔离运动中以纪念曼德拉六十岁生日为由，喊出了"解放纳尔逊·曼德拉"的口号，它将民族国家联合到一起，在联合国内部形成了中心，发挥了建立伙伴关系的作用。到了社交媒体时代，发起倡议的关键问题已经从"我用什么来说服他人"，转变为"我授权谁去说服他们"，这正与伙伴关系所强调的"赋权战略"不谋而合。冬奥会口号经由民众征集，是东道国邀请世界各地"伙伴"共享盛事的倡议，因此说服者就是公众。奥运会本就不仅是体育竞技中个体、群体的荣誉展演，它更被赋予了人类作为生命共同体挑战自我、永不放弃的意义指向。③ 奥运会口号以体育为媒，透过全球公众的想象力，将素昧平生的陌生人联结为境遇相似、休戚与共的"伙伴"，形塑了世界人民作为"共同体成员"在意

① Heath, C., Heath, D., *Made to Stick：Why Some Ideas Survive and Others Die* (New York：Random House, 2007).

② Cull, N. J., *Public Diplomacy-Foundations for Global Engagement in the Digital Age* (Cambridge：Polity Press, 2019), pp. 91 - 104.

③ 王智慧：《健康码与身体再造：人类共识危机情境下的奥运景观》，《武汉体育学院学报》2021 年第 7 期，第 50~59、66 页。

志和行为上的"默认一致"。①

二 国际环境与理念追溯：历届冬奥会口号的 关注点变化及核心意涵阐释

冬季奥林匹克运动会主题口号首次出现于 1988 年卡尔加里冬奥会，至 2022 年北京冬奥会，已有 10 届冬奥会的历史（如表 1 所示）。奥运会口号不仅是对奥运理念与奥林匹克精神的凝练，也是对东道国文化形象、社会历史和国际环境的整体认知。综观十届冬季奥运会口号，笔者发现，以 1998 年长野冬奥会为界，冬奥会口号的表意从以"同一时空"为核心主题倡议转为以"Fire"（火焰）与"Passion"（激情）为核心意义诠释。

表 1 历届冬奥会口号

年份	届数	举办城市（国家）	口号
1988	15	卡尔加里（加拿大）	Come Together（一起感受）
1992	16	阿尔贝维尔（法国）	Party in Savoie（萨瓦的欢聚）
1994	17	利勒哈默尔（挪威）	Fire in Your Heart（你心中之火） "We will Do It"（我们会做到）
1998	18	长野（日本）	Coexistence with the Nature（与自然共存） "From around the World, to Flower as One" （让世界凝成一朵花）
2002	19	盐湖城（美国）	Light the Fire Within（点燃心中之火）
2006	20	都灵（意大利）	Passion Lives Here（激情在这里燃烧）
2010	21	温哥华（加拿大）	With Glowing Hearts（用炽热的心）
2014	22	索契（俄罗斯）	Hot Cool Yours（激情冰火属于你）
2018	23	平昌（韩国）	Passion Connected（激情平昌、和谐世界）
2022	24	北京（中国）	一起向未来（Together for a Shared Future）

注：本研究以维基百科提供的信息为准，部分存在争议的冬奥会口号在表格中一同呈现，后文涉及与口号勘误相关的论述。

---

① 龚浩宇、龚长宇：《道德共同体的现代建构——基于滕尼斯〈共同体与社会〉的阐释》，《道德与文明》2017 年第 6 期，第 134～139 页。

（一）从卡尔加里到长野：齐聚"同一时空"的主题倡议

从文本表层阐释，"together""party"都表达了世界各地伙伴相聚的意涵，而"nature"看似意义不同，实则呈现的是人类共同关注的"环保"议题。除此之外，利勒哈默尔冬奥会首次在口号中使用人称代词"your"，蕴含邀请之意，亦是从"人"的维度对全球公众发出"相聚一方"之倡议。因此，第 15～18 届冬奥会的口号都隐喻着将全球人类置于同一时空的倡导。结合 20 世纪 90 年代的国际背景，四届冬奥会口号中隐喻的"同一时空"之义可做出如下解读。

1. 地域时空：国际格局变迁与冬奥会口号的去政治化

第 15～18 届冬奥会于苏联解体前后召开，隐喻着地域分立和敌视思维的弱化。《奥林匹克宪章》中，有五处提及 politics（政治）及相关的表述，大多持否定的意味，[1] 这说明国际奥委会拒斥政治介入奥运。不过，综观历届奥运会，政治因素鲜有缺席。顾拜旦曾质疑"政府支持"是奥运会成功申办的条件，而政府在筹办奥运会时，不可避免地将政治利益带入奥运会的举办之中。[2] 较为典型的案例为 1980 年莫斯科奥运会和 1984 年洛杉矶奥运会。时任美国总统卡特认为，1980 年莫斯科获得奥运会举办权是共产主义的一次胜利，美国若对其加以抵制可在一定程度上损害苏联政府的国际形象。最终，莫斯科奥运会有多达 65 个国家和地区拒绝参加。而后的 1984 年洛杉矶奥运会中，苏联也进行了报复性抵制，该届奥运会口号"Play Part in History"（参与历史）亦是对苏联抵制的回击。[3]

相反，第 15～18 届冬奥会口号中的"party""together"等词体现了一种"去政治化"的倡导。以朝韩两国为例，1984 年，朝韩就奥运会事宜曾进行多次协商，而该协商却在苏联对洛杉矶奥运会的强烈抵制中渐趋破

---

① 卫京伟、王勇：《从奥运历史看现代奥林匹克与政治的关系》，《体育学刊》2006 年第 2 期，第 15～18 页。

② 万炳军：《奥运历史的政治学阐述——基于奥运与政治的关系分析》，《吉林体育学院学报》2012 年第 4 期，第 1～3 页。

③ 查建芳、孙小龙：《论奥运会口号变迁的人文意蕴：从洛杉矶到索契》，《体育与科学》2013 年第 1 期，第 71～74 页。

产；而 1991 年的第 41 届世界乒乓球锦标赛中，朝韩两国组成联队参赛并夺冠，创造了美苏对峙弱化后体育外交的显著成果。

需要注意的是，口号的去政治化并不意味着政治因素的退场。其一，运动员离不开国家财政提供的训练条件和技术支持，因此奥运会在某种程度上已然成为综合国力的展现舞台。其二，奥运会的竞赛单元和各类仪式具有天然的民族性。本国选手取得成绩的消息经由社交媒体传播，在网络空间中转瞬形成以民族自豪感为承载的狂欢，部分公众亦会在网络空间中宣传与本国存在历史纷争或政治观念对立国家选手的失败。

2. 历史时空：国际关系民主化与"和平发展"主题倡议的绵延

"和平"是人类发展历程中的永恒话题。恩格斯在有关"和平"的论断中提出，"如果社会革命和共产主义的实现是我们的现存关系的必然结果，那末我们首先就得采取措施，使我们能够在实现社会关系的变革的时候避免使用暴力和流血，要达到这个目的只有一种办法，就是和平实现共产主义"[1]。进一步讲，和平是彻底消灭阶级和民族的压迫、剥削，实现各个国家和民族自由、民主、公平、合作的手段，是对全人类共同利益的倡导。[2]

对于体育活动而言，"体育和平"的合法性建构主要有三点。其一，体育作为一种身体性的"共同语言"，能够调动不同宗教和文化人群的共情，突破差异，化解障碍；其二，国际体育活动突破了地域的边界，形成人类共有的历史遗产；其三，体育建构了交往场所，包括运动员之间的交往和国家间的交往，有助于关系建构，达成精神层面的共识。

对于奥运会而言，和平倡导是古希腊历史遗产的表现。公元前 884 年，斯巴达城邦和伊利斯城邦签订了《奥林匹克神圣休战条约》的协议，从此"和平休战"成为奥运文明之传承；1984 年萨拉热窝冬奥会开幕之际，北约与华约搁置争端；1992 年巴塞罗那奥运会，波黑内战停火并提出"Friends for Life"的口号。综观第 15~18 届冬奥会口号，一方面，口号中

---

① 《马克思恩格斯全集》第 2 卷，人民出版社，1957，第 625 页。
② 王兰芳：《论马克思恩格斯无产阶级革命理论的和平意蕴》，《社会主义研究》2014 年第 2 期，第 41~47 页。

的关键语汇"together""your heart"等表征了交往互动的倡议理念,如卢梭所言,人们在独立的条件下不足以构成和平状态或战争状态,① 因此交往和互动是达成和平状态的必要条件;另一方面,口号亦表征了如苏珊娜所言的"体育之第三场所","flower""party"等词语将体育构筑的场所视为高于身份、思想倾向和文化的"大客厅",② 隐喻着和平、平等、凝聚的倡议理念。

和平与发展仍是当今的时代主题,随着社会信息化进程稳步推进,各国开展民主运动有了更充盈的空间,这在客观上要求促进国际关系的民主化。国际关系民主化强调和平发展、协商合作,亦有对"人类命运共同体"之倡导。习近平总书记在出席金砖国家领导人第五次会晤时的讲话中首次使用国际关系民主化的概念,他指出,"我们来自世界四大洲的 5 个国家,为了构筑伙伴关系、实现共同发展的宏伟目标走到了一起,为了推动国际关系民主化、推进人类和平与发展的崇高事业走到了一起"。③ 国际关系民主化是和平与发展的历史所趋,亦是人类命运共同体视域之下奥运会的目标愿景。

3. 全球时空:体育全球化与人类命运共同体情怀

体育全球化是伴随着"全球化"概念的多元性理解衍生出的概念。有学者提出,"体育全球化"是指在全球化背景下,西方体育文化向全球范围扩张,各个国家之间体育文化相互借鉴与渗透,从而实现全球体育文化融合的历史过程。④

从第 15~18 届冬奥会口号对"凝聚"之意的倡导可以看出,随着越来越多的国家重新加入奥运赛事之中,奥运会无疑成为推动体育全球化的

---

① 〔法〕让·雅克·卢梭:《社会契约论》,杨国政译,陕西人民出版社,2004,第 19~20 页。
② Johnson, S., "Speaking together differently to live to get her differently: The promise of the public dialogue movement," *Religious Education* 113 (2018): 277 – 288. 转引自王晓慧、刘桂海《体育和平:概念与机理——基于范式内合成路径的理论探究》,《武汉体育学院学报》2020 年第 4 期,第 35~41 页。
③ 习近平:《携手合作,共同发展——在金砖国家领导人第五次会晤时的主旨讲话》,中央政府网,http://www.gov.cn/govweb/ldhd/2013 – 03/27/content_2364182.htm,最后访问日期:2021 年 12 月 1 日。
④ 张晓义:《体育全球化:中国体育的态度与制度应对》,《北京体育大学学报》2016 年第 2 期,第 1~5 页。

重要介质。结合体育全球化的影响，我们可以窥见其中蕴藏的两面性：其一，在奥运会推动之下，体育全球化促进了各国体育事业的发展，也在赛事中凝聚了公平、团结的观念，凸显全球共享、全球共担的意涵；其二，体育全球化亦促进了体育体制的国际化，这种国际化伴随着弱势与强势的分层，造成了民族国家体育体制与国际体制的冲突与融合。部分经济条件欠佳的国家为了避免自身的"合法性危机"，需要承担国际制度运行和争夺体育话语权的成本，亦造成诸如"兴奋剂"等异化行为的产生。

因此，冬奥会口号间接传达的体育全球化理念，一方面在历史与现实交会的时空中面向全人类，倡导共同体的联结与凝聚；另一方面也呼唤"人类命运共同体"的国际主义情怀，即人类命运共同体的发展要更加注重构成共同体的每个部分的实际情况，注重共同体成员的道德联系和人民福祉，避免乌托邦式愿景下个体间潜在的"脱嵌"风险。

（二）从盐湖城到平昌："火焰"与"激情"诠释的冬奥会倡议

从第 19 届盐湖城冬奥会到第 23 届平昌冬奥会，奥运会口号中的意象相较于前期更具共性特征。从英文文本看，"Fire"（火焰）直接出现在盐湖城冬奥会的口号中，而"Passion"（激情）作为出现次数最多的词语，分别出现在都灵冬奥会和平昌冬奥会口号中。从文本背后的意义看，都灵冬奥会的"Passion Lives Here"被官方翻译为"激情在这里燃烧"，温哥华冬奥会的"With Glowing Hearts"被译为"用炽热的心"，索契冬奥会的"Hot Cool Yours"则被译为"激情冰火属于你"。因此，这一阶段的冬奥会口号呈现出以"火焰"与"激情"为核心的主题倡导，彰显体育运动本身的魅力。

1. "火焰"：人类仪式溯源与正义、光明、共繁荣的梦想

作为一种文明象征，火是人类将自然物转化为人为之物的标志，是人类文明的起源；作为一种物质象征，火以其"元工具性"表征了原始人类身体的延伸，即人类进行改造自然运动的物质基础。因此火焰象征"人类文明"的诞生。建基于此，火焰与体育和冬奥会的关系有二。

首先，火焰作为人类仪式活动的象征，与身体运动和奥运仪式相关联。人类古代祭天祭祖、围猎充饥、族群集会等重要仪式活动均需"围火

而席"。人们围绕火焰产生肢体运动，在表达自我的同时为他者记忆，[①] 将火的物质意涵转译为精神感知和文化符码。冬奥会作为重大的全球性体育仪式，以"奥运圣火"的点燃为标志，象征着奥运崇高的权威。因此火焰作为重要的奥运意象首先包含着人类文明的繁荣、体育运动的生发以及人类神圣仪式三重隐喻。

其次，火焰作为一种自然符码，是对纯净、正义和进步的倡导。火焰的本质是燃烧，即抵御一切杂质的入侵。因此，圣火之纯净，象征着人类精神和体育理念的纯净，即追求公平正义、崇尚光明。同时，在冰雪中竞技是人类驯服自然的又一突破，以火焰的温度融化冰雪，亦彰显冬奥精神中克服苦难、挑战自我的理念，是对人类追求进步、繁荣文明的积极倡议。

值得一提的是，由于盐湖城冬奥会曾陷入申办丑闻，且距召开不到一年之时"9·11"事件轰然而至，该届冬奥会以"Light the Fire Within"（点燃心中之火）的口号自我辩护，其中，组委会以"火焰"隐喻正义与希望，意在抗击流言、重塑公共形象。

2. "激情"：主办城市传播冬奥理念和国家形象之中介

冰雪运动因冰雪的物理特性，赋予运动更具速度性的特征，多以"竞速"为评判标准。速度型的体育竞技更具冲击力，更易调动感官，因此，速度与激情是冰雪运动本身具有的特质。冬奥会口号中的"激情"表征着东道国的办奥理念和国家形象。

都灵冬奥会口号直接使用"passion"一词，象征着意大利作为三次举办冬奥会的国家，对冰雪运动的热爱；温哥华冬奥会口号"With Glowing Hearts"（用炽热的心）则源于加拿大国歌的一句歌词，代表着加拿大人的热情以及运动员胜利后的激动心情；[②] 而平昌冬奥会口号"Passion Connected"（激情平昌、和谐世界）中的"激情"则更具国际主义精神，即全世界因冬奥激情彼此联结。此处的"connected"亦包含了科技的隐喻，科技让世界互联，让全球范围内的更多人共享冰雪激情，而韩国以新技术

---

① 陈光华：《火与体育文化溯源》，《体育文化导刊》2017 年第 11 期，第 201～205 页。

② 张铁民、张海波：《冬奥会主题口号的社会学解读》，《体育文化导刊》2016 年第 12 期，第 192～196 页。

和先进生产力闻名全球,展现了东道国的科技形象。

三　国际阐释与国际共识:历届冬奥会口号传播中的"人类命运共同体"主题倡议

冬奥会口号作为一种全球性动员的倡议,其最终的价值归宿是通过各类传播渠道,形塑国际公众对冬奥理念和倡议目标的理解。因此,相较于口号的"生产",口号的"传播"更为重要。本部分通过选取具有代表性的冬奥会口号,结合国际媒体的相关报道,探究国际公众对冬奥会口号的理解。

(一)"义利相兼"的倡议:以日本长野冬奥会口号为例

长野冬奥会举办于二战后日本的经济衰退期,耗资 190 亿美元。从日本国内背景来看,在冬奥会举办前的几年中,经济衰退伴随着环保主义者发起的"反奥运游行"时有出现;从国际背景来看,彼时国际社会仍受中东潜在军事行动威胁。在内外双重担忧的背景下,长野冬奥会的口号主要有以下两个:一是"Coexistence with the Nature"(与自然共存),二是"From around the World, to Flower as One"(让世界凝成一朵花)。

首先,关于"Coexistence with the Nature"的报道主要来源于日本本国媒体,大部分篇幅主要围绕"男子速降赛道起点问题"引发的环保争议展开。赛道起点引发的争议起始于长野冬奥组委会以 1972 年札幌冬奥会赛后环境复原的问题为由,拒绝了国际滑雪联合会将跑道设于 1820 米高度的要求,并指出建设此高度的跑道会破坏国家保护区的土地。除此之外,也有相当一部分关于口号的报道围绕"高科技与绿色奥运的应用"展开,聚焦于环保材料的介绍。如《日经周刊》(The Nikkei Weekly)在 1998 年 2 月的报道中展示了长野冬奥会使用的可回收材料工作服、低碳排放车以及由长野县特产"苹果"制成的苹果果浆环保纸盘。[①] 因此,关于"Coexistence with the Nature"的

---

① "Companies helping make Games greener Sponsors see Olympics as chance to boost image of eco-friendly products," *The Nikkei Weekly* (1998).

报道从赛事筹办和运行服务的层面向国际公众传达了"与自然共存"的倡议理念,侧面回击了由环保主义者组成的"反奥运组织"的抗议。

其次,关于口号"From around the World, to Flower as One"的报道多来源于他国媒体,主要围绕开幕式和"绿色奥运"的倡议理念展开。长野申奥前夕,诗歌《生命之花》(Flower of Life)在日本广为流传。"花"在诗中象征颜色、生命和真爱。日本奥委会受到此诗的启发,把"花"用于口号,并赋予其"团结"的含义,表达了长野团结全世界人民的愿望。①媒体报道围绕开幕式会场的"樱花外观"、口号的呈现场景,以及环保细节展开,如《多伦多星报》(The Toronto Star)称"开幕式最后放飞的和平鸽形状气球是由可降解材料制作的,反映了提倡世界和平、环境保护的理念"②。这样的理念在世界公众的认知中形成了更多关于长野冬奥会"义"的感知,同时也保障了"利"的可达。

我们可以透过长野冬奥会两个口号的相关报道发现,无论是报道中呈现的"跑道纠纷""环保科技"还是"开幕式细节",都在"绿色奥运"的核心理念基础上展现了长野冬奥会将本国利益与全球利益相结合的价值观。绿色奥运理念在科技、建设和服务中的运用,不仅提升了日本相关产业在全球的知名度,也向世界传达了与自然共存、全世界共繁荣的价值理念,是"义利相兼"之举。《盐湖城论坛报》(Salt Lake Tribune Utah)在1998年2月的一篇报道中,借由长野冬奥会的环保建设经验,反思了下一届盐湖城冬奥会面临的城市清洁、滑雪场地选址等环保争议问题。可见,长野冬奥会口号的环保主题倡议引起了国际社会以及国际奥委会的足够重视,环保理念也在之后的冬奥会中得以延续。

人类命运共同体要打造的是"利本国"和"利他国"相统一的"利益共同体",奉行将本国利益与他国以及全球利益融为一体的观念和政策。③人

---

① Cui, H. et al, "Ideologies in the Thematic Slogans of the 1984 – 2012 Olympic Games," *Advances in Language and Literary Studies*(2014): 22 – 27.

② "Olympics off to a graceful opening Ceremony mixes Japanese grace, technology," *The Toronto Star*(1998).

③ 李爱敏:《"人类命运共同体":理论本质、基本内涵与中国特色》,《中共福建省委党校学报》2016年第2期,第96~102页。

类命运共同体的"新型义利观"强调的是不能重利轻义,只考虑本国实际利益;同时也不能不顾本国利益,出现本国牺牲、他国受益的现象。这样的价值观可以从长野冬奥会的口号和倡议实践中窥见一斑,也确证了人类命运共同体的目标不局限于某一领域,而是在诸如冬奥会等许多重大国际场合中不断得到体现。

(二)"命运与共"的倡议:以挪威利勒哈默尔冬奥会口号为例

国内既有研究在论及利勒哈默尔冬奥会的口号时,大多以中文网站的总结为准,认为该届冬奥会的口号为"To Build Unprotect a Better Planet Earth"(建设一个更好的地球),并未进行合法性溯源。利勒哈默尔冬奥会的口号一直存有争议,维基百科收录的口号为"Fire in Your Heart"(你心中之火),与该届冬奥会主题曲的曲名完全一致。笔者通过溯源该届冬奥会口号相关国际媒体报道发现,该届冬奥会的口号应当勘误为"We Will Do It"(我们一定会做到),[①] 且关于"We Will Do It"的报道可分为两类:一类是关于该届奥运会口号选择过程的报道;另一类则是基于"We Will Do It"对该届冬奥会"反战"与"环保"的核心主题进行阐释。

利勒哈默尔冬奥会经历了较为波折的口号选择过程。该届冬奥组委会首先选择的口号是"Games for Life",但是组委会因无法满足口号创作者要求的 6.75 万美元的创意价格而选择放弃。随后,主办方宣布了另一个口号"They Said It Couldn't Be Done. But We'll Do It"。此口号较为冗长,且有"主办方可能没有能力办好"的隐喻,因此该口号被缩减为"We Will Do It"。

虽然利勒哈默尔冬奥会口号的争议不断,但"We Will Do It"的口号在本届冬奥会中得到了充分诠释。

首先,利勒哈默尔冬奥会开辟了"环保"新领域,"We Will Do It"体现为"小城市"成功举办冬奥会的先例。利勒哈默尔是一个仅有 2.6 万人口、以冬季美景闻名世界的"古雅山城"。在冰雪美景之下,利勒哈默尔

---

① "SIXTH COLUMN," *The Guardian* (1993). "94 Winter Lillehammer Olympics; after joyful games, a plea for peace; closing ceremony: as the world says goodbye to Lillehammer, Samaranch says that Sarajevo is not forgotten," *Los Angeles Times* (1994).

奥组委摒弃历届冬奥会建设"巨大场馆"的做法，以 5 倍的成本使用天然材料，启动区域回收计划，并规定所有建成项目都必须与自然景观融为一体。"环保理念"在该届冬奥会仅是开端，在四年后的长野冬奥会中得到了更大范围的体现，前文已对此有所论及。

其次，"We Will Do It"还体现在对"命运与共"理念的倡导上。1992年，波斯尼亚的穆斯林和克罗地亚人宣布脱离南斯拉夫，继而与塞尔维亚于 10 年前萨拉热窝冬奥会滑雪比赛的山坡之上开战，速滑和花样滑冰场地变成了联合国维和部队的营地，萨拉热窝奥林匹克博物馆在战争中被炸毁。1994 年是萨拉热窝冬奥会十周年，在"We Will Do It"的倡议之下，利勒哈默尔冬奥会的闭幕式淋漓尽致地表达了"和平反战、命运与共"的倡导。《洛杉矶时报》（*Los Angeles Times*）1994 年 2 月 28 日报道，"当奥运圣火熄灭时，体育场内的 4 万名观众打开手电筒，向饱受战争摧残的萨拉热窝和全世界发出无声的和平呼吁"，当利勒哈默尔冬奥会落下帷幕之时，萨马兰奇说道："萨拉热窝没有被遗忘。"①

因此，利勒哈默尔冬奥会通过实际行动，对"We Will Do It"进行了诠释：奥运"共享"、环保"共担"、和平"共倡"，核心是"命运与共"。这也是最早触及"人类命运共同体"倡议内涵的冬奥会口号之一。人类命运共同体的前提是国际体系层次的"命运与共"，即强调超越民族、宗教等差异的全人类价值认同，兼具国际主义情怀。在举办冬奥会的过程中，国际社会所有行为体（国家、民族、个人）的独立性与国际社会的整体性、共生性联结，形成互联互通的体系结构，②"利益相融、命运与共"的共同体意识成为国际社会的共识。

（三）"开放包容"的倡议：以俄罗斯索契冬奥会口号为例

索契冬奥会的口号"Hot Cool Yours"译为"激情冰火属于你"，颇有

---

① "94 Winter Lillehammer Olympics; after joyful games, a plea for peace; closing ceremony: as the world says goodbye to Lillehammer, Samaranch says that Sarajevo is not forgotten," *Los Angeles Times* (1994).

② 金应忠：《试论人类命运共同体意识——兼论国际社会共生性》，《国际观察》2014 年第 1 期，第 37~51 页。

积极拥抱世界、共享激情冰雪之意。但是，国际媒体关于"Hot Cool Yours"的报道却呈现两极化分布。

积极的报道主要围绕奥运会口号与奥运会举办实况的"契合"程度展开，消极的报道主要围绕外界对口号含义的困惑和由口号引申出的筹备状况质疑展开。积极的报道如法新社指出，"随着冬奥会顺利举办，俄罗斯向世界展示了一张开放的面孔，与口号中传达的内容更为贴切"。消极的报道数量相对较多。一方面，口号的用词被指具有随意性。《今日美国》认为，"Hot Cool Yours"口号听起来更像是专辑名，或者像是"麦当劳80年代失败产品 McDLT 的营销活动宣传语"①。另一方面，部分媒体借助口号讨论冬奥会举办城市筹备。如《体育画报》的记者 Cazeneuv 写道："奥运会举办城市的公交车虽喷上了'Hot Cool Yours'的口号，但住宿条件不甚理想，酒店客人在房间里发现了流浪狗，水龙头有污水滴落。"

索契冬奥会是苏联解体后俄罗斯首次承办奥运赛事，而索契处于格鲁吉亚和两个争议地区的临近地带，不安定因素成为举办冬奥会的主要担忧。2013年初，自称"高加索酋长国"首领的车臣反叛者乌马罗夫发布视频，号召其支持者对索契冬奥会发动袭击。因此，索契冬奥会的安保费用耗资近30亿美元，创奥运史上之最。《时代》周刊曾以"俄罗斯安保计划或扼杀奥运精神"为题发表文章，指出索契冬奥会对城市和周边地区的限制前所未有。在各类主题的消极报道之下，索契冬奥会在国际舆论场中成为"问题奥运会"。

笔者认为，在战争隐患之外，外界对索契冬奥会抛以"政治观视"和"两极评判"的原因不能排除世界对俄罗斯刻板印象的形塑，而这也正是俄罗斯力图通过冬奥会改变的。在索契冬奥会开幕式上，导演康斯坦丁·恩斯特谈道，"希望索契冬奥会让世界了解真实的俄罗斯，俄罗斯人没有受到数十年冷战宣传的玷污"②。"Hot Cool Yours"，不仅倡导世界公众怀

---

① "'Hot. Cool. Yours.' Decoding Russia's Sochi Olympic slogan; Russian organizers describe the motto as reflecting the national character, but its meaning may have been lost in translation," *The Christian Science Monitor* (2014).

② "NEWS FEATURE: From Russia with a lot more love after Sochi Games," *Deutsche Presse-Agentur* (2014).

着开放包容的态度走到一起，享受冬奥冰雪盛宴；更倡导世界能够通过冬奥会以开放包容的态度看待俄罗斯。根据官方解释，"Hot Cool Yours"中的三个词涵盖了俄罗斯的多重特征。"Hot""Cool"的俄语原词分别为"zhar-kie"（温暖的、激烈的）和"zimniye"（冬天的），其第一层含义是"寒冷"的冬奥会将在南部温暖的城市索契举办，有"冷热并存"之意；其第二层含义是激烈的竞争、人们心中的热情以及俄罗斯在世界中的形象。索奥主席称，"Cool"不仅意味着冬奥会将会很"cool"，也代表俄罗斯严肃但好客的形象，"Yours"则意味着这是每个人的、每个国家的冬奥会，正是奥运会将怀揣多样性的我们团结在一起。①

奥运会是消除差异、抛弃偏见、全人类齐聚的盛会。日本曾在申奥时援引顾拜旦的名言"圣火的质量不是征服，而是自强自立的奋斗"隐喻自身作为二战发动国的反思。索契则通过口号发出"开放包容"的倡议，希望世界看到焕然一新的俄罗斯，共享人类文明。2015年，习近平总书记在出席俄罗斯纪念卫国战争胜利70周年庆典并访问俄罗斯前夕，在《俄罗斯报》发表署名文章，提出"和平而不是战争，合作而不是对抗，共赢而不是零和，才是人类社会和平、进步、发展的永恒主题"②。奥运会倡导并践行的"开放包容"精神，将助推人类社会构建和平、进步、发展的命运共同体。

总体而言，历届冬奥会口号体现了各个东道国及城市根据国际环境、国内现状以及自身对冬奥会本土化的理解，向世界传达了义利相兼、开放包容、命运与共的倡议。从前文分析中可以窥见，从20世纪末至今，冬奥会口号从未脱离共建"人类命运共同体"的倡议内核。

四 "一起向未来"：人类命运共同体视域下 "双奥之城"的时代倡议

"百年未有之大变局"之下，国际社会"相互依存"的需求达到了空前的高度。由此，北京冬奥会"一起向未来"的倡议不仅是"共享办奥"

---

① "Russians snigger at 'Hot. Cool. Yours.' Olympic slogan," *Moscow News* (2012).
② 《习近平在俄罗斯媒体发表署名文章》，《人民日报》2015年5月8日，第1版。

"开放办奥"的理念彰显，更向世界展现了构建人类命运共同体的现实需求。

首先，"一起向未来"是人类命运共同体价值观下奥运精神的中国解读。"一起向未来"展现了人类作为共同体面对挑战时齐心协力、战胜困难、共创未来的姿态。这里的"一起"（together）与奥林匹克新格言的"更团结"（Together）相契合。"更快、更高、更强"的指涉主体并不明确，而"更团结"将格言主体的指涉抽离个体，导向整体。一方面，中国在国际舞台上始终与世界各国共享发展机遇，倡导和平发展、团结一致，"一起向未来"体现了中国的"大国责任"；另一方面，北京将成为世界上首个举办过夏奥会和冬奥会的"双奥之城"，"一起向未来"与2008年"同一个世界、同一个梦想"的倡议一脉相承，即中国愿同世界一起创造一个普惠全人类的"共同空间"，而口号中"一起"的倡议理念相较于2008年奥运会的口号更具号召力，体现了中国倡导"人类命运共同体"价值观的态度和决心。

其次，"一起向未来"是人类命运共同体价值观下办赛理念的中国诠释。习近平总书记曾言，"我们有信心在各方积极支持和参与下，克服疫情影响，办成一届简约、安全、精彩的奥运盛会"①。"简约、安全、精彩"不仅是"绿色奥运"的理念要求，更是人类命运共同体价值观下中国对办赛理念的创新。第一，"简约"强调了办节俭和干净并重的盛会。② 其一，如习总书记所言，赛区建设要把发展体育事业同促进生态文明建设结合起来，③使体育设施的冰雪魅力和自然景观的生态之美和谐相融；其二，北京冬奥会的筹办精简非必要环节、杜绝腐败，"让北京冬奥会、冬残奥会像冰雪一样纯洁干净"④。第二，"安全"不仅强调了赛时运行安全，还强调了对极

---

① 《习近平接受外国新任驻华大使递交国书》，《人民日报》2021年4月15日，第1版。
② 孙葆丽、闫伟华：《习近平关于北京冬奥会和冬残奥会办赛要求的论述研究》，《北京体育大学学报》2021年第6期，第26~32页。
③ 新华社：《习近平在北京河北考察并主持召开北京2022年冬奥会和冬残奥会筹办工作汇报会》，2021年1月20日，http://www.xinhuanet.com/politics/leaders/2021-01/20/c_1127006221.htm，最后访问日期：2021年12月20日。
④ 孙葆丽、闫伟华：《习近平关于北京冬奥会和冬残奥会办赛要求的论述研究》，《北京体育大学学报》2021年第6期，第26~32页。

端事件安全和公共卫生安全的严格把控，需要对突发事件未雨绸缪；在公共卫生安全防护方面，新冠疫情形势依然严峻，习近平总书记强调"我国疫情外防输入、内防反弹压力还很大，要始终绷紧疫情防控这根弦"①。第三，"精彩"则是履行申奥办奥的国际承诺，体现中国的国际责任感和使命感，同时在办赛时融入民族文化，举办有中国特色的冬奥会。"简约、安全、精彩"的办赛理念在传承往届奥运会理念的基础上，体现了"一起向未来"倡议下中国是如何结合国际现实、推动冬奥的"可持续发展"的。

最后，"一起向未来"是人类命运共同体价值观下奥运愿景的中国表达。带动"3亿人上冰雪"是中国在2015年申奥时提出的愿景。冬奥会的目标之一就是普及冰雪运动，而在普及冰雪运动的同时，冰雪运动的规范普及同等重要。因此，回答"如何保障3亿人上冰雪"是愿景走向现实的关键。2020年，我国冰雪产业总规模达到6000亿元，冰雪事业的蓬勃发展标志着我国已掌握先进的冰雪赛事技术。国际奥委会主席巴赫表示："随着3亿人参与冰雪运动，世界冰雪运动的历史将以北京冬奥会作为分线。"②"3亿人上冰雪"的冬奥愿景与"一起向未来"的倡议高度契合，即通过此目标带动"世界上冰雪"，倡导全世界的冰雪爱好者超越民族、文化和思想的局限，齐聚北京共享冰雪激情。冰雪运动不仅是一种时尚，更令人类共有的价值理念精彩绽放。

结　语

通过官方解读和媒体报道，冬奥会口号中传达的价值理念得以被全球公众理解，但鲜有研究关注口号背后凝聚的政治、经济和文化隐喻及口号与该届冬奥会运行、筹办中诸多侧面的关联。冬奥会口号作为全球性的体育倡议，从出现在人们视野之始，就传达着"人类命运共同体"的理念。冬奥会在20世纪末抒发"同一时空"的共同体倡议之时，世界尚处于国

---

① 《坚定信心奋发有为精益求精战胜困难 全力做好北京冬奥会冬残奥会筹办工作》，《人民日报》2021年1月21日，第1版。

② 《全力奔赴冰雪之约》，2021年9月7日，https://new.qq.com/rain/a/20210907A01RGU00，最后访问日期：2021年12月20日。

际纷争与经济危机并存的背景之下,而后的 21 世纪初期,"9·11"事件结束后国际局势相对稳定,冬奥会口号更多关注的是冰雪运动自身的魅力和意蕴。如今,随着"更团结"被纳入奥林匹克格言,以"命运共同体"为核心的冬奥会倡议从"一起向未来"重新出发。人类社会如今更需要凝结为命运共同体,理解人类文明的正义法则与价值共性,与彼此共生。这是奥林匹克可持续发展的要求,是中国作为负责任大国对国际社会的倡议,也是历史发展的必然。

北京冬奥会开幕式国际
传播的符码解析

——以 NBC（美国全国广播公司）现场解说为例

李亚虹　周子涵*

摘　要　本研究运用符号学内涵及传播学编码－解码理论架构，以 NBC 为例，探讨北京冬奥会开幕式中符号解码传播现状及路径。研究认为：北京冬奥会开幕式对"小草""蒲公英""橄榄枝"等意象赋予深层次含义，通过符码"编码"向世界传播中华文化，彰显中国全球共建之愿景；NBC 解说员采用"问答式"解码形式对北京冬奥会开幕式意象符码进行讲解，在保留西方特色基础上融入"时代新变"特征，向世界传递北京冬奥会符码内涵，但仍存在部分意象符号的误读与缺失；就 NBC 观众"再解码"效果来看，北京冬奥会开幕式是一次建构国际形象、实现海外传播的成功实践。北京冬奥会开幕式符码国际传播是凝聚全球华侨华人力量、塑造中国形象、传播中国文化故事的重要途径，可为今后大型国际活动符码传播提供有力借鉴。

关键词　北京冬奥会开幕式；国际传播；符号学；编码；美国全国广播公司

---

* 李亚虹系河北大学新闻传播学院教授、硕士生导师；周子涵系华中科技大学 2023 级新闻与信息传播学院硕士研究生。

2022 年 2 月 4 日 20：04 分北京冬奥会开幕式正式拉开帷幕，该开幕式被观众称为"每一帧都是壁纸"，引发人们对奥林匹克精神的强烈共鸣及对中国文化的再认识。北京日报客户端数据显示，在中国大陆地区，2022年北京冬奥会开幕式观看规模高达 3.16 亿人次①。就全球层面而言，北京冬奥会开幕式收看规模高达 5 亿人次，远高于 2014 年索契冬奥会 3.88 亿人的收视规模②。上述数据充分表明，北京冬奥会开幕式可充分将符号信息传播至全球范围内。在国际传播领域中，符号成为传递信息、弘扬中国文化的重要媒介，也正是符号的存在使冬奥会开幕式更加精彩。符号学（semiology/semiotics）又称意义学，是研究意义表达、传播、接收和理解的学问③。因此，冬奥会开幕式中符号信息的阐述与传播，倒逼各大媒体对符码传播优化升级。

为直观探究冬奥会开幕式中符码信息传播情况，本文从传播符号学视角出发，主要运用以下两大理论进行分析：一是英国社会学家斯图亚特·霍尔（Stuart Hall）的"编码 – 解码（encoding-decoding）"理论及三种解码方式；二是语言学家索绪尔提出的有关符号学的关键术语"能指"（signifier）、"所指"（signified）等。

符码（code）传达的理想过程通常分为"编码"（encoding）和"解码"（decoding）两部分。前者为符号信息发出者，通常将符码蕴含的意义编织进符号文本，从而实现文本携带；后者为符号信息接收者，通过将信息转换为意义实现符号信息"解码"。鉴于此，本研究立足 2022 北京冬奥会开幕式，以开幕式文艺演出中各类符码为主要内容，考察其意象"编码"、"解码"及"再解码"过程，审视本届奥运会开幕式符码解码现状，

① 《北京冬奥会开幕式中国大陆观看人数与平昌冬奥会开幕式全球观看人数持平》，https：//bj. bjd. com. cn/5b165687a010550e5ddc0e6a/contentShare/5b16573ae4b02a9fe2d558f9/AP61ffd304e4b068b79bea6c70. html，最后访问日期：2022 年 5 月 16 日。

② 《5 亿观众收看北京冬奥会开幕式》，https：//bjrbdzb. bjd. com. cn/bjwb/mobile/2022/20220217/20220217_002/content_20220217_002_3. htm? storyId = AP620deab0e4b042e4284e5811&userID = ED2F51AE – 3791 – 4186 – A9E9 – 5CB87296A23B，0&isshare = 1&cha-nneId = news-paperBjwb&columnId = 5f095363e4b086b26e065405&contentType = 12&isBjh = 0，最后访问日期：2022 年 5 月 16 日。

③ 冯月季：《传播符号学教程》，重庆大学出版社，2007，第 3 页。

探寻信息传播路径，以期为我国媒体及大型国际活动在今后的国际传播中的符码传播提供参鉴。

一 北京冬奥会开幕式的意象编码

奥运会开幕式主要由大型文艺演出与奥运会基本仪式构成。北京冬奥会开幕式时长由原本的 4 小时缩短至 1 小时 40 分钟，将文艺演出与仪式环节充分融合。作为北京冬奥会举办东道主国家，我国投入大量心血与精力展现国家形象并传播文化，充分彰显主办国特色。北京冬奥会开幕式文艺节目由倒计时开启，借由"小草""蒲公英"等意象引出《立春》这一节目，彰显出春天所蕴含的生生不息的希望。而后，滚滚翻腾的"黄河"之水逐步冰冻，随即冰雪五环"破冰"而出，《冰雪五环》节目开始上演。在冰雪五环徐徐上升的同时，76 名中国大学生与外国留学生组成的方阵伴随温柔旋律，步调一致地穿过鸟巢，共同出演第三个节目《致敬人民》。在《致敬人民》节目结束时的轰鸣掌声中，《构建一朵雪花》节目开始出演。引导员们手持雪花形状标识牌逐步向场地内集聚，运用"橄榄枝"将一朵朵小雪花汇集成一朵"大雪花"。"大雪花"在冰雪五环光芒照射下缓缓升起，与宣誓环节交相辉映，随即引出最后一个节目《雪花》。节目由手握和平鸽的孩子们共同会聚为"心"形，围绕在"大雪花"旁边。

除了需特别解释的语言符号外，北京冬奥会开幕式鲜少运用其他语言符号进行编码，多以深厚符码意义注入意象中。意象是艺术语言的基本符号，它使人们可透过表层形式感受其中寓于心理深层的意义及情感。[①] 也就是说，"象"即为符号学中的"能指"，"意"表征"所指"。北京冬奥会开幕式中的"象"主要是通过艺术加持、科技赋能展现出的艺术成果，"意"则是由东道国投入大量心血所打造的潜藏于"象"中的符号意蕴。

基于"意象编码"阐释，本文选取《立春》《冰雪五环》《构建一朵小雪花》三个北京冬奥会开幕式文艺演出节目作为样本进行符码解读。这

---

① 张福荣：《意象：艺术语言的基本符号》，《上海大学学报（社会科学版）》2006 年第 5 期，第 139～142 页。

三个节目包含六个典型意象编码，分别为《立春》中"小草""蒲公英"、《冰雪五环》中"黄河""破冰"、《构建一朵雪花》中"橄榄枝""大雪花"。其中，北京冬奥会符码传播的关键环节在于 CCTV 解说词，其可凸显编码核心及深层含义。在北京冬奥会开幕式的国际传播中，符码传播存在两次解码，一次是 NBC 解说员对其符号的"解码"，另一次是观众在 NBC 解说员"解码"基础上进行的第二次解码，即"再解码"（见图 1）。基于此，本研究借助 CCTV 解说词归纳出六个意象符号的"能指"与"所指"。

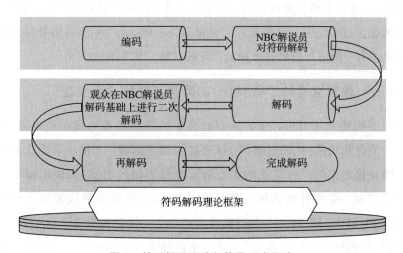

图 1　符码解码理论架构及研究思路

（一）生机盎然的"小草"，播撒希望的"蒲公英"

《立春》节目伊始，绿油油的嫩草初萌，摇曳摆动，从中间一丛扩展至四方。此处所述"小草"，主要由 393 名武校生手持 9.5 米高的柔性长杆经数字孪生仿真技术操作实现。CCTV 解说词就这一场景进行解码："小草萌发，预示着春天来了！万物复苏，生机勃勃"；"一直以来我们坚定支持，积极参与奥林匹克运动，奥林匹克运动也在中华大地蓬勃发展，迸发出了新的活力"。在解说中，武校生手握的发光杆由绿色向白色转变，随即在鸟巢中构筑为一朵巨大蒲公英。由此可见，生机盎然的"小草"与播撒希望的"蒲公英"，不仅象征着春天的希望，还寓意着奥林匹克运动的种子在中华大地传播、萌芽。

（二）凝聚情感的"母亲河"，心心相融的"破冰"

《冰雪五环》节目由一滴冰蓝色墨水降临开启，随即墨滴化身为黄河之水在场地中奔腾翻滚。凝聚中华民族情感的"母亲河"奔腾而来，不仅演绎了《将进酒》中"黄河之水天上来"的盛大场景，更诠释出华夏文明绵延五千年的国家的人民对祖国江河的赞美之情。随着河水渐趋平静，黄河逐步由奔腾翻涌转变为宁静，随后步入冰雪世界，缓慢凝聚出巨大冰立方。立时冰雪消融，"冰雪五环"破冰而出，以圣洁又唯美的形象呈现在世人面前。"破冰"寓意为打破隔阂，互相走近，大家融为一体。CCTV 解说词显示出此意象可阐述为中国愿与世界破冰相融，互相理解，和平共处。

（三）伸向世界的"橄榄枝"，美美与共的"大雪花"

在《构建一朵雪花》中，虚幻且空灵的雪花最先出现在观者视线中，且每一朵雪花均是由 AR、裸眼 3D 等技术衍生而成。"每一朵雪花都是由引导牌变化而来的，在雪花的中心都写着代表团的名字"，说明每个国家代表团均为一朵雪花所表征。96 个国家和地区的运动员代表团入场结束后，CCTV 解说词提到"一条橄榄枝把一个个小雪花编织成了一个大雪花""同时将橄榄枝图案嵌入其中""更团结的理念，更加突出"等描述。词中两次强调"橄榄枝"，传递着奥运为和平而生、为和平而兴的初心。"橄榄枝"与"大雪花"均被赋予各美其美、美美与共、团结友爱的美好寄托。借助高妙创意和高科技撑起的美妙绝伦的艺术效果，彰显出具有五千年历史的国家的"中国式浪漫"。

以上六个意象的"所指"共同汇聚成一个"意"，通过"编码"展现出"和平友爱、天下一家"的核心宗旨。中华文化博大精深，借助科技水平充分将"人类命运共同体"这一理念融入开幕式中，能够充分显现中国的大国风范及全球共建之愿景。

二 NBC 现场解说中关于北京冬奥会开幕式的符号解码

美国全国广播公司（National Broadcasting Company，NBC），是美国最

大广播电视网络之一，于 1926 年成立，是美国唯一拥有奥运会电视转播权的公司。据上游新闻网数据可知，北京冬奥会开幕式在 NBC 所有平台（电视、NBC Olympics 网站和 NBC Sports 应用程序）上的平均观众人数接近 1600 万人。[①] 鉴于此，本部分以 NBC 北京冬奥会开幕式的现场解说为研究对象，分析其符号解码特征。

（一）解码者的"观察者"身份

中央电视台北京冬奥会开幕式的解说是传播链条中的关键一环。CCTV 解说员以"传播者"身份对演出中存在的意象符码进行讲解、传播与弘扬。而 NBC 解说员则是以"观察者"身份出现，主要代表美国媒体。NBC 解说员由萨凡纳·格思里（Savannah Guthrie）、迈克·提里科（Mike Tirico）和一位来自台湾的华裔石静远（Jing Tsu）组成。其中，萨凡纳·格思里是 NBC 新闻早间节目《今日》主持人。迈克·提里科于 2016 年加入 NBC 体育频道，是该频道节目黄金时段的主要主持人。石静远不仅是 NBC 兼职评论员，还是耶鲁大学东亚语言文学和比较文学教授，其解码者身份特殊且重要。她不仅对于中国文化烂熟于心，还深谙中西方文化差异，因而她对于开幕式的解读具有信服度及权威性。这三位解码者的"观察者"身份既照顾国外观众的视角及理解能力，又确保解码的相对准确性与深刻性，与西方媒体的"客观主义"原则较为契合，这使得解说内容更易于被西方观众接受。

（二）解码形式的问答式

有别于 CCTV 解说员沙桐、梁毅苗营造唯美如诗意境的"独白式"解说，NBC 解说员主要使用"问答式"方法对意象符码进行解说。NBC 解说员通常就西方观众立场提出有关东西文化差异的问题，并有针对性地进行解答，使解码语言深入浅出，便于西方观众理解与思考。例如，在《立

---

① 上游新闻：《北京冬奥会开幕式吸引了近 1400 万美国电视观众》，https://mbd. baidu. com/ newspage/data/landingsuper？rs = 290457150&ruk = ZuxgnlxwzlevfNOBpgAKng&isBdboxFrom = 1&pageType = 1&urlext = %7B%22cuid%22%3A%22g8Sm8lu6-agKP-tg_82ei0Pz2f_Nu2iB_ P248j8F28YQu2uPYuvPiY85Hal_tHPa601mA%22%7D&context = %7B%22nid%22%3A% 22news_10086680233067463833%22%7D，最后访问日期：2022 年 5 月 16 日。

春》中，当屏幕上呈现出绿油油的"小草"景象时，萨凡纳·格思里问："It's a stunning display, Jing as I turn back to you, it's the first week of February, it's cold. These are the Winter Olympics. So why does the show start with a celebration of spring?"（"这是一个令人惊叹的演出！Jing 我又回来问你啦，这是二月的第一周，多冷呀，还是冬季奥运会。那么为什么要以庆祝春天开始呢？"）石静远答道："It certainly is cold. Now Spring Festival start with a celebration coming of spring, so not quite full bloom spring. The idea as the director Zhang Yimou tells us, is that in the extreme of winter and the year is at its darkest and coldest. That's when the hope for newness grossed strongest."（"是很冷！现在春节庆祝的是即将到来的春天，而不是那种已经春暖花开的春天。正如张艺谋导演告诉我们的那样，这是在寒冷的冬天，是一年中最黑暗、最寒冷的时候，而也是人们对新事物希望最强烈的时候。"）而当《构建一朵雪花》上演时，萨凡纳·格思里再次问道："Now return to the snowflake theme we have seen throughout tonight's show and Jing Tsu are professor. We know what the snowflake symbolizes here in the west. What do you suppose the intent is here?"（"现在我们又回到今晚开幕式看到的雪花主题，我们都知道雪花在西方象征着什么，麻烦石静远教授讲解一下，这里意图是什么？"）。石静远答："Well, Director Zhang Yimou said that he wanted to bring the east and west together in the image of the snowflake……"（"嗯，张艺谋导演说他想用这个雪花描绘出东西方团结、凝聚在一起的形象……"）具体而言，当屏幕编码语言较为隐晦不利于观众理解时，通常以 NBC 解说员抛出问题、石静远教授阐述的"问答式"进行解说，有针对性地进行编码理念及文化内涵传播。

（三）解码内容的西方视角

谈话语境对于语言的理解、选择、运用具有约束作用。较为明确的语境可使沟通较为流畅，进而实现传播效果倍增。就开幕式解说内容而言，NBC 解说多以西方视角入手分析。

1. 中国元素的注释性解码

NBC 解说员通常将"问答式"方法作为主要手段，对文艺演出中的中国元素意象符号进行注释（annotation）性解码。比如涉及"黄河"的描述时，CCTV 解说员只是提到"黄河"，阐述画面景象："现场的大屏幕上一滴冰蓝色的水墨从天而降。它幻化成为黄河之水，黄河之水倾泻而下，一瞬间，整个场地内都奔腾着滚滚而来的黄河之水。"而 NBC 解说员却对"黄河"进行注释性解码："The inspiration for the scene come from a verse and an ancient Chinese poem featuring the Yellow River. Whereas the producers call it mother river of China presenting a romantic image of the country. "（"这一场景的灵感来源于以黄河为主题的中国古诗，而诗人称它为中国的母亲河，展示了这个国家的浪漫形象。"）在《构建一朵雪花》节目中，CCTV 解说员在描绘雪花聚拢的景象时，以"大雪花飘飘荡荡，全场瞬间进入燕山雪花大如席的如诗意境"进行阐述。而 NBC 解说员则展开说明："A 8th century Chinese poem that describes a snowing canopy as a setting for gathering. "（"这是一首 8 世纪的诗歌，诗中描述了'雪花大得像席子'一样的景象。"）除此之外，雪花"花瓣"融入"中国结"图案这一细节，对于中国观众不难理解，故而 CCTV 解说员并未进行解释与分析。但 NBC 解说员面对 NBC 的观众，仔细阐述了这一设计元素："And you might notice that each spoke of the snowflake instead of crystal is actually the shape of a Chinese knot that you actually see a mini Spring Festival ornaments. "（"你可能会注意到，每个雪花都是一个中国结的形状，而不是由水晶做成的，实际上可以看到一个迷你的春节饰品。"）

美国语言学家爱德华·霍尔（Edward Twitchell Hall Jr. ）在《超越文化》（*Beyond Culture*，1976）一书中提到高语境文化（high-context culture）与低语境文化（low-context culture），认为任何事物都有高语境与低语境的特征。[1] 中国是一个典型的高语境国家，在这个语境下生活的人们大多具备内化信息与意义的能力。相比之下，美国作为低语境文化的代表，需要通过进一步传播以弥补信息在语境中丢失的部分。在"高语境"下的传播过程中，人们更注重符号的"所指"，而非"能指"，即人们可理解话语表面含义及语意二者间的区别。而生活在"低语境"环境中的人们更倾向于理解符号

---

① 张婧：《从北京奥运会开幕式解说词看中美语言风格与文化差异》，硕士学位论文，长春理工大学，2010。

的"能指"而不是"所指"。是以,CCTV解说员在冬奥会开幕式中仅提及"小草""母亲河"等意象,而NBC解说员需要对其加以"注释性"的解释。

2. 文化意象的多重"所指"解码

在《构建一朵雪花》的节目中,NBC对于文化意象(cultural image)进行多重"所指"解码,比如"雪花":"Well, Director Zhang Yimou said that he wanted to bring the east and west together in the image of the snowflake. He took the inspiration from the English saying:No two snowflakes are alike and a line from a 8th century Chinese poem that describes a snowing canopy as a setting for gathering."("张艺谋导演希望通过雪花这一形象将东西方联结在一起,他的灵感来源于西方的一句话:没有两片完全相同的雪花。还有一首8世纪的中国诗歌,诗中描述了'雪花大得像席子'一样的景象。")"雪花"是东方与西方元素结合的形式,不仅蕴含中国古诗意境渲染,而且包含西方谚语的文化共识。"雪花"这一意象编码可展现出世界各地共襄盛会,共建"命运共同体"的美好心愿。

3. 注重个体的西方文化解码

中国对于集体主义精神尤为注重,强调"集体大局观",而西方人更为关注"个体价值观"。在文艺节目的NBC样本解说词中,"Director Zhang Yimou"(张艺谋导演)出现了两次,而在CCTV解说中并没有出现。"The idea as the Director Zhang Yimou tells us, is that in the extreme of winter and the year is at its darkest and coldest. That's when the hope for newness grossed strongest."("正如张艺谋导演告诉我们的一样,一年中极端的冬天是最黑暗和最冷的,那时人们对新鲜事物的希望最强烈。")"Well, Director Zhang Yimou said that he wanted to bring the east and west together in the image of the snowflake."("张艺谋导演说,他想把东方和西方结合在雪花的形象中。")可以发现,中国媒体更为重视民族整体贡献的智慧与力量,并不会着重强调某一个体的价值,而西方媒体更为强调开幕式导演的贡献与创意,即更为关注个体价值的展现。

4. 对部分意象符号的误读与缺失

在北京冬奥会开幕式文艺演出解说中,NBC解码存在部分缺失现象。例如,CCTV描绘道:"一条橄榄枝把一个个小雪花编织成了一个大雪花"

"将橄榄枝图案嵌入其中"。CCTV 解说两次提及"橄榄枝"意象,意在强调中国面向全世界传达和平愿景,而 NBC 解说员在进行阐述时忽略了这一意象的解码与传播。不仅如此,当"冰雪五环"破冰而出后,CCTV 解说"破冰"是团结的象征,意为"打破隔阂,互相走近,大家融为一体",而 NBC 解说员并未对这一符码进行解码。更甚者,CCTV 解说的"小草"和"蒲公英"被 NBC 解说成 spring willows(春柳),存在解码偏差较大现象。

除此之外,相较 2008 年北京奥运会 NBC 现场解说,2022 年北京冬奥会现场解说的解码特点是于"不变"中蕴含"变"。"不变"的是,解码者依然处于"观察者"身份,主要以"问答式"方法展开解说、更关注个体特点。"变"则是 NBC 解说内容有所迭代。2008 年解说员还会惊叹"这一幕是由人工完成的,不是电脑,不是特效,是人……"而 2022 年北京冬奥会中 NBC 解说员阐述"我们开始看到科技在开幕式中发挥作用……""随着激光束的出现,运动员也即将开始入场""二十四束激光将用来雕刻这个智能生成的冰块"。14 年前,奥运会开幕式中强烈地展现出中华民族上下五千年的璀璨文明,侧重于体现本国发展与特点。这便使得 NBC 解说中"注释性"解码语言较多,要求 NBC 解说员着重解释中国文化元素。同样,此编码特征也在一定程度上导致 2008 年奥运会开幕式能够引起西方共情的文化元素较少,而没有出现我们前面提及的文化意象的多重"所指"解码。14 年间,中国的科技发展速度有目共睹,展现出大国风采及中华文明的绚丽。今日,中国的大国形象已然深入人心,无须通过"编码"着重强调国家特色及风范。特别是开幕式中的"大雪花",旨在呼吁世界各国团结一心,共同携手迈向辉煌未来。总体而言,2022 北京冬奥会开幕式 NBC 现场解说,不仅保留应有的西方特色,同时注入"时代新变"特征,与上文提及的编码理念形成呼应。

三 从 NBC 观众留言的"再解码"看传播效果

所谓"媒介再现"(media representation),是指媒介通过对表达对象进行编码与再编码,使图像、文字、语言等形式二次呈现。经由"编码"、"解码"及"再解码"等流程,NBC 平台实现"媒介再现",使 NBC 观众接收到"解码"所传递的信息。而 NBC 观众接收信息并发表评论是对媒体"解码"的"再解码"过程。就 NBC Sports 平台网友评论而言，其大多是在对媒体解说内容"消化"的基础上做出的评价。截至 2022 年 5 月 11 日 21 点，NBC Sports 平台样本区间内视频共有 1656 条评论。在这 1656 条评论中，剔除与开幕式不相关的评论及评论下方的回复与讨论，抽取点赞数大于 10 的评论，共计 242 条，通过 NBC 观众的"再解码"分析传播效果。

（一）符码传播方式较为理想化

立足于斯图亚特·霍尔描述话语解码文本的"三种立场"，将 242 条样本评论依据情感色彩的解码形式分为三个部分——主导式解码、协商式解码、对抗式解码，可以得出以下结果（见图 2）。其中，"主导式解码"属于理想化传播方式，说明解码结果与编码者预期较为契合；"对抗式解码"说明解码者处于编码者对立立场进行符码解读；"协商式解码"处于中立位置，主要呈现为对抗性因素与包容性因素相混合的状态。

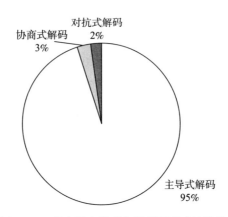

图 2　NBC 观众留言情感色彩解码形式统计结果

由统计结果可知，在 242 条国际网友留言中，对抗式解码 5 条，仅占 2%；协商式解码 8 条，占比 3%；主导式解码 229 条，占比达 95%。不难看出，主导式解码呈现压倒性优势。例如 "China gives me surprises as always."（中国一如既往地给我惊喜。）"You can always trust China on Olmpic Opening ceremony!"（你可以永远相信中国的奥运会开幕式！）这些评论的赞美之情溢于言表。

（二）解码内容与编码意图高度趋同

将以上样本评论导入 NVivo 11 词频分析软件，最小字符设定为 3，留存词根〔比如 beautiful、beautifully、beauty（美好的、美好地、美好）等词皆可归为一类〕，绘制词云图（见图 3）并进行词频统计（见表 1）。

图 3　词云图

表 1　NBC 词频统计结果

单位：次，%

单词	释义	计数	加权百分比
beautiful	美好的	61	3.34
amazingly	惊人地	31	1.69
peace	和平	23	1.25
stunning	惊人的	18	0.98
world	世界	17	0.93
together	一起	10	0.55
love	爱	10	0.55
technology	科技	10	0.55

＊本表仅展现部分词频统计结果。

表 1 显示，样本中词频统计数量最多的是"beautiful"，可看出此次冬

奥会带来强烈的视觉冲击效果。将"再解码"内容与编码意图契合度作为依据做统计,除了出现频率最高的"beautiful",还有"amazingly"、"stunning"等同为表达"精彩与震撼"的词数量最多,共计110次。此外,有关"人类命运共同体"与全球共建的词语总出现次数为60次。主要包含"peace""together""world""love"等词语,处于词频统计结果第三位的是对表演中呈现出的高科技手段所产生的衍生感慨,词频统计总数为10次。例如,"technology"、"tech"(科技)等词语,"Are we on the same earth? This looks a little high tech"(我们是在同一个地球上吗? 这看起来有点高科技)、"It is just absolutely mind boggling about the tech with no match"(这种技术简直让人难以置信,可以说是没有对手)等句子。有一位网友评论说:"This is a performance that combines tradition and modernity, art and high technology."(这是一场融合传统与现代、艺术与高科技的视觉盛宴。)综上可知,NBC观众的"再解码"与北京冬奥会开幕式"编码"宗旨高度趋同,充分显示出冬奥会国际传播的成功。

(三) 再解码语言风格趋于年轻化

语句的长短在一定程度上反映着使用者的年龄与生活习惯、性格特征等方面的特点。通常而言,美国人更愿意使用短句表达,而年轻人倾向"碎片化"表达。据统计,在242条样本评论中,长度在10个单词以下的评论共有145条,占比达到60%。这一数据表明,评论语言大多以"短句"形式出现,如"Unbelievable!"(让人无法置信!)"Very High-tech! Loving it!!"(这很高科技! 好爱!!)"Amazing! Amazing! Amazing!"(神奇神奇神奇!)、"Sooooo stunning! Wow!!!"(天哪这么惊人的吗! 哇!!!)这类表达形式较为符合美国年轻人接收信息及传达信息的特点,意味着本次奥运国际传播吸引了更多美国年轻人,进一步说明北京冬奥会具有良好势头,能为今后国际传播的良好开展清扫障碍。

四　北京冬奥会开幕式编码国际传播的启示

(一) 以超越语言的意象符号弘扬奥运精神

语言差异一直是跨文化传播中面临的一大障碍。鉴于语言符号的有限性，各类信息在国际传播过程中需借用非语言符号的辅助。尤其是在本次奥运传播实践中，开幕式鲜少使用语言符号，其巧妙地将文化元素和奥运精神等融入画面之中，将简单、易读的符号通过意象生动、具体地展现出来。是以，在国际传播过程中应将符码意义注入意象，降低语言的跨文化理解门槛，达到良好的传播效果。

（二）以特定元素塑造"可爱"中国形象

北京冬奥会开幕式中并没有明星与职业演员，而大多以纯粹无瑕、天真无邪的孩子进行表达与传递信息。例如：吹小号的小男孩、穿着虎头鞋的山区孩子、手持和平鸽的小朋友。可以看出，北京冬奥会开幕式包含美国广告大师大卫·奥德威所提的"3B"原则，分别为 beauty（美女）、beast（动物）、baby（婴儿）。其中，开幕式中的"儿童"（baby）具有弱小、可爱、非对抗性等特征，可更好地触动观者心灵，从而达到国际传播与宣传的作用。温柔美丽的引导员们则是"beauty"，为观者充分提供良好感官享受，使观者更为专注于文化输出及符码传递，实现意象传播。作为北京冬奥会的吉祥物，冰墩墩则是"beast"，可为观者带来愉悦观感，使观者感受到整个奥运会所营造的愉快、和平氛围。而 2020 年东京奥运会开幕式中的强制文化输出实际是一种不当编码，极易引起观众"对抗性解读"（oppositiona reading），从而产生适得其反的效果。2021 年 5 月 31 日，习近平总书记在主持中共中央政治局第三十次集体学习时强调，要努力塑造可信、可爱、可敬的中国形象。① 为此，未来应继续做好"可爱中国"形象的传播，更好地跨越文化壁垒（culture barriers）。

（三）以国际化思维实现跨文化共情传播

共情（empathy）即为"同理心"，通常是"感同身受"的意思。在国际传播过程中，共情的重要性需得到高度重视。爱德华·霍尔说过，符号

---

① 《习近平在中共中央政治局第三十次集体学习时强调 加强和改进国际传播工作 展示真实立体全面的中国》，央广网，http://news.cnr.cn/native/gd/20210601/t20210601_525501556.shtml，最后访问日期：2022 年 10 月 31 日。

文本发送者在编码文本时应更多考虑到接收者的文化语境。这是一种国际化思维的体现，符码信息在传递时应以"国际表达"的方式，有效实现跨文化共情传播。NBC 观众在"再解码"过程中发出如此惊叹："There are not snowflakes alike……How amazing our creator God is!!!"（没有两片完全相同的雪花……我的天啊这个创意绝了!!!）由此可知，更贴近西方文化的事物容易引起西方受众共鸣。因此，在进行国际传播的过程中，不仅需要注重在编码时植入中国文化符号，还应巧妙结合西方文化符号，在满足中国文化语境受众口味基础上，契合西方文化语境的受众期待。[①]

（四）以中华民族文化凝聚全球华侨华人力量

在国际传播中，媒体应充分将时代精神、艺术元素和前沿科技融入中国优秀传统文化之中，以文化之根吸引全球华侨华人的目光，加深民族归属感与自豪感，使其成为对外传播的"桥梁"。例如北京冬奥会开幕式的 NBC 特聘解说员石静远。她的解说内容及语言均可展现出她对中华文化的热爱与自豪，充分帮助中国实现成功的国际传播。事实上，"桥接"（bridge/bridging）是在与"人"有关的跨文化传播研究实践中经常被提及的概念。相关数据显示，海外华侨华人遍布全球 198 个国家与地区，人数规模超 6000 万，其中美籍华人人数可达到 508 万。这些具有特定文化身份特征的个体或群体，通常掌握多个文化的相关知识、对多个文化拥有情感上的认同，有能力和意愿内化超过一种文化，天然成为跨文化"桥接"得以成功的重要元素。[②] 为此，媒体在进行国际传播时，应将中国传统文化元素融入意象编码，使用更为温和、利于理解的方式进行宣传与弘扬，从而搭建"中国故事"海外传播的重要桥梁。

（五）以创新与科技相融合赋能艺术效果

北京冬奥会开幕式全程使用数字表演与仿真技术，是人工智能、5G、

---

① 冯月季：《传播符号学教程》，重庆大学出版社，2007，第 72 页。

② 田浩、常江：《桥接社群与跨文化传播：基于对西游记故事海外接受实践的考察》，《新闻与传播研究》2020 年第 1 期，第 38～52、127 页。

AR、裸眼 3D 技术等大量全新科技的应用与中国文化的完美契合。[①] NBC 观众的"再解码"提出"Their technology, art, message……everything is perfect"（他们的技术，艺术，主题……一切都是完美的）、"Are we on the same earth? This looks a little high tech"（我们是在一个地球上吗？这看起来有点高科技）等感慨。科技赋能下的冬奥会开幕式不仅以一种温和的手段让国际观众看见中国的科技力量，也让其感叹中国人的艺术创意与美学修养。除此之外，北京冬奥会中 4K/8K 超高清转播车再次"出征"，使科技冬奥深入人心。科技创新驱动文化产业数字化转型是实现文化与科技相互融合的必然选择。科技丰富发展的形式，文化丰富发展的内容，它们共同推进文化事业发展。[②] 习近平总书记在出席亚洲文明对话大会开幕式时提到，应对共同挑战、迈向美好未来，既需要经济科技力量，也需要文化文明力量。[③] 是以，在国际传播中应重视科技元素的编码，借助 VR 技术营造沉浸式传播，唱响"科技+文化"双旋律。

（六）以文化自信传播中国文化故事

美国广播公司在对比两届奥运会后评论道：2022 年北京冬奥会与 2008 年奥运会相比存在鲜明差异，其充分彰显自信从容的大国形象。张艺谋导演说："在开幕式上反映出的浪漫情怀，就是我们文化自信的最好表现。" 14 年前的开幕式，更为注重对于历史的描述与传达，而现在更着眼于未来发展与发展前景。相比于 2008 年北京奥运会，此次冬奥会开幕式中对于中国文化元素的引入大幅减少，转而更加注重时代特征与中国文化间的契合度，以"构建人类命运共同体""团结"为核心理念。但与其说是编码理念变了，倒不如说是中国变了。中国在国际社会上的话语权日益提高，并逐渐走向世界舞台中央。是以，中国人民应坚定文化自信，从容自在地讲

① 《一起向未来 北京冬奥会尽显科技力量》，人民网，http://app. people. cn/h5/detail/normal/4626448980739072，最后访问日期：2022 年 5 月 6 日。
② 孙茹茹：《科技赋能助推文化产业高质量发展》，《中国发展观察》2020 年第 Z8 期，第 99 ~ 102 页。
③ 《习近平在亚洲文明对话大会开幕式上的主旨演讲（全文）》，央广网，http://news. cnr. cn/native/news/20190515/t20190515_524613615. shtml，最后访问日期：2022 年 10 月 31 日。

述从"我"到"我们"的故事，传播好中国声音。

五 结论与讨论

符码国际传播主要借由信息发出者将深刻意义附着于符号文本上进行"编码"，随后由信息接收者对这一意义进行解读与推广，进而实现符码"解码"，这是塑造并传播国家形象的重要手段。而北京冬奥会开幕式凭借符码资源构建"仪式空间"，通过符码携带深刻意义促使人民参与"解码"仪式，实现情感连接，进而加强国际传播能力建设。北京冬奥会开幕式符码国际传播不仅彰显群体成就，还凝聚了社会团结和集体力量，更是一次建构国际形象、实现海外传播的成功实践。这场视觉盛宴，在满足世界观众的审美需求基础上，促进中华文明与世界各国文明的交流互鉴。

尽管美国媒体在对北京冬奥会开幕式的相关报道中存在一些不同看法，比如 NBC 解说员萨凡纳·格思里在看到新疆姑娘迪妮格尔·衣拉木江安放主火炬时，说了这样的话："这一安排是对于西方国家大肆宣扬'种族灭绝'谣言的'直面回击'——包括美国在内。"这在美国媒体中引起轩然大波，很多媒体评论她"为中国政府工作""是中国的宣传喉舌"。但是从 NBC 解说员对开幕式文艺演出样本视频的"解码"与观众的"再解码"过程来看，还是以正面评论为主。因 NBC 版权受限，本文仅以北京冬奥会开幕式中的三个节目作为分析样本，为今后中国媒体如何策划节目、做好国际传播提出一些可行建议，可能会存在分析片面、结论不客观、不完整的现象。但应看到符码传播对于塑造国家形象、弘扬民族精神、凝聚人民力量等最根本、最关键的作用及价值，着重推动符码国际传播，为建构中国大国形象、传播中华文化提供助力。

中国体育故事国际传播的显性要素与隐序路径[*]

——基于 YouTube 的叙事认同研究

卢 兴 郭 晴 荆俊昌[**]

摘 要 讲好中国体育故事是推进中国体育文化国际传播能力建设的重要环节。受制于中国与外部世界话语体系的差异、故事讲述方式等结构性因素，当前我国体育故事的国际认同存在明显不足。中国体育故事认同研究选取世界最大视频网站平台 YouTube 中的 1660 个故事样本，从受众认同视角切入，归纳出中国体育故事国际传播的显性传播要素、三种重要的路径组合及隐匿的接受规律，结合人类文化学理论，分析中国体育故事国际接受浅、中、深三个认同层次，并针对中国体育故事国际认同的特点与难点建构立场的本土性与视角的全球化、意义的互动生成与文化的隐形渗透、文化的开放与价值的汇通等叙事策略，为中国体育故事跨文化外传播提供参考。

关键词 中国体育故事；国际传播；体育文化认同

* 本文系国家社会科学基金一般项目（项目编号：19BTY031）、教育部人文社会科学研究青年基金项目（项目编号：19YJC890029）、辽宁省社会科学规划基金项目（项目编号：L20BTY019）的研究成果，原文刊于《上海体育学院学报》2021 年第 5 期。

** 卢兴系沈阳体育学院管理与新闻传播学院副教授，硕士生导师；郭晴系浙大城市学院传媒与人文学院教授、博士生导师；荆俊昌系沈阳体育学院管理与新闻传播学院副教授。

在全球化进程中，随着我国日益走近世界舞台中央以及各国"软实力"竞争的加剧，加强我国体育国际传播能力建设，塑造一个彰显中华体育精神力度、灌注传统体育文化价值、蕴含独特体育品格、展示大众体育魅力的体育强国形象至关重要。习近平总书记指出要"推进国际传播能力建设，讲好中国故事，展现真实、立体、全面的中国，提高国家文化软实力"[①]。但是，受制于中国与外部世界话语体系的差异、故事讲述方式和手段的单一等结构性因素，当前我国媒体的国际传播在叙事能力方面相较其他国家媒体而言依然存在明显的差距和不足。[②] 在体育传播领域亦是相同，虽然我国体育文化丰富而多元、大型体育赛事的举办能力很强，但是我国体育故事传播与国际受众接受存在"误差"，我国体育信息国际传播存在"逆差"，体育强国形象与西方主观印象存在"偏差"，总体来说就是我国体育的综合硬实力与传播软实力"落差"较大，既缺乏与体量相匹配的音量，也缺乏有效的文化嵌入与价值提升路径。

那么，如何讲好体育故事？哪些因素影响我国体育故事对外传播？如何调适其在国际传播中的文化区隔？本研究旨在对相关问题进行考察。视频作为一种具有生动性、常态性的故事讲述方式，是研究故事传播的一个很好的入口。YouTube 是世界最大的视频网站，具有原创、转发、评论、好友、打赏、推荐等功能，并全方位涵盖传统媒体、自媒体等多种媒介形式，可以呈现涉华国际舆情的整体形态，对国际政治、经贸、文化态势具有较大预判、研判作用，[③] 是中国体育故事传播的重要国际平台。本研究力图由此切入以寻求中国体育故事在国际视频平台传播过程中产生认知偏差的关键性因素，并通过对中国体育故事国际传播的叙事解构与共意建构来丰富叙事策略，为中国体育跨文化深入传播提供参考。

① 习近平:《决胜全面建成小康社会夺取新时代中国特色社会主义伟大胜利——在中国共产党第十九次全国代表大会上的报告》，人民出版社，2017，第 44 页。
② 徐占忱:《讲好中国故事的现实困难与破解之策》，《社会主义研究》2014 年第 3 期，第 20~26 页。
③ 石家宜:《"中美贸易战"涉华舆情、层级成因及对策研究：基于 Youtube 平台的考察》，《情报杂志》2019 年第 8 期，第 105~112、135 页。

一 理论溯源与研究现状

关于"中国故事"的研究较多，但"中国故事"并没有统一的概念界定。李云雷指出，所谓"中国故事"，是指凝聚了中国人共同经验与情感的故事，在其中可以看到我们这个民族的特性、命运与希望。[①] 王一川认为，中国故事是中华民族这个多族群共同体生活中的事件及其过程的记录形式，它可以表现为多种不同的艺术类型。中国故事，是对中国人生活中已经发生、正在发生或将要发生的事件及其过程的回忆、观察或想象的符号化概括。它能直接呈现中国人生活的价值系统，是中国人在自己的生活中面对来自方方面面（自然、社会、自我等）的挑战而发出响应的符号化结晶。中国故事可以是纪实性的，也可以是虚构性的，还可以是纪实性与虚构性相交融的。[②] 此外还有罗岗、万建中、蔡名照、徐占忱等不同领域的专家从不同维度阐述了中国故事。

关于"叙事学"，叙事就是叙述事情（叙 + 事），即通过语言或其他媒介来再现发生在特定时间和空间里的事件，从对神话故事的讲述到对史事的文字记载，再到电影表达、舞台再现、网络讲述等都是宽泛意义上的"叙"，而叙"事"，必须涉及两个及以上事件或状态。[③] 叙事研究体系庞杂，涉猎较为广泛，语言学家巴特认为，叙事是普遍存在的，他指出："自人类有历史以来，所有阶级、所有群体都有他们的叙事，叙事是跨国家、跨历史、跨文化的。"[④] 近年来，西方叙事处于认知论、方法论等多维度研究的渗透、碰撞中，叙事研究成为方法创新的生发点。与之相对的国内叙事研究也从文学研究转向更加开阔的人文社会科学研究。尤其在"讲好中国故事"的语境下，很多学者从媒介叙事、空间叙事等维度强调了叙

---

① 李云雷：《如何讲述新的中国故事？——当代中国文学的新主题与新趋势》，《文学评论》2014 年第 3 期，第 90～97 页。

② 王一川：《当今中国故事及其文化软实力》，《创作与评论》2015 年第 24 期，第 21～26 页。

③ 申丹：《方叙事学：经典与后经典》，北京大学出版社，2010，第 2 页。

④ Barthes, R., "Introduction to the structural analysis of narratives," *The Journal of Aesthetics and Art Criticism* 37（1977）: 220.

事的社会建构功能。

总体来说，关于中国体育故事与体育叙事的研究取得了一定的进展。在宏观层面，研究主要侧重于中国体育文化对外传播策略；[①] 在中观层面，已有学者从解释和剖析叙事研究相关概念出发，归纳出借助叙事方法进行体育人文社会学研究的具体思路；[②] 在微观层面，有众多学者从叙事角度阐释具体体育影视作品、新闻报道、微博舆论等，均取得了较好研究效果。但是，当下的体育叙事研究主要立足于本土文本资源，中国体育故事的对外传播不仅要考量本土元素，还需要从接受的视角去换位思考。目前，在现有的国外媒体平台的故事资源与叙事方法之间建立系统、动态的"显性"联系的研究还较为罕见。本研究利用国际视频平台，力图在中国体育故事海外叙事经验中把握叙事规律与特质，通过"认同—路径—策略"的研究路线，从海外认同的体育故事入手，建构中国体育故事对外传播路径，由此丰富中国体育故事海外叙事传播策略。

二　研究设计

（一）研究对象

本研究将国际视频平台 YouTube 中的"中国体育故事"视频作为研究对象。根据上述"中国故事"相关概念及相关叙事理论，本研究认为中国体育故事是指对中华民族共同生活中体育事件的记录或想象的符号化概括，它根植于中国人体育经验与情感的沃土，孕育于中国特有的体育精神传承与文化坚守中，而后外化成不同的艺术表现形式，它是中国体育价值系统的呈现，可以是真实的，也可以是虚构的。而研究中国体育故事叙事策略，在选取样本时还需满足叙事研究中的"涉及两个及以上事件或状态"条件。基于上述条件，在 YouTube 平台中进行中国体育视频检索并筛

---

① 王春燕、肖焕禹：《新公共外交时代我国体育外交的挑战与应对之策》，《成都体育学院学报》2016 年第 6 期，第 52～29 页。

② 吕夏颐、李晓栋：《体育故事的述与听——兼论"叙事"何以成为一种体育人文社会科学研究方法》，《武汉体育学院学报》2018 年第 12 期，第 9～17 页。

选出中国体育故事视频。

在检索关键词选择方面，关键词语言属于未经严格规范化的自然语言，因此存在多义性、模糊性等问题，为了确保视频检索的覆盖性，关键词的选取采用从广泛到具体的方式，并采用同义词多次检索。具体关键词选择如下（该分类仅限于检索）。第一类，竞技体育类视频关键词，包括体育赛事名称和竞技项目名称。赛事名称包括国际赛事和国内赛事名称"奥运会、世界杯赛、中超、马拉松……"，竞技项目包括夏季奥运会项目"蹦床、田径、游泳、体操……"、冬季奥运会项目"滑冰、滑雪、冰壶、冰球……"以及其他项目"卡波埃拉、美式橄榄球、攀岩……"。第二类，社会体育与学校体育类视频关键词。鉴于上述项目检索结果已含大部分社会体育和学校体育视频，所以，检索词仅包含特色类关键词"广场舞、鬼步舞、暴走团……""体育课"。第三类，中国传统体育视频关键词，包括球类运动"蹴鞠、打马球、木射……"，水上运动"龙舟竞渡、弄潮、冰嬉……"，武术"武术、拳术、棍术、刀术……"，节日活动"重阳登高、耍龙灯、舞狮……"。第四类，体育人物类视频关键词，参考新华社、腾讯网、搜狐网等于各时期评选的体育人物名单"姚明、郎平、刘翔、邓亚萍、孙杨……"。第五类，体育热点事件关键词，基于《人民日报》、新华社、中央广播电视总台、腾讯网等评选的各年度体育新闻"中国女排11连胜卫冕世界杯、第七届军运会在武汉成功举办、北京2022年冬奥会/冬残会吉祥物发布、中国首次举办男篮世界杯……"。

在语言选择方面，鉴于信息检索特性，样本检索并未选择更改汉语作为站点文本语言。综合各类因素，本研究选择影响力较大的十种语言进行尝试性检索，其中包括英语、法语、西班牙语、俄语、阿拉伯语、汉语、德语、日语、葡萄牙语、印地语，初期检索发现视频以英语为主，个别视频发布采用德语、法语、西班牙语，所以检索语言确定为英语、德语、法语、西班牙语。

该检索方式优点是覆盖性强，弊端是出现了大量重复性视频和无关视频。截至2020年2月3日，共观察153327条视频，剔除重复视频以及关注量极低视频（观看次数少于100的视频），再根据中国体育故事概念界定"对中华民族共同生活中体育事件的记录或想象的符号化概括""涉及两个及以上事件或状态"，删除不符合条件的视频，共有中国体育故事视频1660个。

（二） 研究方法

内容分析法。由于样本量较大，所以使用 AntConc 软件对已选取的样本内容进行分析。主要分析内容为视频的标题语言、视频内容概述部分。

定性比较分析方法。定性比较研究于 20 世纪 80 年代由美国社会学者查尔斯·拉金提出，是一种将集合和布尔代数等技术作为基础，整合量化与质性双重取向的研究方法，在政治学、社会学、管理学、经济学等领域应用广泛。该研究方法的优势是定性的案例选取与定量的变量选取相结合，适用于多案例研究，可将案例生成为多重因果关系组合和多元逻辑条件组合。

本研究之所以采用该方法，一方面，是由于中国体育故事叙事由多种叙事要素共同建构，这些要素与中国体育故事叙事策略之间不具有简单、直观的因果关系，而是不同情况下的条件组合，干扰因素也较多；另一方面，是由于叙事建构因素较多且测量复杂，使用计量建模和统计推断均不能支持有效的分析并由此提炼基本结论，仅仅对单一因素进行分析，其结果不具备可借鉴性。

认同叙事路径的分析采用定性比较分析方法，主要包括如下研究步骤：选取国际视频平台 YouTube 上的中国体育故事，设置中国体育故事叙事要素指标，对指标进行专家问卷调查，确立最终叙事要素变量，对叙事要素变量进行赋值，生成真值表，单变量必要性分析，叙事路径组合分析。因为处理的变量为二分变量（具体参考下文变量选取的理论依据与说明），所以选择使用清晰集 （cs-QCA） 来剖析中国体育故事叙事要素。

（三） 变量操作化与理论说明

影响中国体育故事传播乃至认同的因素确定是操作化的关键，变量设计的重点是将叙事学等相关理论与中国体育故事特质相结合，围绕"中国体育故事"与"叙事"两个关键词，对每个体育故事视频下方的受众回复进行词频分析与情感分析。

第一步，根据叙事学的基本要素，包括故事成分、叙事交流、叙事视角、叙事时间与空间等，设计了主要人物、叙事情节、叙事视角、叙事主体、叙事时距、叙事时序、叙事频率、故事空间变量①；根据上述中国体育故事概念"孕育于中国特有的体育精神传承与文化坚守中""外化成不同的艺术表现形式"的特质，设计了叙事模式、故事承载精神、故事艺术加工变量；根据拉斯韦尔提出的传播过程包括五要素的 5W 理论，即传播主体、传播内容、传播渠道、受众、传播效果，设置了传播者类型、受众认同变量；合计 13 个变量。第二步，由于研究问题的跨学科性，需要对指标进行整体评估，所以通过对现当代文学、文艺学、新闻传播学等专业专家进行访谈、发放问卷，按照相关程度与重要程度对 13 个变量进行排序与筛选，最终保留专家意见一致的 6 个解释变量，分别是主要人物、叙事模式、叙事视角、叙事情节、故事承载精神类型、传播者类型；另设置"艺术表现"解释变量；将受众认同设置为结果变量。第三步，对变量进行类型划分，充分结合中国体育故事跨文化传播的特征，选取相关理论对变量类型进行界定。关于主要人物变量，虽然叙事学中有"功能型"人物与"心理型"人物，也有"扁平人物"与"圆形人物"的划分，② 但是本研究通过观察大量故事视频发现，中国体育故事人物既体现了东方主义视域下西方控制东方所设置的政治镜像，也呈现了原型视域下信息散播拼凑的东方文化意象，所以本研究根据东方主义理论和原型理论，将主要人物变量类型设置为具有明显东方体育人物特色的形象与无明显东方特征的体育人物形象。同理，关于叙事模式变量，本研究结合中国体育故事具体模式特征与西方审美范式，依据利奥塔等学者的后现代理论，以及费瑟斯后现代日常生活审美转向，将叙事模式划分为"宏大叙事"（"崇高叙事"）与"日常叙事"（"个人叙事""'草根'叙事"）。在此，宏大叙事指具有崇高内涵、积极主题、凝聚情感的体育叙事模式，但是无立场倾向；日常叙事是指具有朴实内涵、日常话题、简单生动的体育叙事模式。关于叙事视角变量，叙事视角分类繁复，本研究将其分为观察者处于故事之外的外视角与观察者处于故事之中的内视角。③ 关于叙事情节变量，亚里士多德提倡

---

① 申丹：《西方叙事学：经典与后经典》，北京大学出版社，2010。
② 申丹：《西方叙事学：经典与后经典》，北京大学出版社，2010。
③ 申丹：《西方叙事学：经典与后经典》，北京大学出版社，2010。

以行动为中心的情节观，结合体育之于中国体育故事的特殊性，体育叙事情节分为以"体育行动"为中心与不以"体育行动"为中心的叙事情节。关于故事承载精神类型变量，根据故事情感体验将其划分为国家精神（情感、利益）类型与个人精神（情感、利益）类型。关于传播者类型变量，结合社交媒体特征将其分为有组织传播者与个体传播者。关于艺术表现变量，依据中国体育故事概念界定将其分为没有经过明显艺术加工与经过明显的艺术加工。关于受众认同结果变量，对在故事下方留言的文本进行情感分析并以人工辅助进行研判，将其分为明显认同与非认同（包括反对及中立）观点。第四步，对故事视频所属变量类型进行判断。在变量类型划分中几乎不存在对立争执观点，可以直接进行判断。具体变量选取及理论依据见表1。

表1 变量选取的理论依据与说明

变量选取的理论依据	变量	变量类型	变量说明
东方主义、原型等理论	主要人物（Feature）	具有东方体育人物特色的形象（例如中国功夫、舞龙舞狮等）	解释变量
		无明显东方特征	
利奥塔等后现代理论	叙事模式（Mode）	"宏大叙事"/"崇高叙事"	解释变量
		日常叙事/个人叙事/"草根"叙事	
热奈特叙事理论	叙事视角（Focalization）	外视角	解释变量
		内视角	
亚里士多德中心情节观	叙事情节（Plot）	以"体育行动"为中心	解释变量
		不以"体育行动"为中心	
中国体育故事概念界定	故事承载精神类型（Mental）	国家精神/情感/利益	解释变量
		个人精神/情感/利益	
传播学5W理论	传播者类型（Who）	有组织传播者	解释变量
		个体传播者	
中国体育故事概念界定	艺术表现（Art）	没有经过明显的艺术加工	解释变量
		经过明显的艺术加工	
传播学5W理论	受众认同（Recognition）	明显认同	结果变量
		非认同	

三 中国体育故事国际视频平台传播要素

（一）中国体育故事叙事主题

在从国际视频平台 YouTube 选取的中国体育故事中，有一个非常显著的现象是中国传统体育故事数量不多，但关注度要远远高于其他类型中国体育故事，关注视角也不同。为了研究的聚焦性，分别对从平台中选取样本的中国体育故事以及中国传统体育故事的所有视频标题语言进行主题词分析，并使用软件去掉虚词、合并同义词，得到表 2 的结果。

表 2 中国体育故事视频主题词分析

	所有视频			传统体育视频	
排序	频率（次）	词语	频率（次）	词语	
1	637	China（中国）	117	Kungfu（功夫）	
2	167	Olympic（奥林匹克）	44	Chinese（中国）	
3	121	player（球员）	31	dragon（龙）	
4	101	world（世界）	27	chess（象棋）	
5	92	woman（女性）	26	boat（船）	
6	77	team（球队）	26	dance（舞蹈）	
7	73	Rio 里约（奥运会）	25	lion（狮）	
8	70	final（最终）	25	Shaolin（少林）	
9	65	man（男性）	25	wing（翅膀）	
10	63	game（比赛）	23	Chun（咏春）	
11	58	trampoline（跳床）	22	movie（电影）	
12	57	train（训练）	19	master（有技能的）	
13	54	gold（金）	15	panda（熊猫）	
14	52	championship（冠军）	15	scene（场景）	
15	51	tennis（网球）	14	movieclips（影片素材）	
16	50	gymnastic（体操）	13	box（拳击）	
17	49	weightlifting（举重）	12	fight（战斗）	
18	45	win（赢）	12	Xiangqi（象棋）	

续表

所有视频			传统体育视频	
排序	频率（次）	词语	频率（次）	词语
19	44	highlight（强调）	11	action（行动）
20	42	swimmer（泳者）	11	man（男性）

通过使用重要语汇索引将关键词回归至视频内容文本摘要语境，大致可归为四个主题，分别是："奥林匹克运动会中的中国运动员"（China/Olympic/player/athlete）、奥运会的中国最终成绩（team/final/gold/win/compilation）、中国运动员的训练情况（train/girl/grueling/sports schools/childhood）、中国优势竞技项目（gymnastics/weightlifting/tennis/swimming/diving）。

从中国体育故事样本的主题词分析可见，中国体育故事传播的核心是奥运会中的中国运动员（China、Olympic、player）。再进一步分析主题词发现，首先，从前四位的高频主题词可以看出中国体育故事在国际传播中更加凸显中国运动员在世界中的地位；其次，中国女性运动员的体育故事比男性运动员体育故事获得了更多的关注，这一方面是由于某些女性运动员优势项目更容易获得关注，另一方面是由于在视觉文化时代，女性运动员更容易作为故事中被观赏、被消费的娱乐对象；再次，从"final、gold、win"等高频词可以看出体育故事的最终结果非常重要，尤其是以获得金牌为最终结果的体育故事出现次数较多；此外，"举国体制"、少年运动员训练等议题的出现频次也较高；最后，体操、举重、网球、游泳、跳水等中国优势项目的体育故事相比于其他体育项目出现的频次更高。

如果说上述分析是基于中国体育故事传播"体量"的话，那么，从传播"质量"进行考察，传统体育才是国际视频平台关注中国体育故事的聚焦点。虽然中国传统体育故事由于数量较少而被淹没于整体主题词分析中，但是中国传统体育故事的点击量要远远高于其他类型的中国体育故事。从中国传统体育故事的主题词分析可见，首先，中国功夫是体育故事传播的核心内容，甚至是中国故事国际传播的代表；其次，象棋、赛龙舟、舞龙舞狮、少林等中国元素成为中国传统体育故事传播的热点；再次，通过观看视频发现关于李小龙、叶问等的功夫电影传播备受关注；最后，与其他体育类型的体育故事相比，中国传统体育故事在叙事主体性别方面基本没有区分度。但是，不管从质量上还是数量上，这都只是对中国体育故事传播的现象分析，真正影响中国体育故事认同本质的传播路径还需要在下文进一步研究。

（二）中国体育故事传播主体

从中国体育故事传播主体来看，美国自媒体与传统媒体及其他相关机构媒体对中国体育故事都有一定的关注，中国传统媒体与自媒体虽然也对中国体育故事传播做出了一定贡献，但是如果从体育文化传播战略维度出发，其对此的重视程度远远不够。研究对 YouTube 平台中的中国体育故事视频的发布者进行统计，发现中国媒体发布的信息仅占 13%，西方主流媒体及相关组织机构占 36.7%，个人信息占 50.3%，西方主流媒体及相关组织机构、个人占据绝对传播优势，中国体育形象自塑性不足，主要被西方各类媒体进行他塑。

（三）中国体育故事国际传播信源

在观看所有样本后，结合视频摘要检索词共现语境，可以发现热点样本信源主要呈现以下特征。

第一，较多引述运动员的夺冠过程、训练经历以及热点事件等，引述教练员、国家相关领导人、官方媒体、专家学者、相关咨询公司、其他相关组织机构等的相关话语，信源较为均衡，同时，叙事画面采用当事人亲身经历或现实场景剪辑等，力图凸显内容的客观性与可靠性。

第二，信源呈现方式多样，除赛事、训练、表演等现实场景的设计剪辑外，还采用电影剪辑、动画制作、场景重构等表现方法。

第三，中国体育故事以中国人为主要信源，尽管这些视频往往经过"断章取义"的加工剪辑，但是仍然具备一定的可信度，在潜移默化中隐形建构了中国体育故事叙事框架。

第四，相比总体叙事信源，在国际社交媒体中，中国媒体信源相对简单，基本上以全知视角讲述中国体育故事，主要引用运动员及专家话语等作为信源。

（四） 中国体育故事接受

中国体育故事视频的播放量与评论量是较容易测量的故事接受指标。中国体育文化传播的议题众多，数量较大，近三年来平均每月约产生 1065 条体育视频，视频平均评价次数 25 条，平均观看次数为 108138 次，数量众多，但不是均为体育故事，而且整体来看其虽然引起一定的关注，但是并未产生广泛认同。研究以 2020 年 1 月为时间节点，在 YouTube 中仅得到符合中国体育故事条件视频有效样本 1660 个，从播放量以及评论量来看，受众更关注中国传统体育故事，个别视频最高播放量高达 73986937 次，而且从留言区数据抓取的情感分析来看，中国传统体育故事的受关注度与好评率要远高于竞技体育等其他体育类型。同时，在数量上，就体育故事类型来看，中国校园体育故事、中国社会体育故事类型罕见。

四 体育故事视频国际传播认同的隐序路径

中国体育故事的显性要素与隐序路径属于中国故事国际传播的不同层面，如果说显性要素是中国体育故事传播的表象规律，那么隐序路径则是中国体育故事获得国际认同的内在度量。本研究通过对叙事变量的定性比较分析，建构体育故事所承载的潜在叙事认同路径，探析不同路径组合的逻辑经度与文化纬度，以此度量认同层次，提升中国体育故事国际传播的精准度和力度。

（一） 体育故事视频国际传播的必要性因素分析

根据中国体育故事界定，在 YouTube 平台中选取播放量最高的 40 个中国体育故事视频，在传播影响因素分析中，对故事主要人物具有明显中国特质、故事叙事模式类型、故事的叙事视角、故事情节、故事承载精神类型、传播者类型、艺术表现等单个传播因素是否能够构成中国体育故事国际认同必要条件进行分析，结果显示如表 3。

表 3　变量必要性分析

变量	一致性	覆盖度
主要人物（Feature）	0.774194	0.960000
叙事模式（Mode）	0.419355	0.866667
叙事视角（Focalization）	0.806452	0.781250
叙事情节（Plot）	0.451613	0.700000
故事承载精神类型（Mental）	0.387097	0.750000
传播者类型（Who）	0.580645	0.750000
艺术表现（Art）	0.645161	0.714286

在定性比较分析中，通过必要性分析可以判断单个解释变量与结果变量之间是否存在充分或者必要关系。必要性分析通过一致性（consistency）与覆盖度（coverage）来判断，一致性指标可以看作所有选取的中国体育故事视频样本在多大程度上共享了国际媒介叙事认同成功建构发生的某个（某组）特定因素，当一致性指标大于 0.9 时，则可以认为该因素是中国体育故事国际认同的叙事建构的必要条件；覆盖度指标可以分析这些影响因素（组合）在多大程度上解释了中国体育故事传播认同的成功建构，例如叙事类型的覆盖为 0.866667，说明该变量能够解释约 86.67% 的案例。

研究结果可见，所有单一解释变量的一致性分析均小于 0.9，这意味着几乎所有的解释变量均不足以独自促成中国体育故事国际认同的建构，也可以说明中国体育故事国际认同的成功建构是多种叙事因素共同作用的结果，不是某一种单一叙事要素可以起到决定性作用的。

（二）微观路径组合分析

在完成单个条件的必要性分析后，本研究对中国体育故事国际接受的影响因素进一步组合分析，从而得出不同影响因素的微观路径组合对中国体育故事认同这个结果变量具有较高的解释能力，微观路径也同样需要通过一致性和覆盖度来判断。软件分析所得到的三种影响因素分析方案包括了复杂方案（complex solution）、中间方案（parsimonious solution）、简单方案（intermediate solution）三种，其中，复杂方案是依据解释变量所得到的影响因素分析组合，所以本研究选择复杂方案进行分析。结果显示如表 4

所示，复杂解释方案整体覆盖度为0.967742，一致性为1，这说明该解释方案对于所选取的40个体育故事样本具有很强的解释力，再进一步观察各个微观条件组合，一致性均为1，分析结果对于本研究解释能力较强（见表4）。

表4 定性比较分析的结果

条件组合	原覆盖度	净覆盖度	一致性
feature * mode * focalization * plot * mental * art 叙事人物的东方原型特征*叙事模式*叙事视角*叙事情节*故事承载精神类型*艺术表现形式	0.322581	0.290323	1.000000
~ mode * focalization * ~ plot * ~ mental * ~ art 叙事模式*叙事视角*叙事情节*故事承载精神类型*艺术表现形式	0.258065	0.193548	1.000000
feature * ~ mode * ~ mental * who * art 叙事人物的东方原型特征*叙事模式*故事承载精神类型*传播者类型*艺术表现形式	0.129032	0.129032	1.000000
~ feature * ~ mode * ~ focalization * ~ plot * ~ mental * ~ who * art 叙事人物的东方原型特征*叙事模式*叙事视角*叙事情节*故事承载精神类型*传播者类型*艺术表现形式	0.096774	0.096774	1.000000
feature * ~ mode * focalization * plot * ~ mental * ~ who 叙事人物的东方原型特征*叙事模式*叙事视角*叙事情节*故事承载精神类型*传播者类型	0.064516	0.064516	1.000000
~ feature * ~ mode * ~ plot * ~ mental * who * ~ art 叙事人物的东方原型特征*叙事模式*叙事情节*故事承载精神类型*传播者类型*艺术表现形式	0.064516	0.032258	1.000000
feature * focalization * ~ plot * ~ mental * who * ~ art 叙事人物的东方原型特征*叙事视角*叙事情节*故事承载精神类型*传播者类型*艺术表现形式	0.064516	0.032258	1.000000
feature * mode * focalization * mental * ~ who * art 叙事人物的东方原型特征*叙事模式*叙事视角*故事承载精神类型*传播者类型*艺术表现形式	0.064516	0.032258	1.000000
solution coverage（整体覆盖度）：0.967742			

条件组合	原覆盖度	净覆盖度	一致性
solution consistency（整体一致性）：1.000000			

注：feature 指代叙事人物的东方原型特征；mode 指代叙事模式；focalization 指代叙事视角；plot 指代叙事情节；mental 指代故事承载精神类型；who 指代传播者类型；art 指代艺术表现形式。

从上述分析结果可见，本研究共解构出 8 种促成中国体育故事视频传播国际认同的微观路径组合，在 8 种路径组合中，8 种路径组合结果相对集中，尤其前三种路径组合原覆盖度分别为 0.322581、0.258065、0.129032，明显高于其他 5 种的覆盖度，是中国体育故事国际叙事认同中最具代表性的典型组合。

微观路径之一，东方原型的宏大叙事路径：东方体育人物原型设计 * 宏大叙事 * 外视角 * 以体育运动为中心叙事情节 * 国家精神/情感/利益 * 明显的艺术加工创作。该路径组合的含义是，当中国体育故事采用宏大叙事/崇高叙事的方式，故事主要人物具有东方原型特质，故事以体育运动为中心叙事情节，彰显国家精神，且故事采用外视角，经过明显的艺术加工再创造，那么该叙事路径的中国体育故事是比较容易得到国际受众认同的。

微观路径之二，日常非体育中心叙事路径：日常叙事 * 外视角 * 不以体育运动为中心叙事情节 * 个人精神/情感/利益 * 没有经过明显的艺术加工创作。该路径组合的含义是，当中国体育故事采用个人叙事/日常叙事/"草根"叙事的方式，故事未以体育运动为中心叙事情节，且表现的是个人情感，故事采用外视角，未经过明显的艺术加工再创造，那么该叙事类型的中国体育故事容易得到国际认同。

微观路径之三，日常艺术融合叙事路径：东方体育人物原型设计 * 日常叙事 * 个人精神/情感/利益 * 有组织传播者 * 明显的艺术加工创作。该路径组合的含义是，当故事采用个人叙事/日常叙事/"草根"叙事的方式，故事主要人物具有东方原型特质，表现的是个人情感、精神、利益等，且故事传播主体是主流媒体，并经过明显的艺术加工再创造，那么该叙事类型的中国体育故事很容易得到国际认同。

研究发现，以上三种路径覆盖度从高到低排列依次是东方原型的宏大叙事路径、日常非体育中心叙事路径、日常艺术融合叙事路径，对三种路径所对应的视频回复留言进行情感分析可以发现，三种路径的情感认同则是从低到高排列。综合上述研究，三种体育叙事路径在文化传播与接受方面，恰好与人类文化学家拉尔夫·林顿提出的文化传播的三个阶段深度契合，林顿在《人的研究》中指出，文化传播分为三个截然不同的过程：第一个阶段是新文化元素的呈现凸显；第二个阶段是新文化接受；第三个阶段是将新的文化特质整合到自己的文化之中，形成文化融合。同时林顿还强调，文化传播的每个阶段都会受到各种变量因素的影响。

从林顿的文化传播阶段性划分以及上述我国体育故事叙事路径形成特质来看，可以将中国体育叙事国际传播与认同归纳为三个层次：中国体育故事元素接触与凸显的浅层认同、中国体育故事扩散与接受的中层认同、中国体育故事文化"被"融合的深层认同。三种路径对应的三个层次虽然是依次递进深入的，但是并非泾渭分明的次序性、顺承性、线性关系，尤其在时间上是相互交叉、重叠的。

中国体育故事元素接触与凸显的浅层认同以东方原型的宏大叙事为传播路径，在此阶段我国体育故事的国际接受是通过以"象征符号"的异质性吸引关注来实现的。浅表层面的体育文化符号主要有器物型符号（刀枪棍棒等）、人物型符号（李小龙、叶问等）、行动型符号（武术、太极拳等）组成，此语境下的体育文化符号可以理解为皮尔斯符号三分法中的"象征符号"，该类符号是由中国体育特有器物、行动、人物等表象载体搭构的可感知部分，该能指经过艺术加工并通过崇高叙事将国家精神展现出来。由于中国传统体育符号表现的特殊性与神秘性，此类中国体育故事视频传播路径覆盖范围最为广泛，但是在接受层面上却是最浅层认同，因为在不同的场域中，该类符号携带的意义感知很难被文化背景不同的国际受众在符号所指层面接受，甚至接受的意义发生改变，但它却是西方受众对中国传统体育最初的触及对象。

中国体育故事扩散与接受的中层认同以日常非体育中心叙事为扩散路径，在此阶段我国体育故事的国际接受是通过"共同解释项"的互通性来实现的。皮尔斯的"共同解释项"在中国体育故事跨文化传播中的意义就是实现故事讲述者与接受者之间符号乃至文化的成功交际，并不是单向的由传播到接受，而是双方在故事体认上达到某种契合。例如，在体育故事传播中，对于备战奥运会的青少年刻苦训练为国争光的体育故事主题，点击量虽然非常高，但是并没有得到认同，甚至可以说此类故事传播扭曲了中国体育形象，这是因为中国民族英雄主义与西方个人英雄主义在碰撞过程中，缺乏"共同解释项"。而有些中国体育故事在表现运动员或者其他人日常训练场景的同时，突出展现个人勇气、责任、情感，此类故事往往收获的国际认同感要高很多，这是因为英雄主义的本质与精神是相通的，而不惧艰辛、努力攀升，剔除英雄主义的文化偏向，突出英雄所象征的精神则更具汇通价值。可以看出在传播过程中，拓宽"共同解释项"更利于中国体育故事传播扩散。

中国体育故事文化"被"融合的深层认同以日常艺术融合叙事为融合路径，在此阶段我国体育文化的国际接受是通过"符号互动"的同质性来实现的。中国体育故事传播的国际深层认同是最难实现的，覆盖度也是最低的。其中一个非常重要的原因是中国文化属于高语境文化，在文化传播过程中更加依赖于语境而非内容；而西方文化属于低语境文化，意义传播依赖于信息内容本身。所以相较于低语境文化，中国体育故事"高语境"的多元性与抽象性是西方受众接受的难点。而符合这一路径的中国体育故事，主要是通过"草根"的"符号互动"实现从高语境文化向低语境文化的文化传播，如《功夫熊猫》就是迪士尼通过重构中国功夫原型符号完成了侠义精神与哲学追问，其中也许存在误解隔阂与文化想象，但是通过去种族的动物符号演绎武侠梦，表现人类的共同欲望与共同价值追求的方式，使中国体育故事在文化间性中找到了对话的可能。

五　中国体育故事对外传播策略

在国际视频平台 YouTube 上，"中国热"的文化现象确有体现，但是中国体育文化传播的情况却截然相反，中国体育故事传播呈现的是失调的"众声喧哗"。虽然体育故事相关视频数量连年上升，体育故事呈现类型样式繁多，但在欣欣向荣的表象下隐藏的却是体育故事叙事对中国体育文化传播的掣肘，与上述主要分析的叙事认同的覆盖路径相比，当下对外传播的中国体育故事多数还游离于认同路径之外，中国体育故事国际认同建构还有很大的提升空间。

（一）立场的本土性与视角的全球化

在当下西强东弱的文化传播格局下，中国经验的国际表达需要传播主体在坚守本土经验的前提下，具备全球化战略视野。从中国体育故事叙事路径组合研究来看，潜在规律很明显，无论是浅层接触、中层接受，还是深层认同都离不开东方原型的呈现，也就是说全球化并不是"西化"的代名词，不能由于西方媒体的"上风"地位，就放弃故事的本土视角，全盘西化；同时也不能完全以自我意识为中心，将自我叙事演变为"自我东方化"，而是应该将中国体育故事根植于本土文化，孕育于国际传播平台，从而将中华体育精神外化为特有的品格风范，实现本土文化内向性与超越性的统一。

（二）意义的互动生成与文化的隐形渗透

从人类文化学视角出发，中国体育故事传播需要注重传播内容意义的生成与互动。不同国家的文化语境与集体经验不同，每个集体具有内部元语言环境，文化传播是一个扩散、渗透与融合的过程。中国体育故事在接受与认同中的意义互动过程是，首先，故事意义由传播者与接受者在符号及文化互动过程中赋予；其次，故事的接受与表达会根据元语言环境进行重构；最后，一切互动均为动态，不断改变。这就需要传播者考量双方的元语言环境与符号意义，以故事文本承载意义流动，令传播双方缩减文化区隔，扩充"共同解释项"，使故事可以在最大限度上被接受认同。

（三）文化的开放与价值的汇通

从中国体育文化国际传播的整体立场出发，应该避免中国体育故事的精英化、精神化、自足化，坚持故事传播的开放性，以实现价值汇通。在中国体育文化国际传播的现实语境中，体育故事传播需要更明确的目标与更广泛的关注，在此过程中，能否突破文化增值与文化折扣、文化抵制与文化侵略的二元模式，将是中国体育文化能否被高度认同的关键。

结　语

　　中国体育故事国际传播可以被看作一项长期且复杂的社会实践活动，在对话类的网络社交平台中，以国际认同为前提的中国体育故事国际传播已经呈现出隐序却显著的路径组合，一些具有民族特色和时代特征的故事逐渐在国际范围内被接受，但是在整体上，中国体育故事的国际认同还有很大的提升空间，抛开所谓的"话语权"问题，我国体育故事传播主体意识模糊，很少有体育故事能将自身体育特色与世界价值的契合讲清楚。目前相关研究同质性强，层次性弱，未来我国体育故事传播研究可以从更多维度进行探索，切实解决问题。

《庆余年》的数字叙事：不同媒介情境下的中国故事表达[*]

张恒军　唐　宁^{**}

摘　要　利用数字叙事展开讲好中国故事的国际传播实践是时代赋予我们的重任。本文以《庆余年》为例，分析了其在网文小说、IP 化网剧和广播剧三种数字叙事形式中，如何讲好中国故事。研究结合案例，提出了在叙事文本上挖掘与创造主流化、精品化的中国故事，在叙事模式上善用与妙用多媒体、跨媒体的表现形式，在叙事策略上构建与运用全方位、多样式的传播矩阵，在叙事视角上运用与完善当代性、世界性的讲述角度等建议，对讲好中国故事，推动中华文化"走出去"提出了可资借鉴的经验和启示。

关键词　《庆余年》；数字叙事；中国故事表达

大变局时代，以数字叙事讲好中国故事既是在肩重任^①，也是数字文

---

* 本文系教育部国际中文教育创新项目"中华文化经典推动亚洲文明对话"（项目批准号：21YH003CX6）的阶段性成果，原文刊于《新媒体与社会》第 29 辑。

** 张恒军系大连外国语大学新闻与传播学院教授、院长；唐宁系大连外国语大学新闻与传播学院硕士研究生。

① 《习近平在中共中央政治局第三十次集体学习时强调 加强和改进国际传播工作 展示真实立体全面的中国》，2021 年 6 月 1 日，https://www.12371.cn/2021/06/01/ARTI1622531133725536.shtml，最后访问日期：2022 年 2 月 23 日。

化新业态的现实需要。数字叙事（Digital Storytelling，DS）是指通过数字媒体来讲故事的一种叙事形式。学者亨利·詹金斯（Henry Jenkins）认为，"数字"可以涵盖广泛而不同的叙事实践，数字叙事几乎可以包括所有的电视节目、电影或音频等，也可以涵盖除了联网计算机之外的其他媒介都无法呈现的叙事。[①] 近年来，在"讲好中国故事"的国际传播实践中，众多数字叙事的成功案例不断涌现。《庆余年》作为其中的代表，经过泛娱乐 IP 改编，相继推出了网剧、游戏、广播剧等类型的数字叙事作品。网络小说 8 次获得起点中文网首页封面推荐，17 次登上月票排行榜；[②] 电视剧入选国家广播电视总局 2020 年度优秀海外传播作品名单，获评 2021 ～ 2022 年度国家文化出口重点项目；广播剧成为爆款，截至 2022 年 1 月 31 日，懒人畅听 App 平台已更新至 729 集，共计获得 1.4 亿次播放量。

一　网文世界："媒介迷"加持之下的东方玄幻深度书写

《庆余年》最初以大神级架空长篇历史小说的形态面世。2007 年，《庆余年》由网络作家猫腻首发于起点中文网，2009 年完结，全文 378.24 万字。它虽脱胎于网络玄幻文学大背景下的"小白文化"，但呈现出丰富的文化内涵和独特的文化价值。

（一）东方玄幻基调下的古今、中西碰撞交融

《庆余年》既继承了传统武侠小说的精髓，又受到新武侠派作家金庸的影响。金庸小说中人物塑造、空间建构、故事情节等方面的特色都能在作品中找到影子，如传统武侠的豪杰江湖、突破自我心境达到天人合一境界的修炼、亲缘世袭的家族谜团、封建时代的庙堂政治与百姓生活。作品属于网络玄幻小说，因而作家立足东方玄幻基调，在古今文明碰撞重生的

---

① 常江、徐帅：《亨利·詹金斯：社会的发展最终落脚于人民的选择——数字时代的叙事、文化与社会变革》，《新闻界》2018 年第 12 期，第 4～11 页。

② 起点中文网《庆余年》作品主页，https://book.qidian.com/info/114559/，最后访问日期：2022 年 2 月 23 日。

书写中，解构旧有的传统文明，建构"中国的"现代性文明。神庙代表了封建时代的传统文明，范闲代表了社会主义时代的现代文明。作品也融入了西方元素，即克里斯托弗·沃格勒所归纳的西方奇幻小说英雄之旅的 12 个阶段：平凡世界—冒险召唤—拒斥召唤—导师—第一道边界—考验、伙伴、敌人—接近最深的洞穴—磨难—报酬—返回的路—复活—携万能药回归。好莱坞电影《蜘蛛侠》《魔戒》《哈利·波特与魔法石》等作品都是如此。借鉴这一手法，《庆余年》突破单一文化语境与文明时空，营造了中西文化交融的景观。

作品通过穿越后重生的玄幻设定，使现代文明在古代出现，东方化的虚构时空里不断涌现各种西方文明符号，构成了小说中古今、中西元素的碰撞融合。从跨文化传播角度而言，中西、古今元素的融合运用有利于跨文化理解，不同文化语境的受众通过熟悉的符号产生文化依附感，从而消解了对东方玄幻的陌生。

（二）传奇人物形象塑造中的代入、共情追求

读者关注故事，更关注人物，期盼在主角身上发掘人生的另一种可能性，找到与自己相似的经历。猫腻并没有将范闲打造成史诗英雄，相反，如果"没有旁人，他就是一个极普通之人"，一个正直乐观的正面青年。小人物范闲的形象更易引发集体共情。但作者深谙商业小说"爽感"之道，以"金手指"的笔法——"天降恒好运"，赋予范闲少年得志、人生赢家的人物设定，充分满足了读者的"爽文"需求。

"爽感"吸引读者代入其中，而作品本身引发的深刻共情则是读者持续产生代入感的关键。共情（empathy）也叫移情，是在他人语言或非语言的表达之中理解并产生情绪反馈的互动过程。在网络小说中，读者的集体共情源于对人物命运的理解与自我投射，是文本影响现实社会的直接表现。进入互联网时代，青年崇尚以离经叛道的行为寻求社会存在感[1]，许多小说塑造了大量反叛与颓废的青年形象。《庆余年》也关注大时代变迁

---

① 郑文杰、吴春彦：《青年的影像：对国产青春电影的青年叙事和青年形象的研究》，《电影文学》2021 年第 15 期，第 63～68 页。

中青年的迷茫与不安，将人物和现实中青年的情感与境遇无缝连接：范闲从绝望的重症肌无力患者的命运中重获新生后，克服矛盾心理，选择反抗封建王权、维护正义。范闲的境遇投射了现代青年压力沉重的生存现状，也表达了青年向往美好生活、追求个人理想的一面，是对网络文学中"废柴"青年形象的成功反转。

（三）共同价值思考中的诠释、实践反思

不同于大多数网络玄幻"小白文"单纯升级打怪、满足爽感阅读的模式，《庆余年》结合中国古代哲学智慧，探讨了个体自由、民主社会和生态文明等当今世界共同关注的命题。因此，有学者认为它是"启蒙精神在网文时代的一种回响"[①]，如叶轻眉与范闲阵营对封建专制的抵抗，对于个体自由与平等的践行，对建构民主社会的追求等。作品中，无论神庙象征的现代文明，还是庆帝象征的封建权力，都带有强烈专制主义的色彩。为了避免人类文明因发展而灭亡，神庙选择直接干预人类发展的历程，叶轻眉企图对抗神庙专制，而范闲也在获得强大力量支持之后，选择推翻庆帝，恢复社会与个人发展的自主性。他们践行"慈悲"与"仁爱"，怀着对寻常百姓的悲悯之心谋划政治图景、开辟商业道路，博施济众，希望"庆国的百姓都能成为不羁之民，受到他人虐待时有不屈服之心"[②]，实现对"仁"的守护与实践。

《庆余年》也探讨了人与自然的关系，主要体现在故事本身的全局背景设定：在人类因核战争而濒临灭绝的未来，人类文明倒退回原始时代，幸存的人们建立北极地下军事博物馆/神庙，将世界固守在封建冷兵器时代。作品表现了对生态安全危及全人类命运的忧虑。小说也反思了近代西方工业革命的利弊，反思人文理性的缺失，结合中华文明"天人合一"的精髓，将人与自然视为统一的共存共生关系[③]，强调沟通人与自然，使之

---

① 猫腻、邵燕君：《以"爽文"写"情怀"——专访著名网络文学作家猫腻》，《南方文坛》2015年第5期，第92~97页。

② 猫腻：《庆余年》，https://weread.qq.com/web/reader/0ae32be0570f000ae1bf155，最后访问日期：2022年2月23日。

③ 洪梅：《论程颐"天人合一"的生态智慧及当代价值》，《湘潭大学学报》（哲学社会科学版）2021年第4期，第130~133页。

达到和谐与顺应，实现命运共同体的关系。小说面向未来，观照世界，寻求可持续发展之道。

二 光影世界：资本、粉丝与情感加持之下的 全链路数字互动

随着 IP（Intellectual Property）概念的出现，具有 IP 开发潜力的网文作品被陆续进行漫画、影视、游戏、广播剧等形式的再创作。自 2011 年电视剧《甄嬛传》起，网剧大量上线视频门户网站。网剧《庆余年》的播放量、传播量、话题度，都属于 2020 年度爆款，还被哈佛商学院列为"科技 + 文化"融合案例。

（一）权谋题材与搞笑画风兼及的刚柔并济

网剧《庆余年》在网络小说的基础上进行继承与创新。原著中所涉及的玄幻元素主要通过重生与穿越来实现，但网剧将玄幻元素大幅减少，而将权谋设定为主要元素。以大学生张庆借现代观念剖析古代文学史为线索，描述了现代重症肌无力青年穿越到古代成为司南伯爵私生子范闲，在一路寻找身世及母亲叶轻眉死因的过程中，得高人帮助，不断化解江湖与庙堂纷争，坚守正义与良善的故事。网剧《庆余年》追随了近年网络文学IP 影视化中权谋题材广受欢迎的潮流，突出剧情走向的扑朔迷离，强化推理性和逻辑性，满足了观众的好奇心理。从精神分析角度来看，带有推理与悬疑色彩的权谋元素令观众与剧情心理互动，具有发泄、抚慰的功能。①

网剧《庆余年》依旧强调满足受众娱乐休闲需求的实用价值，强化搞笑风格，避免题材的沉闷，以活泼、跳跃的形式激发受众的愉悦体验。编剧王倦一贯的幽默改编风格、导演孙皓中和权谋题材沉闷感的拍摄理念，实现了网剧的"大题材幽默做，沉重题材轻松做"。此外，剧情节奏较明快，台词活泼现代，演员角色诠释自然，都使剧集风格轻松。导演还启用相声演员郭麒麟，赋予范思辙这一人物极大的喜感。而为了避免搞笑的风

---

① 游溪：《论中英两国心理悬疑片的创作差异》，《当代电影》2013 年第 8 期，第 160～162 页。

格消耗掉应有的严肃感与悬疑感，网剧画面色调整体偏灰，使剧情的压抑感得以保持。制作团队还特意选择金属摇滚乐作为原声带背景音乐，营造恢宏大气、紧张刺激的剧情氛围，以弗朗明哥曲风的音乐匹配快速转换的剧情，不仅在制作上体现了中西方元素的完美结合，而且对于场景氛围的营造以及剧情的推进也起到了十分显著的作用。

（二）人气口碑与商业利益兼及的精良制作

目前大多数网剧采取小制作模式，存在制作周期短、剧本质量差、演员"爱豆"化、剧情大量注水等情况，网剧《庆余年》采用了大制作模式，第一季的制作周期为9个月。为保证故事的完整性，制作团队借鉴国外影视剧季度化制作与播出的模式，预计用5年时间将《庆余年》改编拍摄为共3季的网剧。编剧王倦是著名编剧，其作品《木府风云》为央视首部收视破2亿的电视剧，单集收视份额最高达到8.25%，曾获第29届中国电视剧飞天奖长篇电视剧一等奖，因此网剧《庆余年》也成为少有的注重改编质量、尊重原著剧情的网文IP改编精品，打消了原著粉丝对改编的质疑；导演孙皓亦执掌过《大女当嫁》《大男当婚》等多部热门正剧，在网剧《庆余年》的拍摄中，以大银幕水准对原著进行细致艺术呈现，展示了中国式高级审美。

基于商业考量，网剧制作离不开明星的参与，陈道明、吴刚等老戏骨，张若昀、李沁、辛芷蕾等可圈可点的青年演员以及郭麒麟等跨界明星，打造了网剧《庆余年》"大IP+老戏骨+小鲜肉/小花旦"的阵容，确保了演出质量与流量份额。据统计，网剧《庆余年》共114次登上微博热搜，腾讯视频收获近百亿次播放量，微博话题#庆余年#超百亿次阅读量，讨论量达到376.6万次。在国内热播后，网剧《庆余年》又陆续上线海外视频分享网站YouTube，北美视频平台Viki、ODK，韩国、日本等国家也购买了播放版权，均取得优秀的收视成绩。在YouTube上单集播放量达到65万次，在Viki上评分达到9.4分，许多外国观众也表达了对《庆余年》等中国剧集的喜爱。①

---

① RaktenVIKI《庆余年》作品主页，https://www.viki.com/tv/36367c？locale=zt#reviews，最后访问日期：2022年2月23日。

（三）粉丝黏性与长尾效应兼及的良性互动

官微自《庆余年》播出起开始持续更新，最初多为剧情互动，推出了"八处速报"互动栏目，剪辑当日更新剧集的精华部分并配以"剧情梗"文案，或发布网剧制作的幕后花絮，为粉丝猎奇提供更多的幕后信息，吸引粉丝对相关剧情及主创进行讨论。其后网剧逐渐集聚关注度与喜爱度，官微互动对象逐渐转向粉丝，推出"同人合集""八处聊天室""八处福利时间"等栏目，翻牌粉丝对于《庆余年》网剧主角们的二次创作作品，包括同人文、同人漫画等，为粉丝送上追剧福利。此外，官微还推出"八处外交""八处包袱铺"等栏目与主创进行互动，为粉丝提供更多的主创近况消息，将主创们在剧情中的情感联系延伸到现实世界，增加剧情与现实世界的互动感，维护剧情之外的《庆余年》文化圈氛围。

2020 年 1 月，网剧《庆余年》第一季拍摄完结。为实现长尾效应，保持热度，宣发团队以其官方微博为主要平台持续开展了各种"售后"栏目，打造活泼有梗、温馨可爱的官微人设，借助社交媒体与影迷持续进行良性互动。官微的互动主要包括与粉丝互动、与剧情互动、与主创互动，形成由宣发团队、主创人员、粉丝共创的《庆余年》文化圈。在剧集播出结束后，官微持续更新转发主创在其他作品中的动态，如演员陈道明和田雨在《庆余年》中的角色为上下属关系，而在电视剧《流金岁月》中二人继续合作，令粉丝产生主创跨剧相遇之感，此类与粉丝互动引发的趣味话题一度登上微博热搜。

三 声音世界：模糊的创造性加持之下的玄幻空间沉浸体验

网络音频包括播客节目、广播剧、有声书，网络电台以及音频直播等。在网剧热播的同时，根据原著小说改编的各种音频《庆余年》作品陆续推出，如酷我音乐电台由"广场舞大妈"制作的多人演绎同名有声小说，猫耳 FM 由艺海佳音制作的同名广播剧等。截至 2022 年 1 月底，猫耳 FM 平台广播剧播放量已达 274.8 万次，可见该作品在这一领域的成功。

（一）顺应数字时代的听觉叙事转向

随着图像视觉化产品不断涌现，数字传播出现的由视觉叙事向听觉叙事的转向有利于平衡人的视听感知失调，缓解视觉信息接收疲劳，是一种回归本能的感知转向。"耳朵经济"重回数字产业开发视野，音频与影视、游戏、动漫等一同成为超级 IP 的开发形式。2019 年 6 月，猫耳 FM 购买《庆余年》IP 改编版权并出品了同名广播剧《庆余年》，第一季全长 13 集，以付费形式独家上线平台，吸引了大量广播剧爱好者以及原著书粉购买收听。懒人畅听、网易云音乐等也以有声书的形式制作发布相关作品。相比影视作品和游戏，音频化改编不仅有广阔的市场，而且制作成本也相对较小，一般只需要购买改编版权，由制作团队承接制作后进行发布即可，小成本、高收益直接成为 IP 产业青睐音频化改编方向的重要原因。

音频《庆余年》成功的主要原因在于以下两方面。其一，听觉传播较之视觉有更强的互动性，在媒介"说"与受众"听"之间实现了信息与接收的动态联结，更能激活人的情感。借助音频给感知留下的空间，作品不仅满足了受众的个性化审美期待，而且促使其主动参与再创造。其二，听觉传播最显著的优势在于具有沉浸感。音频《庆余年》通过音效制作大大提高了听众的故事代入感，如有声书《庆余年·广场舞大妈版》第 001集，以层次丰富的音效配合人声朗读，将听众带入黑骑出击的打斗场景之中，随着人声"他看着场里那个背着孩子的少年仆人点了点头，然后轻轻拍了拍手掌"。背景音效先后跟随台词出现掌声、马蹄声、打斗声以推进剧情，并配以凝重的背景音乐，营造了激烈打斗的危险氛围，令听众仿佛置身其中，亲历斗争场面。

（二）以用户需求为导向的制作理念

音频《庆余年》主要有广播剧和有声书两种形式。广播剧《庆余年》由知名音频制作团队艺海佳音完成。团队依靠配音演员的对话演绎以及后期音效制作来表达剧情、塑造人物。比如第一集，对于沧州城热闹街景的呈现和百姓人物群像的塑造，广播剧通过人物对话声音的强弱远近表现人物距离，后期又添加了热闹的街景音效与欢快的背景音乐，同一时间内声音元素十分丰富又彼此和谐，仿佛在听众脑海中直接建构了澹州城，使听众与故事情节的距离瞬间拉近。为避免故事线复杂，制作中将复杂叙事改为单一故事线，着力打造主角范闲的成长历程，细致呈现了其中惊险励志的故事情节，展现了十足的戏剧张力。为提升配音质量，制作组集结了当前获得广泛认可度的配音演员，如为爆款网剧主角配音的演员"倒霉死勒"为范闲配音，著名配音导演陆揆为庆帝配音等。豆瓣网友认为："作为一个消费者，艺海整体的制作态度比较令人放心。"① 作为出品方，猫耳FM还在播放界面添加了弹幕功能，可以实现实时互动；设计了专门的漫画版作品封面；提供台词字幕等辅助服务，多方位满足了听众的需求。

有声书《庆余年》则是通过人声朗读的形式呈现的音频作品，其特点是对原著的改编程度极小，几乎仅将原著内容从文字到音频进行了传播媒介的转换，被称为"现代网络评书"，满足听众"放松眼球"、便捷阅读的需求。制作团队"广场舞大妈"主讲的有声书，采取多人录制的形式完成。他们对原著几乎不做改动，并通过专业的声音表现技巧，呈现故事。主创"广场舞大妈"声音浑厚、有磁性且富于变化，故该版有声书的演绎较为平实，追求准确表达。而主播澈凛和顾小山制作的版本则主打悬疑志怪风格，另有主播 Cuson 仔录制了粤语版本的《庆余年》有声书。相较广播剧对原著的大幅度改编，有声书的忠实呈现，令听众可以更准确地理解原作。适当却不喧宾夺主的背景音乐则起到维持听众注意力的作用，提升了听觉体验。有声书还具有便捷性和全时性的优势，也贴合了当前碎片化阅读的需求。

（三）立足原著打造立体环绕式玄幻空间

音频《庆余年》改编成功还在于对原著特色的深度挖掘。目前音频市场的畅销广播剧、有声书多来自形成"超级IP"的网络小说，而进行IP音频化改编有着"高质量、大IP"的要求。《庆余年》在未改编之初便集聚了强大的人气和来自业界与粉丝一致的良好口碑，其在阅文集团的IP打

---

① 豆瓣小组：《来聊聊艺海佳音吧》，https://www.douban.com/group/topic/184178105/?_i=0614739xS MI-Sk，最后访问日期：2022年2月23日。

造与培育下成为超级 IP，并形成了全链条开发计划的设想，对其进行有声书和广播剧的改编也就成为深耕精品化内容的音频行业的必然选择。艺海佳音曾出品了广播剧《撒野》《王子病的春天》《成化四十年》等，在音频领域早已名声在外，具有强大的粉丝基础。因此，广播剧《庆余年》的诞生是强强联合，其成功也是水到渠成。

玄幻是广播剧、有声书等音频领域的热门题材。因其脱离现实，具有极强的吸引力和巨大的想象空间，与广播剧所要突出的戏剧张力以及音频具有的想象空间特性不谋而合。音频《庆余年》主打玄幻元素，通过范闲从现代穿越至庆国后的冒险经历、历史架空的朝代国家、玄幻武功的修炼对决，构建了异于现实世界的玄幻空间，有利于打造音频作品的沉浸式体验效果。音频《庆余年》通过专业的编排与制作，和谐处理音效与人声，配合层次丰富的声音元素，能够较为真实地呈现网剧中因成本、技术等限制无法实现或省略的场景；依靠专业的声音塑造形象，依托角色对话推进剧情，相比网剧对画面的偏重、对篇幅的限制，能够更好地演绎人物，充分塑造气质各异、性格鲜明的角色。

四 《庆余年》的数字叙事对讲好中国故事的启示

网剧《庆余年》的数字叙事效果显著，覆盖全球五大洲多种新媒体平台和电视台，海外轮播超过 30 次，在海外圈粉并引发热议。国家广播电视总局对其的评价是"主题鲜明、贴近现实、制作精良，海外传播效果突出，具有较好的示范引领作用"。《庆余年》的数字叙事，对于如何进一步讲好中国故事，提升中华文化国际影响力，具有重要的示范意义。

（一）叙事文本：挖掘与创造主流化、精品化的中国故事

讲好中国故事，需要以精品故事为内容根基。无论采取何种叙事，都离不开"内容为王"的定律，能够打动人心、激发人类共鸣的故事，才能获得广泛的认同。中国故事有取之不尽的素材，从数千年的中华文化积蕴中，从近代保家卫国的革命中，从新时代中国特色社会主义强国的建设中，都可以挖掘无数动人心弦的好故事。面对国际上的认知偏差与偏见，

我们既要讲好具有深厚文化底蕴、符合中国主流价值观且兼具人类命运共同体意识的主流化故事,又要讲好中国寻常百姓衣食住行等日常生活诗学的精品化故事。网剧《庆余年》的中国故事,从博大精深的中国传统文化中选取历史题材,以大量篇幅表现对诗词歌赋和现代文明的推崇,以绝对理性"预测"历史,构建未来人类命运共同体,是优秀的主流化故事;同时其以当代大学生张庆写小说的方式引入故事,点明写作目的,将"珍惜现在,为美好而活"的主题徐徐铺开①,也是优秀的精品化故事。

(二)叙事模式:善用与妙用多媒体、跨媒体的表现形式

讲好中国故事,需要善用数字化叙事,这是未来的方向。随着数字化趋势的加剧和受众接收方式的移动终端化,讲好中国故事的传播实践应着力运用多样化的数字工具,利用技术优势创造具有中国特色的故事表现形式,提升叙事效果。在具体的传播实践中,可以结合线上与线下的传播渠道,将优质的内容通过网络文学、视频、音频、游戏、虚拟现实体验等呈现出来。以《庆余年》为例,可以挖掘优质的网络文学作品,将其翻译成外文小说,实现数字化阅读;可以支持短视频创作者制作、传播中国与中华文化,使他们成为个体化的中国故事讲述者和讲好中国故事的民间力量;可以鼓励类似阅文集团的商业公司,结合数字化生产、传播、消费的特征加大数字产品的投入力度,综合性地以音频、视频等多种形式,建构多元化、"烟火味"的中国社会声音与图景。此外,数字化的表现形式还可以拓展到线下文化传播活动,如在展览、文化论坛等活动中运用 3R 技术打造"拟态"中国,让受众走进虚拟现实体验中心,突破时空限制,提升文化的互动性,让文化"活"起来。

(三)叙事策略:构建与运用全方位、多样式的传播矩阵

讲好中国故事,需要政府、产业与个人组成全方位传播矩阵,整合各方资源,共同发力。百年变局之中,随着我国综合实力的不断增强,扩大

---

① 李智、柏丽娟:《现代价值的跨时空表达——IP 古装剧〈庆余年〉改编解析》,《中国广播电视学刊》2021 年第 2 期,第 90~93 页。

国际话语权既面临挑战也迎来机遇。因此，既需要主流媒体积极进行数字化转型升级，打造强有力的数字传播平台，通过互联网平台不断强势发声，向世界传递真实的中国声音，表达中国态度；也需要各类商业主体积极向海外延伸，制作更多深受海外受众喜爱的影视剧、网剧、游戏等数字产品，打通产业延伸渠道，取得未来产业数字化发展的高地。此外，讲好中国故事的文化传播实践也要落实到每个个体，明确时代赋予个体的中国文化传承重任及其必要性，鼓励个体在数字叙事时代利用媒介载体展现多元多角度的中国，通过化整为零的文化交流与传播寻求个体层面的理解与欣赏，让之成为中国文化的传承者、当代文化的创造者、中国故事的讲述者、文化交流的参与者。超级 IP《庆余年》的成功传播，是矩阵联手的结果。以网剧为例，除了政府支持外，阅文集团提供原始授权；专业团队助阵，确保剧集的质感与水准；深蓝影业、海南广电、华娱时代影业和悦凯娱乐从多维度深耕工业化流程和品质化打造；海内外各大平台积极参与传播。

（四）叙事视角：运用与完善当代性、世界性的讲述角度

讲好中国故事，需要依时依势调整叙事策略。当前国际传播事业面临诸多阻碍，尤其要强化运用和完善当代性与世界性去分析问题、解决问题。经过 2020 年以来的新冠疫情，人类的意识发生了巨大的紊乱、逆转和抵牾，现实世界的突变带来了意识形态的巨大裂痕。因此，要明确"我们的时代性"，即"当代性"，就是要大量讲述用自己肉眼看到的、亲身经历的故事，坚持"当代性"的历史观，突出海德格尔所说的"此在性"，建构一个永远"活着"的"当代性"，其核心是"历史的必然""人性的必然""审美的必然"，从高蹈悬空的云端落到坚实的大地上[①]。所谓的"世界性"，就是从世界的格局来理解各国、各地区因文化的差异形成的不同"当代性"。文化的异质性是客观存在的，因此就存在特殊的民族书写方式来体现不同的"当代性"，要在比较的基础上，求同存异，互相激发。《庆余年》的故事很好地体现了当代性与世界性视角的结合，让我们在古今、

---

① 丁帆：《中国文学的"当代性"》，《上海文化》2021 年第 12 期，第 15 ~ 26、45 页。

中西关于身份认同、代际疏离、人际交往等共时性问题的沉思中发现自己。

数字技术和互联网技术的高速发展推动了数字叙事的诞生和发展。在技术、政治、传播和商业的共同作用下，会出现越来越多的"庆余年"，也将催生出"中国故事的数字诗学"。在这一后经典叙事学的推动下，也会涌现出越来越多的中国好故事和中华文化国际传播的经典案例。

智能化背景下中国故事叙事
模式创新研究*

周　翔　仲建琴**

摘　要　智能化加速了当下各领域媒介化的进程，媒介技术与文化、社会之间的互动及相互依赖性日益增强，这改变了故事创作和传播的实践方式。基于这一新的媒介场景，"中国故事"成为一个开放式的叙事空间，个体作为不同文化背景和文化模式的具身，与平台、算法、机器等非人类主体共同构筑了跨文化叙事的故事景观。故事跳脱出既往一系列的二元对立，转而观照嵌入各种网络和数据中的人及其所处的动态情境。本文以智能化及其深层机理的媒介化论述为牵引，重思故事、媒介和主体等概念，在考察故事本质、叙事主体、用户环境、叙事策略等方面的变迁的基础上，结合叙事理论和计算传播原理，检视既有的中国故事叙事模式面临的挑战及构成要素的转化，提出再造叙事创作流程，以期寻找到中国故事智能化叙事模式的创新方向，即，在不断的流转、对话中开启意义交互和故事再创作的新进路，并尝

---

* 本文系教育部哲学社科重大攻关项目"新时代中华文化走出去策略研究"（项目编号：18JZD012）的研究成果，原文刊于《新闻大学》2020 年第 9 期。

** 周翔系华南师范大学教育信息技术学院新闻传播系教授、博士生导师，清华大学伊斯雷尔·爱泼斯坦对外传播研究中心高级研究员；仲建琴系西安交通大学新闻与新媒体学院博士研究生。

试为中国故事的跨文化传播建构出一个人机交互式的智能化叙事模式。

关键词 中国故事；智能化叙事；媒介化；主体性；分众化

一 问题的提出：智能化驱动重思
"中国故事"的叙事生产

基于大数据与人工智能的计算方法不仅改变了传媒生产的格局，也在深刻影响着人们的媒介使用环境，令其身处一个现实生活世界"被媒介穿透"[1] 的时代。借由 Facebook、YouTube、Instagram 等社交平台构建的算法式社会交往场景，普通人获得了前所未有的讲述个人故事的机会。[2]"讲故事"不再是媒介独有的用来吸引注意力的报道方法，而是成为个体、群体或民间组织叙写自我和增强传播力的重要方式。与此同时，基于社交平台的大规模创造性叙事也为深藏于平台背后的"算法"提供了深度学习和不断成长的养料，使其成为"中国故事"再生产和再传播的又一新源泉。这就带来了故事内容及其生产如何持续因应渠道进化的问题。

在媒介环境与社会层面，全球化和网络化的交织弱化了传统社会中个体对国家和故土"一以贯之的稳定的依附性"[3]，个体的流动性模糊了物理时空和"文化边界"[4]，代之以动态、互动中的认同。[5] 媒介技术消除了传播的物理樊篱，"中国故事"借由技术带来的新路径、新手段、新方式得到了更大范围的传播。在作为现代性标志的"大叙事"开始受到质疑的同

---

① Hepp, A., "Mediatization and the 'molding force' of the media," *Communications* 37 (2012): 1 – 28.

② Couldry, N., "Mediatization or mediation? Alternative understandings of the emergent space of digital storytelling," *New Media & Society* 10 (2008): 373 – 391.

③ Lechner, F. J., "Redefining national identity: Dutch evidence on global patterns," *International Journal of Comparative Sociology* 48 (2007): 355 – 368.

④ Morley, D., & Robins, K., *Spaces of Identity: Global Media, Electronic Landscapes and Cultural Boundaries* (London: Routledge, 1995).

⑤ Hall, S., & Paul, D. G., "Questions of cultural identity," *British Journal of Sociology* 48 (1996): 153.

时，网络空间中出现了一个价值坐标游离、接受空间有限的用户群体。以个人为基本单位的传播力量被激活，[①] 叙事主体日渐多元，越来越多的人倾向于在碎片化故事流中表达、展演自我，建构个人化的价值观和世界观。网络场景中个体叙事门槛的降低释放了故事创作与传播的动能，增强了跨阶层、跨地域、跨国家交流的活力与流动性，极大地拓展和增强了文化交流的社会广度和厚度，也使得以民族国家为单一价值观牵引的单向度故事生产受到了异质文化个体、社区与族群的冲击，这构成了"中国故事"跨文化传播最大的挑战。在这种个性化、分众化需求交织的媒介格局中，我们如何重新认识和把握故事及中国故事的本质和具体内涵？我们如何看待中国故事多元叙事主体的合法性，以及由此而来的不同于以往的叙事模式等问题？

在人与技术的关系层面，随着媒介化程度的加深、网络化逻辑的推进[②]以及大数据、算法和人工智能等技术的兴起和应用，故事得以超越地理、学科与语言的界限并且不再局限于文字，短视频、移动直播、H5 动画、VR 等多媒体形态被更多地融入叙事中。机器有望实现识别、学习、读懂甚至回应人类情绪，以破解情感计算谜题，实现人机心灵交互，并最终"识别人心"[③]。那么，我们可否大胆地设想人机交互的智能化叙事将会成为媒介化时代的一种发展趋势，人工智能亦可在某种意义上成为一种叙事主体而与人形成一种主体—主体关系？

当下，在中国故事的对外传播中，用户洞察、精准推送等环节的技术应用虽已起步，但处于核心地位的故事创意环节并未得到充分关注，而传统的以人类经验积累为特质的故事创意和制作模式在效率上已无法适应快速变化的需求，其千人一面的故事体验更是常被诟病。腾讯、阿里巴巴、筷子科技等企业已洞察到这一问题，先后推出"莎士比亚""鹿班""羚

---

① 喻国明：《互联网是高维媒介：一种社会传播构造的全新范式——关于现阶段传媒发展若干理论与实践问题的辨正》，《编辑学刊》2015 年第 4 期，第 6 页。

② 周翔、李镓：《网络社会中的"媒介化"问题：理论，实践与展望》，《国际新闻界》2017 年第 4 期，第 137～154 页。

③ 吴飞：《人工智能终可"识别人心"》，《人民论坛·学术前沿》2020 年第 1 期，第 16～29 页。

珑"等智能创意技术或产品，机器和算法逐步介入并覆盖了从文字、图片到视频处理的故事创意、生产传播链条，为智能化叙事描绘了新图景。在这个基于社交链条、无边界的数据流以及由无数传感器和智能主体共同编织的意义网中，我们实际上已经很难区分谁是故事讲述者，谁又是故事阅听人。单纯视故事为"文本"抑或将媒介"作为工具"① 的理论范式，都已无法解释当下故事的转向和表征。以元媒介"算法"为内核的智能技术，以其连接一切资源的媒介逻辑重构着故事的传播空间，驱动着我们对故事本质及生产的再次探寻。本文以智能化及其深层机理的媒介化论述为牵引，重思故事、媒介和主体概念，在对故事本质、叙事主体、用户环境、叙事策略的认知变迁进行考察的基础上，力图提炼和抽象出中国故事智能化叙事模式，并归纳智能化叙事创作流程，以期实现对以往既有故事叙事模式的重构。

二 智能化媒介：讲述"中国故事"的 构成要素转化

故事自滥觞之时就与人、人的日常生活实践及人类文化的内在性紧密相连。② 作为人类历史最久远的传播实践，故事在面对面的日常对话交往中展开，讲述者与倾听者需建构共通空间，在相互配合和理解中共同完成故事的讲述。在这一过程中，故事所嵌入的不同时间情境决定着叙事的时间分配、情节变化和语言策略，同时，参与者对故事的不同理解以及新的讲述者和故事情节的不断涌现，促成了故事的流变。故事就是人们讲述、沟通和连接资源的社会互动过程，③ 在神情交互、口耳相传间编织起日常生活的意义网络。

---

① Lasswell, H. D., "The structure and function of communication in society," *The Communication of Ideas* 37（1948）：215 – 228.
② 丁来先：《故事人类学》，中国社会科学出版社，2017，第 19 页。
③ 刘子曦：《故事与讲故事：叙事社会学何以可能——兼谈如何讲述中国故事》，《社会学研究》2018 年第 2 期，第 164～188 页。

而在大众传播语境下，印刷媒介对远距离扩散和大规模覆盖的极致追求，① 使口语时代注重交互、情境且永久流淌的故事被逐步封闭在固定文本中，千人一面的故事模式开始盛行。故事的关注焦点越来越趋于信息的传递和影响，其写作技巧被深度聚焦，而生产这一事关意义的社会动态情境则被置于盲区，② 这淡化甚至抹杀了主体与情境的关联性，以及情感、日常体验、身体感官的传播力量等。③ 此后，光学、声学和书写的技术分流打破了书写垄断，文本、影像、声音数据流分隔开且不断实现信息自动化的历程，④ 使故事形态得以跳脱文本樊篱，但人类的故事体验却始终处于被区隔的状态，听觉与视觉、感官与心灵、意识与肉身，媒介技术的分工使得"故事"与"人"始终为工具所中介，人们必须大量接触分散的、各具特色的媒介，才有可能满足故事阅听需求。

物联网、大数据、人工智能、云计算等智能技术在技术合流中加速了人类世界数据化、网络化和智能化，亦形塑着人和物（机器）的"节点化"存在方式，人们得以在流动空间中"随时随地展开包括文本、图像及声音在内"的故事对话。⑤ "人"再次成为故事的焦点，并以其凡人化、情感化、交互性强的叙事特质，迅速活跃和渗透于社会的各个领域。这一过程，不仅意味着故事构成要素以人为基点的重组，也预示着人与技术和媒介的互嵌与互构，技术在更广、更深、更即时地嵌入人类身体，⑥ 个体的人由被动接收者转变为不断反馈、传递和分享故事的"智能传感器"。而不断被纳入内容生产的机器写作等智能技术则为故事创作描绘了诸多前景，"智能"已不止于技术辅助手段，而成为重思和改变故事生产实践的主导性观念话语。相较于技术本身，我们需要更加关注这种渗透和嵌入社

---

① 〔美〕詹姆斯·W. 凯瑞：《作为文化的传播》，丁未译，华夏出版社，2005，第 4 页。

② Mishler, E. G., "A matter of time: When, since, after Labov and Waletzky," *Journal of Narrative and Life History* 7 (1997): 69 – 73.

③ 孙玮：《交流者的身体：传播与在场——意识主体、身体 - 主体、智能主体的演变》，《国际新闻界》2018 年第 12 期，第 83 ~ 103 页。

④ 〔德〕弗里德里希·基特勒：《打字机、留声机、电影》，邢春丽译，复旦大学出版社，2017，第 201 页。

⑤ 〔美〕延森：《媒介融合：网络传播、大众传播和人际传播的三重维度》，刘君译，复旦大学出版社，2012，第 87 页。

⑥ 孙玮：《赛博人：后人类时代的媒介融合》，《新闻记者》2018 年第 6 期，第 4 ~ 11 页。

会变迁的媒介逻辑对故事生产及跨文化传播产生的进一步影响。

"什么是媒介（客体）角色、什么又是人（主体）角色"① 的问题，成为阻碍我们理解中国故事智能化升级的关键因素。故事的关注点不仅仅聚焦于"人"，更关乎人与故事、人与机器及智能技术等的关系，讲故事即是在技术对故事生产的外部条件及环境的形塑作用下，多元参与者之间沟通、连接的互动过程。相较于孤立的故事文本，我们更需追问的是何种"情境"下，"故事"由"谁"讲给"谁"听，因此故事的叙事情境、叙事主体以及叙事效用成为关心的重点。在算法和智能化语境下，中国故事在"讲什么"（内容选择）、"谁来讲"（叙事主体）、"给谁讲"（叙事体验）、"如何讲"（叙事策略）等四大构成要素②方面已发生重心转换。

（一）讲什么：从文本书写的国家叙事到媒介语法的日常实践

叙事理论认为，故事是人们认知事件、建构世界的工具，好的故事在于主题和内容的建构；主题是故事的灵魂，它主宰着叙事的中心概念及主要洞见，③ 并且蕴含着与阅听者实现情感连接的力量；内容则是故事的血肉，无论故事如何建构，它只有进入感知层面经过内化成为"内部故事"④后才能真正被人们认知。因此，故事需要包含一些基本要素，比如，符号阅听者的世界观、真实、诉诸情感、提出承诺、被相信等，⑤ 并以适当的逻辑和方式经营，才能增加阅听者对故事的涉入程度。

"故事"在与"中国"组合构成"中国故事"的话语表达时，其本身即超越了一般意义上的故事，涉及中国人的自我认知、话语与叙事等多个

---

① 喻国明、耿晓梦：《算法即媒介：算法范式对媒介逻辑的重构》，《编辑之友》2020 第 7 期，第 45～51 页。

② 崔潇：《十八大以来"讲好中国故事"理念国内研究综述》，《对外传播》2017 年第 2 期，第 50～52 页。

③ 〔美〕劳伦斯·维森特：《传奇品牌：诠释叙事魅力，打造致胜市场战略》，钱勇、张超群译，浙江人民出版社，2004。

④ Jahn, M., "Awake! Open your eyes! The cognitive logic of external and internal stories," in Stanford, D. H., *Narrative Theory and the Cognitive Sciences* (CA: CSLI Press, 1948), pp. 195－213.

⑤ Godin, S., *All Marketers are Liars: The Power of Telling Authentic Stories in a Low-trust World* (New York: Penguin Books, 2005).

方面。①　以往我们所讲的中国故事强调中国道路、中国道理、中国形象、中国价值等,② 透显着强烈的国家和民族叙事倾向,而西方人则更喜欢接受日常化、个人化、自然流淌的故事。这种对故事的不同理解既是文化差异的表征,也是中国故事"走出去"面临自说自话窘境的最直接原因,它透显出中国故事实现跨文化抵达的隐含要求,即故事需规避或弱化处理单一价值面向的主题和内容,既要突出其普适性,又需强调与跨文化阅听人的相关性,才有可能与异质文化阅听者产生连接,达成共情。然而在实践中,大众媒介力求用单一故事最大化覆盖阅听群体的目标,凸显出主题两极化问题:一极是西方中心叙事以迎合异域用户,另一极则是固守本土化叙事而不顾及异质文化接受效果。

由社交媒体、人工智能以及作为元媒介的算法促成的深度媒介化,驱动故事"讲什么"的观念话语变迁。个人化叙事与宏大叙事并足而行甚至更具活力,故事消费和关注焦点由文本写作技巧延伸至"连接",朴实、细琐的日常生活叙事成为建构、诠释与分享经验的空间,③ 人们亦借此连接情感、建构认同、巩固社群。④ 中国故事因此得以跳脱出文本生产和传递的局限,被理解为一种广泛的社会实践过程,其本身既包含中国文化的发展历史,也涵盖了当下中国与世界共同发展、东西方文明交流互鉴的文化实践日常。

中国故事在学界的定义也已发生转向,被视为对中国人日常生活中"已发生、正发生或将发生的事件或过程的回忆、观察或想象的符号化概括"⑤,是在中国元故事基础上随社会变迁而趋于丰富多元的"泛中国故事

---

① 张毓强、黄珊:《中国:何以"故事"以及如何"故事"——关于新时代的中国与中国故事的对话》,《对外传播》2019 年第 3 期,第 53～56 页。

② 蔡名照:《讲好中国故事 传播好中国声音——深入学习贯彻习近平同志在全国宣传思想工作会议上的重要讲话精神》,《对外传播》2013 年第 11 期,第 4～6 页。

③ Bruner, J., *Acts of Meaning* (Boston, MA: Harvard University Press, 1990).

④ Escalas, J. E., "Narrative processing: Building consumer connections to brands," *Journal of Consumer Psychology* 14 (2004): 168 – 180.

⑤ 王一川:《当今中国故事及其文化软实力》,《创作与评论》2015 年第 24 期,第 23～28 页。

体系"①，其故事主题亦由国家和民族中心主义的叙事逐渐转向基于"人类命运共同体"的普遍关切。这一转向，凸显了中国故事的流动性、实践性和泛在性，其主题和内容不是固定的文本，亦非自我中心的思维定式，故事穿行于各个领域，跨越时空间隔和文化边界，在变化不居的流动中不断形成新的"意义共同体"；而对故事实践性的强调，则让我们将关注点由元故事本身转向叙事的过程和情境的变迁。

大数据和推荐算法的媒介语法推动了故事创作模式的改变，赋予了中国故事更加鲜活、具身的主题和内容载体，使得"讲什么"的内涵和层次更加丰富多元。从生产侧来说，人们在不经意地点击、搜索中透露出自己对于故事的兴趣点，社交平台的智能推荐、观看、点赞和评论等则促进了兴趣的群聚，加速形成全球范围内极具普适性和共情力的共享故事文化景观，包括人道主义、环保主义、（新）世界主义等。依托大数据、分布式计算，尤其是社交媒体和移动智能终端的发展，机器可以透过更为丰富的方式去搜集微观行为数据，用以判断和考量不同文化背景下人们对"命运共同体"和普遍关切议题（诸如环境保护、金融危机、恐怖主义、弱势群体、疫情防控等）的不同意见气候及差异化的社会公共行动，并借助关联算法由"关键词""行动轨迹"串联起语义网络从而形成靶向化的故事主题。比如，对于美国 Narrative Science 开发的叙事软件 Quill 来说，每一个数据集都有一个可讲述的故事，它可以阐释、强化一些事件并挖掘其价值，从而有效提炼出故事主题。基于潜在用户全方位数据监测的"预先洞察式创意"替代了创意人员带有预设框架的头脑风暴，打破了千人一面的传统故事要素构建模式，海量的创意要素可随着时间、场景和用户需求的动态变化快速完成定制化组合和精准匹配，"千人千面"的故事主题建构和内容呈现成为可能。

从需求侧来说，媒介语法的改变不仅颠覆了传统的故事生产，也因应着故事需求和故事要素的进化，影像化故事和具有共情能力的故事被用户广泛传播。影像化故事使用真实亲近的沟通语言，可以方便用户更好地认

---

① 段淳林、林泽锟：《基于品牌叙事理论的中国故事体系建构与传播》，《新闻与传播评论》2018 年第 2 期，第 71~84 页。

知、捕捉事件的本质，因此有利于展现故事的真实感。虽然沟通语言已从文本扩张至图片、声音及动态场景的融合，但其本质依旧是要求故事具有真实可感、贴近性，让用户更容易参与解读的过程，产生自己的意义。具有共情能力的故事，是借助智能技术发掘并驱动趣缘、认同等要素群聚的"连接"系统，这是传统故事共通性（commonality）要求因应媒介逻辑变革的语法改写，但其核心本质仍基于对共同性的追求，情感是纽带，好的故事包含丰富的情感力量。这种情感往往源自共识的回应，即故事中所传达的情感或理念连接起倾听者的生命体验，形成情感上的共鸣。值得注意的是，人工智能开始学习认知数据流里的社会，甚至会逐渐解读出不同文化背景下人们的历史、信仰、梦想等。这意味着，算法也可以识别和归纳故事要素（这通常被认为是人类叙事能力的精髓），拥有讲述故事的能力。但无论这一过程如何变化，真实性和共通性仍是故事应具备的两个最基本要素。

（二）谁来讲：从一元的人脑思维到人机交互的集群智能

参与性叙事的兴起，改变了既往普通民众"被代言""被叙事"的状态，这使得故事超越了国家叙事的一元面向，以异质多元的叙事话语因应着媒介逻辑的变革。一方面，在主客体相融、宏大与微末交织的开放式文化中，中国故事成为承载着国家领导人、主流媒体、行业精英、普通民众、跨文化阅听者等多元叙事主体的意义"连接"系统；另一方面，在用户与用户之间共创故事、共享意义，并借由故事亲近社群、建构认同的同时，大规模用户群在智能终端上抓拍、滑动、轻敲和浏览图像流时留下的数字轨迹，也为算法提供了学习和归纳人类叙事规律的基础。

越来越多的智能主体介入故事实践，激发了学界关于人工智能的主体性和人机关系的讨论。[①] 虽然不少学者认为人工智能并非脱离人而独立存在的生产主体，而只是人类实现目的的工具和手段，但笔者认为，其核心

---

① 参见张小军、杨宇菲《人工智能感官的主体性——感观人类学视角的思考》，《中央民族大学学报》（哲学社会科学版）2020 年第 2 期，第 29～39 页；彭兰《人—机文明：充满"不确定性"的新文明》，《探索与争鸣》2020 年第 6 期，第 18～20、157 页。

问题在于人类中心主义的思维模式不仅阻碍了人与人之间的故事对话，亦让我们陷入了人与自然、人与技术、心灵与肉身的二元对立中。万物皆媒的智能化媒介情境已构成了一个由无限延伸的人与技术、人造物、观念等一切非人类共同构建的行动者网络。在这一网络中，无论传统媒体、社会组织、个体，还是算法、机器、智能终端，都是一个行动的节点，在与其他节点的连接中存在。按照拉图尔的行动者网络理论，[①] 主客体关系不是先在性的，也并非恒定不变的，而是在一系列复杂多元的行动者关系中相互因应、动态变化的。这一认知，为回答智能技术何以可能成为叙事主体这一问题提供了逻辑起点。人—机关系成为主体—主体关系，人与技术"奴役"和"规训"的对立关系思维转变为如何谋求共生共存的深度思考。从这个意义上说，即使是非人的物，亦可被视为具有能动性的"agent"（行动者）而成为故事叙事主体。在经历了算法智能、感知智能、认知智能三个阶段的不断进化后，智能技术对故事创造的介入深度和广度不断延伸，这也在不断强化智能技术作为故事叙事行动者的主体性，主要体现在如下三个方面。

第一，能动性。在故事创作的工具辅助阶段，将以人为主导，机器作为人的延伸者、辅助者，通过数据分析为创作人员提供选题依据或方向启发，同时在人的指引下进行部分素材的采集、筛选，将字体、语言、颜色、文案、图片等碎片化元素类别化、标签化，逐步替代一些低端的重复性劳动内容如更换语言、色板等，并借助不同要素的自动组合完成故事的粗加工，最后经由推荐算法实现初步的分发。

第二，自主性。在故事创作机制的优化调整阶段，算法和机器成为具备自主性的内容生产主体，以其计算范式参与内容生产的全链路。传感器实现全景式创意数据采集、数据分析，深度挖掘引导线索发现、驱动故事深度或广度的延伸并预判效果进而反向指导专业人员的创意起点，[②] 不同

① Latour, B., "Where are the missing masses? Sociology of a few mundane artifacts," in Bijker, W. E., & Law, J., eds., *Shaping Technology-Building Society*: *Studies in Sociotechnical Change* (Cambridge, UK: The MIT Press, 1992), pp. 225 – 258.

② 彭兰:《移动化，智能化技术趋势下新闻生产的再定义》,《新闻记者》2016 年第 1 期，第 26~33 页。

算法构建的算法群组使程序化创意、多模态叙事、场景化故事交互①成为可能，基本实现故事从线索发现到效果监测的全流程自动化。这种自动化并非机械的流水线故事生产，而是自始至终因应用户的故事需求而进行的故事创作、分发、体验和反馈的有机耦合过程。动态情境的瞬时捕捉与快速回应，是这一过程的核心。

第三，创造性。在故事创作本质的逻辑再构型阶段，智能化叙事有望改变以往单向度、一次性的故事创作路径，因应不同用户的动态情境和故事体验评价进行"反馈式创意"，实现内容创意从人类经验积累转变为数据挖掘和智能算法与人类有机交互和配合下的意义共创。② 智能技术因应情境的变化，以其自我进化、自我修复的媒介特质在向用户靠近的一次次探索中，不断建构着计算式故事生产链条。人类动态数据的不断产生和叠加，以"数据反哺"的方式使机器获得深度学习。故事得以从封闭的意义系统中跳脱出来，重回流淌的故事生命状态。故事创意的逻辑由纯粹的人脑思维转变为智能算法和人脑思维的有机协同。

如果说参与性叙事活跃了个体与个体、个体与群体、群体与群体间的故事交往，推动着中国故事从专业人员的一元思维走向人人参与的群体智慧式共创；那么智能化叙事则构建起"传感器+智能终端+算法群+人"组成的庞大行动者生态网络，激活个体与个体、个体与群体，未来"意义空间"或许将更趋向人机协同智能。

（三）给谁讲：从遥远模糊的"他者"到可感可知的"我们"

真正表征故事效果的不是故事的"触达"，而是对人及需求的心灵"抵达"，其核心在于如何借故事突破阅听人的固有文化立场和心理抵御防备，实现心连心。精准推送、社交过滤算法、遥感卫星、LBS地址算法等的不断进化破除了故事传播的物理壁垒，打破了故事与阅听人之间固化、定向的传播连接，散布于社会生活各个角落的分众化、个性化故

① 段淳林、任静：《智能广告的程序化创意及其RECM模式研究》，《新闻大学》2020年第2期，第17~31、119~120页。
② 姜智彬、戚君秋：《学习、生成与反馈：基于动觉智能图式理论的广告智能创作》，《新闻大学》2020年第2期，第1~16、119页。

事需求也得以泉涌。而虚拟助手、视觉搜索、体感互动、眼球识别、数字孪生等新媒介的创新应用则将信息环流从外部的"人—环境"转换到内部的"肉身—心灵",不同个体、社群在不同情境及文化语境下的微观故事叙事、体验行为变得可感可知,这为智能故事精准定义并快速因应个性化需求提供了便捷渠道,人找故事的模式转而趋向于故事主动找人,万物互联而故事流淌其中,以无数个性化的长尾故事"主动"适配流动性的需求。① 在此情境下,相较于故事对谁而讲,故事本身蕴含的态度、特质及力量则显得更为重要,这些是故事"连接"人心的要素和前提。

在跨文化语境下,故事是一个以"他者"身份为参照,并在此前提下不断通过对话交往寻求认同的文化互动和文明互鉴的过程。因此,讲好中国故事需"从他者出发",看见他者、听见他者,进而理解他者。② 故事的起点不应只是"我"而应是"我们",即贴近用户、打造用户认同,只有将异域文化用户视为利益攸关的共同体一员,以人类共同关注的故事主题讲述"我们"共同的记忆和体验,才能激发共情,构筑认同,进而实现故事的心灵抵达。在与"他者"的相遇、比较和对话中,"我们"与"他者"相融、再混合,进而形塑出新的"我们"。

故事生产的效果评判取决于其满足用户需求的程度,这在智能化背景下主要涉及对数据资源的开掘、分析和利用能力。首先,获取规模化、立体化的用户数据是基础。传感器的普及拓展了新的数据采集范畴,借助脑电仪、眼动仪及各类可穿戴设备等,用户对故事的反馈从"意见层面"深化到"人体生理与心理层"。BBC 已在尝试利用面部识别技术分析受众情感。这些来自人自身的更为真实的反馈,将会成为智能化故事创作的有力引擎。其次,对数据资源的挖掘分析及动态化、场景化把握是关键。当前社会是液态流动、变化不居的,随着分众化的加剧及平台数量的剧增,用户的媒介使用习惯在不断变化,这意味着对用户的洞察需要跨越空间、时

---

① 喻国明:《互联网发展的"下半场":传媒转型的价值标尺与关键路径》,《当代传播》2017 年第 4 期,第 6～8 页。

② 单波:《跨文化传播的基本理论命题》,《华中师范大学学报》(人文社会科学版) 2011 年第 1 期,第 103～113 页。

间、媒介平台等多重障碍，将分散在各处的碎片化画像逐渐拼接起来，同时还需实现时间上的接续，将其过去的故事爱好、对特定故事的评价与当下的使用意图和所处情境连接，更需借由历史和当下数据预测其未来的故事兴趣和关注点。

在个性化用户画像逐渐清晰化的同时，穿透这些表征数据洞察到用户的文化模式等深层情感，继而把握其对故事的心理认知和接收图示，实现故事在心灵层面的抵达，是当下中国故事智能化跨文化传播需要攻克的难关。揭示或打造故事背后人类共同关注的意义，就是符合用户心理期望的一种手段。[1] 一方面，跨文化研究、叙事学、语言学、计算传播等相关领域的研究已经积累了大量的、定性的反映集体记忆表征、文化维度、文化模式的研究数据，这些数据为机器深度学习和成长提供了养料，语音识别、神经网络技术的飞速发展使故事能够被快速地翻译为适应于目标用户的语言版本，跨越语言的障碍。在 AI 的协助下，可以预先准确获取目标用户群的情感倾向，了解他们的偏好，寻找适合不同文化背景的话语逻辑和叙事策略，以帮助提升用户对故事的接受度。另一方面，较之于人，人工智能等智能技术以其计算逻辑建构故事，在模糊和规避人的民族主义、国家中心和文化偏见方面存在客观基础。依靠自动化的数据关联与故事解读，人工智能可以通过模糊数据、信息、知识三者界限的方式，淡化中国故事话语背后的政治思想以及话语背后的结构性因素，使其更容易被接受。

（四）如何讲：从单向度的"话语输出"到多维度的"共创共享"

探索如何讲好中国故事，既要思考故事如何被建构，也要从逻辑、认知和互动的角度来了解故事如何被接受和传播。既往的故事因应印刷媒介的逻辑，呈现出线性、单向特质，读写界限分明。而在智能化语境下，创作与阅听并行。社交平台的协同过滤算法帮助故事完成圈层化传播，故事穿行于不同的圈层，以共通的记忆连接彼此，从互动中衍生出情感，由此

---

[1] 陈昌凤、马越然:《重视用户思维:数据时代讲好中国故事的关键》,《对外传播》2018年第 1 期, 第 38～40 页。

故事逐渐转化为一个具体而有记忆点的事件，甚至是一种仪式。在这一过程中，人—机合作关系越发紧密，数据的滋养使得机器逐渐脱离冰冷生硬的初级创作模式，开始读懂用户的情绪和感情。创作者一方面聆听用户需求、打造个性化的故事，另一方面也不断与用户进行意义交互以实现"共通"，这使得中国故事及其叙事者作为文化模式的具身，活跃在文化适应、相融和文化隔离、冲突的过程中。既往封闭情境下以单一主体单向度话语生产和输出为特质的叙事策略，转换为传受一体情境下多元参与者共创共享的开放式文化体验叙事策略，其核心即在于以人为观照点的多维"共通性"互构过程。具体体现在两方面。

一是以多模态话语构筑语境的共通性。在智能化叙事中，叙事文本是开放、流动的，故事成为一种开放性的、只有起点没有终点的意义交互过程，为了制造更多的意义接触点，一方面，传播者要在面对不同文化背景、处于不同媒介情境的阅听者时，用他们感觉最为亲近的语言和叙事方式呈现故事；另一方面，故事需要形成"跨媒介"特质，便于解读和再传播。在跨文化传播领域，借助影像化叙事，故事可以跨越文本和语言的解码障碍，更易获得共通性。语音识别和 AI 翻译设备的升级，可以轻松实现多国语言的任意切换，在消除语言障碍、方便普通人对外交流的同时也方便了故事的制作与传播；另外，AI 对人类声音的模拟可以强化故事的亲近感。《创新中国》中借 AI 合成已故著名配音演员李易的原声，在让世人再度感受大师的声音魅力的同时，也进一步打造了自身独有的叙事价值；与此同时，AI 还可以与文本输出同样的速度将其转换为视频、将音频切换为文本，以适应不同场景的分众化需求。

二是以"微叙事"连接情感的共通性。"故事"较"信息"更打动人的主要原因就是故事具有情感触发力量，这种触发往往源于故事中潜藏的"共通"生命体验或记忆。纪录片《记住乡愁》（海外版）以"心意和人性是共通的语言"串联起乡愁、传承、寻觅的故事主题，唤起海外华人群体共通的故土回忆。这些微观的个体叙事，承载着我们正在经历的生活和文化状态，对阅听者而言，普通人视角下的日常故事更具贴近性和亲和力，也更容易激发情感上的共鸣。

三 数据流驱动：“中国故事”的智能化
叙事模式建构

　　基于以上讨论，本文最后尝试建构起以数据流为驱动、面向海外用户的中国故事智能化叙事模式，它与严格遵循“创意、制作、传播、效果反馈”的线性生产流程、故事文本意义相对封闭、缺乏与阅听者对话互动机会的传统故事创作模式相比，具有明显的不同之处。首先，从媒介逻辑来看，这种叙事模式的观照点既不是“传递观”统摄下传统模式的线性流程，亦不是“符号观”下的结构文本，而是在技术的社会形塑作用下人—媒介—社会之间的辩证互动，这一模式因应了当下媒介形态的多重变革，以及用户角色深刻转变所引发的意义解读革命，是对传统的故事叙事模式的再构型。笔者不仅关注智能技术参与并逐渐独立叙事的过程，亦观照智能技术对中国故事接收者所造成的影响。这一逻辑内核与拉图尔推崇的将技术的使用与其实践网络相关联的过程性考察框架①有相通之处。智能技术参与故事叙事的媒介实践网络，可以被视为一种多元“行动者”所组成的网络，即“连接”成为智能化叙事模式的关注点。其次，从过程来看，任何行动者只有在与其他行动者的连接中才能真正发挥效用，这意味着不存在明显切割的阶段或过程划分。基于数据流驱动的智能化叙事可以进行智能化主题创意、内容创作，甚至直接制作包装故事，这些故事又以数据流的形式流转于网络。源源不断的数据流持续供给新的故事创作，形成不断循环的故事再生产，且每一节点内部、节点与节点、节点群与节点群，以及这些节点关系与更大的媒介环境之间都在持续产生交流互动。

　　基于以上视角，不同行动者对资源的聚拢和转译方式的差异成为我们考察过程和划分相对阶段的基准。在 AI 逐渐向人类生活渗透的发展趋势下，“传感器 + 智能终端 + 平台基础设施 + 人”构成人、物、内容的“数

---

① Latour, B., "Where are the missing masses? Sociology of a few mundane artifacts," in Bijker, W. E., & Law, J., eds., *Shaping Technology-Building Society: Studies in Sociotechnical Change* (Cambridge, UK: The MIT Press, 1992), pp. 225 - 258.

据采集"网络,"算法 + 人 + 数据"组成"故事创作"网络,"算法 + 人 + 数据 + 智能终端"的人机协同网络连接成无所不在的"故事分发"系统,"算法 + 人 + 数据 + 智能终端 + 传感器"描绘出"故事体验"场景。由此,基于不同主体而借由"连接"所展现的强弱关系,可建构出"中国故事"智能化叙事创作与传播的模式图(见图 1)。

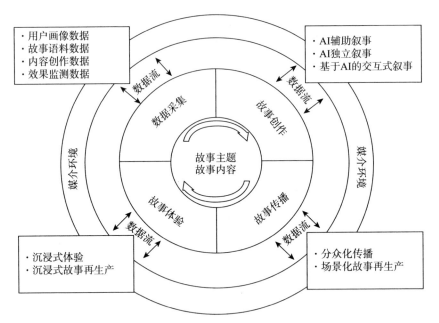

图 1 智能化叙事模式下"中国故事"的创作与传播

(一) 数据采集:动态学习发掘故事创意线索

数据采集是故事创作的起点,为故事输入必要的信息源,进行精准的用户画像、帮助发现好的故事选题、预先设置合适的故事要素从而支撑故事创意。它亦伴随故事的创作、传播、体验的全流程,实时输入动态数据从而指导故事创作与传播的动态调控。与此同时,它还实时获取用户对故事的评价,进行有效分析,反馈给故事创作环节,形成新一轮循环。数据采集的类型大致可划分为用户画像数据、故事语料数据、内容创作数据以及效果监测数据。这些数据不仅包括用户的跨文化背景、LBS 定位、兴趣偏好、搜索历史、内容发布信息等画像数据,还包括用户当下的动态情境数据，如不同位置下使用意图的变化。

用户画像数据。算法可以将隐匿在海量数据源（社交数据、交易数据、搜索数据、聚合数据等）中的大规模用户行为汇总并分类，构成多元化的用户群数据，成为用户的信息"仿像"。如此经过计算形成分类化的信息，并与由学界有关跨文化经验性研究获取的知识图谱进行比对、聚类等，可以预先获取关于用户的文化维度和文化模式等要素的洞察。这些数据资料是故事创作者对跨文化用户的理解基础。根据分类信息构成对不同的目标群体的基本认识，与故事创作专家的思考、直觉和判断相结合，将为中国故事的跨文化接受增加胜算。

故事语料数据。智能手机、无人机、GPS 等传感器技术的普及开辟了信息采集的新维度，这有助于获取与跨文化用户更具接近性的第一手语料，大规模、实时化捕捉跨文化用户对日常生活、社会事件的关切、情绪和反馈，从而为故事创意加入更为广泛深入的创意素材，形成实时更新的故事语料库。

内容创作数据。此类数据是用户"自我叙述、日常实践和文化空间"①的表征，对跨文化 UGC 内容的实时捕捉，可以动态感应文化体验和态度的更迭，进而发掘有益的故事线索；而用户基于已传播的中国故事进行的二次或多次生产，为中国故事的"意义空间"不断贡献数据信息，成为人机对话的重要组成部分，也构成了未来"意义共同体"的基础部分。

效果监测数据。持续的用户行为跟踪，如在线时长、评价、搜索甚至播放快进快退等，越来越多的行为细节被各种在线平台采集形成数据，以算法分析个人喜好、习惯的信息基础。在跨文化传播过程中，这一数据的取用尤为关键，它不仅方便创作的人和人工智能实时、客观地获取异域用户的故事反馈评价，有助于优化故事决策，实施针对性的"反馈式创意"，也成为新一轮故事再创作与再传播的靶向资源，在源源不断的信息参考和创意来源中构建起异域用户群的需求图谱，推动中国故事的自我修复和自我进化。

---

① Fisher, E., "'You Media': Audiencing as marketing in social media," *Media*, *Culture & Society* 37 (2015): 50 - 67.

（二）故事创作：人机交互下的智能化新叙事

故事创作通常被视为一种艺术化的心灵表达，是机器和算法最难侵入的领地。智能技术对用户多维动态数据的采集分析，为故事"进入"阅听者的内心这一过程奠定了基础。人类创作者的心灵认知、个人审美、创意甚至创作自由，都有可能被算法逐步学习和掌握。机器不仅可以和人类共存，还可以与人类对话、移情①，与人共同创作故事。智能化叙事可以实现由封闭创作走向开放式创作的过程转换（见图2），创作过程与数据采集、分发和效果反馈环境相互观照、动态进化：数据接入、数据分析预判为故事创意输入动态语料，因应用户实时的故事需求、场景变化、体验反馈；多模态算法可以实时回应并进行故事创作，完成从故事主题探索到故事生成、包装全过程的精准匹配和反馈式创意，从而牢牢抓住用户的心。

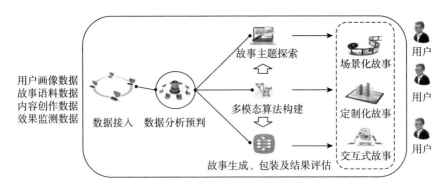

图 2　智能化叙事模式下"中国故事"的创作流程

因应不同的故事创作情境，智能技术参与故事创作主要有三种类型：作为人类故事创作的辅助者、作为独立叙事者（智能技术静态故事生成系统）、基于 AI 的交互式叙事。② 这三种类型，并非线性迭代的单向进化过程，而是一种多元模式的共存。而且，无论人工智能参与故事创作的程度如何以及未来

---

① Bory，P.，"Deep new：The shifting narratives of artificial intelligence from Deep Blue to Alpha-Go，" *Convergence：The International Journal of Research into New Media Technologies* 25 （2019）：628 – 642.

② 周飞：《人工智能叙事在影视和游戏行业的应用模式》，《湖北经济学院学报》（人文社会科学版）2019 年第 6 期，第 19～21 页。

如何深化，智能化叙事模式仍会与既往的单纯以人为叙事主体的故事模式共存，二者之间并非替代关系，而是一种动态进化中的"接续"和"增补"。

在第一种类型中，智能技术作为辅助者可以识别故事要素、情感模式并辅助人类优化创作流程，评估故事叙事，打造更贴合用户需求的故事。"人"始终是这一过程的意义中心。人机协作仍遵循传统叙事逻辑在角色、情节、语境等方面的要求，但 AI 的介入将传统的"故事选题、故事主题、故事角色、故事元素、故事情节、故事包装"的创作过程，转向"规模数据—多模态算法—叙事"①的新型叙事流程。电影行业已应用 AI 技术识别和判断优秀影片故事中的情感模式及走势，为人类提供有效参考指标。

与此同时，机器也在"学习"成长为独立的叙事者，并在学习中逐步具备跨文化能力。以用户动态情境数据为基础，它能够快速识别故事要素且能精准捕捉并满足国际用户的故事诉求；借由自然语言处理技术，可以将故事转换成各种语言，使故事跨越语言樊篱实现任意文化场景的落地；基于用户生成的各类叙事内容生成故事，使得故事从创作伊始即具备了跨文化的亲和力和共情点；借助语音模拟、交互界面、虚拟情境等场景构建可以使故事内容在感官上获得真人实地叙事的体验，有助于消除地域偏见带来的误读；此外，还能够实现用户的个性化定制服务，通过海外在线社区与国际用户实时沟通，可以及时了解用户此时此景的需求，更有助于创作定制化、个人化的故事内容。这一方面强化了故事的使用场景，另一方面也在互动中增强了故事的情感连接。

最后一种类型是基于 AI 的交互式叙事，目前已在新闻、游戏、动画、教育、培训等领域被用来讲故事。腾讯推出的《王者荣耀》（海外版）即应用了交互叙事技术，完美地将中国文化元素纳入游戏场景设计，同时入乡随俗地融汇了海外元素，从而吸引了大批的海外玩家。交互式叙事没有提前设定好的故事情节，只提供必需的环境、角色和情境，根据不同用户的不同输入进行智能化反馈，在为用户创造交互、虚拟、协作的故事体验的同时，也与用户共同构建了独一无二的故事。算法会主动分析和观察用

---

① 段弘毅：《数据驱动的机器智能叙事——以 Narrative Science 为例》，《科技与出版》2017
年第 11 期，第 14～17 页。

户，与用户的生活体验、个人观念、个性化视听语言、审美、创意等相混合，使"无意识的智能"与"有意识的心灵"结合起来共同创作故事。

（三）故事传播：分众化、场景化的"伴随式服务"

叙事过程的开放，故事文本的未完成，决定了故事不再以单向、线性的"信息模式"传递，而是在不断的流转、对话中开启意义交互和故事再创作的新进路。这一过程又反过来影响着故事的意义阐释，同样的故事在多路径传播中，会得到不同阅听者的不同反应，最终形成不同的结局与意义。中国故事何以在"流动的"意义生产过程中捕捉到当下的意义核心？在于"共通性"的构建，即借由故事"构建共同的场景、寻求情感共鸣、分享共同的意义"[1]。"场景"不仅是特定情境下用户个性化故事诉求、定制化故事内容和实现语境的适配，同时也借由其蕴含的文化价值观与生活方式，对不同人群产生聚集作用。

一方面，通过"场景"有效抵达跨文化的分众化用户。在移动设备、社交媒体、大数据、传感器和定位系统的支撑下，故事可以跨地域、跨阶层、跨语言精准触达不同场景、不同个性的受众，并基于用户需求形成"伴随式服务"[2]。地址算法使故事推荐更加本地化；智能音箱、车联网、聊天机器人的逐步应用，改变了用户阅听故事的场景，用户可以"主动搜索"而非"被推荐"意气相投的故事；协同过滤创建了故事的"信任场景"，弱化了空间差异，即使身处异域，仍可与本地的朋友共享对故事的观感，故事成为朋友间"情感"的纽带。

另一方面，"场景"亦成为新的故事创作空间，在跨文化交互中不断缔造全球流动的故事内容。不同文化背景、不同场景下的用户对故事产生不同的解读和互动，进而驱动故事走向新的"意义共同体"，这些数据则借由可穿戴设备、智能手机等迅速反馈至故事的创作大脑，形成新一轮的用户认知，开启新一轮的故事叙写。在这一过程中，场景是重构传受关系的节

---

① 陈昌凤、马越然：《重视用户思维：数据时代讲好中国故事的关键》，《对外传播》2018年第1期，第38~40页。

② 喻国明、梁爽：《移动互联时代：场景的凸显及其价值分析》，《当代传播》2017年第1期，第12~15、58页。

点，在多重场景的复调传播中，既可实现分众化的故事传递，又可提升中国故事的多样性和亲和力，进而提高中国故事在跨文化场景的落地率。

（四）故事体验：可视化、可触摸的"沉浸式故事"

随着 VR/AR 等技术及可穿戴设备等传感器终端产品逐渐进入大众视野，并参与到社会实践的多元场景中，用户对故事的感知由单一维度的视觉、听觉延伸至全方位、全息化的人体感知，引领了故事体验的新时代。风靡全球的迪士尼通过沉浸式体验的探索，将故事场景打造成实景，借助数据技术并辅以 AR、VR 设备，带给全球消费者独特的旅游体验。游客在视觉、味觉、触觉等多感官上都沉浸在故事场景中，进而产生"移情"，仿佛自己成为故事中的角色。在这一过程中，人们对自然物理场景的体验与数字世界融合，AI 与移动媒体终端通过影像为游客创造意义，迪士尼则充分利用自身的 IP 优势向全世界传递了美国式的故事和梦想。与此类似，故宫博物院"发现·养心殿"数字馆通过高沉浸式投影、VR 头盔、体感捕捉、可触摸屏等装备和语音图像识别等技术，帮助来自世界各地、有着不同文化背景的参访者跨域历史，体验故宫皇家生活。故宫的自然与人文环境让参访者身临其境，对应具体场景的故事内容则为参访者提供了跨时空的意义交流，使其在自然、人文和虚拟环境相关联的沉浸体验中，全方位感受并重新认知中国文化。人工智能将故事叙事、自然景观和人文景观融合为一体，创造了一种沉浸式的故事叙事空间。

结　语

媒介不是简单地传递信息，它所产生的作用力可以改变人的思维、感知、经验、记忆和交往的模式。[①] 人类社会在不断被以算法为代表的媒介渗透，媒介、文化与社会之间的互动及其相互依赖性日益增强，[②] 改变了

---

① Couldry, N. , & Hepp, A. , "Conceptualizing mediatization: Contexts, traditions, arguments," *Communication Theory* 3 (2013): 191 – 202.

② 〔丹麦〕施蒂格·夏瓦：《文化与社会的媒介化》，刘君等译，复旦大学出版社，2018，第21页。

故事创作、传播的实践方式和观念话语。中国故事成为开放式的叙事空间，个体作为不同文化背景和文化模式的具身，与平台、算法、机器等非人类主体共同构筑了跨文化叙事的故事景观，并以其"强调主体与媒介实践过程互动"的建构性路径，使故事跳脱出既往一系列的二元对立，转而观照嵌入各种网络和数据中的人及其所处的动态情境。

本文所讨论的智能化叙事，不止于智能技术对故事创作的辅助，而更多地指涉一种价值意义层面的创作实践，以智能技术理解当下的故事转向。智能化叙事模式的本质是"人脑思维＋机器智能"的结合，智能技术介入故事的创意生产，实现场景化的故事传播，全方位提升了阅听者的故事体验，也在人机关系的深度交互中，加快了全球流动的中国故事意义空间的构型。随着机器独立叙事能力的增强，人类创作者的心灵认知、个人审美、创意甚至创作自由，都有可能被算法逐步"学习"，在"算法式互动＋共情式交流"的相融状态下，未来"意义空间"或许将更趋向人机交互的集群智能。这一过程，体现了机器深入认知社会、参与文化再生产的发展趋势。

然而，智能化叙事模式并不意味对既往叙事模式及人的价值的否定，而是倡导在人机共生的观念下协同进化。面对技术，人类仍需保持自身在社会洞察、感性体验等方面的优势，坚守人文精神及共情交流能力；也需加强对技术风险的考量，坚守"知其白而守其黑"的人类底线，即对于技术产生危害的潜能进行人为干预，将其"悬置"①，从而防止技术对人的过度侵犯。另外，对于中国故事跨文化传播而言，在重视用户需求的同时，需要看到用户中心主义的危险性并予以避免。② 为了贴近用户，应因应本地化思维、采用国际化表达，但仍需坚守话语体系的统领，避免陷入对西方中心叙事的一味迎合。对于这一平衡点的把握，则更需要人对价值的坚守。

---

① 根据 2020 年 5 月由暨南大学主办，汪民安教授在线上主讲的"技术、潜能与减速主义"学术讲座内容归纳。

② 陈昌凤、马越然：《重视用户思维：数据时代讲好中国故事的关键》，《对外传播》2018年第 1 期，第 38～40 页。

中国故事国际传播视野下
网络文学的本体结构与特性[*]

王一鸣^{**}

摘　要　以国际传播为基础语境，聚焦网络文学"为什么是中国故事""为什么能讲好中国故事"两大理论命题，提出由故事层、媒介层、关系层构成的网络文学三元本体结构理论模型；其中，故事层表现出具有鲜明中国特色的"故事性"和"中国性"，媒介层和关系层表现出具有跨媒介叙事和全球性数字叙事特征的"媒介性"，三大特性赋予中国故事立体化的精神内涵、本土化的文化气质和全球化的开放语境，从而构建国际传播视野下网络文学讲好中国故事的理论基础。

关键词　国际传播；网络文学；中国故事；跨媒介叙事；数字叙事

起于青蘋之末的网络文学，从世纪之初新兴的文学现象发展至今，已成为数字时代最主要的故事生产、传播与消费形态之一。从微风细澜到产

---

 *　本文系教育部哲学社会科学研究重大课题攻关项目"讲好中国故事与提升我国国际话语权与文化软实力研究"（项目编号：17JZD038）的研究成果，原文刊于《编辑之友》2023 年第 2 期。

**　王一鸣系华中科技大学新闻与信息传播学院讲师、硕士生导师，华中科技大学中国故事创意传播研究院研究员。

业巨子，从野蛮生长到走出国门，网络文学用无可辩驳的实绩在学术场域之外证明了其"在场性"，并日益成为中国故事乃至中华文化海外输出的桥头堡，被一些学者称为可与好莱坞电影、韩国游戏、日本动漫并驾齐驱的具有代表性的"中国文化符号"。

习近平总书记在 2021 年 5 月 31 日中共中央政治局第三十次集体学习时强调："讲好中国故事，传播好中国声音，展示真实、立体、全面的中国，是加强我国国际传播能力建设的重要任务"，"要更好推动中华文化走出去，以文载道、以文传声、以文化人，向世界阐释推介更多具有中国特色、体现中国精神、蕴藏中国智慧的优秀文化"[①]。网络文学如何讲好中国故事、如何承载中华文化"走出去"的历史使命，因而成为当前国际传播研究中的重要子课题。

现有研究大多从现实层面，即产业实践的角度探讨作为"结果性问题"的网络文学讲好中国故事的实现路径和传播策略，但仍面临理论层面的困境，即两个"前提性问题"始终悬而未决。第一，网络文学为什么是中国故事的一部分？或者说网络文学在多大程度上代表了国际传播语境下的"中国故事"？第二，网络文学为什么能讲好中国故事？或者说网络文学讲好中国故事的理论依据在哪里？本文由此聚焦"为什么是"和"为什么能"两大核心问题，论述国际传播视野下网络文学讲好中国故事的理论之基。

一 理解网络文学：论网络文学的本体结构

如何回答第一个问题首先取决于我们如何理解、如何看待早已被产业界"约定俗成"的作为客观存在的网络文学。回到中国网络文学诞生的历史原点，有几个基本共识：其源头是 20 世纪 90 年代初在北美中国留学生群体中兴起的华语网络论坛；其标志是 1998 年中国台湾作者"痞子蔡"

---

① 《习近平在中共中央政治局第三十次集体学习时强调 加强和改进国际传播工作 展示真实立体全面的中国》，共产党员网，http://12371.cn/2021/06/01/ARTI1622531133725536.shtml，最后访问日期：2022 年 12 月 31 日。

发表的网络小说《第一次亲密接触》；其兴盛是 2003 年盛大集团收购当时最具影响力的文学网站"起点中文网"，并开创 VIP 章节付费制度。从那时起，一大批具有类似语言风格（通俗、时髦）、创作方式（电脑写作、即时连载）、发表渠道（网站、论坛、博客）的作品不断涌现，逐渐形成了一个如今耳熟能详的概念——网络文学。

网络文学在世纪之交横空出世，一跃成为万众瞩目的社会显性存在，"通过把意义赋予他们所看到的现象，来积极地解释他们的经验"，学者们试图对这一新生事物进行现象学上的阐释：广义上的网络文学是指经电子化处理后上网的所有文学作品；中观层面上是指首发于互联网的原创文学；狭义上是指利用超文本链接和多媒体制作的作品。这种对网络文学概念的三分法在早期研究中就已提出，至今仍被许多学者接受。① 但这一界定存在明显的缺憾。一是未能准确把握中国网络文学的实际样貌，其广义和狭义层面的所谓电子化或超文本作品都不是中国网络文学的主流，其中观层面的定义则远远滞后于当今网络文学在版权运营和跨媒介领域的拓展。一言以蔽之，对网络文学这一极具实践性的经验对象的"概念化"理论图式，已经难以周全地覆盖和解释作为客观存在的网络文学实体。二是过分囿于"文学"的观念，从外延上列举作为"现象"的网络文学，充其量只是使用穷举法对其外在表现形式进行描述，网络文学区别于其他一切"非网络"媒介上的文学、区别于网络上其他一切"非文学"内容信息的本质和特性究竟是什么的问题并没有得到准确地揭示。基于此，本文尝试从传播学的角度，借用本体论和系统论的思想，"本体是与现象相对的事物之所以为此事物的存在状态和存在本质，是一种对'存在'的系统化解释"，对网络文学的内涵和外延——本体结构进行深入剖析。

笔者认为，网络文学本体由故事层、媒介层、关系层三层结构组成：故事层是指网络文学作品的故事文本和围绕故事文本而以读者评论、写手

---

① 　王强：《网络文学的兴起与发展》，《人民日报》2000 年 11 月 11 日，第 6 版；杨新敏：《网络文学刍议》，《文学评论》2000 年第 5 期，第 87 页；欧阳友权：《新世纪以来网络文学研究综述》，《当代文坛》2007 年第 1 期，第 123 页。

回复等形式存在的副文本；媒介层是指针对网络文学作品进行二次开发和
媒介转换而形成的书籍、影视、游戏等跨媒介叙事形态；关系层是指通过
网络文学作品及其跨媒介产品联系起来的写手和读者的叙事关系的集合，
如图1所示。

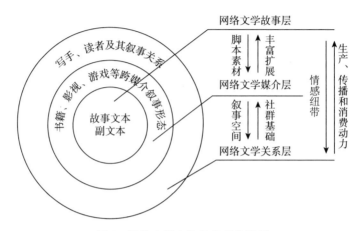

图1 网络文学本体结构理论模型

三层结构之间的关系为：故事层为媒介层提供了脚本和素材，媒介层
丰富和扩展了故事层的内涵；媒介层为关系层提供了更广阔的叙事空间，
关系层为媒介层奠定了良好的社群基础；故事层为关系层提供了情感纽
带，关系层是故事层赖以持续生产、传播和消费的动力。

由此提供了一种理解网络文学的全新视角：传播学视野下的网络文学
并不局限于文学作品层面，指在互联网上创作和发表的迥异于传统文学的
作品；而是一个整体的、动态的概念，是以形成文学作品的文本为"故事
内核"，以围绕故事文本进行跨媒介叙事的多元媒介形态为"叙事空间"，
以在跨媒介叙事过程中联系起来的"复数的人"为叙事关系，由故事、故
事的延伸、写手和读者及三者之间的关系共同构成的系统。

在这个系统中，网络文学的故事层表现出具有鲜明中国特色的"故事
性"和"中国性"，网络文学的媒介层和关系层表现出具有跨媒介叙事和
全球性数字叙事特征的"媒介性"，三大属性共同构成了国际传播语境下
网络文学讲好中国故事的理论基础。

二 故事性与中国性：作为"中国故事"的 网络文学

（一）文学故事、生活故事、话语故事：网络文学的故事内核

故事，按照亚里士多德的解释，是指具有一定长度的连续性事件。[①] 其至少有三个层面的理解，人们通常意义上理解的故事是以文学形式表现的故事，可以是真实或虚构之事，如历史故事或童话故事，可以是书面或口头之事，如文献典籍或民间传说，可以是静态的文本或动态的图像，如小说故事或电影故事。除了通常意义上以文学形式表现的故事，故事还普遍存在于人类生活中，欧文·弗拉纳根（Owen Flanagan）认为"故事是世界不同地区的人类文明用以塑造文化同一性的根源，人人生来就是故事人"[②]。换言之，故事是人们记录过去经历、表现日常生活的一种普遍存在状态。此外，故事还是一套文化话语体系，通过传递文化符号、确立文化仪式、诉诸文化产品、塑造文化观念、形成文化信仰，来影响、规训、感召人们，传达出故事背后隐藏的文化价值观和政治思想。[③] 如阿瑟·阿萨·伯格（Arthur Berger）所言："故事有能力对社会的态度和信仰进行戏剧化并给予具体形式，并且帮助人们找到生活的意义。"[④]

就第一个层面而言，网络文学毫无疑问属于通常意义上的文学故事范畴，其至少在故事题材、故事结构等方面表现出迥异于其他文学形式的独特样貌。国内最大的文学网站"起点中文网"在"作品分类"中列出了玄幻、武侠、都市、历史、现实、轻小说等 13 种常见的网络文学题材，实际

---

① 〔古希腊〕亚里士多德、〔古罗马〕贺拉斯：《诗学·诗艺》，郝久新译，中国社会科学出版社，2009，第 65 页。

② Flanagan, O. J., *Consciousness Reconsidered*（Cambridge：The MIT Press, 1993），p. 198.

③ 陈先红：《中华文化的格局与气度——讲好中国故事的元话语体系建构》，人民论坛网，2021 年 11 月 18 日，http://www.rmlt.com.cn/2021/1118/631909.shtml，最后访问日期：2022 年 12 月 31 日。

④ 〔美〕阿瑟·阿萨·伯格：《通俗文化、媒介和日常生活中的叙事》，姚媛译，南京大学出版社，2000，第 176 页。

上网文的各种类型、流派不胜枚举，如玄幻类可细分为"东方玄幻""异世大陆""王朝争霸""高武世界"等子类，同一类型往往可归为"重生流""废柴流""洪荒流""系统流"等流派，同一流派又可穿插"玛丽苏""种田文""后宫文"等元素，这些名目繁多的"民间术语"常常使"圈外人"感到一头雾水，而这也正是网络文学独树一帜且富有生命力的故事源泉所在。故事结构方面，从公元 4 世纪罗马语法学家阿留斯·多纳图斯（Aelius Donatus）提出戏剧故事的三元结构"序幕、发展、落幕"，到 1863 年德国小说家古斯塔夫·弗赖塔格（Gustav Freytag）将其拓展为"开端、上升、高潮、回落、结局"的五元金字塔模型，西方经典叙事学均遵循线性故事结构。[①] 中国网络文学则频繁地使用"架空""穿越""重生"等手法，有意打破常规性、连续性叙事，通过将当代人物或者历史人物投射到异域时空，让读者跟随主角跨越多个故事世界参与冒险。穿越者、重生者依仗现实世界的科技、知识、技能进入古代世界或架空世界，与史书上的历史名人产生交集、扭转历史，或者取得超能力、成为一方霸主，营造出超现实、跨时空的游戏化体验。这些光怪陆离而又富有东方色彩的故事世界，与网络文学丰富的故事题材相互交织，构成了网络文学的文学故事特性。

就第二个层面而言，网络文学的故事特性不仅体现在文学故事方面，还体现在对日常生活的呈现和个体情感的表达方面。如前所述，网络文学的故事层包含故事文本和围绕故事文本而以读者评论、写手回复等形式存在的副文本，这种副文本就是普遍意义上生活故事的集中体现。副文本（paratext），本义是指封面、标题、序言、前言、注释、后记等在文本中连接读者和正文并起协调作用的中介性文本材料。许多网络文学作品在连载时，写手往往会在小说章节正文后附上"作者的话"，以回应读者意见、请求读者投票或是述说作者近况。如网络小说《大王饶命》的作者在第 647 章附言："尘埃落定，感谢大家。凌晨 3 点的时候老婆忽然说羊水破了，我说赶紧去医院……忽然收到一条来自我老婆的短信，男孩，六斤五

---

① Alexander, B., *The New Digital Storytelling: Creating Narratives with New Media*（Santa Barbara: Praeger Publishers, 2011），p. 5.

两……然后，我就看到护士抱着任小粟出来了，脏脏的还不能洗澡……很感谢大家今天的祝福与支持，感谢投票的各位，感谢谅解我的各位，感谢打赏的各位，真的很感动。等任小粟长大了，我会告诉他这一天他的母亲为他承受了无数的苦难，而且还有数万人在祝福他的诞生。"这则附言本是作者为了解释为何当天没有及时更新章节所写的说明性文字，看似与小说正文无关，却以"共情"的口吻讲述了一个十分真实动人的生活化故事，极大地拉近了读者和作者的心理距离。而且巧妙的是，作者将小说中主人公的名字"任小粟"取给了自己刚刚诞生的儿子，从读者接受的角度，制造了一种徜徉在虚幻的"小说世界"与真实的"现实世界"之间的奇妙体验，实现了文学故事和生活故事"两种故事"的破壁与桥接，一时间圈粉无数。此类表现日常生活和个体情感的副文本在其他网络小说的章节附言、书评区比比皆是，写手和读者借助它们成为"故事人"，讲述着发生在每一个中国普罗大众身上的平凡故事。

就第三个层面而言，网络文学在经历了二十余年的发展，完成了符号化（网络文学的故事题材、内容、元素本身就是具有鲜明中国特色的文化符号）、仪式化（网络文学写手和读者的故事创作、阅读、互动过程本身就是互联网仪式）、产品化（网络文学及其 IP 改编形成的书籍、影视、游戏本身就是跨媒介叙事产品）之后，已经初具"文化话语体系"的雏形，有望朝着观念塑造的层次进发。关于话语体系构建，有学者认为，"元话语"构建是重中之重，"元话语是讲故事实践中用来引导作者、影响读者、实现作者—读者互动的一种叙事框架，是中国故事讲述者用来标示中国故事内容，设计对外话语体系的文化取向和开场白"[①]。网络文学在某种程度上就是一种元话语，其独树一帜的故事题材和故事结构就是一种"文化标示"，其作者、读者围绕故事文本、副文本的生活化互动叙事就是一种"叙事框架"，加之近年来党和国家对网络文学作品引领示范作用的高度重视，如国家新闻出版署自 2020 年以来组织实施了"优秀现实题材和历史题材网络文学出版工程"，指出网络

---

① 陈先红：《中华文化的格局与气度——讲好中国故事的元话语体系建构》，《人民论坛》2021 年第 31 期，第 31~35 页。

文学要"聚焦现实题材和历史题材,讴歌时代主题和实践创造,展现中华民族的悠久历史和灿烂文化",网络文学因此被赋予越来越多的价值引导功能和时代担当使命。[①] 由此可见,网络文学不仅是具有中国特色的文学故事,而且是表现中国人日常的生活故事,更是蕴含中国价值观念和思想意识的话语故事,"三重故事"共同构成了网络文学作为中国故事的故事特性。

(二)植根中华文化、体现中国特色:网络文学的中国特质

一代有一代之文学,一国有一国之文学。世界各国文学在艺术审美和文学母题上虽然共通,但具体到故事题材、表现手法、价值观念等层面,又必然受到本国、本民族的文化传统和时代印记影响而各具特色。中国网络文学在中华文化传统和当代中国变迁的双重作用下应运而生,具有鲜明的"中国性"。陈先红教授认为,在全球化语境下,中西方面临着"中国观"的巨大差异,应建立基于传统中国文化故事、现代中国发展故事和全球中国开放故事的三大类中国故事体系。[②] 网络文学就是典型的传统中国文化故事,其植根于中华文化的土壤,脱胎于中华文化的精神母体,包含着中华民族文化血脉的基因。

回顾网络文学早期发展史,《哈利·波特》《魔戒》等西方奇幻小说和日本 ACG 文化在世纪之交输入中国,催生了一大批借鉴西方故事背景、吸收西方奇幻与日本动漫元素的网络文学作品。面对"大众文学界何时能出现中国的托尔金和 J. K. 罗琳"的质问,网友"青衣牧云"在梳理早期网络仙侠小说流变时写道:"这让中国本土的作家产生了思考,为什么我们就没有有着自己文化特色的小说呢?当各种研究深入下去,人们才豁然发现,我们不是没有这类小说,而是被压制和埋没了。甚至于,我们的世界更为丰富。在这样一个大网络中,任何人都可以写,任何人都可以创造自

[①] 《国家新闻出版署关于公布 2020 年"优秀现实题材和历史题材网络文学出版工程"入选作品的通知》,2021 年 8 月 23 日,http://www.nppa.gov.cn/nppa/contents/279/98462.shtml,最后访问日期:2022 年 12 月 31 日。

[②] 陈先红、宋发枝:《"讲好中国故事":国家立场、话语策略与传播战略》,《现代传播(中国传媒大学学报)》2020 年第 1 期,第 40 页。

己的世界。"① 于是从 2002 年开始，一些国内网络文学写手进行了"创造世界"的尝试，《九州缥缈录》的作者江南在阐述其创作缘起时说道："有着详细资料与设定的幻想世界，西方有知名的'龙与地下城'（DND）系统。在这个世界设定上产生了经典名著《龙枪编年史》、游戏《魔法门》以及影视作品无数。这个系统已成为西方幻想文化的代表之一。但在东方，尤其是中国，却一直没有一个真正设定严谨资料共享的幻想世界，我们失去想象力和创新力了么?"② 以"九州世界"为滥觞，《飘邈之旅》《搜神记》《云荒》等一系列具有浓郁东方风格的网络仙侠作品相继问世，到了 2003 年下半年，随着《飘邈之旅》的走红，修真类作品也开始大行其道。主角的名字都变回中国式的，少了西方的龙和公主，多了东方的法宝和道法。网络写手们开始自觉扎根中华传统文化，从儒释道典籍和历代志怪小说中吸取养分，如沧月、沈璎璎、丽端三位女性写手构建的"云荒世界"，世界中的山川地理仿照《山海经》而设，气候天文依照《史记·天官》而定，法宝、道具等如金翅巨鸟"迦楼罗"乃佛教八部天龙之一，无形无质的"光剑"出自《列子》，可日游万里的"螺舟"取材自晋代《拾遗记》，其余种族、国家、人物的设定如海国鲛人、妖魔烛阴、女萝等也大多脱胎于中国古代神话。至 2006 年前后，《诛仙》《佛本是道》的横空出世则进一步使得仙侠文学开始向着本民族化的趋势发展，向着古典情怀回归。

至此，以仙侠、修真、玄幻为代表的中国网络文学作品在故事题材、体系设定、文化渊源上拥有了和西方奇幻同样深厚的根基，通过融入巫道文化、儒学思想、侠义文化、中国功夫、中医等中国文化元素，以璀璨的中华文明为精神积淀与素材宝库，以某一历史时段或现代社会的语境为书写背景，网络文学架构起一个个虚拟的故事空间，潜隐着中国化的思维逻辑、价值取向和精神风韵，在很大程度上可视为中华文化元素的集结，因而成为西方读者了解中国文化、理解中国文化的一个窗口。不少海外读者就因网络文学而萌生了对中华文化的强烈兴趣，如有读者在网文平台中发

① 青衣牧云：《网络仙侠小说七年流变——道火不熄，仙侠不死》，龙的天空论坛，2014 年 9 月 20 日，http://www.lkong.net/forum.php? mod = viewthread&tid = 1063118&extra = %26page%3D1&page =1，最后访问日期：2022 年 12 月 31 日。
② 江南：《九州缥缈录》，新世界出版社，2005，第 2 页。

帖询问"如何区分同一发音不同的姓氏",并围绕"路、鹿、陆"这三个英译都写作 Lu 的中国姓氏进行讨论;还有网友表示要去中国学习武术,体验真正的武侠精神。① 从接受美学的角度来看,读者对小说中虚拟世界的好奇,不仅是好奇那个"书中的世界",更是好奇一个从未真正体验过的异域文明。海外读者对中国网络小说的接受,不仅是一种阅读和消费过程,更是一种文化初解过程:通过对异质文化符号的解码,生成共享的"意义空间",在反复解码、编码与互动中,不断扩大共通的意义空间,加深对异质文化的认知、理解与认同,并在网络文学之外的文化实践中进一步强化,最终达成欧文·弗拉纳根所说的不同文明之间的"文化同一性",从而实现习近平总书记反复强调的人类命运共同体理念下的"民心相通"。② 从某种意义上说,蕴含在网络文学中的"中国性"借由这一文化初解和文明互鉴过程便有了跃升为"世界性"的可能,作为中国故事的网络文学便有了国际传播的可能。

三 媒介性:网络文学的跨媒介叙事和全球性数字叙事特征

构建中国话语体系和中国叙事体系是习近平总书记在"5·31"讲话中重点指出的加强和改进国际传播工作的两大着力点。③ 其中,中国话语体系是中国主张、中国智慧、中国实践的生动阐释和理论结晶,为国际传播提供话语资源和学理支撑;中国叙事体系是中国话语的创造性转化、创新性表达和创意性传播,为国际传播效能的全面提升提供现实策略和战略依托,二者共同服务于"讲好中国故事"的重大任务。"两大体系"的论述为网络文学国际传播指明了方向:以故事层为基础,构建具有中国特

---

① 马菁茹、周冰:《网络文学海外传播中的文化体认与传播策略》,《网络文学评论》2018 年第 4 期,第 8 页。
② 《加强和改进国际传播工作 展示真实立体全面的中国》,《人民日报》2021 年 6 月 2 日,第 1 版。
③ 《加强和改进国际传播工作 展示真实立体全面的中国》,《人民日报》2021 年 6 月 2 日,第 1 版。

色、体现中国精神、蕴藏中国智慧的网络文学"话语体系";以媒介层和关系层为框架,构建具有传播力、影响力、感召力的网络文学"叙事体系"。如果说网络文学的故事性与中国性初步回答了作为中国故事和中国话语的网络文学"为什么是"的问题,那么网络文学"为什么能"的问题则需要在中国叙事体系的理论框架下予以解答。

叙事,通俗地讲,就是讲故事。讲故事之学问——在现代学科谱系中,凝结为 20 世纪初受到结构主义、形式主义影响而建立的"经典叙事学",经典叙事学确立了一整套对人物、情节等故事文本的分析框架,其研究对象是以"文本"为中心的叙事语言、叙事技巧和叙事结构,表现为语言学、文学等领域的小说叙事、电影叙事之研究。然而,正是由于文本的"中心性",我们往往将故事强调为文本、将叙事等同于故事本身,忽视了故事的社会化传递方式,即"讲"故事;同时这也阻碍了我们对讲故事过程中"媒介"的认知,因为媒介介于我们与外部环境之间,并且时常被当作我们所实际体验的生活环境,当媒介成为一种"日常程序"时,人们更多地关注媒介所传递的内容,或者媒介被使用的方式,媒介本身反而被忽视了。从这个意义上讲,应当把媒介带回人们对叙事研究的自觉意识中,或者说,叙事应当更多地被理解为媒介,而不仅仅是故事内容。正如传播学者兰斯·斯特拉特(Lance Strate)在《论作为媒介之叙事》中所说的,叙事是一种人类特有的媒介形式,"叙事代表一种提取方法,帮助我们从外部世界的混乱中重整秩序,为一连串的事件施加可以理解的、可以预测的连续性结构与感觉"。换言之,叙事作为人类符号交流能力的产物,将我们的过去、现在、未来联系起来,指导当下的生活实践,是最广义的社会性媒介。

本文将网络文学定义为由故事层(故事内核)、媒介层(叙事空间)、关系层(叙事关系)构成的三元结构系统,正是为了打破文本中心论,重拾网络文学作为"叙事体系"的媒介特性,为国际传播视野下网络文学为什么能讲好中国故事这一现实问题的回答奠定理论基础。本文认为,网络文学不仅是故事文本,更是一种复合型媒介,准确地说,是一种以故事为核心,以数字平台为依托,传播网络文学作品、书籍、影视、游戏等跨媒介产品以及产品背后的价值观念的融合媒介。

考察其故事层——故事文本和副文本,看似是媒介所"传递之物"而非媒介本身,但是"一种媒介的内容永远是另一种媒介",当网络文学的原始故事文本被当作"脚本"翻译成海外作品或改编成电影、电视剧、游戏的"内容"时,文本便成了新的媒介。其媒介特性表现为:在"元故事"跨媒介传播过程中,扩大"叙事空间"并延伸故事的价值,覆盖更广的人群并建立起多种关系,实现多渠道、多平台、多场景的价值增值、价值整合和价值传播,并最终由单一的故事文本进化为一套叙事体系。在此过程中网络文学便完成了杰伊·戴维·博尔特(Jay David Bolter)等学者所谓的"再媒介化"(remediation)①,实现了亨利·詹金斯(Henry Jenkins)所说的"一种故事、多重叙事"②,这种"新媒介从旧媒介中获得部分的形式和内容,并以独特方式塑造出崭新的意识和文化"的再媒介化特征,正是网络文学能够成为创意内容"发动机"的内在根源,也是网络文学作为数字时代最主要的故事形态之一而能够源源不断地生产、裂变与传播的理论来源。

考察其媒介层和关系层——针对网络文学作品进行二次开发和媒介转换而形成的书籍、影视、游戏等其他媒介叙事形态,以及在跨媒介过程中建立的写手(故事生产者)和读者(受众)的叙事关系,则具有更鲜明的媒介属性。作为跨媒介叙事的产物,网络文学可以被视为"故事的延伸",它使作为不同故事表现形态的书籍、影视、游戏之间建立起价值联系,使作为故事生产者的写手和作为故事消费者的读者之间建立起情感联系,使作为故事经营者的出版商、平台方和文化企业之间建立起经济联系。价值联系为网络文学持续生产提供了内容基础,情感联系为网络文学持续传播奠定了社群基础,经济联系为网络文学持续消费打下了产业基础。"三大联系"共同揭示了网络文学区别于其他故事形态的媒介性:传播学视野下网络文学的价值和意义绝不仅仅体现在作为"结果"的故事文本上,更体现在作为"过程"的网络文学故事生产方式与故事传播(互动)方式上。任何有着直接经验的读者都会发现,阅读一部已经完结的网络小说与参与小说从发表、上架、更

① Bolter, J. D., & Grusin, R., *Remediation: Understanding New Media* (Cambridge: The MIT Press, 2000), p. 5.

② 〔美〕亨利·詹金斯:《融合文化:新媒体和旧媒体的冲突地带》,杜永明译,商务印书馆,2012,第35页。

新、打榜到完结、改编、再阅读的全过程，其体验是完全不同的，在这一过程中，读者通过点击、订阅、追更等阅读行为和投票、打赏、评论等互动行为，消弭了与故事生产者之间的界限，获得了对故事文本的"游猎"式体验，完成了对故事意义和个体意义的双重构建，彰显了布莱恩·亚历山大（Bryan Alexander）在《新数字叙事》中提到的"数字时代讲故事"的两大核心要素："意义"（meaning）和"卷入"（engagement）①。

这种"数字叙事"特征为网络文学在全球数字平台中讲述中国故事铺设了基础语境：故事题材是传统的、古典的，故事呈现方式是流行的、现代的；故事时空是穿越的、中国的，故事场景是平台化、全球化的；故事生产者是个体的、分散的，故事生产方式是组织化、智能化的（集体创作、机器写作、人工智能翻译）；故事讲述者是自发的、泛在的，故事讲述方式是制度性、策略性、互动性的（平台逻辑、算法推荐、人机交互）。质言之，在数字媒介的赋能下，技术已经用一种新的形式（即媒介）取代了叙事，网络文学的叙事个体作为不同文化背景和文化模式的具身，与平台、算法、机器等非人类主体共同构筑了跨文化、跨媒介叙事的故事景观，中国故事进而在多元主体的数字叙事体系中全面展开，发展为一种智能集成、多媒共生的"全球故事"②，从而为网络文学"为什么能"这一命题做出了技术层面的合理性解释。

结　语

在国际传播的时代，随着传播主体、传播手段、价值观念的多元化，以国家为主体的对外传播，正在逐渐朝着由个人、群体或组织共同承担的全球传播转变。作为宏大叙事的国家叙事也越来越多地渗透到微观的、民间的、温和的生活叙事、文化叙事和媒介叙事等多元叙事形态之中。讲故事的未来在于继续摆脱作为文本的、文学的叙事，并向着作为媒介、环

---

① Alexander, B., *The New Digital Storytelling: Creating Narratives with New Media* (Santa Barbara: Praeger Publishers, 2011), p. 10.

② 李鲤：《赋权·赋能·赋意：平台化社会时代国际传播的三重进路》，《现代传播（中国传媒大学学报）》2021 年第 10 期，第 63 页。

境、系统的社会性叙事发生全方位、持久性的转移。网络文学作为中国故事的一种，在这一转变、渗透和转移过程中具有独特优势：其故事层、媒介层、关系层的三元本体结构为中国故事提供了理论模型，其文学故事、生活故事、话语故事的三重故事性赋予中国故事立体化的精神内涵，其根植中华传统血脉的中国性赋予中国故事本土化的文化气质，其跨界互联、延展融通的媒介性赋予中国故事全球化的开放语境。

置身于国际传播的视野下，讲故事之研究在将来仍可能面临来自理论或现实方面的挑战，诸如中国故事本体的在地性与世界性平衡问题，多元故事主体的叙事动机与叙事行为博弈问题，故事讲述过程中的合目的性与合规律性统一问题。但是讲故事研究的宗旨——发展、检测和修正故事及其运作方式，致力于理解叙事如何遍布其他社会文化实践以及意义的生产过程——仍将继续贯彻下去，并在新时代中国故事国际传播的伟大实践中焕发蓬勃生机。

"我的甘孜兄弟":媒介景观的地方性生产及多重叙事[*]
——以丁真走红为例

刘 杰 龙 情[**]

摘 要 在数字平台环境下,通过对地方的"再造",少数民族的媒介景观改变了既有的视觉权力关系。文章以丁真为例,探讨地方媒介景观背后的多重叙事。首先是民族地区发展的能动性叙事,在现代性话语与民族性之间寻求调和。其次是国家主导下的发展主义叙事,将丁真走红吸纳为发展干预的典型案例。最后是数字基础设施的平台可供性叙事,城乡数字基础设施建构了完善的沟通网络,使媒介文化生产转向平台化,塑造了特定的情感公众。丁真走红也扩展了发展传播学的想象力,研究转型时期的媒介现象应当注重理解、探寻其之于群体平等、民族团结与社会进步等发展命题的意义。

关键词 媒介景观;发展传播学;地方性;可供性;丁真

一 边缘何以中心?作为一种"媒介景观"的丁真走红

在《我的凉山兄弟》一书里,刘绍华描述了一个"遥远"的边缘地

---

* 本文系教育部哲学社会科学研究重大课题攻关项目"讲好中国故事与提升我国国际话语权和文化软实力研究"(项目编号:17JZD038)的研究成果。

** 刘杰系华中科技大学新闻与信息传播学院讲师、硕士生导师,中国故事创意传播研究院副秘书长;龙情系华中科技大学新闻与信息传播学院硕士研究生。

带——凉山地区——的诺苏人青少年男性在成长过程中所遭遇的社会化失败。伴随着全球化、现代化与市场化多重浪潮的冲击，凉山诺苏人的边缘性不断被再生产，诺苏少年在乡城迁移、探索外部世界的过程中通过"越轨"行为完成一种另类的"成年礼"。与此同时，以国家社会工程为名义的发展干预项目在地方性场域中不断遭遇错置，使得凉山成为某种落后的污名化标签，① 其在传统—现代、边缘—中心、内源—外在的时空拉锯中，呈现出全球化、现代性、城市化、市场化多重机制下的地方脆弱性，恍若一个现代世界的弃婴，并承载着多重污名。

时移世易，在凉山以北直线距离约 300 公里处的四川甘孜理塘，出现了一位"甘孜兄弟"。2020 年 11 月 11 日，抖音用户名为"微笑收藏家·波哥"发布了不足 10 秒的微笑视频，配文是"很多年轻女粉要我多拍拍尼玛，尼玛没遇上，见到他的哥哥，丁真"，并带上了话题#世界高城的微笑#，此条视频一经发布，迅速火爆全网。在视频镜头中，丁真眼里闪着清澈的光，脸上带着腼腆的笑，从四川甘孜特色的地理环境中走来，以一种工业化时代少见的微笑攫住了大量关注。此后，在地方媒体的流量争夺与主流媒体的注意力加持之下，丁真逐渐成为川西藏区的一种地方文化符号。他以"阳光""甜野"的形象出现在中国的短视频平台中，成为流量时代的"宠儿"，构成一种"媒介景观"。

丁真作为"我的甘孜兄弟"，为何呈现出与"凉山兄弟"迥异的公众形象、外界认知以及"中心—边缘"的图景？对于"媒体景观"，在阿尔君·阿帕杜莱（Arjun Appadurai）看来，一是指生产和散布信息的电子能力（报纸、杂志、电视台、电影制片厂）的分配；二是指这些媒体产生的世界影像。媒体景观（特别是在电视、影片和磁带形式中）为全世界的观众提供着丰富而特别庞杂的影像、叙事及族群景观，商品世界与新闻政治的世界在此混杂一团无从辨认。② 丁真走红恰巧处在国家"全面脱贫"胜利之际，与既有的"网红/名人"所不同的是，在地方性、民族性与发展

---

① 刘绍华：《我的凉山兄弟》，中央编译出版社，2015，第 16 页。

② 〔美〕阿尔君·阿帕杜莱：《消散的现代性：全球化的文化维度》，刘冉译，上海三联书店，2012，第 46 页。

主义的多重话语耦合下，丁真被赋予了持久的生命力，一方面不断吸引与建构外界民众对于川西藏区地方文化的想象与向往，另一方面也承载着国家发展主义下民族贫困地区全面脱贫的精神面貌展演。

雷蒙·威廉斯（Raymond Williams）认为，在现代工业社会中，存在城镇和乡村两种修辞差异，乡村代表着一种自然的生活方式——宁静、纯洁、纯真，城市则象征着智力、交流与知识，[1] 进而乡村与城市也分别对应着传统社会的愚昧落后和现代社会的进步文明，同时，他认为乡村必然要进入城市化进程，这显然是一种基于社会达尔文主义的线性历史观。[2] 在此意义上，日常生活中的人们出于自身的知识结构与观念图式，在想象"边疆"时，也存在类似"中心—边缘"的思维定式，例如在当代的旅游情境中，少数民族的地理与人文景观被建构成一种"表演舞台"，人们以"游客"的猎奇视角去"凝视"少数民族的奇风异俗，并通过凝视行为将自我主体化、神话化，[3] 形成一种"看与被看"的结构性视觉权力关系。

聚焦丁真走红这一媒介景观，我们会发现，这一视觉权力关系发生了改变与翻转。这种视觉权力关系的生产不再建立在"看与被看"的基础上，而是基于相对平等的位置，其视觉图像的形成并非依靠外地游客的流动与观看这一外源性动力，而是来自自身的文化生产内驱力。因此，丁真及其所代表的川西藏区不仅仅是一种"地方性知识"，而是经过了地方性的重塑，承载着丰富的"中心性"，透过这种"中心性"，我们可以管窥其背后的多重叙事逻辑。那么，丁真走红作为一种媒介景观，如何被赋予了某种现代性话语？这又遵从何种逻辑？

二 "地方"再造：媒介景观生产中的多重叙事

（一）展演"地方"：民族地区的自主性与能动性叙事

丁真作为一种媒介景观呈现出多重叙事。作为一种整体的思想体系，

① 〔英〕雷蒙·威廉斯：《乡村与城市》，韩子满等译，商务印书馆，2013，第2页。
② 汪民安：《文化研究关键词》，江苏人民出版社，2007，第383页。
③ 〔英〕约翰·厄里、〔丹麦〕乔纳斯·拉森：《游客的凝视》，黄宛瑜译，格致出版社，2016，第2页。

发展主义话语必须与地方性/民族性的自发秩序构成"合意"才会激发地方的发展潜能。甘孜理塘作为地理与文化意义上的"边陲/边缘",之所以能够被"看见",得益于丁真作为一种地方性符号所仰赖的民族性"文本",包括自然地理、地域符号、民族风情、民俗习惯等,其主动承载某种"自我他者化"的神秘主义想象,为"远方"的"游客凝视"提供想象空间,也为民族地区的发展提供可能。

丁真事件是事件组织者"蓄谋已久"的策划(见表1)。在2020年11月11日丁真走红之前,甘孜州政府作为事件组织者已经策划了太多脱贫攻坚、宣传本地的媒介事件,丁真的出现是天时地利的结果。正是前期各类媒介事件的策划和宣传,成功吸引了摄影家胡波前往理塘拍摄主题"世界高城的微笑"短视频。丁真的走红是偶然中的必然,任何媒介事件的成功运作都离不开前期的准备工作。而丁真在抖音短视频平台爆红后,事件组织者迅速抓住机会,将丁真聘为理塘县形象大使,事件组织者策划了一连串媒介事件,使丁真成为理塘出色的名片,丁真文化符号被成功塑造。

表 1　理塘县政府策划事件

策划事件	时间	简要介绍	热度
赛马节	每年 8 月 1 日	理塘"八一赛马节"拥有悠久的历史,在400多年之前就已经出现。这一节日早期在民间被称为六月转山会,按照藏族的年历,在六月初三——这一天是一年之中最青春、美好生机勃勃的日子,便会进行转山会,其中最让人期待与关注的活动也就是赛马节	当地人熟知
山地文化旅游节	2020 年 7 月 20 日	第五届"四川甘孜山地文化旅游节"在理塘县举行,汇集了"观赛马、赏歌舞、选美男、玩户外"等活动内容	当地人熟知
仓央嘉措诗歌节	2019 年 8 月 2 日	第三届"仓央嘉措诗歌节"在理塘县"以诗塑牌""以承带新"等理念的影响下不断地将仓央嘉措文化传播到更大的范围,吸引更多的受众群体,借助艺术与旅行合一的方法,塑造了独特的旅游文化优势,不仅传播与传承了优秀文化,也带动了当地经济的发展,推动了相关产业的兴旺	当地媒体康巴传媒网/甘孜日报社

策划事件	时间	简要介绍	热度
理塘特色产品	2020 年 6 月	甘孜州司法局派驻下汝村的第一书记任敏扶贫攻坚，将当地特色产品打造包装，寄给微博大 V 推广理塘特色产品	微博大 V "桑格格桑格格"在微博上推广
康巴汉子评选	2020 年 7 月 29 ~ 30 日	以竞赛为桥梁，以传播旅游文化、发展旅游经济为目的，并通过评选最美康巴汉子向世界展示理塘、甘孜州的旅游文化资源	康巴传媒

胡波从 8 月份开始拍摄自然淳朴、毫无滤镜的微笑视频，视频中展现了不同地区、不同年纪的人的微笑，镜头的背景以高山田园风光居多，人物以当地人为主，以真实自然甚至偏黑的微笑面貌凸显主题，这一策划主题迎合了网民在疫情期间对健康的追求和对田野的向往。丁真微笑视频只是胡波拍摄视频中的一例，但也是最具代表性的一例，丁真黝黑的肤色和"甜野"的微笑满足了广大网民的心底幻想，实现了受众在精神世界中未能抵达的远方向往。

胡波的抖音短视频制作并不精美，但贵在视频内容真实而贴近生活，展示了自媒体的灵活性，突出了自媒体的传播主体对市场大环境的准确研判，一场由自媒体策划的媒介事件引发了受众的讨论与互动，传播主体不再局限于事件组织者，受众和传播主体的身份不断转变。2020 年 11 月 12 日是丁真视频点击量暴涨的第二天，自媒体用户胡波带领丁真在抖音直播间与粉丝互动，在信息交换过程中，不断出现新的信息，媒介事件相当注重仪式感和完整性的演出，具备预谋性的显著特性，而直播间的表演互动准备不够充分，缺乏提前演练和彩排，丁真的表现并不像一炮走红的微笑视频那样收放自如，导致这场抖音直播媒介事件的观众并不配合，在直播间中丁真局促不安以及腼腆不适的表情和动作让围观的网民深感忧虑，网民们担忧丁真爆红后的商业走向和无下限地被消费，纷纷出谋划策要留住丁真的纯真笑容。

有关丁真第一次直播事件中的传播主体和受众的互动并没达到预期的效果，媒介事件缺乏充足的预谋性和正确的政治性，因而很难保证良好的传播效果和流量长"流"。在网民纷纷担心丁真的走向问题时，理塘县政府相关单位凭着敏锐的媒介"嗅觉"做出反应，于 2020 年 11 月 18 日迅速将丁真签约到甘孜州理塘县文旅体投资发展有限公司旗下，由他担任理塘县旅游大使。在微博盛传丁真受邀参加真人秀节目的消息时，由地方媒体"四川观察"率先在微博上策划了媒介事件"丁真签约国企"话题与网民进行热络互动。《丁真的世界》宣传片是经过反复推演、排练和完善的媒介事件，于 2020 年 11 月 25 日发布后，立刻引爆全网，搜索量直线上升。从丁真视角出发的理塘风景宣传片，每一帧、每一个镜头都是由事件组织者精心策划，以画面形式重构网民想象中的诗与远方，像一道光环架在中间，网民将无限的美好构建投射到理塘人文风景之中，在"虚拟"现实中找到情感的寄托，事件组织者收到"想去找丁真"反馈后调整传播内容，并在微博设置话题"四川甘孜 A 级景区门票全免"，及时响应网民的反馈，有关丁真话题的媒介事件持续发酵。

丁真在接受采访时被问及最想去哪里，其脱口而出的"最想去的地方是拉萨"引发了一场官方文旅的争夺战，通过分析可知，"丁真最想去的地方是拉萨"话题引发网民集体讨论和热议丁真的家乡，《西藏日报》抓住热度，策划话题"以为丁真在西藏"，使有关丁真的话题热度更上一层楼，不少网民表明立马买机票去西藏，《四川日报》发现《西藏日报》开启"抢人"大战后，听取网民的建议，让丁真怀抱大熊猫宣告家在四川，终结"抢人"大战。

在地方官媒和网民的热议互动中，丁真的热度持续推高，陕西文旅官博设置话题"丁真撞脸兵马俑"开启一波强势宣传本地旅游广告，山东文旅官博也伺机而动，甩出本地美景图片和旅游政策，全国各地的文旅官博也加入蹭丁真热度话题之中，助推丁真"出圈"。

媒介事件是在场观众对历史性事件现场的见证与记录，例如春晚直播或者奥运会赛事直播的在场观众鼓掌或欢呼性的参与互动，展示出媒介事件离不开受众参与和在场的特性，但由于传播媒介工业发展化，新兴媒介技术更新换代，在场性由线下转换成了线上，突破了空间的限制，使受众在任意场所都能直接快速地参与媒介事件的互动。从此次非常规走红的模式可以看出，"丁真走红"事件是大众参与的"造星"事件，由主流媒体在微博上策划有关丁真话题，让受众参与"丁真最想去的地方是拉萨"

"以为丁真在西藏""其实丁真在四川"和"邀请丁真来我家乡"等话题的讨论和互动，使丁真的热度在一个月之内持续暴涨。一连串的经历让丁真从短视频平台出圈，成为"现象级"人物，这得益于社交媒体独特的参与性和即时互动性。

（二）"庇护"地方：国家发展主义的整合叙事

在国家脱贫社会工程的实施中，落后地区被纳入整体性的发展主义叙事，并被附丽"民族团结"与"共同富裕"的愿景。在中国社会转型、城市与乡村均衡发展、东中西部协同发展、民族地区实现跨越式发展等多重转型逻辑的交汇点上，丁真构成了某种"符号"。他的出现及走红表现出某种国家试图重塑边缘地带道德秩序、生计方式、公众形象认知的政治意图，从而为边缘地带的"被看见"提供了可能。因此，作为媒介奇观的丁真走红现象构成一个发展干预的典型案例，形成现代性与地方性的某种契合。

主流媒体在全国范围内具有决定性的影响力量，常针对社会热点新闻事件及时引导舆论。在丁真事件多次"霸占"全网热搜后，《人民日报》、央视新闻和外交部时任发言人华春莹等发声支持丁真的"甜野"美，还就网红价值取向的问题多次发文，占据社会价值舆论的高点。在微博上发生"抢人大战"，各地官媒和意见领袖在微博上纷纷支援丁真之后，《人民日报》就"丁真走红"现象陆续发表了《在喧嚣的时代，更应珍视"丁真们"的纯真》和《热议丁真，也别忘了背后的他们》，提及让丁真成为"顶级流量"的最根本的原因，还在于其在热爱家乡、热爱生活方面，能够起到引领性作用，而且他身上的坚毅、顽强、勇敢、乐观、开怀与自信都为人们呈现了不一样的民族特性。之后，文章引导粉丝和受众更多关注丁真背后的扶贫攻坚和藏族别样文化的故事，防止有关话题泛娱乐化。

由于理塘县地处偏僻，民众基本以游牧为生，家里一般缺少劳动力，普遍对义务教育认识不够，丁真未完成义务教育就辍学。此消息被网友知晓后，丁真收到了网友邮寄的大量书籍，他也在自己的微博上和粉丝们分享学习时刻，当地媒体也督促丁真认真学习，还对更多类似丁真这样未能完成义务教育的情况查漏补缺，保证将义务教育普及每一个孩子，这一做法被众多网友点赞，联合国教科文组织也转发了丁真学习的微博，并以一种诙谐的说法提到"丁真的小马会轻松一些"，还带出"教育给我们带来更多人生选择"的案例网页链接，在线普及义务教育的好处，将丁真事件提升到"教育为国家大计"的高度。

在丁真事件持续发酵的一个月里，从自媒体的偶发走红到地方官媒的及时策划，再到受到微博上意见领袖的助推，特别是主流媒体的介入，丁真的热度一浪胜过一浪。在央视媒体评价丁真事件后，丁真不断与新出现的关键词加固、加深联系，不断变化出新的相关词，然后根据相关词本身的搜索量得出的关键词和相关词的联系程度，将丁真的搜索指数直推到峰值，使其再次攀登流量高峰。央视《新闻周刊》专访丁真，让更多观众知道丁真的家乡之美。《人民日报》于 2020 年 12 月 12 日发表了网评《热议丁真，也别忘了背后的他们》，华春莹在 11 月 29 日连发三条有关丁真纯真和家乡风景的推特。脱贫攻坚和中国发展的故事慢慢出现在大家的视线中，央视新闻微博在 11 月 28 日发布了《丁真成了真·顶流》微博后，评论前三的"喋一口小甜茶"说道："你看到的满屏的丁真，其实都是脱贫攻坚，国计民生，加油"；"PerchZhang"评论道："希望丁真能带甘孜走向脱贫致富"；"不断进步的王同学_"也提到，"流量引导得好，就会变成正能量"。

这一系列事件的背后是国家发展主义的嵌入。2020 年是全面建成小康社会目标实现之年，是脱贫攻坚战收官之年。理塘县于 2 月成功脱贫摘帽，当地政府以丁真为楔子，深挖当地扶贫干部的事迹，讲好理塘当地感人的故事。丁真现象不仅是理塘脱贫的缩影，也映射了全国 832 个国家级贫困县全部摘帽的成就。在社会大语境下，媒体致力于讲好脱贫攻坚的故事，而不是过度消费丁真，12 月 1 日《人民日报》的《在喧嚣的时代，更应珍视"丁真们"的纯真》以及《广州日报》的《"丁真"之美，美美与共》都起到了真正的引导作用。

为何丁真及其所在的藏区理塘会成为这一轮主流媒体内容生产的"宠儿"？除了由于自上而下的发展主义话语，同时也因这一"地方"承载着极为丰富的文化地理符号。一方面，藏族悠久的历史呈现了游牧模式的生活，这种因季节改变而寻求更适宜的生活环境的游牧模式，使得藏族人民拥有了一些独特的习惯，例如经常性的迁移导致无法储存与携带大量的钱币，所以把金银货币换为贵重衣物、首饰以及装饰品。当藏族人民结束游牧生活而实现定居，一些游牧时期的风俗习惯也同样被保存与传承下来。通过《丁真的世界》宣传片可以看到绚彩华丽的的藏族服饰，比如他在视频中有一套典型的藏族服装，长袖、宽腰、大襟，黑色长裤，穿高筒藏鞋或黑布鞋，显示男性的雄健豪放。丁真每次出镜都配戴耳环，体现出藏族人喜欢佩戴玛瑙项链、银链、银镯等饰品。别具一格的穿戴文化符号成了丁真出境的点睛之笔，体现了不同民族文化的多样性。

另一方面，理塘地处高原导致当地交通设施落后，当地居民擅长骑马，以畜牧业为主要生计。他们由于长时间在户外放牧而显得皮肤干燥黝黑，自然气候在当地居民身上留下烙印。在上文提到选取的文化符号必须要具备本地代表性，而理塘独特的地域风貌和自然气候巧妙地融合于丁真一身。首先，丁真干燥黝黑的面貌是在理塘受长时间的日照而形成的；其次，较为挺拔瘦削的身材是因为长时间在户外放牧劳作；最后，理塘处于较为闭塞的地理位置，丁真的纯真微笑展示出当地居民世外桃源般的生活作息方式。

可见，在国家主导的发展主义叙事下，作为媒介景观的"丁真走红"构成一个发展干预的典型案例，提供了现代性与地方性得以缝合的可能性。一方面，国家叙事主体的出场实现了以脱贫攻坚为核心的发展主义话语在民族地区的应用，[1] "落后地区"被吸纳进入国家整体性发展的版图，并被附丽"民族团结"与"共同富裕"的美好愿景。另一方面，丁真也构成了某种奇妙的"文化符号"，实现了城市与乡村均衡发展、东中西部协同发展、民族地区跨越式发展等多重制度逻辑的汇流。他的出现及走红表明国家重塑边缘地带道德秩序、生计方式、公众形象的总体意图，为其"被看见"提供了政治上的机遇。

（三）看见"地方"：数字基础设施的平台可供性叙事

丁真的走红作为一种智媒时代的媒介景观，还体现出数字平台基础设施在发展视觉生产力、促进各民族发展与区域平衡中的重要作用。作为一

---

[1] 李小云：《河边扶贫实验：发展主义的实践困惑》，《开放时代》2020 年第 6 期，第 38 页。

种"边缘"的文化符号，丁真的走红除了体现出平台文化生产的技术逻辑之外，还意味着平台的可供性通过促进"地方性""民族性"主体生成、再造、塑形与扩散，让平台自身不断被外界"看见"，从而通过"技术反哺"促进地域发展。丁真在自媒体短视频平台上的"意外"走红及背后地方官媒、社会公众与国家主流媒体的积极护航，恰恰表现出一种利用平台技术为发展赋能，推动"参与式发展""社会干预"的集体努力。

当前，以直播、短视频为代表的新型媒介构成了重要的文化生产载体，数字时代的媒介文化生产转向平台化。[①] 短视频在构成人们创造性的想象、情感生成及表达等方面具有独特优势，是视觉生产力的"转基因"，[②] 也成为塑造媒介景观最为频繁的场域。传统媒体存在诸多困境，其在受众影响范围、触达率以及文化塑造的能力方面存在诸多不足。短视频以及直播技术的出现，可以有效化解移动互联网时代传统媒体的困境。

与丁真相关的一系列新闻事件引发全网多次讨论，这离不开事件组织者对丁真身上元素的深入挖掘，以及对丁真背后故事的策划报道。从在自媒体平台的短视频策划"微笑"类视频事件后引人关注，到理塘县地方媒体准确及时捕捉到新媒体时代下稍纵即逝的丁真热点，立刻签约丁真为理塘县的旅游大使，并立刻在微博上策划"丁真签约国有企业"话题抢先报道，再到后续以精良的拍摄手法推出《丁真的世界》宣传片，利用新媒体平台上演一场画面精美的"表演秀"，超过四千万的观众投入这场"表演"的观看之中，引发受众在新时代对草原和雪山的无限遐想，再到全国各地处于低迷的文旅媒体在黑暗中看到一线生机，《西藏日报》策划报道话题"丁真最想去的地方是拉萨""以为丁真在西藏"，并迅速推出西藏旅游景点的宣传视频和政策，都在不断地推动有关丁真媒介事件的升级，邀请和吸引更多的受众参与媒介事件并加入讨论，增加媒介事件中受众的在场感。

借助移动媒体与移动终端等多样化的工具，观众能够随时、随地、

---

① 曹钺、曹刚：《作为"中间景观"的农村短视频：数字平台如何形塑城乡新交往》，《新闻记者》2021 年第 3 期，第 21 页。

② 彭兰：《短视频：视频生产力的"转基因"与再培育》，《新闻界》2019 年第 1 期，第 37 页。

随心所欲地通过远程的形式来旁观或直接参与事件，并推动事件的发展。利用新媒介的优势，观众身临其境的感知会更加强烈，为受众塑造在场感也变得更容易。丁真由短视频走红后，在微博上开通了个人账号，并建立了 6 个粉丝群，粉丝不仅通过观看抖音视频增强对丁真事件的参与度，还深入丁真的社交平台，在微博平台上评论点赞，增强与丁真各类事件的联系。

地方官媒的"出场"带来"破壁"效应。传播活动离不开信息，互联网传播时代常见的信息包括图片、文字和音视频信息，精准提供信息能提高传播内容的质量，根据特定的受众群体策划媒介事件可以达到事半功倍的传播效果。理塘媒体在分析丁真爆红的受众群体后，借丁真处于热搜的时刻乘势造势，在拍摄《丁真的世界》宣传片时，多次展示丁真微笑帅气的脸部镜头，丁真随意洗脸、水珠滴下来看镜头的微笑，挺拔身姿站立时候的微笑，吸引了更多女性粉丝参与点赞，此宣传片一经发布，立马火爆全网。在传统的媒介景观中，媒体塑造出"朝圣感"，人们在"朝圣"过程中"怀着极大的敬意"完成"象征性旅行"，[①] 而短视频这一新兴媒介塑造了"再现的空间与时间"。

从"公众"角度而言，短视频等数字媒体提供了某种"公共情感结构"，[②] 实现"在场性"的增强。在丁真走红的过程中，传播主体不断制造新话题，衍生新的媒介事件，各地地方官媒号召广大网友参与互动丁真的家乡话题，引发主流媒体发声，丁真不再仅仅是看脸的"小鲜肉"，其背后的故事被层层扒开报道，国家级媒体纷纷发声支援，形成极大的舆论阵地，而受众受社会整体环境影响，会对周边影响保持高度的敏感性，进而参与丁真媒介事件的互动，增强其在场的自我认同的掌控感。

在这一过程中，技术的可供性转化为"想象"的可供性，人们在当地以及在国家、全球背景下实现文化、区域和阶层身份的相交，这种"距离消解式"（de-distantiation）或"时空压缩式"的媒介文化逻辑使人们能够

---

① 蒋晓丽，郭旭东：《媒体朝圣与空间芭蕾："网红目的地"的文化形成》，《现代传播（中国传媒大学学报）》2020 年第 10 期，第 13 页。

② 曾国华：《重复性、创造力与数字时代的情感结构——对短视频展演的"神经影像学"分析》，《新闻与传播研究》2020 年第 5 期，第 45 页。

随时随地通过远程的形式旁观或直接参与媒介事件，① 并推动事件的发展，人们不再对从前那个一直被施魅的"远方"抱有执念，而是通过数字中介深度参与其中，形成粉丝时代的"参与式文化"。短视频的兴起在促进"地方性""民族性"的主体生成、再造、塑形与扩散从而让短视频自身不断被外界"看见"的同时，也通过"技术反哺"促进地域发展。换言之，短视频在促进乡村文化再造过程中扮演重要角色。

三　丁真走红与发展传播学的想象力

显然，"丁真走红"这一媒介景观所表现出来的不仅是单纯的媒介及传播现象，更是一个"发展传播学"视域下"以传播促发展"的中国式命题，也是思考边缘何以具有中心性的关键。所谓的"发展"，现代性理论的主流观点强调落后地区向发达地区进行转型。尤其是对于民族地区来说，在宏观的社会转型图景中，其多数被认为处于落后状态。对于藏区来说，部分人对于藏族文化、边疆文化存在一种"浪漫主义"的误识，而实际上，"发展"应当是实现区域协调、国家整体进步的共识。

如今在大众传播时代或者说平台时代，在诸多现代化的动力机制中，除了经济发展、社会政策等要素，更加需要新兴媒介技术的介入。四川藏族男孩丁真在短视频平台上的意外走红也恰恰表现出利用媒介技术为发展赋能的尝试。政府和媒体通过视觉流动性的运作拆解了"城市—乡村""传统—现代""中心—边缘""东部—西部"二元区隔认知模式，② 通过多重叙事逻辑的耦合，实现"地方"的营造、庇护与看见，因此"地方"只应当是地理意义上的边缘，而不应当是社会文化意义上的边缘。

在学术的意义上，丁真的走红也提醒我们对于当下媒介技术的研究应抱有更多的想象力。对于当前中国社会的许多媒介现象，我们应当将其放在更为宽阔的社会语境中来理解、探寻、凝练其之于群体平等、民族团结

---

① 〔加〕菲利普·N. 霍华德：《卡斯特论媒介》，殷晓蓉译，中国传媒大学出版社，2019，第 84 页。
② 李红艳、冉学平：《乡村社会的另一种"凸显"——基于抖音短视频的思考》，《新闻大学》2020 年第 2 期，第 98 页。

与社会进步等一系列发展命题的意义。既有传播研究主要聚焦于媒介的使用"效果"，忽略了"效果"的起点——受众，尤其是人及他们所生活的具体环境以及文化传统。在转型社会中，现代传媒进入中国乡村社会、民族地区，是高度"嵌入式"的。因此，对于与现代媒介相关的传播实践的研究，不能孤立地进行考察，而是要充分考虑到这些地区、民族的社会文化传统，[①] 不再局限于传媒对当地人到底产生了怎样的影响，而是把传媒放到日常生活的脉络中来进行考察。[②] 当然，在探讨"以传播促发展"命题的背景下，亦不可罔顾现代性框架下的价值冲突与文化张力，要重视地方知识中的"内生性"问题。幸运的是，在"丁真走红"这一媒介景观中，我们看到了一种颇具典范意义的发展传播学实践，这也为我们今后思考数字智媒语境下中国故事的创造与传播提供了借鉴。

---

① 郭建斌、姚静：《发展传播理论与"中国式"发展之间的张力及新的可能——基于中国西南少数民族地区三个案例的讨论》，《新闻大学》2021 年第 1 期，第 31 页。

② 〔英〕尼克·库尔德利：《媒介、社会与世界：社会理论与数字媒介实践》，何道宽译，复旦大学出版社，2014，第 3 页。

下篇　案例研究

王玄素：英伦传"道"的文化行者[*]

张恒军 唐 宁[**]

摘 要 王玄素（Noah），1975 年出生，江苏无锡人。早年从事教育工作，屡获省市级荣誉。2004 年，入英国伦敦大学亚非学院深造；2008 年，赴陕西华山学道；2011 年至今住持苏州昭灵观，重建道观，开辟道文化事业，创立"秋水环碧"文化品牌及同名慈善期刊。英国留学归国后，王玄素开始致力于中国文化海外传播事业——编写《道文化读本》，主办道文化国际学术研讨会，举办"中外交流中的大文化与小文化"等主题讲座和演讲，促进了中外道文化的交流，并受到《华尔街日报》专访。其主持的"明爱讲堂"道文化海外传播在线讲座受到英国民众的喜爱，另有"庄子"系列、"中国古典文学"系列、"西游记"系列等公益讲座持续不断。他结合过往丰富的中文国际教育经验，从海外受众的认知特点出发，设计符合现代人认知习惯的道文化课程。他通过带领学生重读经典，消除了海外受众对中国传统文化的认知偏差，激活了道文化长久的生命力，发展了道文化的海外传播事业，提升了中国道文化在英国的影响力。

关键词 王玄素；道文化；海外传播

---

* 本文系教育部国际中文教育创新项目"中华文化经典推动亚洲文明对话"（项目批准号：21YH003CX6）的阶段性成果。

** 张恒军系大连外国语大学新闻与传播学院教授、院长；唐宁系大连外国语大学新闻与传播学院硕士研究生。

2019 年冬天，王玄素在伦敦做了一个关于《西游记》的文化主题讲座。在长达三个小时的讲座中，王玄素用道家思想重新梳理了《西游记》的结构，引起与会听众的关注。会后，几位女士用不甚流利的中文表示，希望能把他介绍给她们的老师。于是几天后，王玄素去剑桥大学进行了一场访谈。他重读《西游记》，在场的海外学者为之一振，深刻地领悟了这部名著的文化价值远不止文学。后来王玄素了解到，原来他们的老师是著名电影导演明格拉（Anthony Minghella，作品有《冷山》等，曾凭借影片《英国病人》获得奥斯卡最佳导演奖）的遗孀。她一直非常热爱中国文化。这些听众其实听说过许多《西游记》里的传说，但苦于无法领悟其中诸多玄秘的表达，解读程度十分有限。王玄素被建议重新诠释和梳理《西游记》，并组成研究小组共同完成翻译。2021 年，王玄素在明爱（伦敦）学院的组织下开始了为期一年的《西游记》讲学。"唐僧去西方取经，我又把经送到西方"，王玄素认为这是件很有意义的事情。

一　他乡悟道

王玄素（Noah），1975 年出生，江苏无锡人。早年从事教育工作，屡获省市级荣誉。2004 年，入英国伦敦大学亚非学院深造；2008 年，赴陕西华山学道；2011 年至今住持苏州昭灵观。昭灵观位于苏州黎里古镇，始建于唐代，为苏州唯一的全真道院。住持期间，王玄素主持了道观重建工作，并积极开辟道文化事业，创立"秋水环碧"文化品牌兼同名慈善期刊，开展道文化国际研讨会，积极向海外输送以道文化为主题思想的中国传统文化，竭诚发扬道文化，在兴盛当地文化事业的同时，更提升了中国道文化的国际影响力。

在青年时期，相比中国传统文化，王玄素更热衷于西方文化，诸如拉赫玛尼诺夫、肖邦等古典音乐家的作品，从中学时代便陪伴着他。而他真正感受到中国传统文化的魅力却是在异乡。在英国伦敦大学亚非学院期间，他最先接触到佛教的思想，其后因缘际会，聆听了众多有关中国传统文化的讲座，阅览了大量相关书籍。宗白华的《美学散步》开启了他的思维，道家学派经典著作《列子》让他找到了灵魂需求的"精神养料"，从此他进入道文化世界。

2008 年，王玄素前往陕西华山学道，后经名师指点，潜心天人学问。学道期间，王玄素独居在窑洞中，远离红尘、不问世事，甚至抗拒与外界的互动与交流，沉浸在自身的道文化修习之中。直到 2014 年夏天，英国伦敦大学宋联谊教授借来中国参加学术研讨会之机拜访他时，王玄素依旧在简陋的道馆里潜心问道。在陪伴宋教授游览华山风景的同时，王玄素与其畅谈人生，普及道文化，也由此为道文化架起了一座通向英伦的桥梁。逐渐地，丰富的人生经历、精进的文化领悟，以及海外友人数年如一日的关心与认可，让他走出独自修行的世界，积极与外界交流互动，丰满自己的人生。在宋教授的援引荐举下，王玄素开始往来中英之间，参加国际文化论坛，合作开展交流项目，并逐渐扩大了他的海外朋友圈。重回英国的旅程，从求学渐成了布道。

二　英国传道

中国传统文化是儒释道三教合一的文化。中国道文化的海外传播由来已久，古时曾传播到越南、朝鲜、日本等亚洲国家。近代以来，随着中外文化交流的加深以及华人不断走出国门、遍及世界，道文化逐渐传播到更多的国家及地区，国外学术界曾兴起道文化研究热，各国道文化爱好者也纷纷通过道文化国际论坛、道文化协会等展开道文化交流。当今，道文化的海外传播方式主要有道教经典翻译、道文化著作编写、道文化爱好者的民间交流以及道文化论坛的举办等，但总体而言，道文化的海外传播事业开展程度有限，中国道文化的世界影响力依旧十分微弱。

当前的道文化海外传播活动也面临着认知偏差。在与英国人的接触中，王玄素感到西方人对于包括道家思想在内的中国传统文化，存在很大程度的误解，同时也存在道文化海外传播者由于对受众需求认知不清而产生的文化迎合问题。对此，他忧心忡忡。他认为，通常人们说起道教文化，就会联想到算卦、风水、咒语，最多的是太极拳，西方人对于道文化的了解层次就更浅了，仅是停留在"interesting"（有意思）这样的刻板印象，且这种看起来是赞美的评价，在某种程度上亦是一种西方的文化客套。此外，王玄素还认为，诸如英国人这样的海外受众，享有丰富的文化资源，故而对文化的认知程度较高，因此，道文化的海外传播若仅仅是牵强附会的文化迎合，恐怕不会有长久的生命力。

2019 年夏天，王玄素回到伦敦，在卡迪夫大学率先发出了自己的声音，并通过讲座认识了更多华侨朋友和对道文化感兴趣的英国人。回国后，王玄素结合过往丰富的中文国际教育经验，旋即展开《道文化读本》的编写工作，欲将其作为道文化海外传播的推广读本。基于对英国受众的文化需求考量，《道文化读本》包含两部分的内容：一是从《庄子》《列子》中选取的经典故事作为阅读赏析的读本素材，二是整理出有代表性的道家经典语句汇编的语录体读本。故事性的读本按照 HSK（汉语水平考试）5 级的词汇进行重新改写，让有一定汉语基础的读者能够通过已有的汉字词汇量通读文章。读本设计考量西方人的本初认知，以此来引导受众更好地理解道文化，学道悟道；而语录体读本则需要找到最契合的翻译，以读诵的形式做到推广普及。

此外，王玄素还同英国的团队共同筹备了道文化海外教学项目，该项目对教师有着很高的要求，除了具备优秀的中文国际教学能力外，还要深入理解道家思想，因此在教师培训方面，项目团队也做足了准备，英国的教师团队由伦敦大学亚非学院、谢菲尔德大学及利兹大学的三位老师组成，他们曾在昭灵观参与文化交流，也参加了道文化国际论坛，立足中西，形成了开阔的国际视野，也产出了如《中外交流中的大文化与小文化》《从庄周梦蝶道万物互联——揭秘物联网背后的道家思想》《东西方的交融与碰撞》等研究成果。

由于随后全球新冠疫情突袭而至，英伦之旅无法成行，王玄素便转向在线传"道"，而这种方式出乎意料地创造了一个仿佛更加深入有效的"虚空道场"。2020 年初，在明爱（伦敦）学院的组织下，王玄素对以海外华人为主的英国受众进行线上授课，第一个系列是《庄子》（前三篇）。在课程准备中，王玄素受到瑞士学者毕来德《庄子四讲》的影响，兼顾了中西两种文明思维，采用类比推进的思维模式，力求在经典解读的客观性与文化认知间自由切换，同时在素材上也偏向选择更具共同价值的材料，以求符合海外受众的认知。例如，在讲授《逍遥游》开篇时，因为在古代，"鹏"与"凤"同字，而在《庄子》中，鹏、凤、朱雀是同一事物，王玄素便选用了天文学中朱雀七宿从地平线前往南宫的这一现象，帮助受众理解北冥之鱼化鹏上天南迁的景象；在讲《心斋》片段时，王玄素用罗素与维特根斯坦来类比孔子与颜回这对中国古代的伟大师生，说明"同样是弟子的天赋和成就超越师父，但师父对社会的贡献却更大，可见道的践行更为重要"的道理。

在授课过程中，王玄素体察到东西方思维中难以调和的文化差异。他认为，当前流行的考量标准是西式的，而道文化的精华在于"虚"与"白"。大道一落文字苍白，找到精准的语言加以描述的难度，好比寻找传说中的"量天尺"。如何让世界重新精准地认识中国传统文化，也让中国人重新审视自己的文明？正如他对《西游记》的重新诠释，他认为，引导大家认真阅读原著，改变它被严重误读的局面，意义不可谓不重大。

王玄素认为，文化的需与求之间的关系很微妙，只有平衡才能产生共识，正如道文化中奥妙无穷的"应"字。道文化的元素在海外并不鲜见，例如伦敦 Oval 地铁站就曾出现了以"千里之行始于足下"（A journey of a thousand miles starts under one's feet）为主题的宣传标语，希斯罗机场也出现过以太极阴阳鱼为模本的交通转运海报。因此王玄素并非通过迎合受众需求来进行课程设计，而是根据对方建议的内容或项目，用道的思维去解读，然后作为课程输送出去，这种做法取得了不错的效果，课程的一些内容打破了绝大多数人的惯性思维认知。

三　交流明道

道教文化是起源于中国的本土文化，为中国传统文化的三大支柱之一，有着悠久的历史和丰富的内涵。其尊道贵德、天人合一、清静无为等理念不仅对中国人的文化、思想等产生深远影响，也对解决当今世界面临的诸多问题具有深刻的借鉴意义，对于现代社会的文明建设亦具有世界性的现实指导意义。

党的十九大以来，国家明确提出要坚定文化自信，繁荣社会主义文化，中国人也越来越关注中国文化在世界文化之林的国际影响力。王玄素认为，尽管我们已经明确地提出要提升中国的文化自信，但对于中华文明海外传播的顶层设计依然不够明晰。先秦子学，两汉经学，魏晋玄学，隋唐佛学，宋明理学，明清实学，乾嘉朴学，每个发展阶段各有其独特鲜明的思想特征，想要明确什么才能真正体现中华文明的自信之本，明确西方人对东方文化的需求或渴望究竟是什么，向世界传播好中国文化，也许理清中国文化的"任督二脉"是这任重道远事业的第一步。

王玄素认为，道家思想是构建人类命运共同体的重要资源，但能够意识到道文化重要性的"上士"并不多。人们普遍意识到一种文化思想的影响力需要花很长的时间，但他认为这也是自己从事这份事业的意义所在。当前国外受众对于道文化的认知依旧存在很大偏差，而这种偏差往往源于误导，例如曾有英国的朋友在朋友圈推荐王玄素关于道文化的线上课程，一些民众表现出排斥，认为这与迷信相关。由此可见，破除关于道文化的认知偏见依旧有很长的路要走。

著名社会学家费孝通先生总结出"各美其美，美人之美，美美与共，天下大同"这一处理不同文化关系的十六字"箴言"。王玄素认为确实如此。文化重在交流，而最好的文化交流状态在于互相尊重。从道文化来说，东方文化之美、西方文化之美可以共存的平台就是道文化所说的"无"。"无"并不是 nothing（什么都没有），而是它可以涵盖一切。老子说"无为"，也即"万物皆备于我"。真正的道家思想，起点在天，即天以下的事跟道没有关系，反过来说，如果站在天的角度看人的事就一目了然了。因此，文化的繁荣需要在文化的交流碰撞中实现。东西文化不应该总是在"有"与"有"之间对话争论，道家思想的"无"，或许能起到至关重要的调和作用，正所谓"无用之用"。2019 年复活节期间，英国组织一批以伦敦大学亚非学院学生为主的文化修学团来到昭灵观，有的学生为了这次修学而提前选修了关于道文化的课程；同年秋天，"秋水环碧"道文化国际论坛开幕，中英两国的道文化学者在论坛上做了精彩的主题讲座，用道家思想来阐述各自领域的文化现象，畅所欲言，呈现了良好的文化交流态势；在线上课程开始之后，不少英国听众都很期待开辟一条以了解道家思想为主的文旅路线。这些实践都是中国文化海外传播的"众妙之门"。王玄素亦希望道文化可以传播全球，让全世界热爱中国文化、对中国传统文化感兴趣的人，都能发现和领悟道家思想之美。他认为，启发人们发自内心地探索求道，远比灌输来得更有意义，而且作用更为深远，高尚的文明永远带有道尊德贵的特质。

目前，除了正在进行的《西游记》系列讲学外，王玄素还将与胡文虎基金会合作推出一组以"平静呼吸"为主题的养生系列课程以及《世说新语》系列课程。王玄素说，"养生"在新冠疫情时期受到更多现代人的重视，人们在关注自己生命状态的同时也会受到诸如"伪养生科学"等乱象的影响。在中国传统文化走向世界的过程中，中医药文化是不可忽视的。中医的根源与古老的道家息息相关，故从道文化的角度可以更轻松地理顺中医的脉络。《世说新语》的时代背景与当今世界有着相似性，讲述南朝时代的故事也能够起到以古鉴今、反思当代的作用，正如老子言："反者道之动。"

王玄素坦言，个人的文化推动力仍是薄弱的，但中国道文化的粉丝基础的的确确在不断地扩大，他坚信，中国道文化、道家思想在西方世界会越来越受到重视。随着人类文明开始进入元宇宙时代，这可能是一个人类以独立的数字身份自由参与和共同生活的数字世界，河图洛书中蕴含的密码或许可以对新的文明进行解读。对于中国道文化的未来发展，王玄素认为，国家提出的具有前瞻性的"一带一路"倡议，给"东学西渐"的文化传播事业创造了伟大的历史机遇，未来一定是值得期待的。道文化的传承也需要去粗存精，革故鼎新是一个永远的规律，很多认知方式终将被淘汰，这就是"天道"，落后的元素终将被时代遗弃。王玄素认为，中国道文化走向海外具有世界性的意义。文化传播，不是一份知识从这里拷贝到那里的过程，而是一个个健全人格彼此点燃、薪火相传的过程，这将在最后形成东方、西方共同构成命运共同体的完整世界。

案例点评

王玄素英伦传"道"的故事虽然没有惊天动地的壮举，也没有波澜起伏的传奇，却富含深意：王玄素凭借一己之力，多年来致力于推动中国道文化走向世界，为此付出了大量心血，进行了艰辛探索，让人感动；在他和团队及合作者的共同努力下，以往被认为"高深莫测"的中国道文化在英国及其他国家得到了更广泛的传播和认知，让人振奋；更重要的是，王玄素在向海外受众传播中国道文化方面进行的许多开创性的探索，对于更好地推动中华文化"走出去"具有示范意义，给人以启迪。

"道"在中国是一个具有深厚历史渊源和丰富思想内涵的文化符号。要把中国特色极其浓厚的道文化传播到海外，让各国受众能够听得见、听得懂、听得进，并非易事。从王玄素的成功实践来看，要向世界讲好中国传统文化的故事，至少要把握好三个要点。一是"跨越古今"，就是要找到中华传统文化与当今人类文明思想的逻辑联系，这样当下的受众才会意识到传统文化的时代价值，进而提升对传统文化的兴趣、认知与认同。例如，王玄素在传播实践中就把道家思想阐释为"构建人类命运共同体的重要资源"。二是"融通中外"，就是一方面找到中华文化与国外文化的共同点，以此激发国外受众的共情；另一方面用国外受众习惯的话语方式去解释中外文化的差异，消除他们对异质文化的排斥感。例如，王玄素在向国外受众介绍道文化时，经常"采用类比推进的思维模式"。三是"平衡雅俗"，就是要注意把握好思想性和通俗性的平衡，既要展示中华文化的深刻内涵，但又不能全是"高谈阔论"；既要让海外受众听得明白，又不能片面迎合低俗的猎奇心理。

点评人：唐润华，大连外国语大学特聘教授、中华文化海外传播研究中心首席研究员。

讲好中国智慧城市故事：
杭州"城市大脑"的奇迹

黄　清　倪彬彬[*]

摘　要　讲好中国智慧城市故事是数字时代传播现代化中国形象的一种重要战略。本文将杭州"城市大脑"视为智慧城市建设的一个典范，在回溯其起源、发展和应用的基础上，对其做以下分析：在观念层面将"城市大脑"视为一种智慧媒介，在话语层面比较"城市大脑"与其他智慧城市推广口号的传播效果，在宣传层面归纳中外不同媒体对"城市大脑"的报道特点，并据此总结讲好中国智慧城市故事的经验。

关键词　智慧城市；"城市大脑"；智慧媒介；传播口号；媒体报道

一　引言：国家和民生的双重需要

"讲好中国故事，展示真实、全面、立体的中国"不仅能够提升国家文化软实力，而且还是实现"两个一百年"奋斗目标和中华民族伟大复兴的重要途径。[①]讲好中国故事既要关注传统文化，也要立足时代前沿。城

---

* 黄清系浙江大学传媒与国际文化学院"百人计划"研究员、博士生导师；倪彬彬系浙江大学传媒与国际文化学院硕士研究生。

① 《习近平：决胜全面建成小康社会 夺取新时代中国特色社会主义伟大胜利——在中国共产党第十九次全国代表大会上的报告》，2018 年 10 月 31 日，共产党员网，https://news.12371.cn/2017/10/27/ARTI1509103656574313.shtml，最后访问日期：2022 年 1 月 5 日。

市是了解一个国家的重要窗口，城市故事则是中国故事的核心组成部分。近年来，国家高度重视智慧城市建设。2016 年，习近平总书记在中共中央政治局第三十六次集体学习时明确提出建设新型智慧城市是数字化社会治理的重要抓手。① 《国家新型城镇化规划（2014—2020 年）》首次将建设智慧城市列为推进新型城市建设的范式。② 智慧城市是指运用物联网、云计算、大数据、空间地理信息集成等新一代信息技术，促进城市规划、建设、管理和服务智慧化的新理念和新模式。③ 智慧城市建设以便民和惠民为导向，高度整合信息技术、数据资源与城市治理，增加了未来城市可能的发展模式。④ 在短期内，智慧城市能够优化城市治理，改善居民生活质量，提升居民幸福指数，打造优质城市品牌；长远来看，智慧城市可以促进新型物联网产业的发展，成为抢占未来科技制高点和扩大就业的关键举措。⑤ 因此，智慧城市是现代化强国的一张新名片。

素有"人间天堂"和"数字之城"美誉的杭州，是智慧城市建设的典范。2016 年 10 月 13 日，杭州市政府推出"城市大脑"智慧城市建设计划。同年，杭州被《中国新型智慧城市》白皮书评为"中国最智慧的城市"。⑥ 2018 年，杭州被英国市场调研机构 Juniper Research 评为"全球智慧城市 20 强"。2020 年 11 月，《第十届（2020）中国智慧城市发展水平评估报告》宣布杭州正式步入全国智慧城市建设的第一梯队。⑦ 此外，杭州

---

① 《习近平主持中共中央政治局第三十六次集体学习并发表重要讲话》，2022 年 1 月 25 日，中国政府网，http://www.gov.cn/xinwen/2022 – 01/25/content_5670359.htm，最后访问日期：2022 年 1 月 5 日。

② 《国家新型城镇化规划（2014—2020 年）》，2014 年 3 月 17 日，中国政府网，http://www.gov.cn/xinwen/2014 – 03/17/content_2639873.htm，最后访问日期：2022 年 1 月 5 日。

③ 中共中央网络安全和信息化委员会办公室：《关于促进智慧城市健康发展的指导意见》，http://www.cac.gov.cn/2014 – 08/27/c_1112850680.htm，最后访问日期：2022 年 1 月 5 日。

④ 李文钊：《数字界面视角下超大城市治理数字化转型原理——以城市大脑为例》，《电子政务》2021 年第 3 期，第 2 ~ 16 页。

⑤ 杨再高：《智慧城市发展策略研究》，《科技管理研究》2012 年第 7 期，第 20 ~ 24 页。

⑥ 《新空间·新生活·新治理——中国新型智慧城市·蚂蚁模式白皮书（2016）》（节选），《杭州科技》2017 年第 4 期，第 28 ~ 38 页。

⑦ 《第十届（2020）中国智慧城市发展水平评估结果在京发布》，2021 年 1 月 19 日，https://www.163.com/dy/article/FSGR77KR0518KCLG.html，最后访问日期：2022 年 1 月 17 日。

还先后获得了"智慧数据之城""智慧办事之城""智慧支付之城"等称号。① 如今，杭州"城市大脑"已经覆盖了 11 个重点领域和 48 个应用场景，推出多项"民生直达"服务，逐一解决"看病难""出行难""办事难"等民生痛点，高效推进了城市的基层治理能力建设，显著提升了人民群众的获得感、幸福感和安全感。"城市大脑"让这座历史古城在数字时代焕发出新的生机与光彩。

作为中国智慧城市建设的典范，杭州为讲好中国故事提供了新的灵感源泉。本文首先回顾杭州"城市大脑"的起源、发展与应用，接着在观念层面探讨"城市大脑"作为智慧媒介的内涵，在话语层面比较"城市大脑"与其他智慧城市推广口号的传播效果，并在宣传层面分析国内外不同媒体对"城市大脑"的报道及呈现特点，最后总结讲好中国智慧城市故事的经验。

二 "城市大脑"的构建：数字、发展与应用

"城市大脑"源自智慧城市。智慧城市既是一套复杂的技术系统，也是城市治理的新模式，更是城市发展的新理念。具体而言，智慧城市依托物联网、人工智能、云计算、大数据等一系列信息技术，通过改变政府、企业和人们相互交往的方式，快速响应并智能化处理城市民生服务、公共安全、工商业活动等需求，从而提升城市的运行效率、改善居民的生活质量。② 智慧城市的功能主要表现为更透彻的感知、更广泛的互通互联和更深入的智能化：借助传感器技术及时捕捉、测量、分析、传递城市信息，实现更透彻的感知；利用高速高带宽的网络连接个人电子设备、组织机构和政府信息系统，整合分散的信息数据，实现更深入的互通互联；根据所得数据精准观测各领域运行实况，有针对性地解决问题，实现更深入的智

---

① 《杭州智慧城市建设的"道"与"术"》，2020 年 3 月 27 日，搜狐网，https://www.sohu.com/a/383625969_472878，最后访问日期：2022 年 1 月 17 日。

② 李文钊：《数字界面视角下超大城市治理数字化转型原理——以城市大脑为例》，《电子政务》2021 年第 3 期，第 2～16 页。

能化。① 可见，智慧城市建设是推动国家治理体系和治理能力现代化的一条有效途径。

随着智慧城市建设的不断推进，物理世界和数字世界的界限逐渐模糊，"数字孪生城市"概念应运而生。② 数字孪生城市是数字孪生技术在城市治理中的应用成果，其形成机理大致如下：通过传感器、摄像头、大数据分析、物联网等新技术手段采集城市生活方方面面的数据，以实时同步的方式传递这些数据，以虚拟仿真的方式构建城市的数字映射系统，即城市的数字孪生体。简而言之，数字孪生城市是现实城市在虚拟空间的投射，现实城市与数字孪生体既一一对应，又协同交互，以此形成庞大而有序的城市巨系统。数字孪生城市将实现城市要素的虚拟化、城市运行的可视化、城市决策的智能化、城市服务的协同化，建成虚实统一、共存共生的城市发展新格局。③ 质言之，数字孪生城市可视为智慧城市2.0版，是智慧城市发展的进阶目标，反映了智慧城市建设的新高度。

在智慧城市向数字孪生城市进阶的过程中，产生了诸多问题，如海量数据缺乏融合分析，只能解决单点问题而无法实现全局管理，新兴技术不断涌出却难以落地实施，等等。④ "城市大脑"则是应对这些问题的有效之道。"城市大脑"以数字孪生城市产生的海量数据和高性能算力为基础，叠加城市信息模型，是融合大数据、人工智能、区块链等先进技术的深度学习和机器智能平台。⑤ "城市大脑"能够通过深度学习、科学算法、智能建模和实时分析，为决策人员提供参考结果，以实现城市资源的智能配置，⑥ 促进各类技术的整合并提升城市的认知深度。可见，"城市大脑"是

---

① 杨再高：《智慧城市发展策略研究》，《科技管理研究》2012年第7期，第20~24页。
② 周瑜、刘春成：《雄安新区建设数字孪生城市的逻辑与创新》，《城市发展研究》2018年第10期，第60~67页。
③ 《基于数字孪生的智慧城市》，2020年9月18日，http://www.chinajsb.cn/html/202009/18/13868.html，最后访问日期：2022年1月5日。
④ 《城市大脑探索"数字孪生城市"白皮书》，2018年10月30日，https://www.163.com/dy/article/DVC3DSNB0514LLD5.html，最后访问日期：2022年1月5日。
⑤ 徐振强、刘禹圻：《基于"城市大脑"思维的智慧城市发展研究》，《区域经济评论》2017年第1期，第102~106页。
⑥ 梁正：《城市大脑：运作机制、治理效能与优化路径》，《人民论坛·学术前沿》2021年第9期，第58~65页。

数字孪生城市的重要基础设施，亦是提升智慧城市发展质量和安全性的有效路径。

杭州是首个提出并探索"城市大脑"的城市。早在 2016 年，杭州便启动"城市大脑"建设，以交通领域作为首要突破口，揭开了智慧城市治理的序幕。2017 年，杭州在交通领域上线并运行"城市大脑"1.0 版本；2018 年，"城市大脑"迅速升级至 2.0 版本，同年发布涵盖停车、医疗、文旅、基层治理等九大便民措施的"城市大脑"综合版，这象征着"城市大脑"成为支撑杭州民生服务、决策运营的综合治理平台。① 2019 年，《城市大脑建设管理规范》开始实施，杭州正式将"城市大脑"作为智慧城市的重要基础设施加以建设。② 2020 年，杭州出台《杭州城市大脑赋能城市治理促进条例》，对"城市大脑"的内部结构进行了调整，强调"城市大脑"由中枢、系统与平台、数字驾驶舱和应用场景等要素组成，首次提出"中枢"概念。③ 截至 2021 年初，杭州"城市大脑"经历了"治堵"、"治城"、"抗疫"和"整体智治"等演进过程，相继推出了 11 个重点领域和 48 个应用场景。杭州"城市大脑"强调以中枢整合不同系统，实现业务从分散走向集中、空间从分割走向整体、治理从破碎走向整合的目标，④ 从而突破了早期智慧城市建设面临的诸多瓶颈。

三 杭州"城市大脑"作为智慧媒介的两面

在观念层面，本文提出杭州"城市大脑"是一种智慧媒介。顾名思义，智慧媒介包含"智慧"和"媒介"两个方面。下文首先辨析"智慧"

① 张蔚文：《网络化治理视角下的城市大脑——从效率导向到公共价值导向》，《人民论坛·学术前沿》2021 年第 9 期，第 66～73 页。
② 本清松、彭小兵：《人工智能应用嵌入政府治理：实践、机制与风险架构——以杭州城市大脑为例》，《甘肃行政学院学报》2020 年第 3 期，第 29～42、125 页。
③ 《杭州城市大脑赋能城市治理促进条例》，2021 年 1 月 21 日，http://www.hangzhou.gov.cn/art/2021/1/21/art_1229063379_1717741.html，最后访问日期：2022 年 1 月 5 日。
④ 张蔚文、金晗、冷嘉欣：《智慧城市建设如何助力社会治理现代化？——新冠疫情考验下的杭州"城市大脑"》，《浙江大学学报》（人文社会科学版）2020 年第 4 期，第 117～129 页。

与"智能"二词的差异与区别，以重新理解"媒介"的内涵，接着说明杭州"城市大脑"的组织架构和运行理念如何成为智慧媒介的一个典型。

与"智慧"密切相关的一个词即"智能"。"智能"经常被用来命名当下的新型技术设备，比如"智能手机""智能家居""人工智能"等等。对比之下，"智慧"一词在新技术的命名中却不如"智能"常见。归根结底，两个词使用情况的差异反映了人们对技术功能的不同定位。"智能"原指智慧和能力。[1] 在新技术条件下，"智能"有了新的内涵，即对海量信息进行收集、整合、归纳和呈现，以及在算法驱动下做出合理选择的能力。与强调执行力的"智能"不同，"智慧"的原意是指辨析判断、发明创造的能力。[2] 而在新技术环境中，"智慧"不仅包含"智能"，而且还凸显了人性化的特点：以惠民理念为指导，在信息化和自动化的基础上做出人性化决策，不仅能够改善广大用户的日常体验，还能帮助弱势群体应对困境。因此，"智慧"以人为本，是技术基于"智能"的又一次飞跃。

随着信息传播技术的快速迭代，媒介的内涵也发生了相应的变化。在大众传媒时代，媒介主要指报刊、广播、电视，以及基于 Web1.0 的互联网应用程序，它们的功能主要在于传递信息。其后，随着网络技术的迅速发展，Web2.0 兴起，社交媒体即 Web2.0 的一种典型媒介，其功能在于促进信息的双向互通。当下，在移动互联和万物互联时代，依靠云计算、智能网络、智能终端构建而成的"云—网—端"智能化信息平台成为最新的媒介。[3] 这种新媒介能够整合海量数据，成为集中管理大数据、提供分析决策的重要基础设施；与此同时，它还能实现互联互通和数据共享，更精准地满足人们个性化的信息需求。[4] 可见，在新技术逻辑的推动下，媒介逐渐演变为整合、联通、共享数据资源的一种介质和平台。

杭州"城市大脑"的组织架构和运行理念反映了智慧媒介的基本特

---

① 《现代汉语词典》（第 7 版），商务印书馆，第 1692 页。
② 《现代汉语词典》（第 7 版），商务印书馆，第 1692 页。
③ 苏涛、彭兰：《热点与趋势：技术逻辑导向下的媒介生态变革——2019 年新媒体研究述评》，《国际新闻界》2020 年第 42 期，第 43~63 页。
④ 刘庆振：《智能媒体传播："互联网＋"时代的媒介融合新景观》，《文化产业导刊》2016 年第 1 期，第 20~21 页。

征。在"媒介"方面，杭州"城市大脑"建成了"一整两通三协同＋直达"的中枢核心系统。"一整"对应的是媒介的整合功能，即全面汇总整合全市各级各部门的海量基础数据，交换汇集到中枢系统，实现数据的覆盖式搜罗和全方位整合。"两通"对应的是媒介的联通功能，即深度应用云计算、大数据、区块链、人工智能等数字技术，从技术底层打破不同领域、不同部门的信息区隔，真正推动系统互通，数据互通。"三协同"对应的是媒介的共享功能，即用户和各部门均可以从"城市大脑"信息平台上根据需要随时获取数据、分析结果和行动策略，促进数据协同、业务协同和政企协同。① 在"智慧"方面，杭州"城市大脑"形成了市、区县（市）、乡镇（街道）各级数字驾驶舱，构建了直达民生、普惠企业、优化社会治理的 11 个重点领域和 48 个应用场景。② 特定人员"望远镜"可对走失老年人、幼童等进行轨迹跟踪和自动寻位，极大降低了走失风险，降低了民警搜寻难度，体现了城市对于弱势群体的人文关怀；"交通百事通"打造城市交通实时预演工具，最终实现交通管理的事前评估、事中感知、实时决策；"舒心就医"实现了跨项目、跨科室、跨医院的一次性自助付费，让"最多付一次"的惠民政策落地实施……③上述应用领域、场景以及对弱势群体的关怀充分彰显了"智慧"所倡导的以人为本理念，并执行了相应的人性化决策。可见，杭州"城市大脑"作为一种智慧媒介，通过整合、联通和共享城市治理的海量数据资源，实现了普惠民众的目标。

四 杭州"城市大脑"作为凸显活力的传播口号

建设智慧城市不能闭门造车，除了不断优化信息基础设施，还要大力推广宣传，让智慧城市这一理念广为人知、让智慧城市这一技术发挥惠民

---

① 梁正：《城市大脑：运作机制、治理效能与优化路径》，《人民论坛·学术前沿》2021 年第 9 期，第 58～65 页；张蔚文：《网络化治理视角下的城市大脑——从效率导向到公共价值导向》，《人民论坛·学术前沿》2021 年第 9 期，第 66～73 页。

② 张蔚文：《网络化治理视角下的城市大脑——从效率导向到公共价值导向》，《人民论坛·学术前沿》2021 年第 9 期，第 66～73 页。

③ 《秒懂杭州城市大脑的 48 个应用场景》，《杭州》2020 年第 9 期，第 44～49 页。

的实效。智慧城市的传播口号是一种特定的话语，它会直接影响智慧城市的知名度与影响力。从广告文案的角度来看，智慧城市的传播口号即在宣传推广过程中反复使用、高度凝练的一个词语或一句话。口号的简洁性、形象化和个性化会直接影响整体作品的传播效果。据此，下文将分析杭州"城市大脑"相比其他智慧城市宣传口号的优势。

其一，杭州"城市大脑"十分简洁。根据信息加工的原理，人们天然抵触复杂的信息，因为加工复杂的信息需要耗费大量认知力，而且其也不利于理解与记忆。[①] 譬如，北京、广州、成都和深圳四地的智慧城市推广口号分别为"智慧北京，让城市更智慧""智慧广州：成为智慧城市最好的标杆""数字政府、智慧社会""点亮深圳，5G智慧之城"。以上四个口号都采用了复合句，而且重复使用"智慧"一词。过量信息和重复信息会造成信息冗余，进而削弱口号的传播效果。相形之下，"城市大脑"以单个短语的形式凸显了杭州智慧城市建设的特点与功能，降低了公众的记忆难度，促进了口号在人群中的广泛传播。

其二，杭州"城市大脑"尤为形象。不同于上海"一网统管"的刻板生硬，亦不同于天津"天津市政府智慧城市"的平铺直叙，更不同于长沙"我的长沙"的乏善可陈，"城市大脑"运用了拟人化的修辞技巧，以人脑命名信息技术设施，打通了智慧城市与居民的身体联结，增强了智慧城市与人们的情感互动。还有，"大脑"形象地将城市比喻为身体，令人把城市联想为一个生命体。此外，"大脑"还代表着智慧城市能够如同大脑一般在动态运行中发现自身问题，实现资源的综合分析和最优配置。[②] 大脑作为人类思维和智能的象征，具有难以超越的唯一性。因此，用"城市大脑"来命名智慧城市，既凸显了数据、信息和技术对于城市治理的重要性，也拉进了民众与其的情感距离，更增强了民众对信息基础设施的信任感。

其三，杭州"城市大脑"极富个性。别出心裁、用户秒懂和广泛传播

[①] Browning, et al., "Comprehending CSR messages: Applying the elaboration likelihood model," *Corporate Communications: An International Journal* (2008).

[②] 《"城市大脑"让城市的数据流动起来》，2017 年 8 月 25 日，https://www.sohu.com/a/167111591_468632，最后访问日期：2022 年 1 月 5 日。

是口号设计的目标。有些城市在口号设计上缺乏创新，沿用"智慧城市"的命名套路，例如"智慧无锡"。杭州"城市大脑"并未直接搬用"智慧"一词，而是另辟蹊径，以"大脑"作为智慧的典型体现，增添了口号的个性。值得注意的是，口号设计在追求个性化的同时也极易走入生僻的误区。例如，宁波将智慧城市的口号定为"CityGo"，这一口号虽不乏个性，却与居民存在语言隔阂，而且英文词组词义不明，容易引发理解困难，难以实现有效传播。相较而言，"城市大脑"通俗易懂却极富个性，更易实现广泛传播。

可见，"城市大脑"是一个兼具简洁性、形象化和个性化的口号，它不仅有利于公众认知记忆，还缩短了公众对数据、信息和技术的心理距离，更彰显了杭州智慧城市建设的亮点。

五 杭州"城市大脑"引起海内外媒体的 广泛关注

杭州"城市大脑"作为一项重大的智慧城市建设工程，其宣传和推广离不开海内外媒体的广泛报道。通过搜索慧科新闻数据库，共得杭州"城市大脑"相关报道88251篇，[①] 足以显示其较高的媒体显著度。从媒体所属类型来看，报刊2222篇，网站76504篇，社交媒体8163篇，论坛1007篇，博客276篇，其他79篇。从媒体所属地域来看，中国内地媒体87784篇，中国香港媒体175篇，中国澳门媒体30篇，中国台湾媒体227篇，其他地区媒体35篇（亚洲23篇，北美洲9篇，大洋洲3篇）。从媒体语言来看，中文媒体88240篇，英文媒体11篇。可见，有关杭州"城市大脑"的报道具有媒体多元化、传播范围跨区域、关注热度持久化的特点。

在社交媒体方面，本文以微信和微博为主要平台，重点搜索了与杭州"城市大脑"相关的微信公众号推文以及微博热点话题。微信公众号推文主要关注以下议题：第一，"城市大脑"在民生领域的运用，如租房、看

---

① 搜索起始时间为2018年5月1日，即首次提出"城市大脑"综合版的时间，截至2021年12月22日，搜索关键词是"杭州城市大脑"。

病、车位、交通出行；第二，"城市大脑"相关的市政项目信息通报；第三，"城市大脑"相关的法律法规介绍；第四，"城市大脑"建设的科普成效；第五，"城市大脑"建设的批判性反思，如隐私风险；第六，主流媒体对"城市大脑"的宣传报道。表1罗列了阅读量排名前十的微信公众号文章。总体而言，这些推文辐射范围较广、涵盖多元主题、语言朴实生动，对于民众了解"城市大脑"起到了极佳的科普作用。此外，公众号文章对于"城市大脑"的评价以积极肯定为主，但也有一些文章对如何完善"城市大脑"提出了批评性的反思。在微博热点话题方面，#杭州城市大脑#话题拥有176.2万阅读量，#杭州城市大脑助力解决学校周边停车难的问题#、#杭州为城市大脑立法#等相关子话题也分别达到4.4万、8.6万的阅读量。这些热点话题推动了"城市大脑"的现象级传播，提升了"城市大脑"在群众中的知名度与认可度。

表1 杭州"城市大脑"微信公众号文章阅读量前十名

主题	发布者	阅读量	发布时间
杭州这个区"城市大脑"新成果首度公布！租房、看病、找车位……更方便！	杭州发布	3.8万	2020年12月14日
1.6亿！中标杭州"城市大脑"滨江项目（附件采购清单＋报价单）	智慧城市行业动态	3.0万	2020年12月22日
杭州的"大脑"在哪？	中国经济网	3.0万	2021年3月23日
全国引领！杭州为"城市大脑"立法了	智慧城市行业动态	2.4万	2020年4月1日
中国城市已被AI监控：阿里在杭州试点"城市大脑"是否是把双刃剑？	科研圈	2.1万	2017年11月9日
《新闻联播》聚焦"城市大脑"：杭州正编织起一张感知网	都市快报	2.0万	2021年2月4日
"堵""巨堵""非常堵"！"城市大脑"助攻，杭州交警发布国庆中秋出行攻略	杭州公安	1.9万	2020年9月23日
杭州"城市大脑"上线新功能，眼观六路全年无休，网友哀叹：12分完全不够扣	钱江晚报	1.5万	2018年4月10日
杭州"城市大脑"C位首秀！算力时代已经到来	锌财经	1.4万	2019年4月15日

续表

主题	发布者	阅读量	发布时间
西湖边让行小鸳鸯、"城市大脑"缩短等红灯时间……杭州创新事、暖心事、有趣事，杭州外宣厨房第一时间告诉全世界	都市快报	1.2万	2021年6月2日

　　各大主流媒体也高度关注杭州"城市大脑"的建设与发展过程。中央电视台《新闻联播》曾多次报道了杭州"城市大脑"：2020年10月30日，《新闻联播》推出专题报道《浙江：数字赋能城市治理，让城市更智慧》，重点关注"政务网上办理"和"杭州'城市大脑'停车系统"，指出"城市大脑"不仅让城市运转更加高效，也让百条公共服务实现"一次都不跑"；[①] 2021年2月3日，《新闻联播》再次聚焦杭州"城市大脑"，介绍了其迭代升级、应用领域、建设目的和发展目标，充分肯定了杭州"城市大脑"在浙江省数字化改革中起到的示范作用。[②] 此外，2020年6月17日的《人民日报》头版刊发了题为《让智慧城市更聪明更暖心》的文章，从"数字治堵""数字治城""数字治疫"三个方面回顾了杭州"城市大脑"的实践成果。[③] 可见，主流媒体对杭州"城市大脑"在推动数字化改革、促进数字经济发展和服务民生等方面的成就予以了充分肯定，这为"城市大脑"深入民心、持续发展提供了强大助力。

　　在国际媒体报道方面，本文在谷歌新闻（Google News）数据库中搜到与杭州"城市大脑"相关的非中文语言报道554篇，这些报道的时间跨度是2018年9月29日至2021年12月10日。[④] 具体来看，《中国日报》国际

---

① 袁华明：《央视新闻联播点赞浙江：数字赋能城市治理 让城市更智慧》，浙江日报百家号，2020年11月1日，https://baijiahao.baidu.com/s? id =1682084974353261024&wfr =spider&for = pc，最后访问日期：2022年1月5日。

② 徐秀丽：《〈新闻联播〉聚焦城市大脑：杭州正编织起一张感知网》，杭州日报百家号，2021年2月3日，https://baijiahao.baidu.com/s? id =1690679326060127043&wfr =spider&for = pc，最后访问日期：2022年1月5日。

③ 江南：《让智慧城市更聪明更暖心》，浙江日报百家号，2021年3月22日，https://baijiahao.baidu.com/s? id =1694893219603015091&wfr =spider&for = pc，最后访问日期：2022年1月5日。

④ 搜索时间为2021年12月31日，关键词是"city brain"和"hangzhou"。

版 *China Daily* 在报道中指出，杭州"城市大脑"真正实现了城市从单体智能向整体智能的重大跨越，是实现新型智慧城市的必由之路。[①] 新华网英文版 XINHUANET 认为杭州"城市大脑"48 个场景的广泛应用对于提升城市宜居度与市民的获得感、幸福感和安全感发挥了重大作用。[②] 类似的报道举不胜举。海外媒体对"城市大脑"总体持正面态度，肯定了"城市大脑"在数字治理、精准服务和改善民生等方面取得的成就。杭州"城市大脑"经由国际传播走向世界，在讲好中国故事的同时已成为中国数字化改革的一张金名片，展现了新时代改革开放以人为本的理念、彰显了新时代中国人不懈追求创新的勇气。

六 经验总结

综上所述，杭州"城市大脑"作为智慧城市建设的典型，对于讲好中国智慧城市故事具有以下启示：将智慧城市的基础设施建成人性化、民生化的智慧媒介，构建以人为本的媒介；将智慧城市的命名理念化为一种传播口号，设计简洁、形象和个性的口号；将智慧城市的发展应用作为一种报道题材，展开多渠道、跨区域和持续的报道。

[①] 钟经文：《协同与智能，未来城市能否实现单体智能向整体智能的跨越？》，中国日报官网，2021 年 6 月 17 日，http://tech.chinadaily.com.cn/a/202106/17/WS60cae605a3101e7ce9755d83.html? from=groupmessage，最后访问日期：2022 年 1 月 5 日。

[②] 骆晓昀：《杭州：持续打响"幸福标杆城市"城市金名片》，新华社百家号，2021 年 5 月 18 日，https://baijiahao.baidu.com/s? id=1700070808211079442&wfr=spider&for=pc，最后访问日期：2022 年 1 月 5 日。

杭州亚运会倒计时一周年活动的
仪式化国际传播表征

何春晖　杨瑞鸽　涂云鹏*

摘　要　杭州亚运会倒计时一周年活动以"盼"为主题，集亚运邀约、形象发布及文艺演出于一身。仪式的演出和形象发布内容融汇历史文化与时代特色，同时现场云端连线亚奥理事会、2018 年印尼亚组委、2026 年爱知·名古屋亚组委等，充分彰显亚运精神的团结共融。该仪式活动得到国际社会的高度关注，受到境外多家媒体报道，并在海外社交媒体平台维持话题热度，在亚洲乃至世界形成较高声量。同时，活动也为杭州亚运会日后的举办凝聚了期待与盼望。作为标志性的国际赛事预热案例，杭州亚运会倒计时一周年活动在传播内容、媒体渠道以及传播节奏方面别具亮点，是向世界讲述"中国故事"的一次成功实践。

关键词　杭州亚运会；国际传播；体育传播；传播仪式观

一　案例背景

（一）亚运之城与"重要窗口"的政治站位

自 2016 年成功举办 G20 峰会以来，杭州这座历史文化名城的国际知

---

*　何春晖系浙江大学传媒与国际文化学院副教授、硕士生导师，策略传播系主任；杨瑞鸽系浙江大学传媒与国际文化学院硕士研究生；涂云鹏系浙江大学传媒与国际文化学院硕士研究生。

名度和美誉度日益提升，城市国际化成为杭州发展战略的重要组成部分。2018年，《杭州市城市国际化促进条例》正式施行，该条例立足"后峰会，前亚运"的时代需要，为杭州的国际化发展提供了较为系统的制度规范，亦赋能了杭州的对外传播进程。

同时，浙江省被赋予"努力成为新时代全面展示中国特色社会主义制度优越性的重要窗口"的重大使命，杭州作为省会城市，在展现时代风貌、提升国际声望方面责无旁贷。举办亚运会，是向世界讲述杭州故事、浙江故事和中国故事的绝佳机遇。在赛事预热阶段，打造"杭州亚运会倒计时一周年"标杆传播事件，是为讲好亚运故事拉开序幕。

（二）新时代"数智杭州"的经济支撑

近年来，杭州大力发展数字经济与文化旅游产业，打造"数智杭州，人间天堂"，取得丰硕成果。2021年，杭州GDP达到18109亿元，同比增长8.5%，位列全国第8，其中数字经济增加值占GDP的27.1%，创新驱动力持续增强。[①]

经济发展为杭州举办亚运会提供了强有力的支撑，与此同时，亚运将至也为杭州的产业与经济发展注入全新动力，赋能城市的基础建设、公共服务以及文化产业发展。因此，做好杭州亚运会的规划统筹具有重要意义，特别是充分把握赛会各阶段重要节点的传播工作，从预热宣传期即开始布局发力。

（三）"全民体育"的社会文化氛围

2019年9月2日，国务院办公厅印发《体育强国建设纲要》，明确提出要持续提升体育发展的质量和效益，努力将体育建设成为中华民族伟大复兴的标志性事业。举办国际大型体育赛事，对形成全社会强身健体氛围、促进体育强国建设具有重要作用。

近年，冬奥会、大运会与亚运会等国际体育赛事选定在中国举办，为

[①] 《杭州亮出2021年经济发展"成绩单"》，2022年1月22日，http://www.hangzhou.gov.cn/art/2022/1/22/art_812266_59048432.html，最后访问日期：2022年4月15日。

全国营造了浓厚的体育文化氛围。对处在新时代的杭州亚运会而言，在适时应对风险的同时，更需顺应全民体育热潮，以系统化的预热宣传赋能亚运会的可持续国际传播。杭州亚运会倒计时一周年活动应时上线并形成较大声势，便是助力杭州亚运会获得全球关注的传播标杆。

（四）"数字之城"的智能技术优势

发挥"数字之城"的优势，秉持"绿色、智能、节俭、文明"的办会理念，杭州亚运会在科技创新上表现十分突出。BIM 技术、物联网设备、可视化场馆运维平台等"黑科技"陆续上线，充分体现着杭州亚运会中无所不在的智能化元素。

在万物皆媒的新媒介环境下，杭州亚运会的超高清转播、沉浸式观赛应用为赛事的预热及传播提供了与时俱进的技术支撑。从本次杭州亚运会倒计时一周年活动中，可以窥见此类智能"黑科技"的一部分。

二　案例亮点

（一）多感官传播，立体呈现国际视野

多感官传播是综合调用多种媒介形态并综合作用于受众的传播方式，它使得信息传播更加立体可感。在万物皆媒的当下，任何作用于视觉、听觉、味觉、嗅觉、触觉的传播方式均成为与受众沟通的渠道。杭州亚运会倒计时一周年活动仪式综合运用了多种感官传播方式，向世界呈现了一幅杭州喜迎亚运的立体画卷。

活动仪式现场本身的声、光、电组合不仅带来了精彩纷呈的节目，更以视听结合打造沉浸化叙事，将杭州亚运会的精神气质与文化底蕴带到世界面前。晚会节目汇聚传统文脉与现代文明，通过一场"跨时空对话"，将从远古良渚文明到科技杭州的发展历程依次铺开，向全球民众展现华夏文明的过去、现在和未来。活动发布的官方火炬形象"薪火"，既寓意中华文明的薪火相传，也象征各国运动员的团结与激情。火炬形象片风格恢宏，摒弃冗长解说，营造出一种沉浸式体验。

倒计时一周年活动还发布了杭州亚运会的官方体育服饰和礼仪服装，并通过视频短片展现了服装设计与制作的幕后故事。官方服饰的重要性不言而喻，它不仅是杭州亚运会视觉形象体系的重要一环，还因服装天然具备的贴身性与易感性，触发受众的更多联想。亚运颁奖礼仪服装面料采用本土丝绸，图案制作使用中华传统提花工艺，充满东方格调与杭州韵味。官方服饰中材质、技艺与文化符号的巧妙融合，构成了先"观其貌"、再"感其质"的体验链路，极大丰富了杭州亚运会的传播层次。

杭州亚运会倒计时一周年活动通过多感官融合传播，实现了信息传播过程和接受体验的立体化，丰富了跨文化国际传播的叙事层次，为世界留下生动可感的"杭州印象"。

（二）整合强资源，充分借力二次传播

杭州亚运会倒计时一周年活动举办以来，受到海内外多家主流媒体的广泛关注。从传播广度和深度来看，杭州亚运会倒计时一周年活动成功抵达海外受众，并引起国际公众对亚运会的强烈关注与热烈讨论，为"亚运会倒计时一周年"这一特殊节点营造了良好的社会氛围形成了国际影响。这一效果的取得与整合强势资源、借力二次传播的传播节奏密不可分。

9月10日活动当天，新华通讯社新闻信息中心向全球发布海外专稿"China's Hangzhou marks one-year countdown to 19th Asian Games"，并借助其独家海外资源渠道——全球网络聚合平台，联动澳大利亚、日本、韩国、马来西亚、巴基斯坦、泰国、印度、印尼、越南、菲律宾等亚太地区15个国家通讯社，通过9种语言进行权威信息发布。

在扩展传播范围的基础上，本次活动的传播还在素材上持续发力，生产了扎实、深入的内容，为后续传播提供支撑。《中国日报》旗舰版在9月10日当天刊发了杭州亚运会倒计时一周年全英文彩色跨版特刊，登载深度报道和多幅现场高清图片。稿件不仅立足活动本身、工作成果进行报道总结，更对杭州亚运会的下一步工作进行展望，发挥了媒体与受众的良好沟通作用。香港大公文汇传媒集团除了在第一时间线上转载传播以外，还在《文汇报》刊发了杭州亚运会倒计时一周年海报专版整版。与此同时，菲律宾《商报》、韩国《亚洲日报》、马来西亚《光华日报》、泰国《京华

中原联合日报》等多国华文媒体也刊发了亚运主题专刊。

为使国际传播取得最优效果，还需充分借助"二次传播"的力量。新华社采用"时效＋平台"模式，第一时间汇集、整理海外主流媒体转载、落地数据，通过中央级新媒体平台——新华社客户端首发国内二次传播稿件《外媒关注：杭州亚运会迎来倒计时一周年 向世界发出亚运邀约》，深度剖析了外媒对杭州亚运会倒计时一周年的关注方向及内容。发力二次传播，不仅可以将亚运声音传向世界，也能够将世界对亚运的关注带回国内，使国际传播发挥长尾效应。

（三）新媒介环境，创新新闻传播形态

杭州亚运会的到来，适逢新媒介技术层出不穷的移动互联时代。要进一步扩大倒计时一周年活动的传播力和影响力，势必要用好新兴媒介形态，使内容更适应移动端的新变化。

杭州亚运会倒计时一周年活动当日同步上线微博、微信视频号、抖音等网络平台，网友可在各大平台同步收看晚会直播，不仅"0 时差"传递亚运声音，还基于网络的开放性和交互性，拉近了亚运会与受众之间的距离。除了常规横屏视频外，亚运会倒计时一周年活动素材被再度加工为竖版视频，在社交媒体平台得到广泛传播。

海外媒体对杭州亚运会倒计时一周年活动的报道形式亦丰富多样，除常规图文报道外，还包括海报、自制小视频等。在后续二次传播中，新华社制作了更符合移动端特点的 30 秒短视频，集中梳理活动的全球传播情况，同时借助词云图等数据可视化表现方式，降低了各类受众的理解成本，增强了媒介内容的传播力。

（四）贴近受众侧，社交媒体网民热议

杭州亚运会倒计时一周年活动是一次面向全世界的赛会预热传播，海外华人群体是重要受众群体之一。杭州亚运会倒计时一周年活动特别关注华文媒体的传播广度，整合了香港大公文汇传媒集团、日本留学生新闻、韩国亚洲日报网、台湾中时新闻网、新加坡新马传媒、泰国泰亚传媒、柬埔寨金边晚报网、韩国世界侨网等媒体对倒计时一周年活动亮点、火炬形

象中国元素等进行宣传报道，凝聚海外华人对于杭州亚运会的祝福和期待。

除了关注华人群体外，杭州亚运会倒计时一周年活动的传播也在渠道和内容的选择上十分贴近受众。杭州亚运会 YouTube 官方账号保持积极运营状态，从 2020 年 5 月 22 日上传首个作品开始，至今已积累 2.73 万名订阅者。此外，杭州亚运会官方也开设了 Facebook、Twitter、Instagram 等账号，拓宽了与网民沟通的渠道。在发布内容的选择上，杭州亚运会官方账号也最大限度贴近了受众需要。官方 YouTube 账号发挥向世界传递杭州声音、讲述中国故事的窗口作用，发布内容涉及传统文化、现代科技、亚运资讯等主题。值得一提的是，在杭州亚运会倒计时一周年活动结束后，杭州亚运会官方 YouTube 账号发布了某歌手献唱亚运的视频，获得 5.7 万次播放和 300 余条评论，创下官方 YouTube 账号热门内容新纪录，为杭州亚运会倒计时掀起新一波关注与讨论。

类似地，在杭州亚运会倒计时一周年活动的国际传播过程中，大公报、越南之声、东盟老中观察、欧洲侨报等主体也在社交媒体平台发布相关帖文，在设置议程的同时形成良好的舆论引导效果。

三　传播效果

（一）海内外多家媒体报道刊载

2021 年 9 月 10 日，杭州亚运会倒计时一周年主题活动在杭州奥体中心网球中心举行。活动当天，共有 70 余家海内外媒体现场报道，40 余家媒体同步直播。

其中，新华社海外专稿 *China's Hangzhou marks one-year countdown to 19th Asian Games* 传播范围覆盖亚太地区 15 个国家，以 9 种语言同时发布，并在第一时间被近 170 家次境内外主流媒体、门户网站及重点资讯网站广泛转载落地，精准覆盖读者超 1.4 亿人次。与此同时，香港《文汇报》共刊出 3 篇亚运会相关消息与 1 版海报专版内容。

海外媒体同样对杭州亚运会倒计时一周年活动给予高度关注。华文媒体集中发力，马来西亚、韩国、泰国、菲律宾 4 个国家的华文媒体均刊载了"杭州亚运会"专题系列报道，《文汇报》及《文汇报》海外版当日发行量达到 42 万份。新闻网站热度不减，文汇网、大公网、大公文汇网等共发布 14 篇杭州亚运会倒计时一周年的相关报道，其中《杭州亚运会火炬"薪火"发布》一文在文汇网单篇浏览量超过 2.1 万次。海外华文媒体新媒体端共发稿 29 篇，其中韩国亚洲日报网、韩国世界侨网的单条相关新闻点击量最高的超过 8600 次，日本 Facebook 相关内容海外浏览量超过 1 万次，29 篇稿件的海外浏览点击总计超 11 万次，新媒体推送稿件浏览量近33 万次。

（二）社交媒体平台传播表现突出

"杭州亚运会倒计时一周年"关键词多次登上社交平台热搜榜单，海外民众对杭州亚运会倒计时一周年表现出极大关注。杭州亚运会倒计时一周年相关话题在 Facebook、Twitter 等海外社交平台引发热议，亚奥理事会、国际体育组织、相关赛事组委会等官方宣传矩阵发布相关推文，其中，最新发布的火炬和官方制服形象等受到海外网民的广泛好评。

四 传播策略

（一）受众本位，实现传播形式与渠道的精准触达

无论是亚运会、奥运会等国际赛事，还是 G20 等国际会议，主办方进行对外传播的过程，本质上都是一个讲述中国故事的过程。受众作为故事的听众，是至关重要的一环。在杭州亚运会倒计时一周年活动的传播中，其以受众为本、充分尊重受众的特点，是讲好故事、做好传播的关键。

亚运会的受众是新媒介环境下的"新受众"，受到信息环境变革的影响，其注意力愈加宝贵，对多样形式的需求也愈加强烈。因而在传播形式上，"倒计时一周年"活动不仅着眼于传统的新闻稿件、图文报道，也致力于长视频、短视频、海报、社交媒体帖文的策划与传播，以样式

丰富、长短兼顾的传播形式承载活动的主要内容和精华片段，更好地结合了受众兴趣点，使杭州亚运会倒计时一周年活动能够被受众深入感知与了解。

亚运会的受众是兼具地域性与全球性的群体，其遍布海外，但又在亚洲地区，尤其是华文区域较为集中。因而在传播渠道上，杭州亚运会倒计时一周年活动采取富有针对性的渠道选择。一方面，活动在全球范围内进行新闻稿件等的宏观传播，例如联合澳大利亚等国的国家通讯社联合发布消息；另一方面，活动更加聚焦于亚洲地区和华文地区，联动日本留学生新闻、新加坡新马传媒等华文媒体，有效地触达受众，进一步提升了传播的效率与精准性。

（二）把握节奏，节点专题传播与日常账号运营并重

杭州亚运会的整体传播周期较长，从亚运筹备期开始，杭州亚运会的国际传播就已拉开帷幕。良好的国际传播应当体现节奏感和艺术感，除了对每一个重要节点做集中专题化传播之外，日常化的传播也必不可少，后者的平稳进行能够为前者打下良好的基础。在杭州亚运会倒计时一周年活动的国际传播中，日常运营与节点传播两个抓手之间的配合尤为显著。

一方面，杭州亚运会实现了海外社交媒体的稳定日常运营。通过社交媒体这一渠道，杭州亚运会的海外影响力不断扩大，截至目前在各海外平台已积累近 20 万名粉丝。杭州亚运会官方账号在多个平台保持较高活跃度，及时更新包括杭州城市、亚运场馆、亚运吉祥物等在内的多元化内容，于日常中润物无声，潜移默化地输出立体亲切的杭州亚运会形象。定期的高质量日常运营，亦为"倒计时一周年"等节点活动积累了一定的粉丝群体、认知基础和渠道资源。

另一方面，杭州亚运会倒计时一周年活动达成了专题化的集中传播。活动举办后，国内主流媒体整合统筹，率先集聚声量。新华社采用"时效＋平台"模式，整合宣传资源；《中国日报》旗舰版则刊发了全英文彩色专版。同时，活动得到海外媒体的多次报道和广泛传播，在世界范围内形成了较大声势，为重要节点营造了良好的宣传氛围。

（三）精攻内容，叙事融汇杭韵、国风及亚运精神

国际传播是对外讲述中国的故事。故事若想精彩，离不开对内容的深入挖掘，离不开对叙事的精细打磨。例如，2008 年北京奥运会开幕式取得巨大成功的重要原因正是通过巧妙的叙事承载起中华文明的优质内容，将四大发明、古文字、礼乐传统等文化精髓以丰富多样的艺术形式集中呈现给观众，以"人文奥运"的理念建立起与奥林匹克精神的连接。因此，在本次杭州亚运会倒计时一周年活动的筹备与传播过程中，精攻内容并巧妙叙事，是一个重要原则。

杭州亚运会倒计时一周年活动的仪式包含形象发布与文艺演出两大核心板块。在形象发布环节中，杭州亚运会火炬、官方体育服饰与礼仪服装依次亮相。火炬名为"薪火"，设计思想源于作为中华文明发端标志之一的良渚文化，寓意中华文明薪火相传；官方体育服饰将充满科技感的互联网云点元素与淡妆浓抹的中国色彩文化融为一体，象征欢聚与交融、新生与活力；礼仪服装以"云舒霞卷"为主题，设计元素源于钱塘江潮等人文历史景观，展现了杭州的时代风貌及韵味风采，用视觉形象传递中华民族文化。在文艺演出板块中，一场贯通古今的实景节目以灵动流畅的叙事结构展示从良渚文明起源到现代科技杭州的演变历程，引人入胜。

庆典仪式的两大板块交相呼应，以灵巧自如的结构将极具"中国特色、浙江风采、杭州韵味"的精彩内容依次铺开，亦为活动的后续推广提供了丰富的传播内容与二创素材，海外民众对杭州亚运会火炬、服饰以及庆典文艺节目反响热烈。

（四）共创多赢，引发多元主体共同参与国际传播

以战略的眼光来看待国际传播，它不是局限于单一组织或部门的职责，而是讲求内外协同的"一盘棋"。杭州亚运会的国际传播，实际上是中国现代国家形象的"大传播"，其客体是全球范围内的广大公众，主体是国家整体的内部公众以及赛会各相关方，因此需要激发多元主体热情与潜力，使其共同参与价值共创与对外传播。

在线下，除了主办城市杭州之外，其他许多城市也在杭州亚运会倒计

时一周年活动中担当重要角色。其中，北京、广州两座国际化都市作为庆典活动的分会场，借助数字技术得以与杭州主会场云端互联，打破时空局限，不仅为整个活动贡献了精彩的演出部分，也充分发挥其实力、优势与国际声望，助力杭州亚运会倒计时一周年活动更加"出圈"。此外，浙江省内宁波等城市积极开展主题文艺展演和群众性体育活动，并邀请国际友人参与其中，营造了友好、开放的亚运氛围。

在线上，除了亚组委的自有账号以外，各界媒体、体育组织、旅游文化机构等通过海外官方账号共同参与杭州亚运会倒计时一周年活动传播，有效增加了活动在海外的曝光度，让更多人将关注的目光投向杭州亚运会。"心心相融，@未来"不仅是杭州亚运会的响亮口号，也是多元主体共创共赢的真实写照。

总而言之，杭州亚运会倒计时一周年活动在国际传播方面取得的显著成效，是建立在"受众为本、内容为王、把握节奏、多元共创"策略基础上的一种共赢。该案例在达到较佳传播效果的同时，也为杭州亚运会的后续传播工作积累了宝贵经验，为如何讲好中国故事、做好国际传播带来启发。

案例点评

举办亚运会对杭州、浙江乃至全国而言，都是提升国际形象的良好契机。杭州亚运会倒计时一周年活动在国际上取得了突出的传播效果，得益于运用了恰当的传播策略，在传播内容的构想、传播节奏的计划、传播主客体的认知等几个方面都做得较为到位，并在此基础上将亚运故事、杭州故事、中国故事向国际社会广泛传播。更难得的是，杭州亚运会倒计时一周年活动在形成传播仪式方面颇具亮点。

从传播仪式观的角度来看，不仅杭州亚运会倒计时一周年活动本身是一种庆典仪式，其后续进行的也是一种"仪式化的传播"。美国学者詹姆斯·W. 凯瑞（James W. Carey）指出，"传播是一种共享，是构建并维系一个文化世界，这个文化世界具有秩序与意义，并且能够用来容纳人类的行为"[①]。

---

① 〔美〕詹姆斯·W. 凯瑞：《作为文化的传播》，丁未译，华夏出版社，2005。

换言之，在某种意义上，传播的目的不只在于获取信息，更在于通过传播这个过程构建一种文化氛围，或是在具有相似的文化特质的个体之间建立联系，使其成为文化的共同体。

首先，杭州亚运会倒计时一周年活动的国际传播具有集中专题化报道的特点，数家国家级通讯社的联合报道传递了一种隆重而庄严的色彩，组成了带有仪式感的传播过程，并构建起仪式背后文化共享的基本面。其次，活动所发布的火炬、官方服饰作为承载文化价值的符号，通过媒体与互联网，得以在不同地区、不同种族的受众之间传播，实质上完成了杭州亚运会文化的一次共享交互。此外，该案例在传播过程中格外关注亚洲地区尤其是华文群体，更为精准地命中了拥有相同或相似文脉的共同体，维系起一种更为紧密的社会关系。

仪式化的传播相较于单纯传递信息的传播，强调了文化价值的认同与社会关系的连接，往往能够达到更深层次的效果。本次杭州亚运会倒计时一周年活动的国际传播正是如此。在亚运会的语境下，它在亚洲乃至世界范围内营造了期盼亚运的氛围。在中国故事"走出去"的语境下，它更好地引发了海外公众共情，体现了"人类命运共同体"的理念。

沈阳二战盟军战俘营旧址陈列馆国际传播的创新实践[*]

安　平　王　铮　靖广生　姜雅楠　杨珺珺^{**}

摘　要　沈阳二战盟军战俘营是二战期间日本在中国沈阳设立的专门关押太平洋战场上受俘盟军的战俘集中营。由于营房简陋，食物、医疗设备奇缺，特别是日军的残酷奴役和虐待，战俘大批死亡。在战俘营里，盟军战俘们得到的唯一温暖是中国工友的友谊。本文以沈阳二战盟军战俘营旧址陈列馆国际传播为案例，聚焦案例背景、特点和传播效果、传播策略等内容，论述具有中国故事国际传播唯一性和特殊性的沈阳二战盟军战俘营旧址陈列馆，在历经民间自发组织、国际友人回访催化、政府主导海外推广、政府和民间通过互联网立体化传播等几个阶段后，全力讲好中国故事，传播好中国声音，致力于不断扩大国际影响，向世界展示其深远的历史意义和现实意义。

关键词　沈阳；二战盟军战俘营；中国故事；国际传播

---

* 沈阳二战盟军战俘营旧址陈列馆在 2013 年正式对外开放前尚未确定正式名称，媒体与民间都将其称为"纪念馆"，下文如在引用媒体原文时出现"纪念馆"，不再另做说明。

** 安平系渤海大学新闻与传播学院院长、渤海大学东北新闻传播史研究院院长，硕士生导师；王铮系沈阳二战盟军战俘营旧址陈列馆党支部书记、主任；靖广生系中共沈阳市大东区委宣传部四级调研员、大东区委国防教育办主任；姜雅楠系渤海大学新闻与传播学院 2021 级硕士研究生；杨珺珺系渤海大学新闻与传播学院 2021 级本科生。

沈阳二战盟军战俘营，即日本所称"奉天俘虏收容所"，是第二次世界大战期间，日本在中国沈阳设立的一处专门用来关押太平洋战场上受俘盟军的战俘集中营。从 1942 年 11 月到 1945 年 8 月，战俘营先后关押过美国、英国、加拿大、澳大利亚、荷兰、法国、新西兰等国家的 2000 余名盟军战俘，其中美军战俘有 1200 人。① 在这些盟军战俘中，有校级以上军官 523 人，准将以上军衔军官 76 人，包括美国温莱特中将、金少将和摩尔少将，英国帕西瓦尔中将、西斯中将，荷兰普鲁顿中将、巴克中将和德富莱摩里中将，以及印度马克雷中将等盟军高级将领。由于战俘营营房简陋，食物、医疗设备奇缺，特别是日军的残酷奴役、虐待，盟军战俘大批死亡。② 在战俘营里，盟军战俘们得到的唯一温暖，是来自中国工友的友谊——是中国工友尽其所能地帮助盟军战俘，千方百计地为他们提供食物和稀缺药物，冒着生命危险为逃跑的盟军战俘做掩护。

二战结束后，沈阳二战盟军战俘营及其承载的历史被湮没长达半个多世纪。1992 年 10 月，美国奉天幸存战俘联谊会会员约瑟夫·皮塔克向美国驻沈阳总领事馆发来求助信，称自己于二战期间曾在日军设立的"奉天俘虏收容所"有过痛苦的战俘经历，希望有生之年能回到沈阳战俘营旧址看一看。美国驻沈阳总领事馆遂安排当时的领事助理杨竞负责查找战俘营。经过多次查阅资料、实地寻访，1993 年底，杨竞终于在沈阳市大东区找到了战俘营旧址。③ 2003 年 9 月，辽宁"九一八"战争研究会、美国奉天

---

① 战俘的平均年龄 26 岁，最大的 62 岁，最小的 22 岁。在长达 3 年的关押时间里，战俘饱受死亡、疾病、寒冷、饥饿、毒打等数不清的痛苦和折磨，他们被迫在日本人开的工厂里做工，有一些甚至被送到 731 部队做活体解剖试验。据战后统计，战俘死亡率超过 40%。由于时常有新战俘运来补充，全营的战俘人数始终维持在 1500 人左右。1945 年 8 月 15 日，日本战败无条件投降后，集中营中的美军战俘幸存者被美国接走。见《二战美军战俘访问日本人建立的"奉天战俘营"》，2003 年 9 月 18 日，新浪网，https://news.sina.com.cn/c/2003 - 09 - 18/15301768833.shtml，最后访问日期：2022 年 5 月 7 日。

② 据沈阳市档案馆原馆长荆绍福介绍，战俘在沈阳二战盟军战俘营不但要从事繁重的劳役，还要忍受各种非人的惩罚。"饥寒交迫的战俘挨打挨骂是家常便饭，日军还会采用压肠子、敲肋骨和膝盖等手段，蹂躏战俘肉体。"见《沈阳二战盟军战俘营见证日军暴行》，2003 年 9 月 14 日，http://www.cankaoxiaoxi.com/china/20210914/2453842.shtml，最后访问日期：2022 年 5 月 7 日。

③ 《沈阳二战盟军战俘营见证日军暴行》，2003 年 9 月 14 日，参考消息网，http://www.cankaoxiaoxi.com/china/20210914/2453842.shtml，最后访问日期：2022 年 5 月 7 日。

幸存战俘联谊会和美国日本侵略史学会（二战真相学会）等民间组织联合发出倡议，呼吁建立"二战期间沈阳美军战俘集中营旧址纪念馆"，对这一侵华日军战俘营旧址进行抢救性保护，倡议再次引起美国驻沈阳总领事的关注，总领事在给美军战俘后裔的一封信中说道："这是对中美传统友谊的有益回顾。"① 2013年5月18日，沈阳二战盟军战俘营旧址陈列馆（下文视情况简称"战俘营旧址陈列馆"）经过长期的复原、筹备，正式开馆，这段尘封多年的历史从此展现在世人面前。在此期间，一些幸存的盟军战俘和战俘亲属不远万里来到沈阳参观战俘营旧址，捐赠文物，与当年救援他们的中国工友合影留念，共同缅怀苦难岁月。2015年11月6日和2017年11月21日，"无声之营——沈阳二战盟军战俘营史实展"（简称"史实展"）在英国利物浦和美国旧金山开幕，从此开启了沈阳二战盟军战俘营的国际传播之路。

沈阳二战盟军战俘营具有中国故事国际传播唯一性和特殊性，更具有符合中国故事国际传播条件的国际通用元素和人道主义光芒。战俘营旧址陈列馆国际传播历经民间自发组织、国际友人回访催化、政府主导海外推广、政府和民间通过互联网立体化传播等几个阶段，正在向世界展示其深远的历史意义和现实意义：正视历史，牢记教训，珍惜和平；加强沟通，深化友谊，共创未来；中国人民将与世界各国人民一道，共同推动构建人类命运共同体！

一 案例背景

1. 承担中国大国责任：构建人类命运共同体

当今世界面临百年未有之大变局，政治多极化、经济全球化、文化多样化和社会信息化大潮已不可逆转；国际社会日益成为一个你中有我、我中有你的"命运共同体"——任何国家都不可能独善其身。人类命运共同体②是

---

① 《二战美军战俘访问日本人建立的"奉天战俘营"》，2003年9月18日，新浪网，https://news.sina.com.cn/c/2003-09-18/15301768833.shtml，最后访问日期：2022年5月7日。
② 人类只有一个地球，一个世界。党的十八大明确提出，要倡导人类命运共同体意识，在追求本国利益时兼顾他国合理关切。见《中共首提"人类命运共同体"倡导和平发展共同发展》，2012年11月11日，http://cpc.people.com.cn/18/n/2012/1111/c350825-19539441.html，最后访问日期：2022年5月7日。

解决国际问题的中国方案，新时代的中国要与世界各国携手合作，建设持久和平、普遍安全、共同繁荣、开放包容、清洁美丽的世界。① 自人类命运共同体理念提出以来，中国以更加积极的姿态参与国际合作，更加主动地获得了其他国家尤其是广大发展中国家的支持，提高了我国的国际话语权，体现了中国将自身发展与世界发展相统一的全球视野、世界胸怀和大国担当。

当前，中国国际传播要围绕人类命运共同体议题做好顶层设计，在国际话语权竞争中占据道义制高点，完成当代中国价值观念传播的国际战略布局，努力彰显人类命运共同体特有的价值吸引力与道义感召力，以不断增进国际认同。中国国际传播要运用典型案例提升人类命运共同体的全球话语传播能力，集中讲好中国故事，采用融通中外的概念、范畴、表述，把"我们想讲的"和"国外受众想听的"结合起来，把"陈情"和"说理"结合起来，把"自己讲"和"别人讲"结合起来。② 中国国际传播的典型案例之一"沈阳二战盟军战俘营旧址陈列馆"，在国际话语权竞争中占据了道义制高点，高度响应人类命运共同体理念，超越了思想意识分歧，跨越了社会制度和种族差异，充分运用中国话语、中国故事表达中国情感、中国价值，将沈阳二战盟军战俘营的历史和中国人民与盟军战俘之间跨越国界的友谊完整地呈现给世界，这将有助于构建新时代中国特色社会主义国际话语体系，与世界各国人民凝聚共识，求同存异，共同开创人类的美好未来。

2. 铭记人类共情时刻：点亮危难之际的人性之光

80年前，在沈阳二战盟军战俘营，深受日本侵略和殖民统治之苦的中国工友在自身食不果腹的情况下，经常给处于饥饿中的盟军战俘提供食物，帮助他们换取所需物品，冒着生命危险给他们提供外界信息，中国工友的无私帮助使盟军战俘在残酷的战俘营里，在千里之外的异国他乡感受到了人间温暖，是善良的中国人民给了他们面对困难依然能够顽强活下去的勇气和力量。在整个反法西斯战争期间，中国人民和其他被法西斯侵略的世界

① 《习近平：共同构建人类命运共同体——在联合国日内瓦总部的演讲》，2017年1月19日，新华网，http://www.xinhuanet.com//2017 - 01/19/c_1120340081.htm，最后访问日期：2022年5月7日。

② 中共中央文献研究室：《习近平关于社会主义文化建设论述摘编》，中央文献出版社，2017，第213页。

各国人民一起并肩作战，在血与火的洗礼中铸就了牢不可破的战斗友谊，这种前仆后继、浴血牺牲的抗争精神，永远载入了人类文明发展的史册。

然而在 21 世纪的今天，世界风云激荡，战争阴霾犹在；人类的共生共存、互助互爱依然面临严峻挑战；维护世界和平的传统和共创人类未来的理念，仍然值得全人类高度重视和发扬光大。永远铭记二战惨痛的历史，永远心怀对世界和平的期望，只要矢志不忘人类共生共存、互助互爱的共情时刻，继续点亮这一束彼此能够理解和接受的人性之光，就一定能够为中国同国际社会凝聚更多共识。

3. 打造人类记忆坐标：努力建成国际和平城市

国际和平城市是得到联合国正式认证的一种城市形态，以和平为城市的发展理念，在增强国家软实力、提升国际话语权等诸多领域拥有巨大能量。沈阳作为中国东北地区的核心城市之一，在历史上曾经发生过众多足以影响东亚局势和国家命运的大事件，中国抗战第一枪，也是世界反法西斯战争第一枪在沈阳打响，第二次世界大战的远东战争策源地最早在沈阳形成。沈阳承载着近代中国百年来跌宕起伏的命运，早已成为中国乃至世界近现代史上一个重要的"记忆坐标"。

近年来，沈阳市政府组织市内各大博物馆、档案馆、二战历史遗迹纪念馆等，努力将沈阳打造成中国第四个拥有"国际和平城市"称号的城市，全方位展现 1931 年日本发动"九一八"事变以来，沈阳人民坚持斗争，勇赴国难，在这场以光明对抗黑暗的伟大抗争中彰显出的民族风采，以及为中国乃至世界反法西斯战争做出的伟大贡献。沈阳二战盟军战俘营作为"九一八"历史的一部分，现在已成为宣传教育世人铭记历史、反对战争、珍爱和平的历史遗迹。沈阳这座英雄的城市，以无数抗战历史印记成为世界反法西斯战争的一个缩影，中国人民与盟军战俘共同为沈阳注入的英雄力量和人性光芒，已经成为这座城市永恒的集体记忆，在世界文明史上占有重要位置。

二 案例亮点

1. 盟军战俘幸存者、家属和后人积极推动传播

沈阳二战盟军战俘营旧址陈列馆的国际传播，获得了世界各国政府、

外事机构和地方团体的支持，其中也包括盟军战俘老兵、家属、后人及众多民间人士的共同努力和积极推动。在战俘营旧址复原及陈列馆开馆前后，幸存的战俘老兵们来到沈阳讲述亲身经历和与中国人民的患难情谊，战俘家属及后代自发组织传播，这是本案例最突出的特点之一。

从 2003 年开始，2005 年、2007 年和 2008 年，盟军战俘老兵和去世老兵的后代多次来到沈阳二战盟军战俘营旧址缅怀历史：

> 拥挤的人群中，约翰·利帕德仔细地寻找着战俘集中营纪念馆内墙上的战俘名单，当他发现编号 578 时，心情一下子复杂起来。他声音低沉地说："这个编号伴随我三年的屈辱生涯，我一辈子都不会忘记。"①

2007 年，盟军战俘罗伯特·布朗回到沈阳二战盟军战俘营旧址，在接受记者采访时用"糟糕透顶"来形容那段悲惨的经历：

> 食品匮乏，药品奇缺，天气寒冷，战友们一个个倒了下去；在零下三四十摄氏度的低温下，墓地都无法挖掘，尸体就被放在营房旁边的小屋，直到春天才被埋葬。②

2008 年 10 月 16 日，美国老兵普谢和爱德华再次来到沈阳二战盟军战俘营旧址，在凭吊之际，向旧址陈列馆捐赠了一批珍贵文物史料，美国驻沈阳总领事魏思文和沈阳市政府有关官员出席了捐赠仪式。③ 2015 年 11 月 6 日，在利物浦"史实展"开幕式上，战俘营英国老兵罗纳德（Ronald Joy）的后人艾兰（Alan Joy）讲述了父亲当年经历的那段黑暗历史，并把父亲在沈阳二战盟军战俘营曾经用过的饭盒、书写的手稿等捐赠给陈列馆作为展

---

① 秦忻怡：《坚不可摧：日军战俘营的盟军战俘》，重庆出版社，2014，第 150 页。
② 《沈阳二战盟军战俘营见证日军暴行》，2021 年 9 月 14 日，https://baijiahao. baidu. com/s? id = 1710867440521027489&wfr = spider&for = pc，最后访问日期：2022 年 5 月 7 日。
③ 《美老兵第 3 次回访沈阳二战盟军战俘营旧址》，2008 年 10 月 16 日，https://www. chinanews. com/tp/shfq/news/2008/10 - 16/1415139. shtml，最后访问日期：2022 年 5 月 7 日。

品。这次展览以战俘营为背景，通过盟军战俘保存下来的200多张历史照片、多份战俘日记和漫画等档案资料，再现了盟军战俘的生存状况和抗争历史。①

2017年11月21日，在美国旧金山海外抗日战争纪念馆举办的"史实展"上，美国退伍老兵鲁迪·阿瑟西恩向记者表示，他会把展览推荐给他的朋友，"带着他们一起再回来认真看看"②。

杰姬的父亲沃特·哈勒伯格曾在沈阳二战盟军战俘营被囚禁过九个月，2014年去世，享年90岁。在展览现场，杰姬向记者表示，她对二战战俘营的了解并不多，希望能通过展览，更好地认识这一段历史。③ 为了参加展览，92岁高龄的飞虎队老兵陈科志，提前一天专程飞抵旧金山参加展览开幕仪式，表示要铭记这段往事，不让悲剧重演。④ 对于历史事件的解读，历史事件的当事人最有发言权，也最具可信度。幸存的盟军战俘现身讲述当年战俘营历史，已故盟军战俘的家属和后人捐赠遗物，追思缅怀，并借助各种媒体广泛传播，极大地引发了海外公众的共情——战争之下的人类，唯有团结互助才能渡过难关，只有不忘惨痛历史，才能倍加珍视当下的和平生活。

2. 政府机构和媒体整合资源支持传播

沈阳二战盟军战俘营旧址是目前为止保存最完整的一处战俘营旧址，陈列馆经过多年持续不断地挖掘和梳理，通过各种渠道从海内外收集到诸多历史遗物和珍贵史料，得到了中国外交部、辽宁省外办和沈阳市政府的大力支持。

在政府主导下，沈阳二战盟军战俘营陈列馆联合英美驻外大使馆等多机构，目前已经在英国、美国成功开办了两期战俘营史实展览。2015年11月6日，由中国驻英国大使馆、中国日报社、沈阳二战盟军战俘营旧址陈

---

① 《"无声之营——沈阳二战盟军战俘营史实展"在英国利物浦市开幕》，2015年11月，中华人民共和国驻大不列颠及北爱尔兰联合王国大使馆网站，https://www.fmprc.gov.cn/ce/ceuk/chn/dssghd/2015year/t1314063.htm，最后访问日期：2022年5月7日。

② 《沈阳二战盟军战俘营史实展在美国开幕》，2017年11月22日，人民网，http://world.people.com.cn/n1/2017/1122/c1002-29661824.html，最后访问日期：2022年5月7日。

③ 《沈阳二战盟军战俘营史实展在美国开幕》，2017年11月22日，人民网，http://world.people.com.cn/n1/2017/1122/c1002-29661824.html，最后访问日期：2022年5月7日。

④ 《沈阳二战盟军战俘营史实展在美国开幕 多位二战老兵：铭记往事，不让悲剧重演》，《沈阳晚报》2017年11月24日。

列馆和英国利物浦市文化局联合主办的"史实展"在利物浦市圣乔治大厅举行首场开幕式,展览以沈阳二战盟军战俘营为历史背景,通过盟军战俘保存下来的珍贵历史照片、档案等资料,再现了当年战俘倍受折磨的史实。① 中国驻英公使沈蓓莉、利物浦市市长科塞西昂、助理市长西蒙、沈阳二战盟军战俘营旧址陈列馆馆长范丽红、中国日报社欧洲分社社长纪涛等 100 多人出席了开幕式。

2017 年 11 月 22 日,由中国驻旧金山总领事馆、中国日报社、沈阳市文化广电新闻出版局、沈阳二战盟军战俘营旧址陈列馆和海外抗日战争纪念馆联合主办,中国日报社美国分社策划并承办的"史实展"第二站在美国旧金山开幕,中国驻旧金山总领事罗林泉,海外抗日战争纪念馆名誉馆长方李邦琴女士,中国日报社美国分社社长、总编辑纪涛,新加坡驻旧金山总领事刘启文,沈阳市文化广电新闻出版局副巡视员张晓伟,沈阳二战盟军战俘营旧址陈列馆馆长范丽红,世史会发言人及常务副会长丁元以及北加州中国和平统一促进会、已故华裔作家张纯如的父母张盈盈博士和张绍进博士、多位美国二战老兵等 20 多家单位及组织代表、个人共百余人莅临开幕式现场。美国联邦众议员罗·康纳向沈阳二战盟军战俘营旧址陈列馆和中国日报社美国分社发来荣誉证书,感谢两家单位为再现二战盟军战俘营历史、传播中美两国在二战中并肩战斗的历史所做的贡献。② 中新社、新华社、凤凰网、人民网、《侨报》、《星岛日报》、《世界日报》、中文电视、CCTV、中国驻旧金山总领馆新闻组、《旧金山纪事报》、Ktsf 台等相关媒体参与报道了开幕式盛况。③

除了这两次规模较大的海外展览,2015 年 5 月 15 日,辽宁省外办、中国新闻联合会还组织举办了"2015 文化中国——海外华文媒体辽宁行活

---

① 《"无声之营——沈阳二战盟军战俘营史实展"在英国利物浦市开幕》,2015 年 11 月,中华人民共和国驻大不列颠及北爱尔兰联合王国大使馆网站,https://www.fmprc.gov.cn/ce/ceuk/chn/dssghd/2015year/t1314063.htm,最后访问日期:2022 年 5 月 7 日。

② 《"无声之营——沈阳二战盟军战俘营史实展"在美国开幕》,2017 年 11 月 22 日,中国日报中文网,https://cn.chinadaily.com.cn/2017-11/22/content_34847379.htm,最后访问日期:2022 年 5 月 7 日。

③ 《沈阳二战盟军战俘营史实展首次赴美再现盟军战俘营中的反法西斯斗争》,2017 年 11 月,沈阳九一八历史博物馆官微,https://mp.weixin.qq.com/s/xsauNAdDMSmehgA85E_Yjw,最后访问日期:2022 年 5 月 7 日。

动",来自美国、加拿大、澳大利亚等18个国家和地区的华文媒体负责人来到沈阳二战盟军战俘营旧址陈列馆参观,增进对中国人民抗日战争尤其是东北地区人民抗日战争的了解。① 多年来,中国各级政府、各组织机构友好协作,整合国际传播资源,通过再现当年的战争苦难图景和盟军战俘历史,让更多的国际人士知晓了盟军战俘在中国度过的苦难岁月和中国人民曾经为之提供的无私帮助,这是今天沈阳二战盟军战俘营国际传播能够在海外取得巨大传播效果的坚实基础。

3. 民间公益组织自发助力传播

二战结束以来,尽管世界上不同的国家和民族有着不同的思想倾向和文化传统,但是反法西斯战争这段同属于世界各国反法西斯人民的苦难经历和风雨同舟、生死与共的深情厚谊,始终紧紧连接着世界各国爱好和平的人们,感召着世界各国各界人士自发组织起来,自觉传播"无声之营"。盟军战俘所在国的驻外机构也纷纷将"战俘营"作为二战史宣传的重点,自发地开展寻找战俘老兵及其后代活动,建立外围组织,积极支持民间公益组织开展传播活动。

2006年5月,沈阳二战盟军战俘营旧址陈列馆和美国日本侵略史学会(二战真相学会)共同努力,寻访到当年关押在中国沈阳战俘集中营的二百余位幸存美国老兵。对老兵的取证,为中国和世界反法西斯战争历史研究提供了难得的人证资料。美国日本侵略史学会专家认为,沈阳二战盟军战俘集中营集中代表了日本在亚太地区六十多个集中营的情况,美军俘虏在那里遭受的不人道的对待,体现了日本侵略战争给世界人民带来的伤害,中国方面能够完整地保存原"奉天俘虏收容所"的房子和格局,并斥资兴建纪念馆,表明中国人民对美国反法西斯战士的怀念和尊敬。②

---

① 《海外华媒走访东北抗战遗址》,2015年5月25日,人民网,http://media.people.com.cn/n/2015/0525/c40606-27049861.html,最后访问日期:2022年5月7日。

② 沈阳市文物局副局长、沈阳二战盟军战俘集中营纪念馆筹备小组负责人张英先生透露,他率领的文物工作者经过数天的行程,已经在美国亚利桑那州凤凰城有关活动期间向幸存战俘们取得了关键物证。这些物证和人证资料,将在2006年晚些时候沈阳二战盟军战俘集中营纪念馆正式开馆时陈列出来,用事实展现日本军国主义对中国和世界人民犯下的罪行。见《沈阳二战盟军战俘集中营纪念馆在美寻找幸存战俘》,2006年5月26日,https://www.chinanews.com/news/2006/2006-05-26/8/734853.shtml,最后访问日期:2022年5月7日。

在众多民间团体中，美国巴丹和科雷吉多尔防卫军纪念协会网站特开设了奉天战俘纪念协会网页，特别纪念关押在中国沈阳二战盟军战俘营的人的勇气和牺牲；① 日本市民团体"POW（战俘）研究会"将一份记载了太平洋战争期间被日军俘虏的约 3500 名盟军士兵的姓名和死因的名单公布在自己的网站上。② 此外，许多社交媒体平台也以多种形式主动对外宣传，助力战俘营国际传播，如全球最大的旅游垂直媒体官方网站——猫途鹰（Trip Advisor）将盟军战俘营旧址陈列馆推荐为沈阳旅游必去地址之一；③ 南加州大学美中学院组织放映纪录片《铁血残阳——在刺刀和藩篱下》，讲述了二战期间被日本人关押在中国沈阳某集中营的美国战俘的故事。这些民间团体和高校有稳定的成员，在互联网上具有一定的影响力，他们利用自己的官网传播二战盟军战俘营历史，精准地触达目标受众。

三 传播效果

1. "史实展"现场传播

2015 年 11 月 6 日，在沈阳"九一八"历史博物馆于英国利物浦市圣乔治大厅推出的"史实展"上，利物浦市助理市长西蒙介绍说："展出的珍贵图片和实物文献还原了一段不被西方人所知的历史，希望展览能够让更多英国人认识到二战太平洋战场的艰苦与惨烈。"④ 从此拉开了沈阳二战盟军战俘营史实展在海外传播的序幕。2017 年 11 月 21 日，在美国旧金山

---

① 美国巴丹和科雷吉多尔防卫军纪念协会网站，https://www.adbcmemorialsociety.org/mukden-pows，最后访问日期：2022 年 5 月 7 日。

② POW 研究会，http://powresearch.jp/en/archive/powlist/index.html，最后访问日期：2022 年 5 月 7 日。

③ 《中国保存最好的战俘营——沈阳二战盟军战俘营旧址陈列馆》，猫途鹰网，https://www.tripadvisor.com/ShowUserReviews-g297454-d7174497-r299674209-Shenyang_WWII_Allied_Prisoners_Camp_Site_Museum-Shenyang_Liao-ning.html，最后访问日期：2022 年 5 月 7 日。

④ 《"无声之营——沈阳二战盟军战俘营史实展"在英国利物浦市开幕》，2015 年 11 月，中华人民共和国驻大不列颠及北爱尔兰联合王国大使馆网，https://www.fmprc.gov.cn/ce/ceuk/chn/dssghd/2015year/t1314063.htm，最后访问日期：2022 年 5 月 7 日。

海外抗日战争纪念馆，"无声之营——沈阳二战盟军战俘营史实展"第二站开幕。

以沈阳二战盟军战俘营为历史背景，两次"史实展"用盟军战俘珍贵历史照片、日记和当年由美国战俘绘制的漫画以及战俘老兵捐赠的文物（复制品），真实再现了盟军战俘在战俘营期间服劳役和艰难困苦的生活情况，以及战俘们凭借自己特有的智慧、坚强的意志与日军进行不屈不挠抗争的历史。① 在利物浦市的现场展览上，中国驻英公使沈蓓莉指出，中英两国人民在反法西斯战争中结下了血与火的友谊，今天，我们应该更加努力，为两国关系的"黄金时代"添砖加瓦，为世界的和平、稳定与繁荣做出新的贡献；② 在旧金山市的现场展览上，中国驻旧金山总领事罗林泉指出，相对于欧洲战场，美国民众对亚洲太平洋战场的情况知之甚少。他希望此次展览能够为美国观众提供一个深入、全面了解亚洲太平洋战场的独特视角，让更多的美国观众能够了解这段历史，重温中美两国军民同仇敌忾、并肩奋战的往事，促使中美两国人民共同牢记历史教训，珍视来之不易的和平生活，从而进一步加深两国人民之间的传统友谊和中美两国之间的文化交流。③ 现场同时有多名二战幸存盟军战俘老兵、家属及后人参加史实展，他们在现场发表感言，回顾历史，引起了海内外民众热烈反响。

2. 传统媒体和互联网新媒体传播

关于沈阳二战盟军战俘营，国外主流媒体报道历史学家的认识："与众所周知的奥斯威辛集中营相比，沈阳集中营直到最近才引起公众的注意……沈阳和奥斯威辛（集中营）都是违反国际正义和人权的证据。日军在沈阳的所作所为超过了纳粹德国在奥斯威辛的所作所为，因此这座集中营被称

---

① 《"无声之营——沈阳二战盟军战俘营史实展"在美国开幕》，2017 年 11 月 22 日，中国日报中文网，https://cn.chinadaily.com.cn/2017 - 11/22/content_34847379.htm，最后访问日期：2022 年 5 月 7 日。
② 《"无声之营——沈阳二战盟军战俘营史实展"在美国开幕》，2017 年 11 月 22 日，中国日报中文网，https://cn.chinadaily.com.cn/2017 - 11/22/content_34847379.htm，最后访问日期：2022 年 5 月 7 日。
③ 《"无声之营——沈阳二战盟军战俘营史实展"在美国开幕》，2017 年 11 月 22 日，中国日报中文网，https://cn.chinadaily.com.cn/2017 - 11/22/content_34847379.htm，最后访问日期：2022 年 5 月 7 日。

为'东方奥斯威辛'。"① "巴丹死亡行军中忍受的折磨和痛苦是众所周知的,那些战俘在到达他们在中国的最终目的地时所经历的折磨和艰辛是同样的。这种纪念是'被遗忘的营地:沈阳的盟军战俘'的任务。"②

围绕首次在利物浦市成功举办的"史实展",英国当地媒体纷纷报道了开幕式及展览,其中就包括利物浦市最大媒体 Liverpool Echo、电台 Radio Mescy、Your Move 杂志及其他门户网站。《中国日报》、中央电视台、新华社、《光明日报》、人民网以及《中国文物报》、《友报》、《辽宁日报》、《沈阳日报》、新浪网、环球网、东方网等国内传媒也都在醒目版块进行转载和报道。本次展览为英国民众提供了一个深入、全面了解亚洲太平洋战场和广泛传播中国在世界反法西斯战争中的重要地位、重要作用的独特视角。

珍珠港历史遗迹官方网站以《去奉天的任务》为题报道说:随着日本接受波茨坦宣言和敌对行动的结束,寻找和释放战俘成为盟军司令部的首要任务。这些战俘中有两名高级军官——前马来亚和新加坡盟军司令亚瑟·珀西瓦尔中将和前菲律宾盟军司令乔纳森·温莱特中将。这两名军官在 1942 年被日本军队俘虏。战争结束时,战略情报局小组被派去寻找并解放了他们。③

2015 年 5 月 6 日、2017 年 12 月 12 日《中国日报》非洲版分别报道了《世界上最精英的战俘营》《记忆中的"被遗忘"的网站——一幅描绘战俘进行彻底清洗的图画》;2015 年 10 月 1 日《利物浦回声报》报道了《圣乔治大厅举办二战战俘展览》;2017 年 11 月 22 日,旧金山"史实展"开幕式盛况由中新社、新华社、凤凰网、人民网、《侨报》、《星岛日报》、《世界日报》、中文电视、CCTV、中国驻旧金山总领馆新闻组、《旧金山纪

① 《历史学家揭露亚洲战俘营暴行》,2014 年 8 月 29 日,中国日报欧洲版,https://europe.chinadaily.com.cn/epaper/2014-08/29/content_18509846.htm,最后访问日期:2022 年 5 月 7 日。
② 《唐人街展览回忆被遗忘的日本战俘》,2017 年 11 月 23 日,https://www.sfgate.com/art/article/Forgotten-Japanese-POW-camp-recalled-in-Chinatown-12380094.php,最后访问日期:2022 年 5 月 7 日。
③ 《去奉天的任务》,2019 年 11 月 30 日,珍珠港历史遗迹官方网站,https://www.pearlharborhistoricsites.org/blog/mission-to-mukden,最后访问日期:2022 年 5 月 7 日。

事报》、KTSF 电视台等相关媒体报道,极大地增强了沈阳二战盟军战俘营在西方国家的影响力。正如中国日报社美国分社时任社长、总编辑纪涛所说:

> 作为致力于国际传播的中国媒体,中国日报社通过参与本次展览的组织和策划,并联合中美媒体进行全媒体报道,担当了桥梁和纽带的作用。通过发挥我们的媒体责任,让这段不应被遗忘的历史传播得更广,让来自无声之营对战争和法西斯的控诉和对和平的呼唤,传播得更有力。①

2017 年 12 月 17 日和 2018 年 5 月 25 日,中国新闻社英文网站分别报道了《旧金山进行的"被遗忘的营地"展览——填补了亚洲二战史的空白》《前战俘营唤起对二战的回忆——李立冰》;2017 年 12 月 21 日《利物浦商业新闻》报道《沈阳二战盟军战俘营展览将在利物浦举行》;2018 年 6 月 25 日《法国侨报:走进"东方奥斯威辛"》;等等。这些报道均向世人揭露了日本军国主义在二战中犯下的累累罪行,有效地增加了沈阳二战盟军战俘营旧址的传播途径。

3. 社交媒体传播

新媒体时代,报纸杂志、广播电视等传统媒体已经不能满足国际传播的需要,互联网平台上的各种新媒体具有重要的话语权,并且报纸杂志、广播电视等传统媒体也已经开辟了互联网传播阵地。

在社交媒体上,受众自发地传播沈阳二战盟军战俘营的历史,通过不同的传播渠道和传播方式将来自"无声之营"的呼唤告知公众。全球最大的旅游垂直媒体官方网站——猫途鹰,将"沈阳二战盟军战俘营旧址陈列馆"作为沈阳及周边地区最畅销的旅游参观地之一进行宣传和推广:

---

① 《"无声之营——沈阳二战盟军战俘营史实展"在美国开幕》,2017 年 11 月 22 日,中国日报中文网,https://cn. chinadaily. com. cn/2017 – 11/22/content_34847379. htm,最后访问日期:2022 年 5 月 7 日。

这个大博物馆离九一八博物馆不远。但是要有详细的地址，因为很多出租车司机不知道。战俘营陈列馆可以自由进入，有城墙、瞭望塔和三个建筑可供探索。这些建筑包括重建的战俘床位、盥洗室和日本人的办公室。还有一个关于盟军在中国的大型展览，这是我在中国见过的同类展览中最大的一次。总的信息是盟国和中国之间的友谊，请留出一小时的参观时间。①

软呢帽（Fedoralounge）论坛上也有网友发帖：

一个中国代表团将在2月3日~14日期间，把中国二战战俘营的记忆和故事带到美国。应美国二战研究人员和历史学家的邀请，沈阳民间中美文化交流协会代表团正在美国进行巡回展览，展览包括战俘营模型和战俘相关文献，大部分内容是中国沈阳二战盟军战俘营的故事。2007年中国政府宣布将其改造成陈列馆，根据5400万元（690万美元）的改造计划，该陈列馆占地面积将达到12900平方米。②

2017年11月20日，中国日报与沈阳网联合制作并通过中国日报官方脸书（Facebook）和中国日报官方微博，分别发布了视频"Forgotten Camp：Allied POWs of Shenyang"和《感动！两根黄瓜，一段跨越太平洋的友谊》，在展览的开幕式上和展厅里循环播放，仅仅两天时间，视频播放量就已超过120万次，本次展览及视频播放受到中国驻美国旧金山总领事罗林泉的高度赞扬。此外，一些国外社交网站还发布了盟军战俘营的部分图片，如第二／第四机枪营前成员协会（2/4th Machine Gun Battalion）网站发布了沈阳二战盟军战俘营的部分信息及营地地图；巴丹战役历史网站（BATAAN Project）

---

① 《中国保存最完好的战俘营——沈阳二战盟军战俘营旧址陈列馆》，猫途鹰网，https://www.tripadvisor.com/ShowUserReviews-g297454－d7174497－r299674209－Shenyang_WWII_Allied_Prisoners_Camp_Site_Museum-Shenyang_Liaoning.html，最后访问日期：2022年5月7日。

② 《中国代表团将二战战俘营的记忆带到美国》，2008年12月12日，软呢帽（Fedoralounge）论坛，https://www.thefedoralounge.com/threads/chinese-delegation-brings-memories-of-wwii-pow-camp-to-u-s.26497/，最后访问日期：2022年5月7日。

公开发布了一些战俘的照片。① 社交媒体上广大受众的自发推送和传播，使沈阳二战盟军战俘营在互联网上的国际传播收到了事半功倍的效果。

四 传播策略

1. 瞄准特定群体：形式与内容的精准定位传播

沈阳二战同盟战俘营故事立足点对点的国际传播模式，瞄准特定受众群体，即战俘老兵、家属后代，以及热爱和平的世界各国人民，通过史实展览、战俘营实景复刻品、漫画、战俘营纪录片等多种传播载体，结合二战史料、老兵回忆录、口述史等重要史实，实现了点对点的精准定位传播。

91 岁的李立水老人是二战时期日本"满洲工作机械株式会社"的一名中国劳工，他的亲身讲述是后人了解当年战俘营历史最生动的教材之一：

> 日本人从来不当着中国人的面惩罚战俘，但是战俘们被惩罚却是常事。除了不让他们吃饱外，日本人还让战俘大冬天站在外面挨冻，隔三四天就会有死去的战俘被抬出去了。②

沈阳二战盟军战俘营见证了人道主义受到肆意践踏的惨痛历史，也见证了中国工友与外国战俘之间的患难情谊：

> "266"是美国老兵尼尔·加格里阿诺在战俘营里的号码。当时为集中营工作的学徒工李立水也只记得这个号码，并不知道这个美国战俘的名字。266 号每次看到李立水都会冲着他微笑，有时还打着"OK"的手势。李立水对这个大高个、长脸的美国兵印象很深。

---

① 巴丹战役历史网站（BATAAN Project），https://bataanproject.com/prison-camp-galleries/hoten-camp-mukden-manchuria/，最后访问日期：2022 年 5 月 7 日。

② 《老人忆二战盟军战俘营故事：日本人不让战俘吃饱》，2015 年 9 月 15 日，http://www.xinhuanet.com/politics/2015–09/15/c_128230928.htm，最后访问日期：2022 年 5 月 7 日。

一天，李立水从一辆拉菜车上拿了几根黄瓜，回头看到编号 266 的战俘正眼巴巴地看着他。李立水想都没想就拿了两根黄瓜扔了过去，266 号心领神会，立即把黄瓜藏在了工作台下面，冲李立水点了点头。

在战后的时间里，李立水几乎忘记了黄瓜和 266 号，直到 2002 年有美国记者采访李立水，他才随口讲出了那段故事。第二年，老兵尼尔·加格里阿诺托人给李立水捎来自己的近照和一封信，信上写着：我就是 266 号，那段经历恍如昨日。①

沈阳二战盟军战俘营的展览，在 2015 年吸引了美国、加拿大、澳大利亚等 18 个国家和地区的华文媒体负责人到访参观，记者们亲眼所见，亲手传播，让世界对中国人民的抗日战争尤其是东北地区人民的抗日战争有了更加深入的了解。考虑到不同群体情感的传播差异，为了更加真实、直观地反映盟军战俘当年的生活状况，陈列馆在战俘营房一楼还设置了"战俘画笔下的战俘营"专题漫画展厅，展出了刻画盟军战俘悲惨遭遇的 80 余幅绘画作品，图文并茂，有效地扩大了沈阳二战盟军战俘营故事传播的吸引力和影响力。

2. 抓住时间节点：重要历史时刻发出最强音

近年来，沈阳二战盟军战俘营陈列馆与美、英、澳大利亚等多国的博物馆、档案馆、战俘老兵及亲属取得了联系，多次举办重大纪念日活动，接待了众多国内外嘉宾和观众，组织开展的"5·18 国际博物馆日""夕阳红宣讲团""百万市民走进博物馆""中小学生走进博物馆""爱国主义宣传送展大篷车""沈阳抗战联线"等活动，充分利用时间节点加强对外传播，受到国际社会及国家、省、市各级领导的高度重视。

每年的 4 月 25 日是澳新军团日。2021 年 4 月 25 日，澳大利亚驻沈阳总领事馆在沈阳组织了第一次正式的澳新军团日活动。在仪式开始前，澳大利亚驻沈阳总领事和新西兰政府代表参观了沈阳二战盟军战俘营旧址陈

---

① 《沈阳二战盟军战俘营见证日军暴行》，2021 年 9 月 14 日，https://baijiahao.baidu.com/s?id=1710867440521027489&wfr=spider&for=pc，最后访问日期：2022 年 5 月 7 日。

列馆，向 76 年前被关押在那里的澳大利亚和新西兰战俘表示敬意；① 2021 年 4 月 5 日，沈阳二战盟军战俘营旧址陈列馆举行清明节祭奠仪式，与会者列队瞻仰了曾被囚禁在战俘营中受日军迫害、在世界反法西斯战争中牺牲的英雄志士。沈阳二战盟军战俘营旧址陈列馆每年都利用重要时刻纪念历史，缅怀盟军战俘，用实际行动传承抗战传统，践行历史使命，延续海内外民众对战争期间战俘历史的深刻记忆，以引起更多民众的情感共鸣。

3. 重视历史现场：虚拟空间传播更能强化历史认识

沈阳二战盟军战俘营旧址陈列馆高度重视历史现场的传播，以战俘营实景复刻品、战俘漫画故事、历史纪录片等多种媒体形式，将展览作为传播平台，建构起一个虚拟历史场景的"再现空间"，跨越时空，为后人提供一个更加深入、全面了解二战时期亚洲太平洋战场的独特视角，将 80 年前日本法西斯发动太平洋战争，无视国际公约、囚禁和残害战争俘虏的遗迹见证，重新展现在世人面前，推动世界各国人民共同牢记历史教训，携手构建人类命运共同体，共同推动世界和平向前发展。

未来，沈阳二战盟军战俘营旧址陈列馆还计划在比利时、澳大利亚等国家进行宣讲和展览，陈列馆始终坚持以传播抗战历史、促进世界和平为目标，不断加强与更多国家驻外使馆、外事机构和历史博物馆的长期联系，发起战俘老兵及其亲属的寻找活动，不断增添与盟军战俘有关的历史内容，赋予展览更为丰富的内涵。其目的就是通过不间断地展览珍贵图片和实物文献，还原历史现场，让各国人民感受盟军战俘在被囚禁期间遭遇的饥饿、疾病与虐待，并通过传播二战历史，永远铭记战争给人类带来的巨大伤害。

沈阳二战盟军战俘营旧址不只在中国，在全世界也是极其罕见的历史遗产，具有中国故事国际传播的唯一性和特殊性，是日本军国主义违反人道主义国际公约、肆意攫取战俘人力资源、服务法西斯战争的历史见证，是盟军战俘悲惨境遇和苦难经历的历史见证，也是中国与世界反法西斯国家和人民并肩作战、共同抗击法西斯侵略的历史见证，具有符合中国故事

---

① 澳大利亚总领事馆：《2021 澳新军团日服务》，2021 年 4 月 25 日，https://shenyang. consu-late. gov. au/snyg/2021april25. html，最后访问日期：2022 年 5 月 7 日。

国际传播条件的国际主义元素和人道主义光芒；沈阳二战盟军战俘营旧址陈列馆正在向世界展示其深远的现实意义和历史意义：正视历史，牢记教训，珍惜和平；加强沟通，深化友谊，共创未来；中国人民与世界各国人民一道共同推动构建人类命运共同体！

案例点评

沈阳二战盟军战俘营旧址陈列馆的国际传播，是一个比较成功的国际传播案例。一方面，它天然地拥有国际道义优势，对侵略战争的揭露与批判，对和平、自由的渴望与追求，是人类社会永恒不变的主题，而弘扬伟大抗战精神，维护二战胜利成果，更是包括美、英、法等国在内的国际社会的普遍共识；另一方面，日本法西斯残酷奴役、虐待盟国战俘，其犯下的反人类罪行，能够激发世界各国爱好和平的人们正视历史、牢记教训，珍视来之不易的和平生活。

在这个大背景下的沈阳二战盟军战俘营旧址陈列馆国际传播，又拥有了强烈的同理心和共情力。日军的残酷奴役造成盟军战俘大批死亡，中国工友的情感慰藉、食物提供以及冒着生命危险帮助盟军战俘逃跑的无私无畏，在鲜明对比之下，展示了中国人民的善良勇敢、守望相助。这在当前构建人类命运共同体、传播国际人道主义精神的情况下，获得了国际社会的普遍认同和关注。

沈阳二战盟军战俘营旧址陈列馆的国际传播，不仅是回顾历史，更是警醒当下，展望未来。围绕人类命运共同体的内核，还应继续深度挖掘史料，瞄准国际传播对象，做好线下线上结合，进一步开发好、利用好这个具有国际基因的对外传播品牌，讲好中国故事，树立中国形象，教育世人铭记历史、反对战争、珍爱和平。

点评人：武斌，历史文化学者、研究员，北京外国语大学中华文化国际传播研究院特聘教授。

亚洲象北迁事件国际传播的
创新实践

杨安琪　于婷婷*

摘　要　从 2020 年 3 月开始，亚洲象从中国云南西双版纳出走，一路向北寻找更合适的栖息地。在中国媒体的报道下，这群大象吸引了世界的目光。云南省政府为其投入了大量的人力物力，中外媒体竞相报道，形成了相对完整的传播矩阵，不论是以大象为第一人称的新闻报道还是创新的数据新闻，都在国内外引起了舆论高潮。本文将针对亚洲象北迁事件国际传播的案例，分析其传播策略，总结本次事件国际传播的优缺点，希望能为中国国际传播提供一些建议。

关键词　亚洲象北迁；中国故事；生态保护；可爱中国

2020 年 3 月，亚洲象群从"动物王国"西双版纳迁徙至普洱，于 2021 年 7 月返回，历时 500 多天。其中，在 2021 年 4 月象群由普洱市迁徙到玉溪市这一阶段，媒体注意到了其新闻价值并进行大规模传播，使之成为生态保护的热点事件。各大媒体纷纷成立了专门的报道团队对此事件进行全程的跟踪报道。社交媒体上关于大象迁徙的视频收获了大量的点赞和评论，更有许多外国网友对云南省政府给予了高度的肯定与赞扬。

---

* 杨安琪系华中科技大学新闻与信息传播学院硕士研究生；于婷婷系华中科技大学新闻与信息传播学院副教授、硕士生导师，广告学系主任。

截至 2021 年 6 月 30 日，在 Bing 搜索到国际上有 124 万条相关链接，中国国内有 88.5 万条相关链接。① 其中香港的《南华早报》(*South China Morning Post*) 发布的《中国的野生大象需要在 500 公里的长途跋涉中打个盹》获得了 400 多万次的观看，而关于小象玩耍的视频则获得了 100 多万次的观看。憨态可掬的大象们成为瞩目的"超级明星"。作为一次中国故事的成功讲述，西方媒体一反以往尖酸刻薄的态度，如实肯定了云南省政府在野生亚洲象保护上的成绩。日本电视台主动报道事件并制作了长达 30 分钟的节目特辑。不论是西方媒体"他塑"的内容还是受众态度都更加客观温和。一路"象"北具有一定的偶然性，而在传播的过程中对于故事思维的准确把握是其走向世界、打破偏见的关键。

一 事件传播背景

2021 年 5 月 31 日，习近平总书记在主持中共中央政治局第三十次集体学习时强调，讲好中国故事，传播好中国声音，展示真实、立体、全面的中国，是加强我国国际传播能力建设的重要任务。② 除此之外，习近平总书记强调了中国愿同国际社会一道，全面落实 2030 年可持续发展议程，共同建设一个清洁美丽的世界。其中，云南作为亚洲象的迁徙地点于 2021 年 10 月举办了全球生物多样性大会，并凭借其五彩斑斓的植物和多样的生物种类吸引了世界的目光。

媒体很好地刻画了大象的萌态、灵性及人性，在西方受众的视野中塑造了可爱活泼的大象形象，定下了友善亲和的报道基调。作为生态性事件，大象北迁事件体现了中国生态保护的良好成果，同时也在俯瞰的镜头中体现了多彩云南绿色中国的大环境。此次事件在国际传播的大背景下，巧妙地抓住了生物多样性大会的契机，与世界人民越发关注的生态保护主题碰撞出了奇妙的火花。

---

① 张颖哲：《云南野象群北迁报道国际传播分析——中国语境和叙事方式初探》，《青春岁月》2021 年第 14 期，第 17~19 页。

② 《加快构建中国话语中国叙事体系》，人民网，http://theory.people.com.cn/n1/2022/0619/c40531_32450116.html，最后访问日期：2022 年 6 月 1 日。

二 传播策略分析

1. 传播矩阵搭建

中国媒体构建全媒体传播矩阵，借力新媒体意见领袖。首先，主流外宣媒体在海外社交媒体上精准发力，以 CGTN、中国日报为首的主流媒体在自己的官方账号上生产了一系列贴合外国观众喜好的作品。如 CGTN 多语种平台推出《野生象群云南迁徙之路》《15 头亚洲象的奇妙之旅》等报道，用轻松语态突出细节，自然展现中国善待野生动物的美好现实。还有中国日报生产的航拍视频《揭秘霸屏全网的"断鼻家族"迁徙之旅》等系列产品，灵动自然又富有趣味，海外传播量超 120 万次。[①]

其次，除了主流媒体官方账号在海外平台的吆喝，各大媒体也发动了旗下网红工作室对此事进行传播，在 YouTube、Facebook 以及 Twitter 上发声。其中 CGTN 旗下的网红工作室抓住了热点，积极发挥传播优势，取得了良好的效果。作为"去官方化"的民间意见领袖，网红工作室能在很大程度上减轻西方受众对于中国官方账号的抵触心理，凭借自身去价值化的特性从平民视角生产出更接地气、更有吸引力的传播内容。针对此次事件，CGTN 网红工作室在短视频中着重刻画大象的萌态，一改严肃庄重的语态，更加注重传播的大众化、细节化、多元化。不论是官方媒体，还是网红工作室，都更加立足于"网感"的打造，利用社交媒体的互动性，力图更好地实现媒介与内容的有机结合，发挥最优的传播效果。

外国媒体关注事件，主动报道，积极转发。中国媒体发布的新闻与视频成为外国媒体积极转发并进行新闻创作的重要信源。如英国《卫报》发布的《大象 500 公里跋涉接近中国城市，当局保持警惕》消息中，交叉引用了中央电视台、云南省林草局、《环球时报》等 5 个信源，还原野象群"出走"的过程。[②] 除了报道事件原貌，外国媒体立足于事件全貌，正视云

---

① 牛秋鹏：《生态文明"软传播"的创新实践——以云南亚洲象北迁事件报道为例》，《新闻战线》2021 年第 18 期，第 105～107 页。

② 汪彤、吴文娟：《从云南象群北迁事件看讲好中国故事的三个要素》，《新闻前哨》2021年第 10 期，第 83～84 页。

南政府的角色，报道其为了确保象群正常迁徙所做的各种保护措施及此次象群迁徙所带来的损失，直接反映了政府在大象迁徙中的机动反应能力和负责任的态度。日本在该事件的转播中表现得尤为激动，他们的大型直播节目《午间趣谈》甚至为此事件做了一个长达 30 分钟的特辑，邀请到知名的动物专家做嘉宾来对事件进行讲解。

各国媒体分工明确，配合默契，报道内容覆盖了事件的方方面面。这也说明，在富媒体时代实现中西方媒体有机合作，搭建全方位的传播矩阵是有必要且有效的。除了官方媒体，还要发动民间力量，重视网红工作室建设，鼓励华裔跨国人士讲述中国故事。我们更要加强外国社交媒体上的网红工作室建设，尤其是在海外社交媒体清理中国的账号并对来自中国的账号进行检测的背景下，弱化中国政府账号的官方背景，能更好地躲过检测与清理。同时，我国媒体要始终积极主动地设置议程，从事件本身出发，在保证信源真实可信的情况下展现新闻价值，从而吸引外国媒体的主动报道，最大限度地抵达更多的国外受众。

2. 传播内容的感染力

所谓萌力量，是组织或个人挖掘并展现以"可爱"为中心的萌元素，通过特定的语言、动作、表情或以动漫、吉祥物等形式开展传播沟通活动，从而实现博得好感、赢得支持、改善形象、疏导情绪等目的的力量。[①] 动物是体现萌力量的一个重要载体，也是在国际传播中破除壁垒的重要载体，日本抓住了动物在城市形象塑造上的力量，将动物的萌力量发挥到了极致，如猫站长小玉及兔子站长等。中国的大熊猫已经取代了东西方认知差异较大的"中国龙"符号成为世界舞台上极具代表性的中国符号。[②] 在亚洲象一路北迁的过程中，中国的野生亚洲象因为其可爱、活泼、佛系的特点"出圈"。在无人机的直播下，大象们玩闹、觅食、睡觉、种种窘态一一展示在人们的眼前。在生态环境遭到破坏、野生动物濒临灭绝成为世界的痛点时，野生亚洲象迁徙具有较强的生态保护意义和新闻价值。

① 赵新利：《萌力量：可爱传播论》，人民日报出版社，2017。

② 张铮、刘钰潭：《大熊猫是如何成为中国国家形象"代言"的——基于人民日报 1949—2019 年的报道分析》，《新闻与写作》，2021，第 36～44 页。

关于中国故事的传播策略和路径以及话语形态的问题，其根基是情感上的互相体谅。不是谁要说服谁，而是要在国际传播中取得情感上的互相感知和体谅，将人格化的中国话语合理融入国际传播中。[①] 赵新利在《萌力量：可爱传播论》中写道："人，总是通过自身角度观察世界，把神灵，动物和身边的物品进行拟人化。"[②] 当大象成为人们手机、屏幕、电脑上观察讨论的对象，而其行为被赋予人的意义时，它们就成为网络世界的符号，并不再具有动物自然行为的意义。在此次事件中，国内外的受众观察大象的行为并将象与象之间的互动关系代入人与人之间的互动，这为本身并不具有可爱意味的大象赋予了"萌态"。

除了展示这群可爱的大象，外宣媒体也展示了可爱的中国人民。在日本记者采访当地农户时，他们并未因为象群毁坏耕地而心生不满，反而主动向记者汇报大象迁徙的进度，展现出包容且友好的形象。BBC报道了此次大象迁徙对于当地农户所造成的损失，但云南人民在镜头前很少表现出不满情绪，而是服从政府安排并以尊重和友爱的态度对待大象。这种接纳与包容也被外国媒体一一报道回了他们的国家，如2021年6月2日、6月4日，BBC连发三篇关于中国大象的报道，提到了当地政府和人民不干扰大象行进的做法。[③]

讲好中国故事首先得讲好中国人民的故事，中国人民的形象代表着中国形象。在生态保护成为全球痛点的大背景下，亚洲象以其无忧无虑的可爱形象满足了受众对于真善美的情感需求。传播内容体现了人类命运共同体的概念并引导受众从认知共情上升到情绪共情。同一个地球，同一个世界，中外受众面对亚洲象迁徙所表现出的热情与喜欢体现出共同话语和共同主题能够包容文化上的不同，打破政治上的偏见。

3. 传播对象的多元化

加强精准传播，借助"外眼""外嘴"讲好中国故事，是国际在线进

---

① 张毓强、杜汝：《中国红色文化国际传播的叙事创新——以纪录片〈勇敢者的征程〉为研讨案例》，《对外传播》2021年第12期，第64~68页。

② 赵新利：《萌力量：可爱传播论》，人民日报出版社，2017，第33页。

③ 刘健、陈然、马志豪：《一路"象"北，大爱无疆——从云南象群北迁的对外报道谈如何讲好中国故事》，《对外传播》2021年第7期，第31~34页。

行区域化、分众化表达的重要实践。^① 国际传播要从泛众传播到精准传播，改变整齐划一、"一视同仁"的传播方式，注重社会分层理论。^② 由于此次事件本身并不具有中国的文化特质，而是关乎全球性利益的生态保护事件，因此并不需要进行"转"文化传播。在进行传播的过程中，中国媒体率先设置议程，迅速准确地生产出新闻并在海外社交媒体上进行发散式传播，西方媒体在中国信源的基础上并未进行较多的改动和文化的转化。

立足于海外社交媒体，中国外宣媒体把握事件特性，采用大众传播的形式，将重点放在了多元化、高质量的新闻产品生产上，形式和内容更加自由而不再在跨文化传播中面临种种障碍，受到种种束缚。同时，对于此次事件，中国外宣媒体着重刻画真实自然的事件，在短视频中主要传递信息，减少后期加工的痕迹。在剪辑过的短视频中，不再僵硬地塑造中国政府生态友好的国家形象，而是就事论事，力求清晰明了地报道事件。

传播者主体身份的淡化和高可信度的报道让听故事的人自行解构信息，说服自己理解相信故事。在整个传播过程中，有力的证据、不加修饰的直播都让西方受众更加主动地去思考，在这个成功的野生象群迁徙活动中云南省政府发挥了什么样的作用，视频中兢兢业业的警察和淳朴的人民说明中国是一个什么样的国家。这种委婉且巧妙的方式，将自塑话语隐藏在真相之中，从而让受众自我说服。这一举措展示出习近平总书记提到的"中国自信"，包括对于此次事件中云南省政府工作的自信，以及对于中国生态保护举措的自信。提供直接有力的证据，让受众形成自己的观点，而自发形成的看法和认识相比于被动灌输的观点会更有力、更持久。

YouTube、Facebook 上的相关视频下，有大量评论肯定了云南省政府在大象迁徙过程中所付出的努力，也有不少评论关注到中国的地大物博和生态多样性，更有外国媒体从中国媒体发布的视频中看到中国民众已经取下口罩，由此可见中国疫情防控取得了良好的成果。这些评论作为二次生产的产物，借助社交媒体的互动性进一步证实了受众自我说服的观念即

---

① 吴晓虹：《跨越文化差异　精准传播中国形象——国际在线如何"讲好中国故事"》，《国际传播》2021 年第 12 期，第 117～122 页。

② 孟建、张文凌：《生态文明国际传播要从泛众传播到精准传播》，《中国青年报》2021 年 10 月 14 日，第 4 版。

"中国重视且持续保护亚洲象的迁徙",而这也是宏大叙事、歌颂式传播难以获得的理解与信任。

4. 传播"细节"的带入感

讲好中国故事,最重要的就是故事思维,即注重用联想型的故事叙事作为组织、策划和塑造形象的主要手段,运用联想、隐喻等将新闻事件置于其他情境,通过对信息、知识和情感的整合加深人们对新闻事件的理解。① 一个好的故事有情节更有细节,有主人公更有对主人公性格的刻画。在大象迁徙的报道中,媒体把大象作为一个有思想、有内心活动的小朋友来刻画,同时还确定了象群迁徙故事中的主人公,比如在迁徙路上诞生的小象、因为偷酒喝醉倒在路上落后的小迷糊,还有为了解救掉落水沟的小象而施以"象鼻"的成年大象。新闻报道除了报道迁徙事件中必要的信息,还关注到了象与象之间的互动、其喝醉后摇摇晃晃的步伐和自然的团队合作。

对生动细节的展示包括对于大象人格化行为的展示和编码,如疯传全网的大象排排睡的图片。慢直播的使用让用户可以全时无间断地观看大象,而其在迁徙过程中的种种可爱举动也被摄像机记录了下来。媒体的拟人化传播和网民的玩梗让这群大象的迁徙变得充满情节和趣味。故事思维体现为细节的展示更有趣味化,拟人化的生态事件表达,以及用共通的认知增进认同感。

在过去的中国故事叙事中,媒体往往强调宣传感人的故事,即宣扬大爱,弘扬催人泪下的奉献精神。这也容易造成讲大事而不注意细节。但云南象的出圈告诉我们应专注于事件本身,注意到其中的细节,由生硬展示成果转为讲述情节、关注细节,更能引发共情,影响受众态度。讲好中国故事是一个宏大的主题,中国故事的魅力来源于平凡人的感动,以及普通事件中有温度的细节。亚洲象的出圈告诉我们,有细节的故事最能打动人心,赢得共情。

5. 传播渠道的社会化

在此次事件中,国内外媒体都扎根于社交媒体,运用短视频进行传

---

① 高金萍:《中国国际传播的故事思维转向》,《中国编辑》2022 年第 1 期,第 10 ~ 14 页。

播。在融合传播时代，与图文、长视频等相比，短视频具有更强烈的社交属性，这使之成为最能传播信息、最为受众所欢迎的媒介形态。① 社交媒体逐渐成为国际传播中的主要信息渠道，外宣媒体也深深扎根社交媒体，根据社交媒体的特性推出了大量优质的短视频。其中，香港的南华早报发布的《中国的野生大象需要在 500 公里的长途跋涉中打个盹》获得了 400多万次的观看，而关于小象玩耍的视频则获得了 100 多万次的观看。

云南象迁徙是一个持续性的、动态性的过程，大象的种种行为是自发的、未经过任何排练的。从这种特质出发，CGTN 巧妙地将云南大象救援队用来监控大象的无人机监控转换成大象迁徙的直播，获得了广泛的关注。慢直播的形式在火神山医院修建后也被积极地运用到了对外传播的过程中。直播相比于短视频及新闻稿显得更真实，更能还原事件。慢直播很好地迎合了西方受众打发时间、随时随地观看大象的需求。在此次直播中旁白较少，更多的是直接将镜头拉近象群展示象群的动态。这种对外传播不仅破除了语言上的壁垒，还直截了当地展示了新闻事件的动态发展。

"叙事性"是讲好中国故事的关键指标，而运用视听叙事手段进行跨文化叙事的重要性正在凸显。② 中国外宣媒体纷纷在四大外国社交网站上对此事进行传播也表明了当下国际传播的一个转变，即习近平总书记所说的"要精心构建对外话语体系，发挥好新兴媒体作用，增强对外话语的创造力、感召力、公信力，讲好中国故事，传播好中国声音，阐释好中国特色"③，我们要扎根于西方的社交媒体平台讲中国故事。社交媒体的互动性，让海外用户能在评论区讨论交流，面对高可信度的视频，评论之间的互动更能巩固用户对于此次事件的正面评价。不论是短视频还是直播都体现了中国外宣媒体积极"走出去"，努力创新传播形式的决心，社交媒体化的传播方式最大化地抵达了受众，也以更直接、更生动的形式塑造了我

---

① 龙小农、阎庆宜：《短视频国际评论引导国际舆论的机理及效果——以 CGTN〈点到为止〉和新华社〈火花〉为例》，《青年记者》2021 年第 19 期，第 72~75 页。

② 王昀、陈先红：《迈向全球治理语境的国家叙事："讲好中国故事"的互文叙事模型》，《新闻与传播研究》2019 年第 7 期，第 17~32、126 页。

③ 《让全世界都能听到并听清中国声音》，人民网，https://m.gmw.cn/baijia/ 2022 - 12/03/ 36205738.html，最后访问日期：2022 年 4 月 15 日。

国生态友好、关怀大象的国家形象。

在西强东弱的国际传播环境中，我国官方渠道发出的声音总是被有意地误解与忽视。这就要求我们的外宣媒体在传播时应更加勇敢，扎根于聚集着西方用户的社交媒体并发声。同时，应抓住技术发展的趋势并大胆创新，转变语态，实现内容和媒介特征的紧密结合。

三　问题与反思

国家形象是对一个国家政治、经济、文化、社会及历史多个方面形成的综合认知，具有较强的开放性，在不同的社会发展时期，它是可以被想象与塑造的。在世界全球化发展背景之下，国家形象逐渐成为国家利益的一个主要方面，任何一个国家都试图通过自塑良好形象，在全球更大的范围内获得认同感。① 随着中国国际地位的提高，讲好中国故事，重塑国家形象成为中国媒体的重中之重。在转变传播语态、打造可爱的中国形象的背景下，亚洲象北迁成为 2021 年生态传播中的最大热点，也是体现中国国际传播语态向可爱亲和转变的典型案例。然而，虽然在短时间内该事件引发了一定的热度，但是从长期的角度来看，亚洲象北迁并未对中国的国家形象塑造造成较大的影响。

百度指数和谷歌趋势分析分别展示了国内和国外关于此次事件的搜索情况。在国内的报道中，亚洲象、云南象群是媒体使用的比较多的关键词。在 YouTube、Twitter 等国外社交媒体上，点击率较高的新闻报道采用的是 Asia elephant、Yunnan elephant。从关键词上可以看出国内国外的媒体并无太大区别，且在翻译上也是采用直译的办法。因此，本文在百度指数上，选取了亚洲象、云南象群，谷歌指数上选取了 Asia elephant、Yunnan elephant 共四个关键词。在两个平台选取的观察时间都是过去的 12 个月，百度指数针对的是国内的受众，谷歌指数针对的是全球的受众。

---

① 田维钢、单文煊：《短视频传播中的国家形象自塑路径研究——以重大主题报道为例》，《中国新闻传播研究》2021 年第 2 期，第 145～157 页。

谷歌指数分析。在谷歌指数中，选取了两个平台的指数，分别是 You-Tube 平台的热度指数和谷歌网页上的热度指数，二者数据差别较大但是趋势相似。相比之下，YouTube 平台的热度指数更有指导性，因为中国外宣媒体主要在外国社交媒体上传播。热度指数在 2021 年 6 月 6 ～ 12 日达到了峰值，随后稍有波动但整体趋势处于下降状态，关键词逐渐失去热度（见图 1、图 2）。

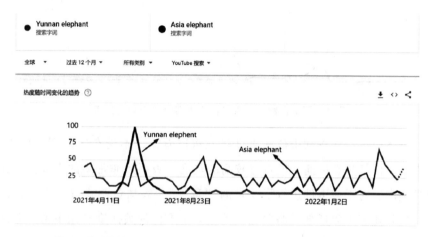

图 1　谷歌指数——YouTube 平台上两个关键词的热度变化趋势

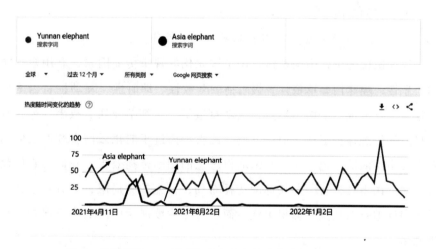

图 2　谷歌指数——谷歌网页上两个关键词的热度变化趋势

百度指数分析。和谷歌指数不一样的是，百度指数的热度指数数值较高，主要是因为国内用户集中程度较高且此次事件发生地在云南，国内的用户对于事件的关注度高且参与度较高。相似的是，百度指数的热度指数同样在2021年5月31日~6月6日到达峰值后便一直呈下滑趋势，关键词逐渐失去热度（见图3）。

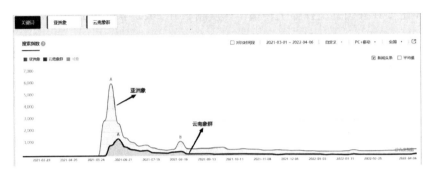

图3　百度指数——百度网页上两个关键词的热度

总体而言，从谷歌指数和百度指数可以看出，不论在国内还是国外，云南象事件都是在传播初期具有较高的热度，吸引到非常多的人关注。尤其是国内，对于该事件进行了大量的"玩梗"、表情包制作等二次生产活动。但是随着大象迁徙一路向北，受众对于事件的关注度开始下滑，并逐渐任其成为互联网众多事件中的泡沫之一。这也间接性的说明了一些问题，主要有如下内容。

1. 缺乏"生态中国"对外传播的系统性设计

在此次传播中，中国媒体运用了多元化的视听传播因素，利用短视频的娱乐性、趣味性、草根性，慢直播的开放性、即时性、互动性将云南象北迁事件打造成一个舆论热点，成功打造了一个细节充实、故事性强、有记忆点的生态保护事件。但一方面，此次传播过于弱化云南省政府及中国在事件中扮演的角色，导致其未取得理想的国际传播效果。我们的媒体没有针对此次事件进行一个长远的传播布局，目光较为局限，只看到了如何最大限度地打造热点、赢得关注，而没有为后续展示中国的生态保护成果做铺垫。

另一方面，此次传播未成功串联起具有国际传播优势的事件并形成有力的传播网络。在报道大象迁徙的过程中，媒体未联系中国的其他野生动物迁徙情况，利用数据新闻、H5、短视频等形式进行科普。全球生物多样性大会具有一定的国际知名度，中国在会上提出了一系列有建设性的倡议并发挥了重要作用。但媒体过于重视大象迁徙而并未及时实现分流和进行热度的串联，浪费了大会的国际传播价值。云南象北迁作为 2021 年最为成功的生态传播事件并没有使中国获得西方受众的认同，慢直播跨越了语言障碍，却未能打破偏见和刻板印象的围栏。

这也提醒我国媒体，在报道于国际上有一定热度的中国的事件性新闻时，要保留事件本身的特性，强调故事性和生动性，更要搭建有逻辑、串联起来的事件网络。要报道事件，更要强调国家形象的塑造。媒体应力图从传播事件转向描绘事件，从刻画中国人民转向镌刻中国地方，从侧面烘托转向直接自信地展现中国。

2. 缺少多元主体间的互动及渠道经验

生态保护事件凭借其公益性、非政治性在国际传播中具有先天的传播优势。动物作为事件的主体能引起受众的保护欲和强烈的共情。大象北迁主题具有世界性，主角可爱且吸睛，这在极大程度上助力了事件的成功出圈，而不是凭借中国媒体自身的传播能力实现热度的打造。在整个传播过程中，中国媒体的自塑主体单一，主要依靠官方外宣媒体设置议程，进行事件的跟进报道。参与的网红工作室在海外社交媒体场域发挥了重要作用，但数量少，音量低，未能成功占领民间舆论的高地。散落在社交媒体各个节点的华裔、留学生以及对中国有好感的外国 KOL 未形成合力，未主动与中国官方媒体互动，共同发声。

对于缺乏正面他塑且自塑能力弱的中国而言，对外传播仅仅依靠中国自己的外宣媒体和外国媒体是不够的。如上文所提，虽然亚洲象事件在海外一定时期内成为舆论热点，但在长久的中国国家形象塑造上收益甚微。社交媒体平台的互动性以及去中心化决定了传统权威媒体的影响力减弱，随之而来的是基于新媒体衍生的 KOL 及传播个体。这也要求在国际传播中，要顺应技术的发展趋势，适应新技术平台并基于该平台衍生新的传播主体，强化传播力量。

目前，中国应鼓励社会资本和民营企业创办并做强抖音类的音视频聚合类社交媒体平台；鼓励并信任中国新闻工作者和相关研究专家学者以个人名义在海外社交媒体开设账户，以原创内容和个性化方式讲述中国故事、传播中国声音。① 同时，这也能实现主流外宣媒体和民间力量的通力合作，形成完整的传播矩阵。

3. 过分依赖他塑，轻视自塑

自塑，顾名思义，是由本国的媒介来建构本国形象，包括本国人文历史、政治经济、社会自然、国民等若干维度。② 自塑的过程是把自己的故事讲给别人听，能保证信息传达的准确性，更好地满足形象塑造的预期。在亚洲象北迁的过程中，信息的传达是准确且完整的，但从国际传播的角度而言，传播内容是失衡的。镜头更多留给了大象和短暂的一扫而过的云南美景，留给了生态环境保护，忽视了其背后的中国。中国的"他塑"面临着污名化、边缘化的困境，但我们的国际传播依赖"他塑"且强调将"他塑"发挥至最大化。在一路"象"北中，自塑的中国形象是模糊的、不清晰的，他塑关注到的中国形象则是片面的、单薄的。

亚洲象北迁持续时间长，政治性弱，故需在前期主要传递事件信息，打消受众的抵触心理，减少偏见；在传播中期，需积累热度，自然过渡到对政府角色的强化；后期需上升至生态友好、绿色中国的国家形象，从大象可爱上升到人民可爱再上升到地方可爱再上升到可爱的中国。当热点事件并未和其他相关的事件进行有机串联或未上升至政府和国家层面，热点事件终究只能昙花一现，而不能为国家形象塑造添砖加瓦。中国的国家形象是由一个个事件拼凑而成，而每一个事件都势必成为勾画国家形象的一笔。

这也说明在接下来的可爱中国传播过程中，自塑的种种内容需组成较为清晰的国家画像并和刻画特定角度的他塑有机结合。自塑定下基调，他塑丰富内容。针对非政治性的事件，既要着重发挥自塑的指导作用，注意相关事件的有机联合并展示该事件所属领域里的成果，也要在传播到达一定阶段、积累一定关注后，用自然的、大众能接受的方式体现中国的付出和成果。

---

① 龙小农、阎庆宜：《短视频国际评论引导国际舆论的机理及效果——以 CGTN〈点到为止〉和新华社〈火花〉为例》，《青年记者》2021 年第 19 期，第 72~75 页。
② 赵泓：《"他塑"与"自塑"：论中国形象的构建》，《电影文学》2019 年第 2 期，第 18~20 页。

结　语

在瞬息万变的国际环境中，讲好中国故事、传递中国声音、打破固有偏见、塑造全新的国家形象并不容易。但云南象北迁的故事告诉我们，如果选择具有共性的主题，积极主动设置议题，用故事思维去报道事件，发现事件主体身上有趣的细节，并立足于海外社交媒体实现外宣媒体和外国媒体的传播矩阵，我们也可以发出中国的声音，让世界看到可信、可爱、可敬的中国。这也不禁引起我们的思考，在讲述可爱故事、打造热点事件时，以事件为基点设计对外传播系统的必要性、多元主体互动的关键性、有机平衡自塑与他塑的决定性。虽然云南象北迁的传播并未在根本上改变我们的国家形象，但它吹响了号角——世界喜欢可爱的中国地方、可爱的中国人民以及可爱的中国。

案例点评

亚洲象成为全球"网红"是我国媒体在融媒体实践、创新传播话语等方面的实践经验不断增强的体现。对于象群活动的关注和持续报道，其背后是对人类自身的关注，因为它们与我们是命运共同体，共享一个地球。回想事件的全过程，也正好是全球面对新冠疫情，中国面对前所未有的国际舆论挑战的时候。可以说，亚洲象故事的出圈能够在一定程度上对内缓解疫情焦虑，对外积极引导国际受众对中国关切的焦点。早在20世纪的广告创意实践中，就有著名的3B原则，其中对于 Beast（多指动物）元素的使用，背后的学理性解释颇为丰富。动物符号的使用会使受众产生对大自然的亲近感，而对于人与自然关系的思考，本身就具有跨越地域与民族的特点，在新冠疫情于全球蔓延的时期，对于人类自身命运的关切可以说符合国际传播的逻辑。另外，动物元素本身具有的"萌"化特点，在话题和内容的新奇性和幽默感等层面，具有不可替代的地位，这为叙事策略的执行打下了良好的基础，让我们不由得想到了中国独有的大熊猫、日本北海道泡温泉的猴子还有澳大利亚可爱的袋鼠和考拉。

题材创新仅仅是讲好故事的要素之一，从这则案例中我们也能看到中国媒体在对外传播过程中存在的一些问题。如此案例中体现出的生态传播缺少系统思维、对国际社会化媒体运营经验不足、缺乏可持续影响力等问题，就值得关注。当前面对疫情低水平流行状态和复杂的国际局势，政府宣传部门和媒体的对外传播工作者必须在基本传播理论基础上，加强健康传播、科技传播、国际媒体运营等"内功"，才有可能不断提升我国国际传播的效能。

点评人：于婷婷，华中科技大学新闻与信息传播学院副教授、硕士生导师，广告学系主任。

以侨为桥：华裔新生代向世界讲好中国乡村振兴故事[*]

——以华侨大学"海外新声代"新媒体工作室为例

李　硕　袁　媛[**]

　　摘　要　"中国故事"是凝聚中华民族文化与情感的故事。"乡村振兴故事"是"中国故事"的高度缩影，它既蕴藏着中华优秀传统文化的根与魂，又展示了农业农村现代化新风貌，通过新旧交替产生的冲突以及国人在脱贫攻坚期付出的努力和所得经验，为叙事增添故事性与典型性。因此，讲好中国乡村振兴故事不仅有助于国际社会改变对中国乡村的刻板印象，而且对塑造我国国际形象、提升国际话语权有着重要意义。在新时代背景下，华侨大学"海外新声代"新媒体工作室充分发挥侨务资源优势，扎根中国乡村，以华裔留学生视角讲"中国乡村振兴故事"，成效显著。这种新的叙说方式具有传播效果好和文化认同深的特点，对"讲好中国故事，传播好中国声音"有一定的现实参考

　　* 本文系 2021 年福建省教工委课题"加强华裔新生代中华文化认同感与归属感的培育"的阶段性成果；教育部 2021 年国家级大学生创新创业训练计划项目"以花为媒视角下中华文化海外传播研究"（项目编号：202110385002）的研究成果。

　　** 李硕系中国社会科学院大学国际教育学院硕士研究生；袁媛系华侨大学华文学院副教授、硕士生导师，党委书记。

价值。

关键词 华裔新生代；中国故事；乡村振兴；国际传播

当前正面临百年未有之大变局。"中国故事"作为中国文化软实力的一部分，是凝聚中华民族文化与情感的载体，更是帮助中国塑造良好国际形象、提升国际话语权的重要话题。乡村是中华文明的根与魂，"从中华民族伟大复兴战略全局看，民族要复兴，乡村必振兴"①。因此，讲好"中国故事"中的"乡村振兴故事"在一定程度上将有助于改变国际社会对中国乡村的刻板印象，更好地分享脱贫致富故事、传授成功经验，为全球减贫事业贡献中国智慧。目前中国的国际形象在很大程度上仍是"他塑"，在国际传播中存在"有理说不出""说了传不开""传开叫不响"②的传播困境。面对愈加复杂的国际形势，如何把握机遇、应对挑战，从更符合新时代要求的领域出发，优化新的叙说方式，构建合理话语体系，减少文化误读，提升国际话语权，是我国向世界讲好"中国故事"需要解决的问题。

为积极响应应习近平总书记"讲好中国故事，传播好中国声音"③的号召，华侨大学"海外新声代"新媒体工作室秉承"为侨服务，传播中华文化"的宗旨，立足福建侨务大省资源优势，因地制宜，以华裔留学生的视角向海外受众讲述具有福建特色的乡村振兴故事，展示真实、立体、全面的中国，助力"中国故事"在海外影响范围的扩大。工作室围绕国际社会关注度较高的话题组织拍摄系列视频，同时通过定期开展社会实践活动、文化体验课堂等多种途径，引导留学生加深文化认同，产生情感共鸣。该案例特点鲜明，成效显著，为新时代讲好"中国故事"提供了新的思路。本研究选取该工作室拍摄的"中国乡村振兴故事"短视频，探讨华裔留学生叙说方式的优

---

① 沈慎：《人民网评：民族要复兴，乡村必振兴》，人民网，http://opinion.people.com.cn/n1/2021/0104/c223228-31988276.html，最后访问日期：2022年4月10日。
② 徐敬宏、袁宇航、巩见坤：《中国国际传播实践的话语困境与路径创新——基于文化语境的思考》，《中国编辑》2022年第7期，第10页。
③ 《习近平：建设社会主义文化强国 着力提高国家文化软实力》，《人民日报》2014年1月1日，第1版。

势与故事内容的优化，为讲好"中国故事"提供案例支撑。

一　华裔新生代是向世界讲好中国故事的主力军

留学生来到中国学习、体验中国语言文化，是"中国故事"的最佳"听众"和"观众"，更是最具活力和创新力的"说者"，即"中国故事"的"叙说者"。通过他们的讲述，一方面可以有效突破语言障碍，使内容符合其住在国的语言环境与叙说习惯，更容易被理解和接受；另一方面可以强化表达效果，"以点带面"扩大辐射范围，将"故事"从各自的家庭和朋友圈"转播"到社会各界，在增加内容真实性和可信度的同时，有效提升影响力。华侨大学"海外新声代"工作室充分发挥自身优势，为华裔新生代提供"话筒"，让他们在学习和实践过程中讲述最真实的"中国故事"，分享最真实的所见、所闻、所感。

（一）立足国家需要，汇聚力量让"中国故事"走出去

习近平总书记在考察侨校时，特别勉励中外青年，要把中华优秀传统文化传播到五湖四海。① 来华留学生群体作为"文化互通、民心相通、故事相传"的抓手，能够把"中国故事"讲得好、传得开，回国后能够为各国与中国的经济、文化、教育交流贡献力量，影响主流社会。因此，我们需要重视并发挥他们在讲好"中国故事"中起到的纽带作用。

2020 年，一场突如其来的新冠肺炎疫情让中国方案为全球治理模式提供了新的选择，在疫情初期巨大的海外舆论环境压力下，华侨大学成立了"海外新声代"新媒体工作室，针对当时海外有关中国的不实报道，组织拍摄、发布中国真实抗疫情况以"正名"。许多因疫情无法回国的留学生自发加入工作室，参与制作了"中国疫苗在海外""我在中国挺好的"等系列短视频，勇敢为中国发声，引发了海内外的广泛关注。"立足国家需

---

① 张晓松、鞠鹏：《习近平勉励暨南大学：把中华优秀传统文化传播到五湖四海》，新华网，http://www.xinhuanet.com/politics/leaders/2018 - 10/25/c_1123611223.htm，最后访问日期：2022 年 04 月 21 日。

要，讲好中国故事"，这是工作室成立的初衷。

良好的组织实施条件助力工作室不断发展，使其更好地完成传播工作。华侨大学"海外新声代"新媒体工作室由华侨大学华文学院牵头组建，有大批知华友华的留学生以及中华文化海外传播的优良传统。华侨大学是中央统战部直属，由中央统战部、教育部、福建省人民政府共同建设的普通高等学校。华侨大学建校以来始终秉承"为侨服务，传播中华文化"的办学宗旨，对中华文化的传播和海外华文教育的发展做出了积极的贡献，在海外享有极高的声誉。而华侨大学华文学院的前身是集美华侨学生补习学校，是经国务院批准，委托著名爱国华侨领袖陈嘉庚先生于1953年主持创办的，曾受到30多位省部级领导和国外领导人的关注与关怀，获得《人民日报》《印尼千岛日报》等国内外主流媒体多方报道，在海内外影响广泛。此外，华侨大学中华文化传播协同创新中心为工作室提供专业指导，中央广播电视总台国际在线、福建省广播电视集团等权威机构、企事业单位与工作室签署协议，实现合作共赢。

在此基础上，工作室以侨为桥，充分利用校友资源，凝聚侨心、汇聚侨智、集聚侨力，与泰国、印尼、蒙古、菲律宾、毛里求斯等28个国家63个城市的学校、家庭、社区，国内位于福建、安徽、广东的26个侨乡侨村，以及华文教育机构共建45个文化交流基地并签署合作协议，有效发挥海内外合作基地的协同作用，为自身运营提供源源不断的资源与支持。同时，工作室吸引了来自美国、爱尔兰、安哥拉等16个国家的200余名留学生担任"视频主播"，围绕"中国真奇妙""我在中国学绝技"等主题拍摄、制作短视频，截至2022年7月已在海内外各平台发布原创双语种短视频280余期，在海内外新媒体平台发布传播，播放量超8000万次。工作室项目获中央网信办、全国青联"境外文化影响力"重点项目立项，中央广播电视总台国际在线为项目设置"海外新声代·Amazing China"视频专栏，多期作品被人民日报等海内外权威媒体转发报道，其中《外国青年眼中的中国青年》《外国留学生花式过端午》等8期视频获中央网信办全网转发。

（二）转换叙事视角，搭建桥梁让"中国故事"融进去

近年来，已经有学者注意到"他方"视角，即从外国人的视角来审视和讲述当代中国的重要性。如借助"外国人士表达中国内容和中国故事"①，建议将"来华留学生作为中国故事讲述者"②。但这些案例未能进一步发掘在华外籍人士的作用，尤其是未能结合具备极大传播活力的来华留学生群体的优势。留学生在来华外籍人士中占据相当高的比例，且数量逐年快速增长。若能培养知华友华的来华留学青年人才，借助他们的声音"讲好中国故事"，使他们成为沟通的纽带和桥梁，将能达到更好的传播效果，塑造更加真实、立体、全面的中国形象。因此，华侨大学"海外新声代"新媒体工作室改变传统的以中国人为主体进行对外传播交流的方式，采用华裔留学生视角讲述故事的民间交流形式，通过充分调动海外华文学校、华文教育机构、侨乡侨村侨青侨领资源以拓展民间交流途径，让"中国故事"在海外传得开、听得进，为增强"中国故事"的国际传播效果提供了新的思路。

此外，工作室还依托华侨大学组建的"华文星火"中华文化海外传播志愿服务队，组织留学生主播一同前往"一带一路"沿线国家和地区开展中华文化传播活动，并积极发展志愿服务团队队员加入工作室。该志愿服务团队的初创人现在不仅是泰国四色菊府皇太后中学的中文校长，还成为工作室的一名"金牌主播"，传播中华文化、讲好"中国故事"已经被他当作了使命。他参与拍摄的《泰国小哥点赞中国脱贫》原创双语短视频，讲述了泰国农民的真实生活和中国乡村振兴故事，得到了中央广播电视总台国际在线等平台的转发和海内外大量的点赞关注。

（三）挖掘文化内涵，连接热点让"中国故事"有新意

伴随着"中国理念""中国方案""中国模式"等"中国声音"的不断提出，越来越多的目光聚焦在中国，这为新时代"中国故事"带来了前所未有的全球关注度和影响力，更要求我们向世界讲好故事，展现中国的文化底蕴、国民精神与发展理念，从而帮助国际社会更好地理解中国在当

---

① 李子祥：《新形势下讲好中国故事的路径探索》，《前沿》2014 年第 8 期，第 53 ~ 56 页。
② 马春燕：《来华留学生：中国故事讲述者与国家形象宣传员》，《社会科学论坛》2017 年第 12 期，第 220 ~ 229 页。

代国际格局中所扮演的角色。习近平总书记指出，要把优秀传统文化的精神标识提炼出来、展示出来，把优秀传统文化中具有当代价值、世界意义的文化精髓提炼出来、展示出来。① 因此我们在加强对优秀传统文化和新的理论思想进行提炼的同时，也需要将其有效融入故事的讲述中以反映和塑造新时代的中国形象。

华侨大学"海外新声代"工作室深入学习贯彻习近平总书记在全国宣传思想工作会议上的重要讲话精神，聚焦时事热点，紧跟 Z 世代潮流，根据海外受众的偏好、西方媒体的不实报道、国内外发生的重大事件开展选题，及时组织留学生拍摄相关视频，向世界说明和展示真实立体全面的中国。工作室还聘请了华文学院、新闻与传播学院、国际关系学院的教授作为创作导师，导师团队在中华文化海外传播的内容、短视频创作传播规律方面有深入研究，在视频内容创作上进行顶层设计和指导。此外，合作的权威媒体根据热点为工作室提供选题方向和指导。如 2021 年两会召开时拍摄的《留学生眼中的两会关键词》专题视频就被中央网信办、共青团中央、中央广播电视总台作为国际传播典型案例推广。

二　中国乡村振兴故事是具有世界意义的典型故事

"农业、农村、农民"是世界各国面临的共同问题。如何实现乡村振兴、彻底消除贫困，是世界各国政党特别是发展中国家政党在国家建设进程中面临的共同挑战。中国乡村故事通过展现国人在实现乡村振兴道路上的动人故事与实践经验，为全球贫困治理提供了生动形象的中国方案。华侨大学"海外新声代"工作室深入挖掘乡村振兴经典案例及其背后的中国精神与中国理念，从政治、经济、生态、人文等多方面进行选题，充分发挥这类故事的典型性。因此，结合工作室各期视频在海外平台的传播情况，本研究认为主要可以从以下三个方面进行选题，提高中国乡村振兴故事的国际传播效果。

---

① 见习近平总书记 2018 年 8 月 21 日至 22 日全国宣传思想工作会议发表的重要讲话。

（一）跟随习近平总书记在闽工作脚步，看乡村发展故事

工作室扎根中国福建乡村，因地制宜，充分发挥侨务资源优势，根据习近平总书记在闽工作 17 年半期间形成的一系列经典案例和经验进行选题与路线规划，围绕侨乡记忆中的华人乡愁、开放包容的中华优秀传统文化、"绿水青山就是金山银山"的生态理念、中国共产党"以人民为中心"的执政理念、脱贫攻坚战对世界减贫事业的中国贡献等主题，拍摄了"留学生福建行"系列视频，首站就选择了集聚"红色文化""生态振兴"的长汀，将海外受众较为关注的生态治理和中国革命历史用留学生的镜头和语言去解释，尽可能地避免叙事枯燥、说理性过重的情况。2021 年工作室又紧跟习近平总书记的脚步，前往诠释"小产业大作为"的沙县，拍摄了《紧跟习主席脚步——外国留学生感受沙县乡村振兴》短视频，视频一经发布便得到了国内外主流媒体的认可与中央广播电视总台国际在线的转载报道。

工作室还通过开展"丝路之光""留学生新乡村漫记"等侨乡侨村调研、社会实践活动，让留学生在"行走"的同时，对中国的国情有更加直观全面的认识，并结合乡村文化、新农村建设等故事，围绕"留学生看两会""中国现代发展""世界青年看中国百年""外国青年眼中的中国青年""庆祝建党 100 周年""乡村振兴""生态治理"七个主要话题进行选题与拍摄。例如来自菲律宾的主播与他的留学生小伙伴前往长征出发地江西瑞金，讲述了中国共产党走"农村包围城市"道路的故事，分享中国共产党为中国人民追求幸福的历程，让各国网友理解了为什么中国朋友都拥护中国共产党。

（二）感受"一带一路"与"非遗"文化魅力，讲民心相通故事

习近平总书记曾在亚洲文明对话大会开幕式上提出"文明因多样而交流，因交流而互鉴，因互鉴而发展"①。留学生来自不同国家、不同民族、不同文化，不能只通过课本了解真正的中国语言文化，需在文明交流互鉴

① 见习近平总书记 2019 年 5 月 15 日亚洲文明对话大会开幕式主旨演讲。

的过程中逐渐树立对"中国故事"的正确认知与情感认同。① 福建省作为"21 世纪海上丝绸之路核心区",泉州作为"海上丝绸之路"的起点城市,其"海丝文化"有着悠久的历史文化积淀、丰富的历史文化遗存、深厚的侨务资源,因此,工作室充分挖掘具有福建特色的丝路文化故事,并结合时事进行有效传播。留学生主播们在分享自己与中国的独特情缘,尽情表达对中国的喜爱与赞美之情时,也从理论和实践两方面加深了对以"一带一路"为代表的"中国模式"的认识。在视频拍摄过程中,很多留学生都通过镜头自发说出了渴望早日实现"人类命运共同体"和"世界一家"的美好心愿。

然而,西方一些国家始终以冷战思维和强权逻辑看待中国发展,不了解中国成功背后的艰辛历程,将我国"一带一路"倡议误读为"新版的朝贡体系"②。因此,工作室拍摄的系列视频也针对外界的质疑进行选题,以给出强有力的"反击"。例如来自老挝的留学生主播在看到海外不实报道后,就主动来到中国援建老挝的磨万铁路前,用最真实的画面、最简单的语言和最真挚的情感讲述了中老友好合作故事,视频引发了海外网友们的广泛共鸣。

工作室还积极组织开展华裔留学生寻根筑梦之旅,推广中华文化体验课堂与研习活动,目前已走进福建、广东等地的 26 个侨乡侨村,使华文教育专业的留学生主播在文化交流互鉴的过程中,大大提升讲好"中国故事",尤其是讲好"乡村振兴故事"的专业能力。留学生在实践过程中前往福建多地和专业老师学习"非遗"技艺、体验年俗文化,如制作手工艺品体验"非遗"文化,赏月品茶感受中秋节日氛围,划龙舟、包粽子认识端午传统习俗等,这些经历都很好地帮助他们熟练掌握中国语言文化知识与技艺,进一步加深了文化认同与情感共鸣。留学生主播在文化体验过程中拍摄了"我在中国学非遗""华裔留学生寻根筑梦""中华优秀传统文化"系列视频,向海外网友推广中华文化,通过"青年话语"连接世界

---

① 布超:《基于意识形态安全讲好中国故事的着力点及重点举措探析》,《理论界》2022 年第 1 期,第 9 ~ 15 页。
② 庄恩平、陆婷婷:《构建讲好中国故事的跨文化传播范式》,《对外传播》2016 年第 10 期,第 43 ~ 45 页。

青年。

通过视频我们还可以看到，大部分留学生在互动交流的过程中都能自觉发现其住在国与中国文化之间的共通处，触发情感共鸣，几乎所有接受采访的学生都表达了他们对中华文化的喜爱与传播意愿。如来自斐济的留学生主播和小伙伴们一起拍摄制作的《我在中国学绝技》短视频，记录了在华侨大学华文学院体验"非遗"课堂的时光——"结绳编织""竹藤编织""刺子绣""掐丝珐琅书签"等，并表达了学成归国时能够将这些历史悠久的中国传统手工艺带回自己的祖国，分享给更多人的愿望。该作品获 2021 年第三届"第三只眼看中国"国际短视频大赛优秀作品奖。

（三）探访侨乡侨村与名家故里，忆华人乡愁故事

工作室通过组织"海丝文化展""侨乡文化研习营"等文化研习活动，带领华裔留学生走进侨乡侨村，参观红色旧址、革命历史纪念馆，邀请著名侨胞开展系列讲座，使留学生在互动交流的过程中自觉发现住在国与中国文化之间的共通处，引发情感共鸣，让留学生主播在了解、感受中国历史与中国发展的同时，能够深刻领会到故事背后所蕴含的华侨华人记忆与乡愁情结，以及更深层面的中国精神和中国理念，从而更有感情地分享自己"行走中国"时的见闻与感受，并用自己的话把故事讲给海外的朋友们听，展现最真实的中国面貌。

结　语

工作室从最初来华留学生自发拍摄短视频，发展到现在拥有两百多名留学生主播，并成功在海内外引发广泛反响。这不仅需要凝聚华裔新生代"讲好中国故事"的热情，也需要建立合理的组织架构与未来规划。在工作室成立初期，强大的境内外专家顾问团队，如全球知名校友、国内专家学者和海外华校校长等对工作室开展的各项工作给予了亲切的指导和关怀，为短视频的拍摄捐资捐物、推广宣传，奠定了良好的传播基础。工作室在实际运营过程中，逐渐形成了可持续、可复制的留学生主播运营管理模式，为各高校开展留学生教育工作提供了新的思路。未来，工作室将不

断整合更多海内外社会资源，追求横纵双向交互式发展，积极与海内外高校共建志愿服务联盟，通过华裔留学生群体"带动一个家庭，影响一个学校，带动一个行业，辐射一片地区"。工作室还将升级内容与传播矩阵，加强技术赋能，继续深入挖掘以乡村振兴故事为主的经典案例，并将视频选题拓展到更多类型的中国故事，形成有体系的故事传播模式，建立多领域内容的 MCN 矩阵，实现短视频内容的 IP 化。同时开展留学生主播"斯诺计划"，连接多方平台提升传播效能，打造一批海外"李子柒"式的知名短视频博主，"以侨为桥"架起中外文化交流的桥梁，通过更加符合全人类价值追求的短视频内容，用世界人民能听得懂的语言，"讲好中国故事，传播中华文化"，展现可信、可爱、可敬的中国形象。

案例点评

当今时代，世界各国越来越成为你中有我、我中有你的命运共同体。在文化交流互鉴的过程中，来华留学生作为融通中外的桥梁纽带，既熟悉自己国家的语言文化和风土人情，又因在华学习经历而深入了解中国的基本国情，能够全方位感知一个真实、立体、全面的中国，所以可以通过讲好中国故事，为增进中外交流、理解、互信发挥独特的作用，从而为弘扬全人类共同价值做出自己的贡献。华侨大学"海外新声代"新媒体工作室自成立以来，不断发挥来华留学生"讲好中国故事，传播好中国声音"的作用，重视培养来华留学生对中华文化的认知、理解、表述等国际传播能力，在对外"讲好中国故事"实践中做出了巨大的贡献，付出了不懈的努力。希望工作室在未来能够继续打造更多文化传播精品，进一步提升中华文化影响力，塑造中国形象，促进来华留学生对全人类共同价值的认同和自觉传播，从而有利于推动构建人类命运共同体。

点评人：孙宜学，同济大学国际文化交流学院院长，教授，博士生导师。

"中国数谷"的品牌化与国际化

刘丹丹　陈甚男[*]

摘　要　中国特色新型智库作为党和政府科学民主依法决策的重要支撑、国家治理体系和治理能力现代化的重要内容、国家软实力的重要组成部分，是城市建设发展与国际传播中的重要力量。如何在"以讲好中国城市故事，更好地讲好中国故事，扩大中国影响"这一重大议题中，找准中国特色新型智库定位，发挥独特优势，是我们在提升国际传播能力和加强中国特色新型智库建设工作中必须思考的重要问题。本文基于对以贵阳创新驱动发展战略研究院和大数据战略重点实验室为代表的中国特色新型智库，在讲好贵阳"中国数谷"故事，进而以"中国数谷"的品牌化和国际化讲好数字文明新时代的中国故事创新实践方面的分析，总结出四个方面的经验，以期为中国特色新型智库在讲好中国故事、传播好中国声音，塑造可信、可爱、可敬的中国形象方面提供参考借鉴。

关键词　中国数谷；贵阳；品牌化；国际化；中国特色新型智库；中国故事

---

[*] 刘丹丹系贵阳创新驱动发展战略研究院副院长、贵安战略研究院常务副院长；陈甚男系贵阳创新驱动发展战略研究院副院长、贵安战略研究院副院长。

一 从"爽爽贵阳"的生态之都,到逐鹿"云端"的数博之都——"中国数谷"绿色崛起的故事

(一)"中国数谷"的战略选择:从"美而穷"到"美而富"的惊险飞跃

把时间的指针拨回到十年前,彼时,贵州人均 GDP 在全国 31 个省区市中排名挂末,其他主要经济指标均处于全国落后位置。当时的贵州,欠发达、欠开发是基本省情,贫困落后是主要矛盾,加快发展是根本任务,而生态与发展是两难抉择。脱离生态环境保护搞经济发展是竭泽而渔,离开经济发展抓生态环境保护是缘木求鱼,这既是黑格尔所言的"两种合理性"的冲撞,也是"生存还是毁灭"的哈姆雷特式问题,该如何抉择,考验着贵州四千多万同胞的发展智慧。2015 年 6 月,习近平总书记在贵州视察工作时要求贵州守住发展和生态两条底线,培植后发优势,奋力后发赶超,走出一条有别于东部、不同于西部其他省份的发展新路。[①]"守底线、走新路",这既是中央赋予贵州的新使命,也为贵州未来发展指明了前进方向。

对贵州来说,守住"两条底线",就是要实现从"美而穷"到"美而富"的飞跃,而这个飞跃中的"惊险的一跃"就是创新。正在贵州力求创新突破,苦寻后发赶超之路时,充满变革的大数据时代缓缓走来,这对于一直渴求机遇的贵州而言,是难得的机遇。大数据才刚刚进入大众的视线,便立刻引起贵州的注意,并被视为"换道超车"的引擎。于是,贵州成为第一个走上探索道路的勇者。2013 年底,中国移动、中国联通、中国电信三大运营商数据中心相继落户贵州贵安新区,成为 2013 年中国大数据领域最轰动的新闻,此举标志着贵州大数据异军突起,开始踏上大数据发

[①] 李自良、欧甸丘、骆飞:《开创多彩贵州的美好未来——沿着总书记的足迹之贵州篇》,中央人民政府网,http://www.gov.cn/xinwen/2022-06/20/content_5696728.htm。

展的新征程，也掀开了"云上贵州""数谷贵阳"高质量发展的崭新篇章。

（二）"中国数谷"的创新实践：从理论创新到制度创新的全方位、多维度创新探索

近十年来，贵州从经济欠发达省份上升为国家首个大数据综合试验区，形成了全方位、多维度的创新探索。其中包括以"数字文明三部曲"为核心的理论创新，以《贵阳市政府数据共享开放条例》《贵阳市大数据安全管理条例》等地方条例为引领的制度创新，以"政府数据开放共享""大数据市场交易"等标准制定为主导的规则创新，以"数据铁笼""数治法云"等应用场景为支撑的实践创新，以人工智能和量子信息等"五新"领域为突破的技术创新，以数博会为平台的开放创新，以保障发展为前提的安全创新等成果，这一系列创新探索为数字中国建设提供了可借鉴、可复制、可推广的贵阳方案。

在"云上贵州"与"数谷贵阳"的创新之路上，贵州贵阳创造了"十个率先"和多个第一：率先完成大数据顶层设计；率先颁布首个大数据地方法规；率先启动建设全国首个国家大数据综合试验区；率先建成全国首个省级政府主导的数据集聚共享开放的统一云计算平台——"云上贵州"系统平台；率先获得工信部批复，开展首个"国家大数据产业集聚区贵阳·贵安"创建工作，开展首个科技部批复的"贵阳大数据产业技术创新试验区"创建工作；率先举办贵阳国际大数据产业博览会暨全球大数据时代贵阳峰会；率先建设中国大数据发展新型高端智库——大数据战略重点实验室；率先开展大数据理论创新，形成"数字文明三部曲"理论创新成果；率先举办"云上贵州"大数据商业模式大赛，推动"大众创业、万众创新"；率先成立贵阳大数据交易所和贵阳众筹金融交易所，探索数据货币化交易和众筹金融。[①] 实现大数据地方性法规数量全国第一，大数据制度创新走在全国前列；数字经济增速连续六年位居全国第一，大数据产业集聚成为发展新引擎；省级政府电子服务能力综合指数全国第一，政务数据共享开放进入全国第一方阵。贵州贵阳先后获批 45 项大数据国家级试

---

① 大数据战略重点实验室：《中国数谷》，机械工业出版社，2018。

点示范，不仅成为中国大数据发展战略策源地，而且成为引领全球大数据发展的重要风向标。

（三）"中国数谷"的绿色崛起：从"无"中生"有"、风生水起到落地生根、开花结果

自 2014 年起，贵州正式拉开大数据发展序幕，以敢为天下先的创新魄力迈上"云端"，坚持创新驱动发展、数据驱动创新，把发展大数据作为"守底线、走新路"的重大战略选择，深入实施大数据战略行动，深入推进国家大数据综合试验区建设，实现了大数据从"无"中生"有"、风生水起到落地生根、开花结果，走出了一条有别于东部、不同于西部其他省份的跨越式可持续发展新路，得到了决策者的高度关注和指导。2015 年 5 月，习近平总书记在视察贵州时，对贵州发展大数据产业给予肯定，指出："贵州发展大数据确实有道理。"[①] 2016 年，中国大数据产业峰会暨中国电子商务创新发展峰会在贵阳开幕，国务院总理李克强出席开幕式并做主旨演讲，对贵州发展大数据给予肯定："贵州在这里把'无'生了'有'。"[②] 2018、2019 年，习近平总书记连续两年为中国国际大数据产业博览会（以下简称"数博会"）发来贺信。

"谈大数据必谈贵州，谈贵州必谈大数据。"如今，大数据已经成为世界认识贵州的一张新名片。而贵阳不仅实现了"换道超车"的战略构想，经济增速连续六年居全国省会城市之首，而且摘掉了"西部欠发达城市"的帽子，勇夺"全球大数据之城"桂冠。2015 年 7 月，英国《经济学人》杂志智库（The EIU）在北京发布《2015 年中国新兴城市报告》，贵阳位居榜首。2016 年 9 月，美国知名独立智库米尔肯研究所（Milken Institute）发布《中国最佳表现城市（2016）》报告，贵阳表现卓越，在中国二线及以上城市中居于首位。2017 年 11 月，华顿经济研究院发布"2017 年中国百强城市排行榜"，贵阳继 2016 年之后再次登上榜单，位列第四十一，排

---

① 李斌：《习近平考察贵州：贵州发展大数据确实有道理》，https://www.chinacourt.org/article/detail/2015/06/id/1652715.shtml，最后访问日期：2022 年 6 月 19 日。
② 大数据战略重点实验室：《中国数谷》，机械工业出版社，2018。

名上升了9位。2018年9月，贵阳再次上榜美国米尔肯研究所《中国最佳表现城市（2018）》"表现最佳一二线城市"，位列第五。2019年8月，贵阳以57.4的指数入围恒大研究院"中国城市发展潜力100强"排行榜，排名第三十三。[①]

（四）"中国数谷"的未来展望：在实施数字经济战略上抢新机

2021年，习近平总书记在春节前夕视察贵州时指出，希望贵州"在实施数字经济战略上抢新机"[②]。2022年1月26日，国务院印发《关于支持贵州在新时代西部大开发上闯新路的意见》（国发〔2022〕2号），从新时代西部大开发形成新格局的战略高度，为贵州贵阳数字经济擘画了新蓝图，不仅明确指出贵州要"在实施数字经济战略上抢新机"，还赋予了贵州"数字经济发展创新区"的战略定位，要求贵州"为产业转型升级和数字中国建设探索经验"，并对贵州加快构建以数字经济为引领的现代产业体系，提出了一系列具体支持措施和行动指南，贵州贵阳数字经济再次迎来史无前例的发展机遇。未来，贵州将围绕数字产业化、产业数字化、数字新基建、数据价值化等重点方向，加快建设全国大数据电子信息产业集聚区，加快打造全国数据融合创新示范高地、数据算力服务高地、数据治理高地。大数据发展从"0"到"1"再到"N"，"云上贵州"与"中国数谷"建设将继续迈出坚实步伐。

二 从故事书写者，到故事讲述者——中国特色新型智库在"中国数谷"品牌化和国际化中的角色担当

2014年，贵州贵阳正式拉开大数据发展序幕。创新发展，智库先行。2014年1月，中共贵阳市委、贵阳市人民政府批准成立贵阳创新驱动发展

---

① 大数据战略重点实验室：《中国数谷》（第2版），机械工业出版社，2020。
② 《向全国各族人民致以美好的新春祝福 祝各族人民幸福吉祥祝伟大祖国繁荣富强》，《人民日报》2021年2月6日，第1版。

战略研究院（以下简称"贵阳研究院"）。2015 年 4 月，贵阳市人民政府和北京市科学技术委员会依托贵阳研究院共建中国大数据发展新型高端智库——大数据战略重点实验室。贵阳研究院与大数据战略重点实验室的成立，既是贵州贵阳大数据发展实践中的重大创新，同时也为贵州贵阳大数据发展注入了智库力量。在"中国数谷"建设和国际传播过程中，贵阳研究院与大数据战略重点实验室是故事的书写者、讲述者，也是国际传播平台的打造者、国际舆论的引导者。

（一）故事书写者

在"中国数谷"的建设和传播中，贵阳研究院与大数据战略重点实验室充分发挥智库在咨政建言和理论创新方面的独特优势，以理论创新、制度创新、标准创新，为"中国数谷"故事写下了浓墨重彩的一笔。

在理论创新方面，贵阳研究院与大数据战略重点实验室研究出版《块数据》（13 部）、《数权法》（13 部）、《主权区块链》（5 部）"数字文明三部曲"系列理论专著共计 31 部，版权输出中文繁体版及英文版、法文版、德文版、日文版、韩文版等多语种版本。该系列专著一经出版，立即在海内外引起强烈反响，被学界和媒体誉为重构数字文明新秩序的三大支柱，不仅加快了中国大数据理论创新走向世界，抢占大数据理论创新制高点，还为大数据理论创新贡献了贵州智慧和中国方案。

在制度创新方面，贵阳研究院与大数据战略重点实验室参与研究起草中国首部大数据地方法规《贵州省大数据发展应用促进条例》、中国首部地方政府数据共享开放条例《贵阳市政府数据共享开放条例》，以及《贵阳市大数据安全管理条例》，《贵阳市健康医疗大数据应用发展条例》（以上条例均已颁布实施）。持续开展《贵阳市数据资源条例》《贵阳市数据交易服务机构管理条例》《贵阳市数据资源权益保护管理条例》研究，贵阳大数据立法获评全国首批法治政府建设示范项目。这些法规的制定推动贵阳成为全国出台大数据法规最多的城市，助力贵州贵阳抢占大数据制度创新制高点。

在标准创新方面，贵阳研究院与大数据战略重点实验室研究出版了全球首部全面系统研究大数据标准术语的多语种专业工具书《数典：大数据标准术语体系》（汉阿英法德意日韩葡俄西对照，以下简称《数典》），形成了统一规范、符合国际通用规则的多语种学术话语体系和术语标准体系，得到了全国科学技术名词审定委员会以及联合国教科文组织国际工程科技知识中心的高度评价和推荐。全国科学技术名词审定委员会评价认为，"以《数典》为代表，为中国主导推动大数据术语研究奠定了坚实基础"。联合国教科文组织国际工程科技知识中心推荐认为"全球首部多语种《数典》的出版具有非常重要的价值"，"基于大数据标准术语知识导航式的交流互鉴，让不同国度和文化背景的人们都能对大数据概念有充分的理解和认知"，"这部覆盖联合国官方语言《数典》的出版，让我们看到了数谷贵阳的国际化和工程创新能力"。《数典》后来被纳入中宣部重点出版物海外出版发行项目和国家新闻出版署"丝路书香工程"，由 Alpha Science International Limited 和 Narosa Publishing House Pvt. Ltd. 面向全球进行英文出版，将对促进"一带一路"沿线国家之间的文化互鉴、民心相通，以及大数据知识的国际传播和普及应用做出积极贡献。在《数典》基础上，贵阳研究院与大数据战略重点实验室研究出版了全球首套系统研究大数据百科术语的多语种智能化专业辞书《大数据百科术语辞典》（20 卷），该书一经出版就受到了 17 个语种 4850 多家境外媒体和海外华文媒体的跟踪报道，境外媒体网站独立访客数超过 20 亿人次，这进一步提升了中国大数据的国际话语权和规则制定权，抢占了大数据标准创新制高点，为推动全球数字文明新发展做出了积极贡献。

（二）故事讲述者

城市的建设和发展，不仅要做得好，而且要说得好。作为贵州贵阳大数据发展的亲历者，以及贵阳市委市政府的智囊团，贵阳研究院与大数据战略重点实验室从智库视角出发，持续跟踪观察研究贵阳大数据发展近十年时间，将其发展历程符号化，凝练为"中国数谷"，并通过《创新驱动力：中国数谷的崛起》、《中国数谷》（第 1 版）、《中国数谷》（第 2 版）、《中国数谷》（海外版）、《中国数谷》（英文版）系列专著，与探索数字文明时代创新之路的海内外各地，一起分享关于"中国数谷"的故事和机遇，不断总结和挖掘中国数谷的品牌价值，推进中国数谷的品牌化和国际化。

2015 年 5 月，大数据战略重点实验室研究出版了《创新驱动力：中国数谷的崛起》理论专著，首次提出并系统阐述了贵阳打造"中国数谷"的战略定位，全面深入地解读并揭示了贵阳以大数据为创新驱动力实现后发赶超的基础、条件、优势和初步成效。

2018 年 5 月，大数据战略重点实验室在全面总结贵阳大数据发展创新实践基础上，研究出版了《中国数谷》（第 1 版），系统回答了最前沿的大数据为什么生长在欠发达的贵州贵阳等问题，总结了贵阳以大数据为引领走出的一条不同于东部、有别于西部其他地区的经济发展与生态改善的可持续发展新路。

2020 年 8 月，由大数据战略重点实验室研究编著、机械工业出版社出版的《中国数谷》（第 2 版）公开发布，该书深刻、全面地解读了大数据究竟给贵州尤其是贵阳带来了什么，揭示了中国数谷绿色崛起的奥秘，分享了"中国数谷"建设的故事与机遇，擘画了一幅大数据发展升级版的宏伟蓝图，提供了数字中国建设的"贵阳方案"。

2021 年 5 月，由大数据战略重点实验室研究编著的《中国数谷》（海外版）、《中国数谷》（英文版）公开发布。该书是贵州贵阳大数据发展的一座灯塔和一面镜子，也是贵州贵阳这片大数据的热土迈向新征程的重大行动宣示和誓师。贵州贵阳大数据的快速发展历程，积累了很多宝贵经验并取得了丰硕成果，对全国乃至全球来说有着深远的影响和借鉴作用。

时至今日，伴随着《中国数谷》系列专著在海内外的广泛传播，"中国数谷"已经成为贵阳的又一代名词。作为外界了解读懂贵阳故事的经典读本，《中国数谷》系列专著在国家大数据（贵州）综合试验区展示中心常年展示，持续为讲好贵州贵阳大数据发展故事贡献力量。

（三）国际传播平台打造者

"中国数谷"的国际传播，不仅充分利用现有海内外传播媒体平台，还将数博会这一全球首个大数据主题博览会打造为"中国数谷"创新成果的展示窗口和国家大数据（贵州）综合试验区国家试验故事的重要传播平台，其中也有中国特色新型智库的身影。

自 2015 年数博会首次举办以来，贵阳研究院和大数据战略重点实验室连续七年为数博会提供策划支持和成果服务，开展重大文稿起草、成果发布、论坛简报、嘉宾采访、活动举办、成果转化等智库服务，全面呈现数博盛况，为"中国数谷"树形象、发声音；全球首发系列理论研究成果，举办论坛活动 30 余场，发布理论成果 102 项，助力贵阳持续抢占大数据发展国际话语权；及时、全面、准确地呈现数博会实况，编写论坛简报 420 期，专访国内外嘉宾 1700 余人，为党和政府访民情、听民意提供生动资料；整理形成《论道数博》（2015 年 8 卷本、2016 年 9 卷本、2017 年 13 卷本、2018 年 10 卷本、2019 年 10 卷本），出版《数据革命》《数聚力量》《数智未来》《数化万物》《数博天下》等 2015～2019 年中国国际大数据产业博览会全记录，汇聚每届数博会的思想精华，成为贵州贵阳乃至全国全球发展大数据的宝贵思想财富。

此外，贵阳研究院和大数据战略重点实验室还联合贵阳市大数据发展管理局、贵阳信息技术研究院、全国科学技术名词审定委员会、上海计算机软件技术开发中心、中译语通科技股份有限公司，共同打造了"大数据多语种语言服务全球共享平台"，并于 2021 年 5 月 28 日正式上线运行。该平台既是大数据知识服务的集成枢纽载体，大数据领域海量知识发现及检索平台，也是"中国数谷"对外交流协作的开放窗口。该平台通过构建以"数典"为核心的大数据知识服务体系，面向全球提供公益的、普惠的多语种大数据知识资源和数字化知识服务，推动数典工程成果的国际传播和普及应用。

平台架构可概括为"1＋6"结构，"1"即大数据多语种知识服务全球共享平台 Web 端门户网站及移动端，"6"即数典云平台、丝路数典通、数典术语在线、数典贵阳指数、数典图书馆、数典应用 6 个多语种智能化分平台。

"数典云平台"是全球首个以"数典工程"为核心的开源开放数据平台、多语种全球语言服务平台和多领域国际化互动编辑平台。该平台以数典术语库、数典语音库、数典知识库、数典语料库为支撑，具备互动编辑功能，旨在为世界各国政策制定者、科技工作者和社会公众提供便捷、准确、及时的大数据多语种知识服务。

"丝路数典通"是面向全球特别是"一带一路"沿线国家的大数据

多语种标准术语服务平台，涵盖了汉语、阿拉伯语、英语、法语、德语、意大利语、日语、韩语、葡萄牙语、俄语和西班牙语等 11 种语言的标准术语表达，是"一带一路"数据文化交流的基础性工程，旨在为世界各国用户提供便捷、准确的大数据术语知识，更大范围推动知识跨语跨境传播。

"数典术语在线"是全球中文术语数据规模最大、数据质量最高、系统性最强的大数据术语权威知识服务平台，为从事大数据相关研究和应用的用户提供术语检索、术语管理、术语提取与标注、术语校对等多元知识服务，致力于打造在中国大数据科技名词方面最具权威性和专业化的服务平台。

"数典贵阳指数"是以"大数据蓝皮书"为载体，持续研究、持续更新、持续发布包括全球数字竞争力指数、大数据发展指数、大数据安全指数、大数据法治指数、大数据金融风险防控指数、治理科技指数等 6 项指数的数据服务平台，其以图表可视化形式展现各地区大数据发展的综合水平，奋力打造中国大数据发展和全球大数据发展的风向标。

"数典图书馆"主要收录国内外大数据相关领域优秀理论研究成果的文献资源，开发语义查询、引文比对、模糊找句等特色工具，实现按语句检索、按章节检索、按图书检索等功能，可查找一个概念与其他概念之间的语义关联，实现文献内容完全以知识点的形式展现，供读者学习和研究参考，加快大数据知识国际传播和普及应用。

"数典应用"通过采集全球案例，建立全领域的案例库，通过对应用案例的深度挖掘与多维剖析，挖掘数据间的内在联系，总结成功模式，有效支持决策科学化、治理精准化、商业服务便捷化和安全保障高效化，为大数据的应用发展提供有力支持。

截至 2022 年 3 月底，"数典术语在线"已累计提供 151284039 次检索服务。随着"大数据多语种语言服务全球共享平台"建设的持续深入，该平台将成为"中国数谷"国际传播的又一重要平台和展示窗口。

（四）国际舆论引导者

中国特色新型智库作为国家文化软实力的重要载体，在国际话语权争夺中处于非常重要的地位。在"中国数谷"故事的国际传播中，贵阳研究院和大数据战略重点实验室通过组织研讨会议、发布研究成果，完成议题设置和议题强化，从而实现对国际舆论的有效引导。

比如大数据战略重点实验室在全球范围内首提"数权法"一词，后经全国科学技术名词审定委员会审定发布，"中国成为全球首个提出数权法的国家"。2019年5月28日，由大数据战略重点实验室研究撰写的《数权法1.0：数权的理论基础》中文简体版、英文版、中文繁体版全球首发，不仅在美国、日本、欧盟、非洲、中国港澳台地区迅速引发华文媒体200余次关注，而且在世界各国有超过170家英、法、德、西班牙多语种媒体对该书进行报道。《美中导报》认为，数权法的提出，必定会成为法学领域的创新与突破。《数权法1.0：数权的理论基础》是中国乃至世界第一本以数权法命名、以数权为研究对象的著作，具有划时代意义。《日中商报》认为，数权法是一个令人充满期待的主题，是一把我们所有人都期待的钥匙，它将打开数字文明的未来之门。欧洲新闻网认为，数权法是文明跃进和秩序进化的产物，是人类从工业文明迈向数字文明的重要基石。《世界华人周刊》认为，数权法的提出，为守住国家数据主权，牢牢把握规则制定权和国际话语权，推进互联网全球治理法治化奠定了法治基础，对推动构建网络空间命运共同体具有特殊意义。

2020年9月21日，由大数据战略重点实验室研究编撰的《块数据》（1.0～5.0）中文繁体版全球首发，该著作首次提出块数据的定义与特征、形成、汇聚及运行模式，首次提出大数据时代的范式革命这一全新命题，首次运用数据引力波的概念揭示出从条数据到块数据发展的内在规律，首次提出基于"数据人"假设的利他主义的数据文化问题，首次提出"激活数据学"这一全新理论框架，引起了中国及世界其他国家政府、企业、社会组织与专家学者的广泛讨论，亦引起了新华网、中国新闻网等国内媒体的广泛关注，国际媒体也纷纷就此议题发表看法。《国际日报》认为，激活数据学的提出，标志着大数据领域和人工智能领域研究取得了新突破，块数据理论跨越了又一个新的理论高度。《非洲时报》认为，《块数据5.0》基于数据力与数据关系提出的"共享价值理论"，是继剩余价值理论之后颇具革命性的理论。

2020年6月30日，由大数据战略重点实验室研究编著的《主权区块链1.0：秩序互联网与人类命运共同体》全球首发，获得中央新闻媒体广泛关注和社会各界强烈反响。环球网连续刊登了《〈主权区块链1.0〉在贵阳、杭州两地网络首发》《主权区块链重塑科技向善》《数据主权论、数字信任论、智能合约论重启未来新世界》等系列报道。环球评报新闻网、美国新闻网、韩国新华网、加拿大共生国际传媒、粤港澳头条、亚太新闻中心、海内外资讯、俄中传媒资讯网、华人头条、意大利侨网、新华全时空、欧联华文网、金边传媒网、美国华商网、马来亚视、泰亚传媒、日本华商网、捷讯网、玉峤国际、《欧洲侨报》、阿根廷华通网多家海外华文媒体推出题为"《主权区块链1.0》全球首发数据主权论、社会信任论、智能合约论重启未来新世界"的新闻报道，以及《主权区块链1.0》主编访谈报道。《华商报》认为，主权区块链为从信息互联网、价值互联网向秩序互联网的演进带来了畅想空间。《中日新报》认为，主权区块链将在数据可计算时代推动人类社会结构和经济功能、组织形态、生活方式甚至价值体系重构，这种重构超越技术本身，是一种新理念、新思想和新模式。《华夏时报》认为，主权区块链为我们勾画了一幅人类走向数字文明的愿景图，包括经济模式、社会结构和政府治理等在内的一系列创新和变革即将开启。这是人类文明的又一次跃升。

作为我国在大数据标准术语体系研究领域主导推动的一大标志性成果，《数典》在首发后迅速引起国内外各大新闻媒体的关注和热议。人民网、新华网、《中国政协杂志》、中国新闻网、中国日报网、央广网、环球网、国际在线等8家中央级媒体，澎湃新闻、新浪新闻、网易新闻、数据观、搜狐网等多家重点市场媒体，贵州广播电视台、《贵州日报》、多彩贵州网、《贵州都市报》、网信贵州、天眼新闻等贵州省省级主流媒体，贵阳发布、《贵阳日报》、《贵阳晚报》、贵阳广播电视台、知知贵阳等贵阳市市级主流媒体和新媒体，全国科学技术名词审定委员会，《南方都市报》《消费日报》《辽沈晚报》《楚天都市报》等媒体，以及Zaker新闻、中译语通GTCOM、译·世界、中原新闻网、齐鲁网、和讯网、贵客云、东方资讯、东方财富网、金台咨讯、上游新闻、区块链风云榜、链团财经、数字学堂等新闻平台，全面铺开对《数典》的报道，不断推动《数典》发布在全网形成传播热点。

此外，海外外文媒体和海外华文媒体也对此形成了高度关注并进行了全面报道。美联社、法新社、路透社等 1250 多家全球 11 个语种媒体，以及《美国华商报》、加拿大共生国际传媒、韩国新华网、《澳洲之声报》、迪拜新闻网、乌克兰中文网、意大利侨网、《西班牙新华报》、日本华商网、《葡新报》、美国新闻网等来自全球 40 个国家和地区的具有较大影响力的 60 家华文媒体，聚焦"全球首部多语种《数典》在中国出版"等主题做了跟踪报道，新闻传播面覆盖全球 200 余个国家和地区，境外媒体网站独立访客数突破 7.02 亿人次，整体新闻报道规模大、声势高、受众广泛、反响热烈、影响深远。美联社、法新社、路透社报道认为，《数典》是中国数谷贵阳大数据发展理论创新和实践创新的产物，是国家大数据（贵州）综合试验区又一重大标志性成果，是全球首部全面系统研究大数据标准术语的多语种专业工具书，对提升中国大数据的国际话语权和规则制定权，加快大数据知识国际传播和普及应用，促进"一带一路"建设和构建人类命运共同体具有现实而深远的意义。

三 "中国数谷"走向世界的经验与启示

（一）具备多层次、多维度解读的特性，使其底本叙事具有时代价值与世界意义

"中国数谷"的故事，既是贵州贵阳冲出"经济洼地"，撕下贫穷落后标签，走向发展高地的故事，也是西部欠发达地区后发赶超的故事，更是中国区域和城市探索高质量发展之路的故事。从这个角度来说，"中国数谷"的故事，既是贵阳的故事、贵州的故事，也是西部的故事、中国的故事，具有多层次性。

与此同时，"中国数谷"的故事，还是贵州贵阳守好"两条底线"，以创新为引领从而实现绿色崛起的故事；是中国坚持习近平生态文明思想，坚持"绿水青山就是金山银山"的故事；是中国坚持走中国特色自主创新道路、实施创新驱动发展战略，推动形成可持续发展新格局的故事；也是

中国深入实施数字经济战略，探索建设数字中国的故事。从这个角度来说，"中国数谷"的故事，既是发展道路的故事，也是发展模式的故事，既是秉持人类命运共同体理念的抉择故事，也是数字文明新时代大背景下的创新故事，具有多维性。

"中国数谷"故事的这种多层次性和多维性，使其具备了更多被观察、讲述、解读和阐发的空间和可能。而无论是其创新理念的底本叙事，还是数字文明发展的底本叙事，抑或是生态文明发展的底本叙事，都具有重要的时代价值与世界意义。

（二）全方位叙事与持续性传播，确保了故事内容与叙事结构的完整性

中国数谷的建设覆盖经济、政治、科技、文化、教育、民生、生态等方方面面，其创新探索也涉及理论、制度、规则、实践、技术、开放、安全等多个维度，这就决定了"中国数谷"故事是全方位的叙事。同时，"中国数谷"故事的国际传播，也不是一次性的、短期性的，而是持续性的、连贯性的。事实上，国内外对贵州贵阳大数据的发展从未停止过观察和解读，特别是每年一届的数博会，更是将世界目光持续性聚焦到贵州贵阳上。

一方面，数博会全球传播行动开展，由全球媒体组成"数博会媒体先行考察团"，海内外各类媒体平台深入贵州贵阳，对"中国数谷"发展进行全方位、多角度的深入报道。另一方面，众多政府、企业和社会组织连续多年在数博会这一国家级、国际化平台上进行创新政策、理论成果、标准体系、创新产品等全球首发，如大数据战略重点实验室连续五年在数博会上对外发布《大数据蓝皮书：中国大数据发展报告》、《块数据》（1.0~5.0）、《数权法》（1.0~3.0）等。这种兼具持续性和集中性的对外传播活动，使受众的注意力得以长期集中聚焦到贵州贵阳，既确保了"中国数谷"故事的内容与叙事结构的完整性和可持续性，也让"中国数谷"受到广泛关注和传播。

（三）智库交流合作网络的构建，在提升传播力、影响力、公信力中发挥了关键性作用

在"中国数谷"的国际传播中，除政府这一传播主体外，由贵阳研究院和大数据战略重点实验室两个新型智库主导的智库交流合作网络也积极参与，在提升传播力、引导力、影响力、公信力中发挥了关键性作用。

在国内层面的智库交流合作网络构建中，大数据战略重点实验室依托北京国际城市发展研究院和贵阳创新驱动发展战略研究院，构建了"两中心、五基地、三平台"研究新体系和区域协同创新新格局。[①] 通过"两中心、五基地、三平台"体系的构建，大数据战略重点实验室汇聚全国科技创新资源，将全国各地优秀的专家学者、业界精英纳入贵州贵阳大数据理论创新发展体系中，既为贵州贵阳大数据发展构筑了"专家库""人才池"，也使得更多专家学者参与到贵阳大数据理论创新研究中来，为后期的成果发布和广泛传播打下了重要基础。

在国际层面的智库交流合作网络构建中，大数据战略重点实验室始终重视加强与国际大数据领域的科研院所、专家学者、专业组织的交流沟通。据统计，从 2015 年 4 月至 2022 年，大数据战略重点实验室共组织发起了 37 次国际研讨会，中外智库交流合作平台的建立，合作机制和模式的创建，使得众多国际专家学者和组织机构参与到大数据理论创新成果的研究编撰和传播中。特别是在重大理论创新成果的国际传播过程中，国内外专家学者的主动关注、正向解读和积极推介，极大地提升了传播的公信力和影响力。

（四）借势"硅谷"超级符号，助推贵阳城市品牌形象的符号化传播

清晰的城市定位在城市品牌传播中扮演至关重要的角色。在"中国数谷"的国际传播案例中，贵阳这座昔日不为国际所熟知的中国西部欠发达省会城市，借势"硅谷"这一超级符号，成功实现了城市品牌形象的符号化传播。

---

① 在"两中心、五基地、三平台"研究新体系和区域协同创新新格局中，"两中心"即北京研发中心和贵阳研发中心，"五基地"即全国科学技术名词审定委员会研究基地、浙江大学研究基地、中国政法大学研究基地、上海科学院研究基地和中译语通多语种语言服务研究基地，"三平台"即贵州省块数据理论与应用创新研究基地、贵州省城市空间决策大数据应用创新研究基地和贵州省文化大数据创新研究基地。

硅谷是互联网时代科技创新的代名词，IT 时代的创业天堂，名副其实的全球创新中心，其成功崛起背后蕴藏着创新、颠覆和重构基因。基于硅谷这一超级符号上的"中国数谷"，移植和复制了硅谷本身特有的创新、颠覆和重构基因，在此基础上变"硅谷"为"数谷"。一字之差，将时代背景从互联网时代向前推进到数字文明时代，将数据这一核心要素植入其中，使得"中国数谷"等同于数字文明时代下的中国大数据创新发展中心。

在"中国数谷"的国际传播中，贵州贵阳紧紧围绕"中国数谷"这一城市定位，通过"爽爽贵阳 中国数谷"等文字符号，"数博蓝"等色彩符号，"中国数谷"与数博会标志的叠加 LOGO、数博会吉祥物等图像符号，深入推动贵阳城市品牌形象的符号化传播。来源于硅谷这一超级符号的"中国数谷"，在文字符号、色彩符号、图像符号等的符号化传播过程中，自身也逐渐成为新的超级符号。

案例点评

中国数谷，是读懂数字文明新时代下中国故事的小切口，它以小见大地反映了中国的发展方向、发展道路与发展模式，以及中国在生态与发展、经济与民生、政府与市场等诸多问题上的观念和态度。它生动、形象、立体地展示了中国经济发展奇迹背后对生态的坚守、对创新的追求，彰显了中国决策者的初心与智慧、中国作为大国的责任与担当。

在"中国数谷"的建设和传播中，以贵阳创新驱动发展战略研究院和大数据战略重点实验室为代表的中国特色新型智库的参与是一大特色和亮点。作为党和政府科学民主依法决策的重要支撑、国家治理体系和治理能力现代化的重要内容、国家软实力的重要组成部分，中国特色新型智库也是城市建设发展与国际传播中的重要力量，如何在"以讲好中国城市故事、更好地讲好中国故事扩大中国影响"这一重大议题中，找准中国特色新型智库定位，发挥独特优势，是我们在提升国际传播能力和加强中国特色新型智库建设工作中必须思考的重要问题。从这一角度说，"中国数谷"案例，对于更好地发挥中国特色新型智库在城市建设与传播中的咨政建言、理论创新、舆论引导、社会服务、公共外交等重要功能，具有重要参考价值。

点评人：连玉明，全国政协委员，北京市朝阳区政协副主席，北京国际城市发展研究院院长，贵阳创新驱动发展战略研究院创始人（创始院长），大数据战略重点实验室主任。

宋青，贵阳创新驱动发展战略研究院、贵安战略研究院党委书记、院长，大数据战略重点实验室联席主任。

"斯里兰卡小姐"媒体平台的国际传播在地化经验

付　乐　杨诗源　戴永红*

摘　要　中斯两国"虽山海殊隔，而音信时通"，古代海上丝路的开辟使得斯里兰卡这颗印度洋上的美丽珍珠成为点燃亚洲文明之火的重要力量。当下，"一带一路"倡议的稳步实施让中斯两国交往愈加密切。2022年恰逢中国与斯里兰卡建交65周年暨《米胶协定》① 签署70周年，我们在为两国达成多项协议而感到高兴的同时，也应看到国家背后的媒体平台在促进两国相互理解、沟通、交往过程中所发挥的不可替代作用。"斯里兰卡小姐"正是这样一个典型的国际传播在地化媒体平台案例。

关键词　中国—斯里兰卡；媒体平台；国际传播；在地化经验

＊　付乐系深圳大学传播学院、区域国别与国际传播研究院博士研究生；杨诗源系斯里兰卡中国企业商会首席媒体官，记者和撰稿人，斯里兰卡政府媒体《星期日观察家》专栏作者；戴永红系深圳大学外国语学院院长，中国海外利益研究中心主任，区域国别与国际传播研究院特聘教授、博士生导师。

① 20世纪50年代初期，新中国刚刚成立，由于西方国家对中国实行禁运和封锁，中国的发展受到严重阻碍。为了生存和发展，中国亟须进口包括橡胶在内的各种物资。此时，远在印度洋的斯里兰卡也面临着相似的困境：在美国的控制下，橡胶价格暴跌，大米价格上涨。1952年，中国与斯里兰卡签订了以大米换橡胶为主要内容的政府贸易协定，打破了西方资本主义国家对中国的经济封锁，促进了两国贸易的迅速增长。

"斯里兰卡小妞"是以微信公众号和新浪微博为主,兼运营今日头条、搜狐、知乎等多平台的矩阵账号。"斯里兰卡小妞"微信公众号于 2016 年初上线运营,是斯里兰卡单一国别领域最具有影响力的公众号;新浪微博平台自 2011 年注册以来,拥有 88.5 万粉丝,视频累积播放量 269.7 万次;今日头条粉丝数超过 6 万人,总阅读(播放)量 1.6 亿次;搜狐号阅读近 1900 万次,知乎关注超 3 万人,和穷游网合作撰写电子书《斯里兰卡锦囊》下载量超过 35 万人。该矩阵账号是当下国内斯里兰卡文化传播最具影响力的媒体平台,在报道中国—斯里兰卡"一带一路"项目、介绍斯里兰卡国内情况、破除中国债务陷阱论等方面对国际舆论和两国交往产生重要影响。平台负责人杨诗源女士是斯里兰卡内容自媒体第一人、斯里兰卡中国企业商会首席媒体官。她对斯国经济、政治、文化和风土人情认识深刻,现已出版相关书籍 7 本,曾多次采访斯国总统、外长、央行行长、国防部常秘及斯里兰卡驻中国大使等多位重要政治人物,并对话各领域成功企业家,具有丰富的国际传播在地化经验和广阔的全球视野。

一 "斯里兰卡小妞"媒体平台的基本情况

1. 以小见大:"斯里兰卡小妞"媒体平台的建立

杨诗源女士最开始注册媒体平台账号是为了个人生活记录分享。她于 2010 年大学毕业旅行时来到斯里兰卡,机缘巧合得到一份中国旅游市场开发的相关工作,也是斯里兰卡本地公司唯一的中国员工。

当时中国国内对内战刚刚结束的斯里兰卡感到陌生,很多普通人甚至不知道这个国家位于亚洲,甚至发出疑问:"斯里兰卡是在非洲吗?"在中国搜索引擎上,找不到太多关于斯里兰卡的有效信息。对此,作为"互联网原住民",杨诗源女士从 livespaces 到网易博客等一直保持着书写的习惯,通过记录分享个人生活,以"中国女孩在斯里兰卡"的个人视角告诉大家斯里兰卡到底是一个什么样的国家。也就是说,"斯里兰卡小妞"在 2010 年就有了,最初的发布平台是豆瓣。通过分享这些故事,杨诗源女士也结交了不少朋友,比如对斯里兰卡有兴趣的出版社编辑、大学教授等。

2. 搭建平台矩阵:"斯里兰卡小姐"媒体平台的运营

首先,"斯里兰卡小姐"是一个由个人分享记录账号发展为多平台矩阵的媒体平台,目前还在积极发展英文合作内容。"斯里兰卡小姐"以用户黏性最高的公众号平台为核心,同时差别化运营多个社交媒体账号,在全网有超过百万读者;作为国别信息源头,它和国内主流媒体、内容平台保持互动,同诸多优秀编辑建立了合作关系,曾为《环球时报》、《中国之声》、《人民日报·海外版》、观察者网等媒体撰写文章,有多篇50万次以上浏览量的"出圈"文章。

其次,"斯里兰卡小姐"媒体平台最大的特点是读者群的优质。"斯里兰卡小姐"的读者群有较高的文化素养和较大的国际视野,高度关注斯里兰卡政治、经济、社会、文化和投资情况,并将平台视作重要民间参考渠道。作为单一国别内容信息源,该媒体平台的受众同时覆盖以下三类人群:斯里兰卡旅行者、斯里兰卡政治/经济/投资深度兴趣者、生活在斯里兰卡的当地华人以及位于斯里兰卡的中国企业。其中,微信公众号用户群体,在疫情之后由包含斯里兰卡外部群体逐渐萎缩为本地常住人口或强关联者,现有约4万人订阅。

最后,"斯里兰卡小姐"媒体平台的核心竞争力是信息和内容的准确性、独特性和深度,以及丰富的当地资源。优质的读者需要区别于一般的、更有门槛的升级内容。通过优质内容,"斯里兰卡小姐"媒体平台建立了读者信任感。现在"斯里兰卡小姐"的平台定位是"提供资讯的服务商",除了提供信息,还能解决针对性问题。其商业模式为"内容+服务+资源",通过独特内容精准获客,并提供后续服务。在内容方面,疫情之前"斯里兰卡小姐"媒体平台有30%左右的内容是由读者投稿产生的。

3. 博主的成长之路:从记录个人生活到促进两国文化交流

在2012~2018年,斯里兰卡旅游业蓬勃发展,当时"斯里兰卡小姐"的内容以旅游文化为主,受众群体面向国内。2019年,斯里兰卡发生恐怖袭击,旅游业遭到重创。"斯里兰卡小姐"媒体平台开始转变内容方向,更关注斯里兰卡的政治、文化、经济,也开始了更多的尝试——尝试如何把中国也介绍给斯里兰卡人。

这两年，"斯里兰卡小妞"媒体平台主要负责人杨诗源女士和斯里兰卡媒体人有了更多的接触，她接受过斯里兰卡媒体采访，在当地最大的英文周报——政府媒体和国营报纸《星期日观察家》上开设了专栏，到斯里兰卡大学演讲，并于2021年受聘为斯里兰卡萨伯勒格穆沃大学孔子课堂媒体顾问。在2019年，杨诗源女士参加了一个斯里兰卡的广告拍摄。当时拍摄这支广告的一共有7名女性，她们一起展现了斯里兰卡独立事业女性的多样化和"女性力量"。在这组展现GIRL POWER的广告中，杨诗源女士是唯一的中国人。

2020年初，新冠疫情席卷全球，国际舆论复杂，当时斯里兰卡还是一个相对平静的地方。2020年3月，欧盟创新代表团访斯，"斯里兰卡小妞"媒体平台作为代表团的接待方，当时就把科伦坡港口城安排为带团参观的重点。这一代表团的很多成员，包括欧盟驻斯里兰卡大使，德国、荷兰、意大利驻斯里兰卡大使都是首次参观港口城，① 他们感叹港口城是一个宏伟、有远景的重要项目。欧盟驻斯里兰卡大使 H. E Denis Chaibi 在致谢发言中提到："来港口城参观是为了感受斯里兰卡的未来愿景。"

2019年斯里兰卡举行了总统大选，在总统和总理都宣誓就职之后的第四天，"斯里兰卡小妞"媒体平台负责人杨诗源女士采访了时任斯里兰卡总统的媒体发言人，这是一项殊荣。杨诗源女士认为这次采访应归功于两个方面，一是中国的强大；二是斯方逐渐意识到一件事情：国与国之间的联系也需要建立多渠道的沟通机制，充分利用民间沟通的独特优势。

2021年，"斯里兰卡小妞"媒体平台开发了在斯里兰卡媒体投放的内容专题，包括中国新闻社2021年春节推出的"中国、斯里兰卡、马来西亚三地同步云南新春文化活动"，"斯里兰卡小妞"媒体平台是此次活动斯里兰卡方面的落地执行方。

---

① 科伦坡港口城位于斯里兰卡首都科伦坡核心地带，该项目由中国交建与斯里兰卡国家港务局共同开发，规划建筑规模超过530万平方米。斯里兰卡政府计划将其打造为斯里兰卡的商业和金融特区，为全球提供国际性商业、金融交易服务平台，以填补新加坡和迪拜之间南亚金融中心的空缺。

二 "斯里兰卡小姐"媒体平台的传播经验

1. 以开放包容态度面对两国文化差异性

斯里兰卡人眼中的中国是怎么样的？对于很多当地普通人来说，中国是一个遥远而强大的国度，这是一种概念上的、基于有限新闻报道的感性认识，是一种有轮廓但缺乏细节的"概念式印象"。如果你问大街上的斯里兰卡人中国怎么样？他通常会说"很好"。你若要问得再具体一点，恐怕他们的回答就比较模糊了。有一年中国国庆的时候，斯里兰卡的一份报纸刊登了中国高速公路的拥挤情况，还有一张配图。斯里兰卡朋友看到这个消息之后非常惊讶。他说："原来中国的高速公路有 8 车道啊？"因为这在斯里兰卡是不可想象的事情。这个事情也说明，中国对于斯里兰卡的普通人来说，有很多认识上的误区。

亲自去过中国的斯里兰卡人，会知道中国确实很好。一位前往中国参加活动，并旅居 8 个月的斯里兰卡记者朋友分享了让他印象深刻的一件事：当他刚抵达中国时，他的居住地点附近有一处正在建设的建筑工地，而他准备离开的时候，他惊讶地发现这处工程竟然快要完成了。他感叹："中国人太勤奋了，而很多斯里兰卡的年轻人却只能成为突突车①司机。"现在斯里兰卡有了不少中国企业，和中国企业打过交道的斯里兰卡人都会感叹：中国人非常讲效率。这些都是在工作和生活中，斯里兰卡人对中国的新认识。

"斯里兰卡小姐"媒体平台工作组在平时的生活中也会和斯里兰卡朋友展开愉快的交往。传统上，斯里兰卡人吃饭用手，中国人用筷子。而在一次氛围轻松的聚会中，工作组与斯里兰卡朋友立了一个特别的规矩：斯里兰卡人要用筷子吃饭，中国人用手。这一互动游戏让当天的气氛特别好，大家都很轻松愉悦。在一些很小的生活细节交流中，即使是

---

① 突突车实际上就是电动三轮车。从某种意义上来说，突突车是斯里兰卡的一个象征，在首都科伦坡也十分常见。在公共交通不发达的南亚地区，真正的出租车很少。突突车方便灵活，即使路况不好也可以随处穿梭，是最为常用的交通工具。

文化背景不同的人，也会更加理解彼此的文化，而在心理上的距离也会拉近。

还有一些有趣的事情。比如说在斯里兰卡有很多本地人开的"中餐厅"，不一定正宗。有一次杨诗源女士点了一道鱼香茄子，结果端上来的菜让人大吃一惊：一份鱼汤，汤上面飘着几片茄子。后来她思考：文化交流如果是囫囵吞枣式的，缺乏真正的语境和文化理解，就会产生类似"鱼香茄子"的事件。

2. 和实生物：寻找两国交往的历史之根

两个东方古国，在古代就通过海上丝绸之路以及佛教纽带建立了深厚的联系，两国文化拥有共同的东方之根。斯里兰卡文化和中华文化一样，有属于东方的高度概括性（相较于西方的"精确"而言）。但是，中华文化是一种自制和自省的文化，不轻易表态或承诺；而斯里兰卡属于南亚文化圈，重视参与过程，在表达时不保证未来能否落实，也不以结果为导向。被殖民的历史使得斯里兰卡大体上认同欧美价值观，此外，种姓制度在斯里兰卡社会的方方面面有深广的影响。对此，"斯里兰卡小妞"媒体平台工作人员在几次与斯方的交往实践中深有感触。

事件一。某工程项目临时需要让一位工程师和一位小工共同前往某地，于是叫了一辆突突车，让高级工程师和小工共同乘坐前往。中国人的思维通常是，共同前往一地，且一辆突突车明显可以乘坐两人，这样做没有什么问题（经济实用和结果导向）。然而高级工程师和小工都感到不适，工程师认为自己地位更高，不应如此安排，小工亦在路上感到尴尬（种姓和阶级的影响）。

事件二。中资企业公司有一位做杂役的人员，平时中午负责出门给大家买饭。杨诗源女士觉得他买的饭很好吃，于是想要和他共同前往，看看是在哪里买到的。公司同事友善含蓄地提醒她这样的做法不合适：我们把他叫作 Rice boy，你是 Ms. Am，如果你和他一起出去买饭，我们就只好叫你 Rice girl 了。

事件三。某位中国商务高级管理人员向某部长提出项目想法，部长回复"没有问题"但一直无下文，追问后的回复总是"正在推进中"，但事实上并未推进。究其原因，一方面，对承诺的看法不同；另一方面，斯里兰卡人很少直接拒绝别人，可能当时答应下来只是想要取悦对方，也可能是有其他困难或隐情不宜表述。

3. 破解"债务陷阱论"的在地化思路

（1）做好研究，搜集素材，以便能摆出事实、给出证据；

（2）在宣传意识和宣传预算上增强平时的公关宣传体系建设能力；

（3）重点做好本土财经、社会文化、宗教人士、社交媒体大 V 的 KOL 体系维护；

（4）遇到突发舆论风波，要针对具体事宜搭建合适的舆论应对体系，更多鼓励在本地有影响力的 KOL 发声回应，本地员工可以适当配合；

（5）面对有关中国海外项目的负面文章，可以了解作者背景，甄别其是主观故意抹黑还是认识误解，如是后者，可邀请相关人员亲自前往项目参观；

（6）建设我方可控的在地化发声渠道。

三　从斯里兰卡到全球：国际传播的在地经验与全球视野

1. 从事国际传播需要真正融入和了解当地

从事传播的人要有国际化的思维层次和全球意识，才能既懂得西方，又理解东方，在应对舆论的时候使用适宜的、能真正被本地受众接受的语言表达体系和传播方式。而此类人才是非常缺乏的。

在该国当地生活的一群人，并不见得是离事实真相最近的人。当地中国人的生活体验，可能仅仅是发生事实的"生动侧面补充"。生活在当地和融入当地是两个概念。很多生活在国外的中国人，主要还是生活在自己的圈子里，和本地人打交道的情况有限。传播者起码需要知道：本地人如何了解信息，看什么报纸，使用什么社交媒体？最近都在讨论什么热点话题，对一些我们共同关心的话题的基本态度是怎么样的，并在平时积极参与本地活动，以平等视角多交本地朋友。

中国媒体机构应当积极和有资源且价值观正面的本地机构合作运营，

从信息渠道和信息分发上得到传播保障。中国国际广播电台僧伽罗语频道是一个成功案例，它培养了大量的友华听众。随着社交媒体时代的到来，相关社交媒体账号也是非常重要的中华文化内容传播载体，基于多种媒体渠道搭建的矩阵账号因为关注已达到一定的人数，因此能对当地舆论、观点、声音、风向有较为直接的影响、判断和反馈。

2. 以受众为导向，改变生硬叙事方式

周恩来总理在向西方外宾介绍《梁祝》时，曾生动地比喻其为"中国版的罗密欧与朱丽叶"。这个表达非常经典。只有基于对东方和西方文化的深厚了解，才能做出这样既准确又符合对方思维，且引发观看兴趣的表达。这种表达真正阐释了"文化的共性"，其根本在于"求同存异"。

举个例子，中国传统节庆文化在斯里兰卡有很好的推广基础，斯里兰卡人的文化基因里十分认同中国的中秋节。在斯里兰卡，每逢月圆之夜就是节日，这个节日叫作"月圆节"①，每个月圆节都有不同的佛教内涵。平时在给斯里兰卡朋友解释中国中秋节的时候，可以将其表达为我们中国人的"月圆节"，这样斯里兰卡人就会印象深刻。用一种对方叙事体系里熟悉的概念来讲我们的故事，接受度显然会更高。

国际传播需要柔性关怀，可以多讲有血有肉的小人物故事，在大众中更好地引发情感共鸣。南亚社会家族外的人际关系受其民主政治文化影响，存在明显的个人利益最大化的抗争性特点。民主政治是一种政治市场化思维，因此，关于个人故事的讲述会更引人入胜，被人接受。

用斯里兰卡人认同的方式高效、持续地讲述中国故事是一项长期事业，也需要很多方面的力量支持，这样才能最终实现中国文化和斯里兰卡

---

① 古代先民对月亮的崇拜是一个世界性的现象，月圆时的晶莹圆满更被赋予了各种美好的情感。在斯里兰卡，每个月圆节 Poya Day（通常每个月一次）都是法定的公共假日，每个月圆节都有其相对应的名字，这些节日都是纪念佛教重要事件的日子，人们在节日里可以表达自己对佛陀（释迦牟尼）和先人的崇敬和纪念。"Poya"一词源自巴利语和梵语 Uposatha，意为"禁食日"。据说，由于当时没有日历，古代的亚洲苦行者使用满月来纪念过去。Poya Day 日期每年都会更改，某些 Poya Day 日期可以在满月之前或之后的一天。在 Poya Day 时期，一些商店和企业通常会关门，并且禁止出售酒精和肉类。在月圆节当天，斯里兰卡民众会沐浴更衣以表示对自身信仰的敬畏和重视，虔诚的佛教徒会前往寺庙供奉，听讲经说法。

文化的"心心相通"。

四 "斯里兰卡小姐"媒体平台的未来愿景

在未来,"斯里兰卡小姐"应该超越"个人"的意义,目标是成为一个文化窗口或者文化符号,用一种女性视角的、个人化的真实故事表达,去记录东方和西方、斯里兰卡和中国的文化感知。

"斯里兰卡小姐"媒体平台主要创办人杨诗源女士表示,"希望它是一个平台,而不是一个人。因为平台才有长久的生命力。它已经吸引到,并将吸引更多气质相投的人,而且我相信,这种吸引会是跨越国际的。我们正在筹建本地英文杂志,如实施顺利,杂志将在本年度面世"。

案例点评

斯里兰卡地处印度洋的核心区域,历史上是"海上丝绸之路"的生命要道,是中国和阿拉伯商人贸易往来的中转站。现在,斯里兰卡既是中东石油经印度洋运往亚洲的海上要塞,也是通往中国大陆及印度东部的重要节点。在推动中国"一带一路"倡议的落地实施方面,斯里兰卡的战略地位显而易见。

2022年适逢中国与斯里兰卡建交65周年暨《米胶协定》签署70周年,中国与斯里兰卡两国的和平交往是破解中国"债务陷阱论"的重要方面,也是帮助斯里兰卡国内度过经济困局的创新路径。因此,中国对斯国际传播至关重要。

古今文明之火的延续需要媒介平台的搭建,更需要以人为核心的沟通交往。"斯里兰卡小姐"不仅是国际传播媒体平台,也是跨文化交往窗口、女性视角下两国关系的发展实录,更是一场凝结着个人经验的叙事旅行。

点评人:戴永红,深圳大学外国语学院院长,中国海外利益研究中心主任,区域国别与国际传播研究院特聘教授、博士生导师。

走向世界的茅台：茅台国际化
传播研究

张 杨*

摘 要 中国品牌在世界市场上的品牌建设是全面展示中国形象、构建我国国际传播体系的重要支点。茅台作为优秀的中华老字号品牌，无论在国际化程度上还是在国际传播效果上均有良好的成绩。党的十八大以来，茅台主动对接国家政策，在"一带一路"沿线国家举办推介会，讲述富有中华文化内涵的"茅台故事"。在国际传播的策略方面，茅台紧抓数字传播机遇，及早借力国际主流社交平台提高品牌影响力；实施一国一策战略，入乡随俗开展差异化精准传播；重视户外传播，世界地标性繁华地段常见茅台身影；发挥"国酒"优势，与国家外事活动整合传播；赞助参赛齐发力，积极露脸国际化活动；携手知名媒体和 KOL，高声量掀起海外茅台热；在新时代，"公益出海"活动提高了品牌好感度，展现大国大品牌的社会责任感。

关键词 国际化；国际传播；茅台；老字号

2021 年，习近平总书记在主持中共中央政治局第三十次集体学习时强调，讲好中国故事，传播好中国声音，展示真实、立体、全面的中国，是

---

* 张杨系华东师范大学传播学院硕士研究生。

加强我国国际传播能力建设的重要任务。① 由于长期受本国媒体营造的拟态环境如"中国威胁论"等负面报道的涵化,西方民众对中国的好感度持续走低。② 新闻媒体主导下的国际传播由于偏见等很难形成建设性对话。相比通过媒体传播追求的"传播效果",若能基于文化性、学术性或商业性的专业领域认同,减少语言等因素产生的误读可能,则更能够在长久意义上形成长效沟通。③ 在双循环的新发展格局下,出海企业不仅是国际形象的有机载体和展现窗口,④ 更是国际传播的有效补充,能够触达国际传播从官方、媒体到目标受众的"最后一公里"。⑤ 当下,大国博弈带来的贸易摩擦,疫情蔓延引起的世界格局变更,逆全球化以及民族主义、单边主义的抬头,都让中国企业被迫面临更复杂的国际舆论生态。因此,中国企业应该探索国际传播的有效方式,利用品牌和产品讲好中国品牌故事,促使外国民众对中国产生更全面的了解和认同。

在众多国产品牌中,老字号品牌自带优秀传统文化的品牌基因,是传播中华优秀文化的重要载体。起源于汉武帝时期⑥的老字号茅台酒在经历了助力红军长征、国营改造、募资上市以后,已然成为中国人心中的"国酒"。凭借国家非物质文化遗产级的酿造配方,茅台在 2017 年超过"全球酒王"帝亚吉欧,成为全球市值最高的烈性酒品牌;2020 年超过可口可乐,登顶全球食品饮料行业市值榜。⑦ 2018 年,茅台出口创汇 4.7 亿美元,⑧ 占中

① 《习近平主持中共中央政治局第三十次集体学习并讲话》,2021 年 6 月 1 日,http://www.gov.cn/xinwen/2021-06/01/content_5614684.htm,最后访问日期:2023 年 4 月 12 日。
② 韩德勋、赵士林:《后疫情时代"国际传播"与"全球传播"之辩再思考》,《全球传媒学刊》2021 年第 4 期,第 120~134 页。
③ 张毓强、庞敏:《新时代中国国际传播:新基点、新逻辑与新路径》,《现代传播(中国传媒大学学报)》2021 年第 7 期,第 40~49 页。
④ 季为民:《中国企业国际传播形象建构的现状及路径》,《人民论坛》2021 年第 18 期,第 104~106 页。
⑤ 姜飞:《新阶段推动中国国际传播能力建设的理性思考》,《南京社会科学》2015 年第 6 期,第 109~116 页。
⑥ 罗仕湘:《百年茅台》,中国文史出版社,2015,第 131 页。
⑦ 央视财经:《总市值超 1.5 万亿!茅台超越可口可乐,成为全球食品行业市值冠军》,2020 年 4 月 17 日,https://baijiahao.baidu.com/s? id=1664201924559279948,最后访问日期:2021 年 11 月 10 日。
⑧ 《一组数据带你看懂茅台"一带一路"行》,2019 年 4 月 9 日,http://shipin.people.com.cn/n1/2019/0409/c85914-31020273.html,最后访问日期:2021 年 12 月 3 日。

国白酒出口比例达 65% ,① 成为中国白酒打开海外市场的主力军。虽然海外烈酒市场几乎被威士忌、伏特加、白兰地等品类霸占，但率先展开全球布局的茅台深受国外消费者喜爱，多年入选 Brand Finance "全球品牌价值500 强"并连续 5 年蝉联全球烈酒第一品牌。② 2021 年，茅台以 453. 33 亿美元的品牌价值位列全球烈酒榜首。茅台在海外传播方面也有着大部分老字号品牌所不具备的品牌传播能力——连续 5 年位居出海品牌社交平台表现力消费品前五,③ 在海外主流社交网站 Facebook 上，茅台集团的粉丝数量位列中国烈酒品牌第一。

基于此，本研究选取中华老字号品牌茅台为研究对象，总结其国际化和国际传播的主要经验，为中华老字号出海提供借鉴和参考，促进企业提高国际传播能力，助力搭建多层次、多主体、多元化、多价值的传播体系，助力对外讲好中国故事和中国文化的国际传播。

一 茅台的品牌国际化历程

品牌国际化是一种动态发展的过程,④ 这意味着在不同的发展阶段，品牌推广策略也会随之动态改变。⑤ 1951 年贵州省专卖事业公司仁怀茅台酒厂成立，茅台的国企基因就此奠定。作为中国企业的排头兵，国有企业受到国家战略和国家政策的影响较大，除了要遵循市场规律之外，更要代表国家意志，讲究经济效益与社会效益统一，市场规律和政府意志统一。

---

① 《茅台一瓶难求开始延伸至全球"这是四年来海外市场发生的最明显变化"》，2019 年 11 月 12 日，https://baijiahao. baidu. com/s? id = 1650012169956532541，最后访问日期：2021 年 11 月 10 日。

② 根据 Brand Finance 公开发布的数据，参见 Brand Fiance 官网。

③ Onesight、Morketing 联合发布的公开数据《BrandOS TOP100 出海品牌社交平台表现力白皮书》，https://max. book118. com/html/2021/0403/7133061135003110. shtm，最后访问日期：2021 年 11 月 11 日。

④ Hutchinson, K., Quinn, B., & Alexander, N., "SME retailer internationalisation: case study evidence from British retailers," *International Marketing Review* 23 (2006): 25 ~ 53.

⑤ 刘英为、汪涛、聂春艳、张伟：《如何应用国家文化原型实现品牌的国际化传播——基于中国品牌海外社交媒体广告的多案例研究》，《管理世界》2020 年第 36 期，第 88 ~ 104 页。

因此，茅台的国际化历程是紧跟国家开放政策展开的，是中国企业"走出去"的一个缩影。

（一）改革开放前："茅台外交"开启的海外初试

改革开放以前，国有企业是我国对外贸易的主体。[①] 这一时期，国家统一管理外贸出口，品牌缺乏一定的自主性和创新性。但此时轻工消费品占据出口产品的主导地位，茅台作为酒中龙头获得了一定的政策支持，加上茅台自有的优势条件，其海外形象也被笼上一层高端色彩。1915 年，茅台酒获得巴拿马太平洋万国博览会金奖，由此为世界所知。新中国成立以来，已经拥有一定海外知名度的茅台时常出现在外事活动中。从日内瓦会议到尼克松访华，再到后来的中美建交、中日建交等共和国的重大时刻，茅台酒都是融化历史坚冰，用以交流中外感情的重要工具，茅台也因此获得了更高的国际声誉。1953 年计划经济时期，茅台开始通过香港、澳门转口销往国际市场；1955 年，茅台在马来西亚、新加坡等东南亚国家注册销售。[②] 由此，茅台的国际化在中央政府的指导下正式开启。但这一时期中国企业普遍缺乏品牌意识，80% 以上的注册企业都没有自己的商标，[③] 面对海外市场中的激烈竞争，茅台经历了商标歧视、包装改进等问题。因此，茅台开始尝试逐步做出改变：1966 年外销陶瓷瓶一律改用乳白玻璃瓶，瓶盖改用红色塑料螺旋盖；1973 年茅台酒内外销包装箱全部改为纸箱；1974 年修改茅台外销商标说明书；1975 年出口贵州茅台酒一律使用"飞天"新商标；1976 年外销茅台酒包装瓶外皮纸取消，改用彩印纸盒，瓶口加挂吊牌，红色丝带系结[④]；1976 年以前，茅台酒是以"市斤"为包装计量单位的，为了与国际接轨，1976 年，茅台酒开始用"L"（升）作为计量单位。

---

① 张驰、黄升民：《国有企业品牌 70 年：历史演进与未来展望》，《新闻与传播评论》2020 年第 1 期，第 62～75 页。
② 黄桂花：《为什么是茅台　关于"国酒文化"与"茅台精神"的 20 个关键解读》，贵州人民出版社，2017，第 45 页。
③ 侯隽：《品牌 60 年：专家讲述新中国 60 年企业品牌史》，《中国经济周刊》2009 年第 40 期，第 6～13 页。
④ 根据茅台集团公开的数据整理。

（二）改革开放至"入世"前：国际大赛助力海外布局

改革开放以前，国内缺乏良性的竞争市场，萌生于国家"计划温室"的中国企业在国际上明显缺乏品牌竞争力。随着改革开放的到来，国企品牌建设的手段也逐步丰富，公关活动、名人广告、体育营销手段等进入国企的视野。[①] 党的十一届三中全会后，国家拨款对茅台进行技术改造和扩建，茅台酒的产量和质量都大幅提升。[②] 有了产量作为硬保证，茅台开始提高品牌软实力，从打造独具特色的品牌包装、品牌广告出发大力提高品牌知名度。后来居上的茅台品牌推广能力迅速提升，先后获得香港"亚洲之星"包装奖、中国出口广告一等奖、法国巴黎"世界之星"国际包装最高奖。这一时期，茅台继续把握其高端品牌调性，通过积极参加国际名酒博览会、国际美食博览会等专业类比赛进一步提高国际声誉，并凭借优秀的品质先后斩获国际美食旅游大赛金桂叶奖、法国巴黎第十二届国际食品博览会金奖、美国国际名酒大赛金奖、日本东京第四届国际名酒博览会金奖等多个国际大奖。[③] 1972 年尼克松访华时品尝了茅台酒后对其赞誉有加，1993 年茅台获得进出口权，由此收获了在美国的知名度。基于此，茅台率先在美国市场试水，分别在纽约、洛杉矶以及旧金山建立经销中心，[④] 从华人消费者入手打入美国酒饮市场。改革开放前，茅台的国际化以与中国相距较近的东南亚市场为起点；改革开放后，茅台开拓的第一个国际市场便是消费水平较高的美国。由此可以看出，茅台始终把握其高端的品牌调性，引领中国白酒国际化的新征程。

（三）"入世"后到党的十八大前：全面铺设海外营销网络

2001 年中国加入世贸组织，在符合世贸组织规则的情况下进一步开放

---

① 黄升民、赵新利、张驰：《中国品牌四十年（1979—2019）》，社会科学文献出版社，2019，第 142~154 页。

② 罗仕湘：《百年茅台》，中国文史出版社，2015，第 45 页。

③ 根据茅台集团公开的数据整理，https://www.china-moutai.com/maotaijituan/zjmt/fzlc5/index.html，最后访问日期：2021 年 11 月 15 日。

④ 《国酒茅台国际化之路任重道远　倾力打造国际化品牌》，2018 年 5 月 26 日，https://www.sohu.com/a/233006305_577490，最后访问日期：2021 年 11 月 18 日。

市场，这倒逼了中国企业的品牌发展和国际化进程。这一时期政府开始强调企业的国际化问题，2002 年党的十六大指出要"形成一批有实力的跨国公司和著名品牌"，从 2003 年党的十六届三中全会公报、2005 年发布的"十一五"规划、2007 年党的十七大报告、2010 年发布的"十二五"规划以及这一时期的政府工作报告等重要政府文本中可以发现政府对于企业国际化发展的关切。在国家战略的指引下，茅台集团紧抓国际白酒市场的空缺，全面铺设营销网络，同时通过赞助大型国际活动进一步提高海外知名度。茅台的国际化高歌猛进：改革开放初期，茅台跻身全省出口创汇 50 万美元企业用了 20 年（1975～1995 年）；出口创汇增加 100 倍达到 5000 万美元用了 15 年（1995～2010 年）；突破 1 亿美元用了 1 年（2010～2011年）；突破 2 亿美元用了 3 年（2011～2014 年），创汇速度持续上升。①

茅台精准聚焦高端市场，从 2004 年开始，茅台集团与法国卡慕酒业合作，②"借船出海"入驻了 30 多个国家、60 多个国际机场的 300 多个免税店。③ 同时开始全面铺设全球直营营销网络，2006 年智利第一家茅台经销商诞生，茅台正式踏足南美洲大陆，2009 年登陆法国，2014 年进入澳大利亚……到了 2019 年，茅台的海外经销网络已经触及 64 个国家和地区，107个茅台经销商覆盖了亚洲、欧洲、非洲、美洲、大洋洲五大洲的有税市场及重要口岸的免税市场。这一时期，茅台还通过收购等商业行为精准开拓海外高端市场，2013 年茅台集团在法国波尔多成功收购了当地的中级明星酒庄海玛酒庄，以此就地延长营销链。国际化的白酒消费，从更深意义上讲是中国传统文化的国际化消费，因此茅台开展了一系列境内外文化交流活动，赞助了许多具有国际影响力的活动，通过"借船出海"扩大茅台国际影响力。比如，茅台从 2007 年开始连续十年赞助博鳌亚洲论坛，并成为该论坛仅有的 4 位钻石级合作伙伴之一；2010 年茅台以白酒行业唯一高级

---

① 黄桂花：《为什么是茅台 关于"国酒文化"与"茅台精神"的 20 个关键解读》，贵州人民出版社，2017，第 99 页。
② 钱久平：《国际化：国酒茅台为什么能》，2015 年 12 月，http://www.infzm.com/contents/114346，最后访问日期：2021 年 11 月 20 日。
③ 王新明：《贵州茅台走上国际化之路》，新华网贵阳，2015 年 11 月，https://www.sohu.com/a/45121768_115402，最后访问日期：2021 年 11 月 23 日。

赞助商的身份赞助上海世博会。

（四）党的十八大至今：主动对接国家政策，借"一带一路"东风大步推介

中国共产党第十八次全国代表大会于 2012 年 11 月在北京召开。在随后的一年里，习近平总书记提出建设"新丝绸之路经济带"和"21 世纪海上丝绸之路"的合作倡议，为中国企业"走出去"提供了空前的机遇。"一带一路"倡议让中国和沿线国家身份重新范畴化，从"我们"和"他们"变成了"一带一路"沿线国这个共同的群体身份。[1] "一带一路"倡议提出后，茅台抢抓机遇，在荣获巴拿马太平洋万国博览会金奖 100 周年年（2015 年）之际，把沿线国家的市场推广作为海外布局的重点，在 2015 年开启文化茅台"一带一路"行品牌推介活动。2018 年，茅台"一带一路"沿线市场销量、销售额同比分别增长 36.4%、13.7%，沿线市场总销量占海外市场总销量的 22.6%。[2] 截至 2019 年底，茅台酒已经进入 44 个"一带一路"沿线国家，销量占全球销售量的 10%；茅台在海外组织、策划并赞助的活动有 310 场，全球几乎每天都在上演"茅台故事"。[3] 不同于以往的是，这一阶段的茅台酒在国际市场供不应求，海外推广的主题从"卖酒"转为品牌传播、文化传播，目的从为国家赚取外汇转为促进中外文化交流，减少文化壁垒。[4]

在欧美发达国家，茅台借荣获巴拿马太平洋万国博览会金奖 100 周年的契机高调跨出国门，在海外密集展示中国民族品牌形象——以"金奖百年·香飘世界"为主题，先后在莫斯科、米兰、旧金山等多地成功举行纪念荣获巴拿马太平洋万国博览会金奖 100 周年海外庆典活动。这一系列活

① 宣长春、林升栋：《文化距离视野下的"一带一路"倡议——基于 4918 篇英文新闻报道的情感分析（2013—2019 年）》，《新闻与传播研究》2021 年第 6 期，第 24~43 页。
② 董童、杨迪：《一组数据带你看懂茅台"一带一路"行》，2019 年 12 月，http://shipin.people.com.cn/n1/2019/0409/c85914-31020273.html，最后访问日期：2021 年 11 月 25 日。
③ 张恒：《茅台国际化为什么能——2019 贵州茅台海外经销商大会观察》，《当代贵州》2019 年第 48 期，第 44~45 页。
④ 郭铁：《文化茅台"一带一路"行将再次走进非洲》，新京报百家号，2019 年 5 月，https://baijiahao.baidu.com/s?id=1632717988372073929&wfr=spider&for=pc，最后访问日期：2021 年 11 月 28 日。

动使茅台酒迅速从华人社会走向西方主流市场，其中一个重要体现就是美国旧金山市市长在 2015 年宣布，每年的 11 月 12 日为旧金山"贵州茅台日"。茅台在这一时期还通过与国际高端连锁品牌合作拓展销售渠道，在美国，它与最大高端连锁零售商店 Total Wine & More 以及全美最大酒类批发商 Southern Wine & Spirits 合作；在澳洲，依托澳洲地区 Zilver Bondi、Dan Murph 等连锁酒行、高端酒店、大型商超走向当地高端消费人群；在保加利亚，成功进驻保加利亚最大的仓储式商场 Casavino，利用其零售和批发渠道扩大茅台在当地的销售网络……①面对大众消费市场，茅台则根据当地人群的饮食特点和市场需求，通过创新多种口味的鸡尾酒、开发符合当地习俗的节日纪念酒等方式推广茅台品牌，在提高品牌声量的同时令中西方酒文化碰撞出新的火花。

二　茅台国际传播的主要策略

近年来，逆全球化、民粹主义、贸易保护主义抬头，面对这种复杂的国际传播环境，茅台集团整体采用多元文化整合的跨文化品牌传播策略，通过对母国文化与东道国文化的融合与协调，利用社交媒体平台和公关活动传播中国特色；同时通过线下互动活动融入当地文化，形成文化协同竞争效应，使跨文化传播策略中的文化元素具有较大的兼容性与包容性，②从而获得良好的传播效果。

（一）抓住数字传播机遇，借助国际主流社交平台打造品牌影响力

截至 2022 年 2 月，全球社交媒体用户已达 46.2 亿，③ Facebook、Twitter、Instagram 等超级互联网平台正逐渐主宰全球传播，打破以往由专业新闻机构和影视文化产业主导的国际传播壁垒，茅台紧抓这一机遇，配

---

① 根据"茅台国际"官方公众号公开数据整理。
② 公克迪、涂光晋：《品牌跨文化传播理论的演进：基于文化心理距离的视角》，《当代传播》2017 年第 5 期，第 65 ~ 69 页。
③ 数据源自 WeAreSocial 和 Hootsuite 发布的报告《2022 年全球网络概览报告》，http://finance. sina. com. cn/tech/2022 – 02 – 23/doc-imcwiwss2396096. shtml，最后访问日期：2022 年 2 月 24 日。

合国际化步伐，及早布局海外传播网络，在 2014 年入驻上述各大社交媒体平台并获得官方号认证，由此采用体系化、分众化的策略开展国际传播。

1. 高端品牌传播优质内容，国际传播体系化

茅台在海外主要社交平台上均设有官方账号，并且在各个平台间、传播形式上做到了体系化、统一化。在不同的社交平台上，茅台均使用官方 LOGO 做头像，并且官方总号用户名均设为 Moutai China（Twitter 上名为 Moutai Global），而针对各国各地区的分号则命名为"Moutai + 地名"；各平台间账号主页背景配色、风格保持一致，实现了平台间的统一性；各平台间账号发布的内容相互呼应，一图多发或一文多发，形成聚合传播，增加传播声量。平台间的体系化传播能够促使茅台集团在海外受众心中形成稳定、可靠的印象，为获得其对茅台的好感打下基础。在传播形式上，茅台在不同社交平台上发布内容的形式保持统一，多为一小段文案配一张或多张海报的形式，海报内容多反映中国特色文化，图文互相呼应，用简单直接的视觉符号帮助国外受众了解中国茅台，这种具有文化底色的软性传播能够在一定程度上减少传播隔阂。

国际酒业品牌在中国长期引导饮酒习惯的做法证实，一种酒流行的背后，其实是某种文化、价值观或生活方式的推动。伴随全球化背景下文化接触的加剧，全球消费者的世界主义和文化开放性呈现增强趋势，其对文化多样性的要求、期望、开放性也在提升，[①] 期望国际品牌能够告知他们与品牌有关的来自特定地方的文化。[②] 茅台的做法就迎合了消费者的这种需求，茅台在海外社交平台上极少直接推荐产品，而是通过介绍茅台酒背后的酱香酿酒文化以及中华传统文化传递品牌理念和内涵，彰显品牌价值观，匹配茅台高端、极具中国特色的品牌形象。比如，茅台集团在 2017 年的海外经销商大会期间，发布纪录片《时光里的茅台》，内容围绕茅台酒精细的原料选取、独具匠心的百年传承酿酒工艺、茅台工人们的勤劳敬业

---

① Douglas, S. P. , & Craig, C. S. , "Convergence and divergence: Developing a semiglobal marketing strategy," *Journal of International Marketing* 19（2011）: 82 – 101.

② 何佳讯：《中国品牌全球化：融合"中国元素"的品牌战略——"李宁"案例研究》，《华东师范大学学报》（哲学社会科学版）2013 年第 4 期，第 124～129 页。

等，向全世界人民展示了茅台酒的民族特色。影片在发布期间获得海外粉丝的热烈响应，海外新媒体平台视频曝光总量超 520 万，视频观看总量近 70 万，各新媒体平台获取粉丝点赞、转发、留言等互动超 77 万；① 茅台海外官方号还会在每个二十四节气日当天发布相关推文并配以海报，比如在 2020 年春分当天，茅台结合中国山村春景图像推出的春季系列帖文受到海外粉丝的广泛欢迎；茅台还会在特定节日统一更换 Cover Photo（主页封面），比如在 2018 年春节之际更换 Facebook 主页封面，画面以茅台经典酒的形象作为灯笼悬挂在两侧，配以中国古典建筑物素材加美丽祥云图腾图案，再配上 "Happy Spring Festival" 新春快乐的字样，让全世界与茅台共同庆祝吉祥的中国春节的到来。根据《2020 中国央企海外传播力建设报告》，经过精良专业制作、具有良好视觉效果的图片更能吸引受众的注意力，也更容易获得受众的互动点赞，茅台发布在海外社交平台上的每一张图都是有独特设计的高清海报，因此深受海外受众的喜爱。此外，茅台在发布推文时多带 #MoutaiLegend、#MoutaiTasty、#Toast 等相关的 Tag（标签），方便精准定位目标受众，实现有效传播。

这一系列操作引起海外消费者的良好反响，各平台都获得了高达数万的互动量。这种润物细无声的文化传播，不仅能凸显品牌的关键价值、建立与受众的情感联系，更能为异国消费者带来差异化的联想，满足他们作为全球化消费者的价值需求。② 消费者在通过品牌接触，持续地以直接或间接的方式体验到某种文化后，会发展出对此文化的认知表征，进而会期望以这种被激活的文化方式进行思考和行动，③ 而茅台在海外传播时对"中国元素"的运用不仅有利于其在国际市场中建立差异性定位、提升品牌形象，④ 更是用海外受众"乐于接受和易于理解"的方式，帮助其形成

---

① 《〈时光里的茅台〉海外曝光量破 500 万，引发全球茅粉热烈反响》，2017 年 12 月 22 日，https://mp.weixin.qq.com/s/Y7xpW6FLbIp5ZCXLJtjo3g，最后访问日期：2021 年 11 月 28 日。

② Steenkamp, E. M., & Martijn, G. J., "A global investigation into the constellation of consumer attitudes toward global and local products," *Journal of Marketing* 75 (2010): 18-40.

③ Morris, M., C. Y. Chiu and Z. Liu, "Polycultural Psychology," *Annual Review of Psychology* 2015 (66): 631-659.

④ 刘英为、汪涛、聂春艳、张伟：《如何应用国家文化原型实现品牌的国际化传播——基于中国品牌海外社交媒体广告的多案例研究》，《管理世界》2020 年第 1 期，第 88~104 页。

对中国文化的良好感知，达到"深化文明交流互鉴""讲好中国故事，传播好中国声音"的效果。

2. 一国一策，"入乡随俗"精准传播

品牌价值主张的表述内容及表达方式与当地文化习俗和消费价值观相匹配，是打动海外消费者内心的前提条件。[1] 因此，品牌的国际传播既要做到整体统筹，又要做好差异传播，优化国际传播资源分配。[2] 茅台在国际传播过程中通过设立各国各地区的官方号（或网站），策划符合当地文化习俗的互动活动，实现了传播的分众化，做到了"一国一策"式的精准化。面对整个欧美市场，茅台总号 Moutai China 从未缺席西方国家的重要节日，以圣诞节为例，茅台每年都会开展极具互动性的线上活动。比如在2020年圣诞节，茅台开展线上"圣诞三部曲"营销活动，首先发布16篇圣诞系列帖文，随后发布节日视频调动粉丝气氛，最后通过互动游戏引导受众留言参与。活动获得460万的曝光量和25万的互动量，得到海外网友的主动传播。而聚焦于各地区的特定市场，茅台则采取本土化、差异化的传播策略，在同一社交平台上针对不同地区开设官方账号，以"Moutai + 地名"的模式命名，方便当地受众查找。此外，茅台还设定区域性官方网站，比如茅台比利时专卖店网上商城覆盖比利时、荷兰、德国、卢森堡等多个地区；茅台澳洲官网覆盖澳大利亚、新西兰。在茅台澳洲官网上，集团除了推广中国白酒文化、茅台文化以及茅台镇文化以外，还与线下活动联动发布预热公告。例如，2017年茅台在澳大利亚举办了"鸡尾酒大作战"的创意活动，其于活动前在官网发布参赛规则、报名途径等信息，并配上对茅台酒文化的简介；2016年末，在官方网站预告皇冠小镇的线下新年快闪抽奖活动；茅台还在悉尼购物日推出满300元减20元的营销活动，迎合当地消费习惯，拉近与当地消费者的心理距离，实现良好的传播效果。

---

① 胡左浩、洪瑞阳、朱俊辛：《中国领先企业的品牌国际化营销之道——以消费电子行业为例》，《清华管理评论》2021年第3期，第14~23页。

② 张志安、李辉：《平台社会语境下中国网络国际传播的战略和路径》，《青年探索》2021年第4期，第15~27页。

3. 携手知名媒体和 KOL, 聚合传播掀起茅台热

有学者指出,人际传播因素也会影响品牌的跨文化传播,所以通过在多元文化中寻求一致性和共同的价值观来克服心理距离,才能建立品牌与受众之间的信任关系。[①] 茅台在进行海外传播时,时常利用当地知名意见领袖传递品牌价值,如在多哥请当地知名歌手 Fofo Skarfo 做品牌代言人,并在疫情期间举办茅台主题线上演唱会,利用"战胜病毒"这一共同愿望,以当地知名人物为传播纽带进行品牌的跨文化传播,建立茅台与当地受众之间的信任,进而实现柔性的文化融合与协调。此外,茅台还十分擅长使用贴近西方媒体的表达方式传递品牌声音和中华文化,以 2019 年发表在《时代周刊》(Time)饮食版块上的文章为例,文章从首部饮料类英文书籍作者 Derek Sandhaus 的视角出发,阐述中国白酒的匠心精神与文化内涵,给受众以真实感和权威感,这种写作方式值得借鉴。

总的来说,茅台在面向海外受众做线上传播时,从国外受众的心理特点和接受习惯出发,从他者的角度策划,通过视觉符号和融入当地特色的活动传播了中国的故事和声音。此外,综观茅台在海外平台发布的内容可以发现,其很少直接让中国元素与当地元素共现,而是依据特定节点的特定内容,有针对性地突出母国文化或东道国文化某一方的特色,以此避免"文化混搭"带来的受众的排斥情绪。[②] 因为当母国文化象征与有着明显差异的外国文化象征进行混搭时,若人们感知到外来文化可能污染或改变母国文化,威胁到母国文化的完整性和生命力,人们就会产生负面反应。[③] 东西方文化差异较大,因此茅台在进行文化融合时,十分注重"文化混搭"的程度,把握东道国和母国文化之间异质性的平衡,遵循传播心理距离的适度把握原则,这也是其深受海外受众喜爱的重要原因之一。

---

① 公克迪、涂光晋:《品牌跨文化传播理论的演进:基于文化心理距离的视角》,《当代传播》2017 年第 5 期,第 65~69 页。

② Chiu, C. Y., Mallorie, L., Keh, H. T., & Law, W., "Perceptions of culture in multicultural space: Joint presentation of images from two cultures increases in-group attribution of culture-typical characteristics," *Journal of Cross-Cultural Psychology* 40 (2009): 282–300.

③ 聂春艳、汪涛、赵鹏、崔楠:《解释框架对文化混搭产品评价的影响——比较焦点和解释策略的调节效应》,《心理学报》2018 年第 12 期,第 1438~1448 页。

（二）借助大型公关活动打造高端形象，代表中国走向世界

2017 年国家设定"中国品牌日"，标志着创建"国家品牌"正式成为国家发展战略。国家品牌是一个国家的软实力，更是一个国家的战略资本，[①] 其本质是一个国家在世界上享有的形象和声誉。[②] 企业品牌与国家品牌相辅相成、相互促进。国家品牌的形象是所有企业品牌形象长期共同作用的结果，因此具有影响力和竞争力的企业品牌能够提升正面国家品牌形象。[③] 茅台集团在国际化进程中，整合多种公关活动，积极融入当地文化，以开放包容的心态助力东道国文化、体育、慈善事业的发展，展现出中华民族企业负责任的气魄与胸襟，提升了中国国家品牌的正面形象。

1. 发挥"国酒"传统，与外事活动整合

与其他出海品牌不同的是，茅台天然具备与国事外交紧密联系的优势基因，从基辛格访华时邓小平用茅台招待，到铁娘子撒切尔夫人醉茅台，再到习奥会共举茅台祝酒，[④] 茅台总是出现在重要的外交场合。茅台充分把握这一优势，发挥主观能动性，大力赞助外交活动，通过参与或举办与外交相关的活动打开在国外高端消费市场的知名度。比如，在 2015 年习近平主席访问美英两国时，茅台联手国内知名企业分别在世界知名媒体《纽约时报》和《金融时报》整版版面表达对我国领导人出访的祝贺；2017 年习近平主席访问俄罗斯时，当地影响最大的主流报纸《俄罗斯报》刊载了茅台祝贺习主席访问成功的形象广告，这些外宣彰显了中国民族品牌的特殊感情和融入世界经济的自信，开启了中国酒业在西方媒体配合重大外交事件刊登整版广告的先河。此外，每逢中外建交关键节点，茅台都

---

① Kalamova, M. M., & Konrad, K. A., "Nation brands and foreign direct investment," *Kyklos* 63 (2010): 282–300.

② 刘培、杨一翁：《家品牌效应：内涵、形成机制及战略影响》，《企业经济》2021 年第 9 期，第 12~19 页。

③ 张晶晶：《对逆全球化经济背景下中国品牌国际化传播困境之思考》，《营销界》2020 年第 52 期，第 14~17 页。

④ 《习近平开茅台 向奥巴马祝酒》，人民网，http://world.people.com.cn/n/2013/0610/c364324-21809256.html，最后访问日期：2021 年 11 月 31 日。

会以赞助商的身份加入建交庆典，如中泰建交 45 周年、中保建交 70 周年、中法建交 55 周年时，茅台都大力协助中国驻当地使馆举办建交庆典，也由此让更多国外民众了解到茅台这一民族品牌。

2. 公益出海提高品牌好感度，展现大国品牌气度

对于任何一个国际化的企业来说，其无法回避的一点是，人们对这个企业的印象是与对其母国的印象紧密联系在一起的，[①] 企业的产品、服务和其在东道国的行为也塑造了其母国的形象。茅台在做海外传播时十分注重公益形象，致力于人类命运共同体的发展建设，展现出中国企业的包容与气度。2021 年，茅台集团发布首份双语版社会责任报告，向全世界的消费者展现茅台作为中国大品牌的社会责任担当。在实践方面，茅台海外经销商经常在东道国举办或参与慈善义卖、慈善晚宴、公益捐赠等活动，茅台十分关注贫困儿童的生活质量，多次为发展中国家的贫困儿童捐赠慈善物资。新冠疫情期间，茅台的海外营销传播聚焦于助推国际公益事业的发展，向老挝、莫桑比克、马来西亚等疫情防控能力相对薄弱的国家捐赠医用物资。[②] 值得注意的是，茅台有较强的国际传播意识，通过传播手段让其公益实践被当地群众看到，比如茅台经销商向老挝新闻文化和旅游部捐赠口罩被老挝国家电视台、《新万象报》等众多老挝主流媒体报道；茅台在其海外社交平台官方号上也会主动发布其做慈善的相关推文。此外，新冠疫情初期，茅台在美国时代广场中央大屏投放"中国加油""Wuhan Stay Strong"等标语，还在加拿大、德国等地的华人报纸上投放整版公益广告，在向海外华侨华人传递信心的同时，讲述中华儿女团结抗疫的中国故事，塑造众志成城、不畏险阻的大国形象。

3. 跨界赞助文体活动，户外大屏传递中国声音

在当前国际舆论形式复杂严峻的背景下，加强文化传播对中国企业海

---

① 程曼丽：《大众传播与国家形象塑造》，《国际新闻界》2007 年第 3 期，第 5~10 页。

② 《文化茅台，扬帆海外 | 重温 2020，持续讲述中国白酒的"出海"故事——公益篇》，2021 年 2 月 6 日，公众号"茅台国际"，https://mp.weixin.qq.com/s/Zo2eR2-WFRgHXlR0iIpIrA，最后访问日期：2021 年 11 月 30 日。

外形象建设具有重要意义，^① 但在品牌跨文化传播中，如果在文化上过分贴近异国消费者，当突破异域社会文化容忍度时，就会触发当地受众的"自我领地意识"，进而引起其心理上的排斥。^② 茅台在融入当地文化时灵活运用多元整合的方式，以赞助商的身份参与重要国际文体、酒会等活动，比如与 NBA 冠军金州勇士队合作，赞助单赛季中国传统庆典表演赛；在保加利亚举办和赞助了亚洲文化节、国际爵士音乐节、保加利亚歌手巡演等多种文化推广活动。此外，茅台还与国际高端品牌跨界合作，借助名流活动展示品牌个性，为品牌精准定位，如赞助洛杉矶 Plate by Plate 慈善晚宴、拉斯维加斯马球世博会、洛杉矶春夏时装周、美国电影市场鸡尾酒展会等高端国际活动。这种以第三方身份进入东道国文化传播活动的方式既不会引起当地民众的排斥反感，又能有效提高品牌知名度，拉近与当地消费者的心理距离。同其他国家大品牌一样，茅台也选择在文化包容度较高的户外商圈投放大屏广告，如以麒麟平安、仙鹤迎春、锦鲤报喜、龙凤呈祥为主题在巴黎戴高乐机场投放立体广告，将品牌与中国传统文化结合，向欧洲消费者展示国潮魅力，提高海外传播声量。

结　语

"十四五"规划首次提出要保护发展中华老字号，茅台集团在其国际化进程中紧跟国家发展步伐，通过自主创新的传播方式和公关策略将政策红利最大化利用，在国际品牌的打造上取得成效，推动了中国文化的国际传播。但是中国出海品牌在属地化的跨文化传播方面仍有较大障碍，茅台要继续精耕细作，提高企业海外传播的时、效、度：在社交媒体平台上做到地区分号全体官方认证、增强推文的互动性和可视性，加大短视频等影视传播的力度；进一步健全海外公关网络，增强协同效

① 中国外文局中国企业海外形象研究课题组、翟慧霞、孙敬鑫：《2020 年度中国企业海外形象调查分析报告——以"一带一路"沿线 12 国为调查对象》，《对外传播》2020 年第 12 期，第 20~22 页。

② 公克迪、涂光晋：《品牌跨文化传播理论的演进：基于文化心理距离的视角》，《当代传播》2017 年第 5 期，第 65~69 页。

应，与所在国媒体、网络意见领袖、专家学者以及其他利益相关方加强联系；要充分利用海外电商平台，避免数字传播与销售之间的割裂。未来茅台集团应不断借助更多本土化传播平台讲述中国企业故事，真正做到让更多外国受众听得懂、听得进、听得明白，不断提升对外传播效果。

案例点评

党的十八大以来，国际传播受到了前所未有的重视，以政府外交、外宣机构和主流媒体传播为主的国际传播取得了丰富的成效，但其浓厚的官方属性和政治色彩也使其面临极大的限制。这时，开辟并发挥多元传播主体的国际传播力量显得十分必要和关键，充分发挥日益走向全球的中国品牌的国际传播势能具有重要意义。作为百年老字号的茅台正是其中的典型代表。茅台的国际传播具有近百年的历史，在百年的国际传播历程中，它从不同角度和侧面向世界展示了中国的产品、文化和国家形象。民国初立，茅台曾参加巴拿马太平洋万国博览会，斩获金奖；新中国成立之后，茅台屡屡亮相国家外交的重要场合和国际政治的关键时刻；改革开放以后，茅台积极布局海外销售网络，进入欧美等主流市场；党的十八大以来，茅台融入"一带一路"倡议，大力塑造全球高端品牌形象。茅台不仅是中国的茅台，而且是世界的茅台。以品牌为媒对外讲好中国故事大有可为。本案例充分解析茅台的国际化做法，为中国品牌国际传播提供了鲜活的样本，为全面提高国际传播效能开辟了新视野，也为中国文化的国际传播提供了新思路。

点评人：张驰，华东师范大学传播学院讲师、晨晖学者。

图书在版编目（CIP）数据

中国故事国际传播研究. 第一辑／陈先红，李旺传
主编. -- 北京：社会科学文献出版社，2023.8
ISBN 978 - 7 - 5228 - 2049 - 1

Ⅰ.①中… Ⅱ.①陈… ②李… Ⅲ.①中华文化 - 文
化传播 - 研究 Ⅳ.①G125

中国国家版本馆 CIP 数据核字（2023）第 121136 号

中国故事国际传播研究 第一辑

主　　编／陈先红　李旺传

出 版 人／冀祥德
责任编辑／周　琼
文稿编辑／张静阳
责任印制／王京美

出　　版／社会科学文献出版社·政法传媒分社（010）59367126
　　　　　　地址：北京市北三环中路甲 29 号院华龙大厦　邮编：100029
　　　　　　网址：www. ssap. com. cn
发　　行／社会科学文献出版社（010）59367028
印　　装／三河市尚艺印装有限公司

规　　格／开　本：787mm × 1092mm　1/16
　　　　　　印　张：20.5　字　数：321 千字
版　　次／2023 年 8 月第 1 版　2023 年 8 月第 1 次印刷
书　　号／ISBN 978 - 7 - 5228 - 2049 - 1
定　　价／128.00 元

读者服务电话：4008918866